Winfried Nerdinger

Walter Gropius

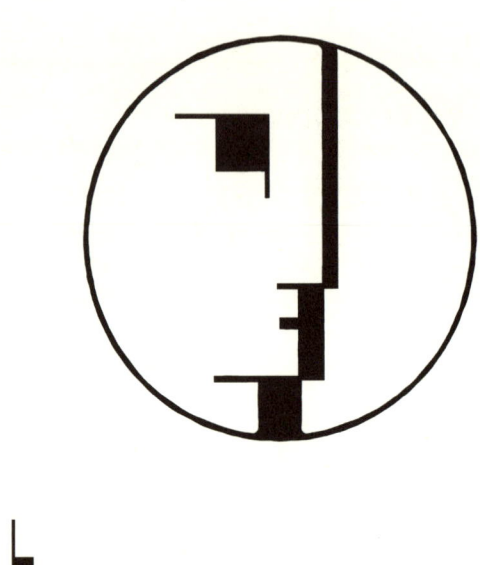

Winfried Nerdinger

WALTER GROPIUS

Architekt der Moderne
1883–1969

Verlag C.H.Beck

Mit 58 Abbildungen

Originalausgabe
© Verlag C.H.Beck oHG, München 2019
www.chbeck.de
Satz: Janß GmbH, Pfungstadt
Druck und Bindung: CPI – Ebner & Spiegel, Ulm
Umschlaggestaltung: Rothfos & Gabler, Hamburg
Umschlagabbildung: Walter Gropius vor der Wettbewerbszeichnung
für das Chicago Tribune-Gebäude, ca. 1922, © Harvard Art
Museums/Busch Reisinger Museum, Schenkung von Ati Johansen
Gedruckt auf säurefreiem, alterungsbeständigem Papier
(hergestellt aus chlorfrei gebleichtem Zellstoff)
Printed in Germany
ISBN 978 3 406 74132 6

klimaneutral produziert
www.chbeck.de/nachhaltig

Inhalt

9 «Das Wort, der kritische Kampf ist die Fräse, mit der man den geistigen Boden vorerst beackert»
Einführung

17 «und arbeite dann mit meinem Zeichner bis halb vier Uhr»
Jugend- und Lehrjahre. Von Schinkel zu Behrens 1883–1910
    Familientraditionen · · · · · · · 18
    Erste Kontakte zur Architektur · · · · 23
    Bei den Husaren · · · · · · · · 26
    Studienzeit in Berlin · · · · · · · 28
    Erste Aufträge · · · · · · · · 29
    Karl Ernst Osthaus · · · · · · · 32
    Mitarbeit im Büro von Peter Behrens · · 34

49 «Ich selbst bin zwar nicht begabt, aber doch erfolgreich»
Vom Faguswerk zum Bauhaus-Manifest 1910–1919
    «Atelier für Architektur» · · · · · 50
    Beziehung mit Alma Mahler · · · · 55
    Die Fagus-Fassaden · · · · · · · 58
    Von der Technikform zur Kunstform · · 62
    Industriebau und monumentaler Stil · · 67

Zusammenarbeit mit Adolf Meyer · · · 73
Florierendes Architekturbüro · · · · · 81
Erweiterung Faguswerk und Deutscher
Werkbund · · · · · · · · · · · 84
Kriegsjahre · · · · · · · · · · 93
«Staatliches Bauhaus in Weimar» · · · · 106

111 «Ich bin zum Packträger meiner Idee geworden»
Direktor am Bauhaus in Weimar und Dessau 1919–1928
Die Anfänge in Weimar · · · · · · · 112
Umbruchszeit · · · · · · · · · · 120
Wohnmaschinen · · · · · · · · · 142
Kunst und Technik eine neue Einheit · · · 149
Begegnung mit Ilse Frank · · · · · · 157
Ausstellung «Internationale Architektur» · 160
Politischer Wandel in Weimar · · · · · 170
Umzug nach Dessau · · · · · · · · 176
Bauhausgebäude und Meisterhäuser in Dessau 180
«Häuser-Serienfabrikation» · · · · · 191
Totaltheater und Siedlung Törten · · · · 201

209 «Wer seine Hand am Pfluge hat, der schaut nicht hinter sich»
Von Berlin über London nach Harvard 1928–1937
«Fabrikmäßiger Wohnungsbau» in Berlin · 210
Zeilenbau und Wohnraumreduzierung · · 215
Hochhausstädte im Grünen · · · · · · 231
Schwierige Zeiten · · · · · · · · · 240
Umzug nach London · · · · · · · · 254
Planungen für «wealthy people» · · · · 259

273 «Die Bresche erweitern und wirklich fundamentale Erklärungen für unsere Bewegung geben»
Der Lehrer in Harvard 1937–1952

    Die Anfänge in Harvard · · · · · · 274
    Das Gropius-Haus in Lincoln – neuer Regionalismus? · · · · · · · · · 284
    Bauhaus-Ausstellung in New York · · · · 294
    Defense Housing Program – Packaged House System · · · · · · · · · 298
    The Architects Collaborative (TAC) · · · 309
    Adviser for Planning in Germany · · · · 312
    Konflikte und Kritik · · · · · · · · 318

331 «Ich bin selbst erstaunt, wo ich schließlich gelandet bin»
Die Ernte des Redners und das Verschwinden des Architekten 1952–1969

    Die Schwarz-Debatte · · · · · · · 332
    Ehrungen und Reisen · · · · · · · 336
    Universität Bagdad – Pan Am Building – Gropiusstadt · · · · · · · · · 350
    Letzte Jahre – Zwischen Apotheose und Polemik · · · · · · · · · · 360

365 **Anhang**

    Anmerkungen · · · · · · · · · 367
    Abkürzungen · · · · · · · · · 389
    Bibliographie · · · · · · · · · 390
    Bildnachweis · · · · · · · · · 414
    Personenregister · · · · · · · · 416

«Das Wort, der kritische Kampf ist die Fräse, mit der man den geistigen Boden vorerst beackert»
Einführung

Walter Gropius, um 1923

Walter Gropius schuf 1911 mit dem Faguswerk in Alfeld a. d. Leine und 1926 mit dem Bauhausgebäude in Dessau zwei der bedeutendsten Bauten des 20. Jahrhunderts, deren Rang heute als UNESCO-Welterbe gewürdigt wird. Mit dem Bauhaus gründete er in Weimar 1919 die einflussreichste Architektur- und Kunstschule des vergangenen Jahrhunderts, die er als Direktor bis 1928 durch alle politischen, wirtschaftlichen und personellen Probleme leitete. Dass der Name der Schule nahezu global zum Begriff für moderne Gestaltung und ornamentloses Design wurde und dass die Bauhaus-Pädagogik weltweit an Architekturfakultäten und Designschulen bis heute nachwirkt, basiert im Wesentlichen auf seiner Leistung und seinem Engagement. Die Rezeption des Bauhauses verknüpfte Gropius allerdings völlig mit seiner Person und Sichtweise und war damit selbst treibende Kraft einer Mythisierung wie auch einer teilweisen historischen Verfälschung der Reformschule. Der Schweizer Architekt und Kunsthistoriker Peter Meyer notierte dazu schon in den 1970er-Jahren: «Walter Gropius [...] hat den Ruhm des Bauhauses mit Vorträgen in der ganzen Welt verkündet. Schon bevor es durch die Auflösung der Nazis eine Märtyrerpalme bekam, war es durch eine ungeheure Publizität zu epochaler Bedeutung aufmontiert worden.»[1] Nach der Emigration in die USA bildete er von 1937 bis 1952 als Lehrer an der renommierten Graduate School of Design der Eliteuniversität Harvard mehrere Generationen von Architekten aus, die das Bauen in vielen Ländern beeinflussten und die zum

Teil selbst wieder als Lehrer seine Vorstellungen weitergaben. Obwohl er bis zu seinem Tod 1969 noch große Bauaufträge betreute, verblasste er nahezu gänzlich als Architekt, da er seit 1945 nur noch in einem Team arbeitete, in dem jeder individuelle Ausdruck verschwand. Durch den Bau des Pan Am Building in New York, das für viele zum Symbol des Scheiterns der modernen Architektur wurde, erlitt sein Name größten Schaden. Von seiner Aufgabe als Architekt war Gropius zeitlebens mit geradezu missionarischem Sendungsbewusstsein überzeugt. Im Sinne der Leitmotive des Deutschen Werkbunds ging es ihm darum, den Kräften von Technik und Industrie neue Gestalt zu geben und als Erzieher zu wirken, um «die unartikulierte, sich treiben lassende Masse demokratischer Bürger»[2] zu neuen Lebensformen in einer industrialisierten Welt zu führen. Der Architekt war für ihn «Treuhänder» der Umwelt und hatte sich als Vorkämpfer für eine neue Welt über Traditionen und historische Bindungen hinwegzusetzen. Insbesondere der Historismus des 19. Jahrhunderts, der den Kräften des Industriezeitalters noch historische Gestalt gegeben hatte, war für Gropius eine unbedeutende eklektische Epoche ohne Wert. Rückblick oder Verwendung historischer Formen waren für ihn Verrat an der Gegenwart, der Architekt sollte als Gestalter und Erzieher nur vorwärts blicken und dem Neuen einen Weg bahnen. Für die Umsetzung dieser zwar immer wieder nuancierten, aber letztlich dogmatisch vertretenen Auffassungen entfaltete Gropius seit den 1920er-Jahren eine Aktivität fast wie ein Wanderprediger und kämpfte unermüdlich für eine nach seinen Vorstellungen definierte Moderne. Als wortgewandter Redner bei zahllosen Veranstaltungen und als Autor von mehreren hundert Beiträgen sowie einer Reihe von Büchern trug er über viele Jahrzehnte wie kein zweiter Architekt zur Verbreitung und Durchsetzung der modernen Architektur, aber auch zur Etablierung von Denkschablonen bei. Eine Äußerung aus dem Jahr 1926 könnte als seine Lebensmaxime bezeichnet werden: «die entscheidungen fallen immer in der handlung nicht im wort, aber das wort, der kritische kampf ist die fräse, mit der man den geistigen boden vorerst beackert.»[3] In genau diesem Sinne bezeichnete ihn Mies van der Rohe deshalb anlässlich des 70. Geburtstags als den «größten Erzieher unseres Faches» und den «tapferen Streiter in dem niemals endenden Kampf für die neue Idee».[4] Er kämpfte mit dem Wort und mit der Kraft der Sprache formulierte er auch seine architektonischen Ideen. Die zeichnerische Umsetzung übernahmen Mitarbeiter und Partner, darin sind Besonderheiten wie auch Probleme seiner Tätigkeit als Architekt begründet.

Aufgrund seiner Leistungen wurde er gefeiert und erhielt höchste Ehrungen. Nikolaus Pevsner, für einige Jahrzehnte der Doyen der Architekturgeschichtsschreibung, gab seiner Publikation *Pioneers of the Modern Movement* 1936 den Untertitel «From William Morris to Walter Gropius». Er setzte ihn damit an die Spitze eines fiktiven Stammbaums der Moderne und erklärte, mit dem Faguswerk und Gropius' Bürohaus mit Maschinenhalle für die Kölner Werkbundausstellung 1914 sei «der Stil des 20. Jahrhunderts verwirklicht»[5] worden. Als Vorkämpfer für eine international gültige Gestaltung sowie einer Rationalisierung und Typisierung, die Bauten in Schablonen zwängte und Menschen nivellierte, war Gropius aber immer auch ein bevorzugtes Ziel von Polemiken und mit der seit den 1960er-Jahren aufkommenden Kritik an der Ort- und Geschichtslosigkeit der «klassischen Moderne» wurde er als deren Ideologe und Propagandist besonders angegriffen und geschmäht.

Eine Darstellung dieses wirkmächtigen Vertreters von moderner Architektur und Design ist somit konfrontiert mit den je nach Zeit und Blickwinkel stark divergierenden Einschätzungen von dessen Bedeutung und Leistung, aber auch mit den Erklärungen von Gropius selbst zu seinen Ideen und Werken. Über mehr als ein halbes Jahrhundert begleitete er seine Aktivitäten mit Stellungnahmen und Erläuterungen, die den Eindruck einer Konsistenz seines Denkens und seiner Ziele vermitteln, da er zum einen einige wenige Leitbegriffe und Leitgedanken über die Jahrzehnte hinweg wiederholte und zum anderen diese Beständigkeit im Rückblick durch harmonisierende Eigeninterpretationen verstärkte. Eine derartige Harmonisierung ist ein geläufiger biographischer Vorgang. Erinnerung wird im menschlichen Bewusstsein immer narrativ geformt, die eigene Biographie ist Teil einer historischen Erzählung, bei der Kausalitäten und Bedeutungen im Rückblick und im Zusammenhang der eigenen Entwicklung konstruiert werden. Bei Gropius ist aber zudem auch sein ausgeprägter Geltungsdrang einzubeziehen. Sein Freund Alexander Dorner, der über ihn und das Bauhaus Anfang der 1950er-Jahre ein Buch verfassen wollte, notierte dazu, Gropius habe «viel zu viel vom Goethe'schen Egokult. Er zirkuliert nur um sich selbst.»[6] Dies belegt auch die umfangreiche Korrespondenz, die häufig wie ein Selbstgespräch wirkt. Der ehemalige Stadtbaurat von Berlin, Martin Wagner, zwölf Jahre sein Kollege in Harvard und am Ende mit ihm völlig zerstritten, nannte Gropius 1953 den «Bühnenmeister von Cambridge», dem die «Bühnentechnik von jeher seiner Muse liebstes Kind war»[7].

Gropius' Biographen sind vielfach dessen eigenen Vorgaben und Aussagen gefolgt und haben Person und Werk auch über Brüche hinweg vereinheitlichend interpretiert. Blickt man genauer auf seine vielen Äußerungen, dann zeigt sich jedoch, dass die über Jahrzehnte scheinbar gleichen Leitbegriffe vor einem wechselnden zeitlichen und lebensweltlichen Horizont verschiedene Bedeutungen annehmen können. So zielte Gropius mit dem für ihn zentralen Begriff «Einheit» zuerst im Sinne des Deutschen Werkbunds auf die Schaffung eines neuen Stils, eines einheitlichen Ausdrucks aller Produkte im Industriezeitalter. Eine Dekade später suchte er diese Einheit in einer «Zukunftskathedrale», die von Handwerkern und Künstlern geschaffen werden sollte; daraus wurde am Bauhaus unter dem Einfluss der De Stijl-Bewegung zuerst die Lehre von der Gestaltung nach einheitlichen, universal gültigen Grundformen, dann die Suche nach dem «Wesen» von Objekten und einem «Generalnenner». Als die von ihm vertretene Typisierung als Gleichförmigkeit kritisiert wurde, erklärte er 1926, es ginge um eine «gleiche Seelenlage», aber jeder könne «bunte Krawatten» tragen, Einheitlichkeit sei «ein Hymnus der Freiheit in der Gemeinsamkeit»[8]. Und nach der Übersiedlung in die USA propagierte er eine «Unity in Diversity», die er mit seinem neuen Konzept des Teamwork verknüpfte, aus dem eine kulturelle Einheit erwachsen sollte. Aber nicht nur die Leitideen passten sich an das jeweilige Umfeld an, sondern auch Gropius' Interpretationen seiner eigenen Werke veränderten sich im zeitlichen Wandel. So erklärte er vor dem Ersten Weltkrieg seine Erfindung einer stützenlosen Eckausbildung am Faguswerk im Sinne seines Lehrers Peter Behrens als künstlerisch geistige Überhöhung technischer Formen und moderner Materialien zu einer Kunstform. In den späten 1920er-Jahren, im Umfeld rigider Vorstellungen von Rationalisierung, nannte er als Grund für diese Konzeption eine bewusst geplante, ökonomisch motivierte Materialeinsparung der Eckstützen,[9] und in den USA ging es ihm darum, aufzuzeigen, dass er am Faguswerk eine Frühform des «Curtain wall», einer vorgehängten Fassade, entwickelt habe, um damit in die Architekturgeschichte einzugehen.[10]

Aussagen von Gropius zu seinem Leben und Werk müssen deshalb im spezifischen historischen Umfeld auf die «Kontextgebundenheit des Gesagten»[11] untersucht werden und sind im Sinne einer Intertextualität auf ihre Begrifflichkeit und deren Entstehung zu betrachten. Spätere Aussagen zu seiner eigenen Zeitzeugenschaft sind historisch häufig nicht korrekt und diese Verzerrungen spiegeln sich auch in den Mitteilungen aus seinem Umfeld. Die vorliegende Darstellung zielt deshalb in der Form einer «Intellectual Biography» darauf, zu rekonstruieren, was von der Zeit aufgenommen wurde und wie es sich im Denken von Gropius und in dessen Architektur zu erkennen gibt. Es geht darum, die Metaebene von Begriffen und Zusammenhängen, von der seine Bauten und Konzepte erst ihren Inhalt und ihre Bedeutung erhalten, chronologisch strukturiert zu analysieren.

Gropius' Leben und sein Werk wurden in mehreren Biographien, Katalogen und Detailstudien dargestellt. Die erste Arbeit, verfasst von seinem Freund und Verehrer, dem Schweizer Kunsthistoriker Sigfried Giedion, erschien bereits 1931 in der Reihe «Les Artistes Nouveaux» in Paris. 1951 publizierte der italienische Kunsthistoriker Giulio Carlo Argan *Walter Gropius e la Bauhaus*. In dem 1962 auch in der Reihe «rowohlts deutsche enzyklopädie»[12] erschienenen Band wurde Gropius in kunst- und sozialgeschichtliche Entwicklungen assoziativ eingeordnet. Er selbst verhielt sich zurückhaltend zu der Darstellung,[13] aber Giedion sah in den gesellschaftlichen Bezügen einen «kommunistisch frisierten Gropius» und warnte, «dass das Publikum nicht durch einen rot angestrichenen Gropius irregeführt»[14] werden dürfe. Zur Verleihung des «São-Paulo-Preises der Matarazzo-Stiftung» im Januar 1954 verfasste Giedion eine weitere Gropius-Biographie. Die in Jahresfrist in drei Sprachen produzierte Publikation *Walter Gropius. Mensch und Werk*[15] zeichnete ein Porträt, das aufgrund der distanzlosen Heldenverehrung massive Kritik von Historikern erntete. So schrieb Lewis Mumford in «The New Yorker»: «By now, the great leaders of the modern movement deserve more than just publicity and eulogy; they have reached a point in their historical development where they deserve a rigorous critical treatment – one that will not simply extoll their virtues but that will candidly discuss their shortcoming. This is all the more necessary because it is the weaknesses of a master that are usually imitated by his followers.»[16]

Nach einigen kleineren Publikationen (James Marston Fitch 1960, Alberto Busignani 1972, Gábor Preisich 1982), die weitgehend auf Giedion basierten, erschien anlässlich des 100. Geburtstags 1983 der erste Band der zweibändigen umfangreichen Arbeit *Walter Gropius. Der Mensch und sein Werk*[17] von Reginald R. Isaacs, einem Kollegen an der Harvard Universität, den Gropius noch zu Lebzeiten zu seinem Biographen bestimmt und ihm dafür das gesamte private Archiv zur Auswertung zur Verfügung gestellt hatte. Das in Zusammenarbeit mit Walter Gropius und später mit der Witwe Ise Gropius verfasste Werk lieferte mit subjektiver Einfühlung und überreichen Zitaten zum persönlichen Umfeld ein distanzlos verklärtes Porträt. 1985 publizierten Hartmut Probst und Christian Schädlich den ersten Band einer dreibändigen Übersicht *Walter Gropius,[18] mit der die in der DDR seit den 1970er-Jahren betriebene Aneignung des Bauhauses als kulturelles Erbe weiter gefestigt werden sollte. Im gleichen Jahr veröffentlichte der Verfasser den ersten kritischen Werkkatalog *Der Architekt Walter Gropius*,[19] der auf der Auswertung der damals noch im Gropius-Haus in Lincoln befindlichen Dokumente, die Ise Gropius freundlicherweise zugänglich machte, des erstmals bearbeiteten Gropius-Bestands im Busch-Reisinger-Museum (BRM) sowie der Nachlässe in der Houghton Library in Harvard (HLH) und am Bauhaus-Archiv in Berlin (BHA) basierte. Der ausführlich kommentierte Werkkatalog, der 1996 in zweiter, leicht überarbeiteter Auflage erschien, bietet eine archivalisch gesicherte, quellenbasierte Darstellung und Analyse der Entwürfe für Architektur und Design sowie eine Einordnung in die planungsrelevanten Zusammenhänge. Ohne Bezug zum architektonischen Werk untersuchte Horst Claussen 1986 «Grundzüge seines Denkens»[20] und zwei weitere Publikationen (Paolo Berdini 1991, Gilbert Lupfer und Paul Sigel 2004) boten eine Auswahl von Bauten.

Die «intellektuelle Biographie» zu Gropius' Leben und Werk basiert auf dem Werkkatalog von 1996, dem umfangreichen Archiv- und Quellenmaterial sowie den vielen Detailstudien zu einzelnen Werken, zum Bauhaus und zu den verschiedenen Lebensabschnitten in Deutschland, England und in den USA. Es geht um eine Untersuchung und «dichte Beschreibung» (Clifford Geertz) des historischen Umfelds und des Denkens und Arbeitens eines Architekten, Pädagogen und Ideologen, der den Aufbruch in die Moderne entscheidend mitgestaltete und der über das Bauhaus, seine Schüler und Nachfolger sowie über die von ihm verbreiteten und verfestigten architektonischen Denkmuster bis heute nachwirkt.

«und arbeite dann mit meinem Zeichner bis halb vier Uhr»

Jugend- und Lehrjahre. Von Schinkel zu Behrens 1883–1910

Walter Gropius, um 1903

Jugend- und Lehrjahre. Von Schinkel zu Behrens

Familientraditionen

Walter Adolf Georg Gropius wurde am 18. Mai 1883 in Berlin als drittes Kind des Regierungsbaumeisters Walter Gropius (1847–1911) und dessen Ehefrau Manon, geb. Scharnweber (1855–1933) geboren. Die ersten vier Lebensjahre verbrachte er mit seinen älteren Schwestern Elise (1879–1892) und Manon (1880–1975) in der elterlichen Wohnung in der Genthinerstraße 23 im Stadtteil Tiergarten. Mit dem allmählichen Aufstieg des Vaters in der Berliner Baubeamtenhierarchie erfolgten mehrere Wohnungswechsel. Als 1887 der jüngere Bruder Georg (1887–1904) auf die Welt kam, zog die sechsköpfige Familie in die Magdeburgerstraße 26 und mit der Beförderung des Vaters vom Regierungsbaumeister zum kgl. Bauinspektor beim Polizeipräsidium 1893 in die Ritterstraße 90. Über den Kurfürstendamm 90 ging es 1900 mit der Beförderung zum kgl. Baurat beim Polizeipräsidium in die Bülowstraße 13, und als der Vater 1908 die relativ hohe Stufe eines geheimen Baurats erreichte, wohnten die Eltern in der Rankestraße 16. Walter Gropius besuchte nach der Grundschule von 1893 bis 1900 das humanistische Leibniz-Gymnasium in Charlottenburg, anschließend wechselte er an das Kaiserin-Augusta-Gymnasium in Steglitz und schloss dort am 28. Februar 1903 mit dem Abitur ab. Über die Schulzeit ist wenig bekannt, aber mehr als ein halbes Jahrhundert später schrieb er an einen Lehrer der Schule: «Es mag Sie amüsieren, daß ich noch regelmäßige Alpträume erlebe, in denen ich schwitzend vor dem Abitur stehe bis am Morgen die Erlösung der wachen Realität eintritt.»[1]

Konfirmiert wurde der evangelisch erzogene Sohn am 29. März 1898. Die Ferien verbrachte Gropius entweder in Timmendorfer Strand an der Ostsee in der 1888 von Hans Grisebach für seine Großtante Auguste Wahlländer errichteten luxuriösen Villa oder auf den Gütern seines Onkels Felix in Hohenstein in der Provinz Posen beziehungsweise des Onkels Erich in Dramburg/Hinterpommern. Das Haus an der Ostsee galt als zweites Heim der Familie. Im Rückblick schrieb Gropius, es «war für mich die eigentliche Heimat, wo ich meine glücklichsten

Walter Gropius (rechts)
mit seinen Eltern und den
Geschwistern Georg (links)
und Manon (rechts oben),
um 1892

Jugendjahre verlebt habe»[2]. Später ging das Haus in den Besitz der Mutter und dann von Gropius und seiner älteren Schwester Manon über. In der benachbarten Villa wohnte die Familie Grisebach, mit deren gleichaltrigem Sohn Helmuth (1883–1970) Gropius eng befreundet war. Mit ihm begann er das Architekturstudium in München und reiste 1907/08 durch Spanien. Auf den Gütern der beiden Onkel ging Gropius zur Jagd und Erich Gropius war dann der erste Bauherr bereits während des Architekturstudiums.

Gropius erklärte später, der Wunsch, Architektur zu studieren, sei bei ihm ganz selbstverständlich aus der Familientradition bis hin zum Beruf des Vaters erwachsen. Da aus der großbürgerlichen Berliner Familie

Gropius im 19. Jahrhundert mehrere Architekten, Künstler und Unternehmer hervorgingen, die mit Karl Friedrich Schinkel in Verbindung standen, wurde der Name Gropius vielfach mit dem größten preußischen Baumeister assoziiert und war in Berlin und Preußen gut bekannt. Dieser familiäre Bezug zur Architektur und zu Schinkel, der angeblich in der Familie wie ein «Hausheiliger»[3] verehrt wurde, verschaffte dem Namen Gropius Renommee und dies war auch hilfreich für die Berufslaufbahn von Walter Gropius. Auf die Familientradition und die preußische Herkunft legte er deshalb auch zeitlebens großen Wert.

Der Urgroßvater des späteren Bauhausgründers, Johann Carl Christian (1781–1854), war mit dem gleich alten Karl Friedrich Schinkel befreundet, der mit ihm 1805–1809 zusammen in einem Zimmer des Hauses der Gabain'schen Seidenweberei wohnte und dort auch ein kleines Atelier hatte. Die florierende Seidenweberei in der Breiten Straße 22, gegründet von dem Hugenotten George Gabain, der den ersten mechanischen Webstuhl nach Berlin brachte und 1791 in die Familie Gropius einheiratete, bildete eines der Zentren der weitverzweigten Familie.[4] Ein Bruder des Urgroßvaters, Wilhelm Ernst Gropius (1765–1852), erwarb Anfang des 19. Jahrhunderts eine Manufaktur für Theaterfiguren sowie ein Theater für die Präsentation von Panoramen, das «Theater von Gropius», für das Schinkel bis 1815 etwa 40 «perspektivisch-optische Schaubilder» als Hintergrunddekorationen lieferte.[5] Bevor Schinkel an der Berliner Oberbaudeputation Fuß fasste, verdiente er einen Teil seines Lebensunterhalts über die Familie Gropius und später verwendete er die Gabain'schen Seidenstoffe öfters bei der Ausstattung seiner Interieurs. Den ältesten Sohn von Wilhelm Ernst, Carl Wilhelm (1793–1870), den späteren Theaterinspektor, Hoftheatermaler und Dekorateur der Kgl. Schauspiele, unterrichtete Schinkel im Zeichnen und Malen. Als Carl Wilhelm zusammen mit seinen Brüdern Ferdinand und Friedrich George ein eigenes Diorama-Theater gründete, das als Kopie des berühmten Pariser Dioramas von Daguerre gestaltet und 1827 eröffnet wurde, half Schinkel mit Skizzen beim Bau.[6] Dieses «Dio-

Familientraditionen 21

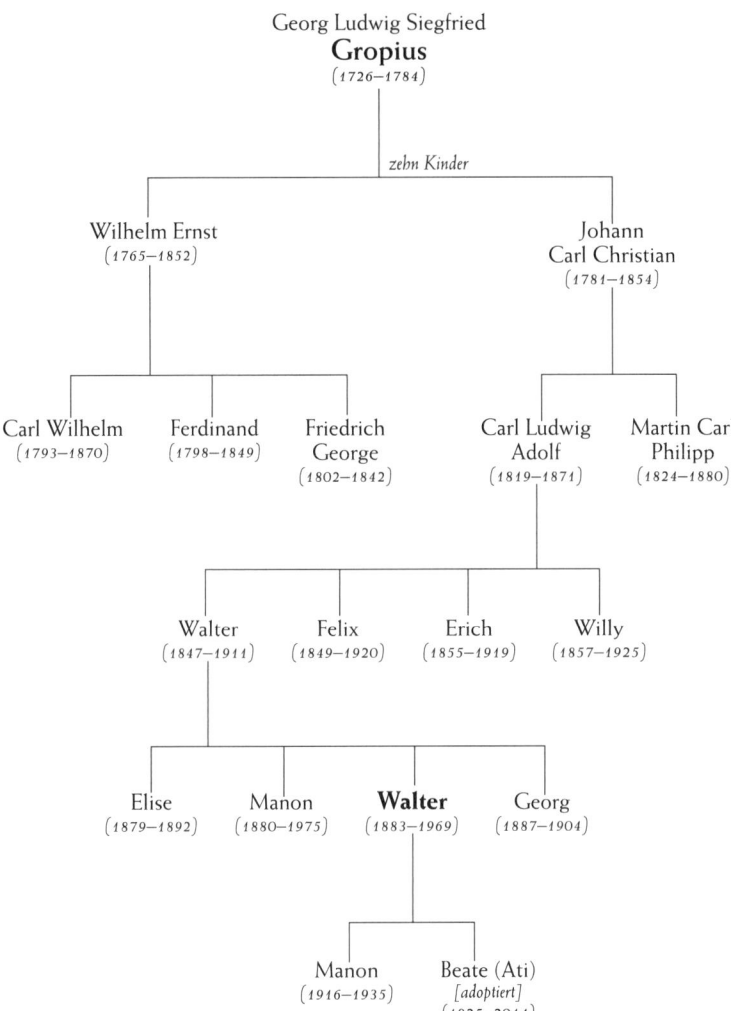

Stammbaum der Familie Gropius

rama der Gebr. Gropius» in der Georgenstraße 12, eine Vorform des Kinos, in dem mit Lichteffekten und Musik wechselnde szenische Gemälde präsentiert wurden, bestand bis 1850.

Eine weitere Verbindungslinie zu Schinkel ergab sich über den Großonkel Martin Gropius (1824–1880),[7] der an Schinkels Bauakademie Architektur studierte und dann dort bis 1867 bei dem Schinkel-Schüler Karl Bötticher, der die Architektur seines Meisters in eine strenge Theorie umformulierte, als Lehrer tätig war. 1869 wurde Martin Gropius Direktor der Kgl. Kunst- und Gewerbeschule sowie Mitglied der Kommission für das technische Unterrichtswesen in ganz Preußen. Seine umfangreiche Bautätigkeit steht ganz in der Tradition der berühmten preußischen Schinkel-Schule.[8] Bekannt wurde er durch das Kgl. Kunstgewerbemuseum, das er zusammen mit seinem Partner Heino Schmieden 1877–1881 in Berlin errichtete. Dieser aufwendig dekorierte Großbau im Berlin der Gründerzeit, heute benannt nach seinem Erbauer, etablierte den Namen Gropius in der Architektur Preußens.

Den Großonkel Martin nannte Walter Gropius öfters, wenn er die Architektentradition in seiner Familie und den Bezug zu Schinkel herausstellen wollte. Die Verweise auf Schinkel sowie auf den Großonkel sind allerdings anfangs von ganz allgemeiner Art.[9] Erst nach der Emigration, als sich Gropius gegen Angriffe auf seine geschichtslose «internationale» Architektur wehrte, zeigte er in seinen Vorträgen auch vermehrt historische Beispiele und nannte den in der Nachfolge von Schinkels Bauakademie stehenden Backsteinbau des Kunstgewerbemuseums als Vorbild für eine funktionale Planung, die auch ihn immer geleitet habe. Als der im Krieg stark zerstörte Bau Anfang der 1960er-Jahre abgerissen werden sollte, konnte er dies dank seines internationalen Renommees verhindern, das Kunstgewerbemuseum wurde 1966 unter Denkmalschutz gestellt und später aufwendig als «Martin-Gropius-Bau» wieder hergestellt.[10] Da Gropius im Gegensatz zu den meisten Architekten seiner Zeit nie Skizzenbücher verwendete, um architektonische Eindrücke, Baudetails oder Grundrisse festzuhalten, kann keine direkte Auseinandersetzung mit Bauten von Schinkel, aber auch mit keinem anderen Architekten konkret belegt werden.[11] Ein architektonischer Bezug zu Schinkel ist bei ihm nur indirekt über die Rezeption der an Schinkel angelehnten Entwürfe seines Lehrers Peter Behrens ablesbar. Inwieweit familiäre Verpflichtung oder echte Neigung die Berufswahl von Gropius bestimmte, ist nicht bekannt. Über den Verlauf seines Studiums lieferte er später nur spärliche und zum Teil ungenaue Angaben, die dazu führten, dass seine minimale akademische Ausbildung in diversen Lebensläufen widersprüchlich und zumeist falsch wiedergegeben wurde, bis dahin, dass im Katalog der berühmten Ausstellung «Modern Architecture: International Exhibition» 1932 im New Yorker Museum of Modern Art eine Ausbildung in Berlin und ein angeblicher Studienabschluss in München vermerkt wurde.[12]

Erste Kontakte zur Architektur

Zum Studium ging Gropius nach dem Abitur an die Technische Hochschule nach München, wo er am 20. April 1903 als Studierender der Architekturabteilung für das Sommersemester immatrikuliert wurde.[13] Um 1900 gewann die Münchner Architekturschule durch deren bedeutendste Persönlichkeit, den viel beschäftigten, renommierten Professor für Höhere Baukunst und «Meister der Architekturzeichnung»[14] Friedrich von Thiersch, einen hervorragenden Ruf. 1909 überholte sie deshalb sogar die bis dahin zumindest hinsichtlich der Studentenzahl in Deutschland führende Architekturabteilung der Technischen Hochschule in Berlin-Charlottenburg, dies könnte ein Grund für die Wahl des Studienorts gewesen sein. Gropius bezog ein Zimmer zur Untermiete in der nahegelegenen Theresienstraße 29, aber er merkte wohl sehr schnell, dass er den Studienanforderungen nicht gewachsen war. Als Absolvent eines humanistischen Gymnasiums hätte er nach einer in diesem Semester noch geltenden Vorschrift ein dreijähriges Grundstudium – prall gefüllt von morgens bis abends an sechs Tagen in der

Woche mit Vorlesungen und Übungen in Höherer Mathematik, Geometrie, Physik, Chemie und Technischer Mechanik – absolvieren müssen, um den Wissensabstand in den mathematisch-naturwissenschaftlichen Fächern zu den Abiturienten der Realgymnasien, für die ein zweijähriges Grundstudium verpflichtend war, auszugleichen. Erst nach erfolgreichem Abschluss dieses Grundstudiums, zu dem noch Hochbaukonstruktion, diverse Zeichenkurse, Baustilkunde sowie Einführungen in die Architektur- und Kunstgeschichte gehörten, erfolgte eine Zulassung zu den Entwürfen und zur eigentlichen Fachausbildung mit mindestens zwei weiteren Studienjahren.[15] In einem Schreiben an seine Mutter, die in den folgenden Jahren in den Zeiten seiner Abwesenheit von Berlin seine wichtigste briefliche Ansprechperson war, teilte Gropius im Frühsommer 1903 mit, dass er an einem männlichen und einem weiblichen Torso modelliere, und vermerkte, das «macht mir viel Spaß und geht mir besser von der Hand, als das Zeichnen»[16]. Schon hier deutete er seine Probleme mit der zeichnerischen Darstellung an, von den Schwierigkeiten mit den naturwissenschaftlichen Fächern berichtete er erst später. Offensichtlich hatte er das von dem Bildhauerprofessor Anton Hess unterrichtete Fach «Modellieren» belegt, zu dem «Komponieren ornamentaler und figürlicher Vorbilder und Ausführung von Kompositionen mit Rücksicht auf ein bestimmtes Material» gehörten, das allerdings nach dem Lehrplan erst im dritten Studienjahr vorgesehen war. Von den Koryphäen der Abteilung, den Professoren August und Friedrich von Thiersch, Karl Hocheder und Emil Edler von Mecenseffy, mit denen Studierende zumeist erst in höheren Semestern in Kontakt kamen, dürfte er überhaupt nichts mitbekommen haben. Sein Kommilitone Helmuth Griesebach berichtete später, dass das Semester in München im Sinne eines Studium Generale auf Allgemeinbildung angelegt gewesen sei. Außerdem bereisten die beiden während des Semesters Oberitalien, von einem Architekturstudium kann somit nicht die Rede sein.[17]

Schon im Verlauf des Semesters schrieb er an die Mutter, dass er überlege, sich im Herbst als Einjährig-Freiwilliger zum Militärdienst zu melden, und als er dann noch von der schweren Krankheit seines jüngeren Bruders Georg (1887–1894), der im Januar des folgenden Jahres starb, erfuhr, brach er am Ende des ersten Semesters das Studium ab und kehrte nach Berlin zurück. Ganz offensichtlich suchte er nach anderen Wegen der Ausbildung, denn im August 1903 trat er ein Volontariat im Architekturbüro Solf & Wichards in Berlin an. Das Büro der Architektensozietät von Hermann Solf und Franz Wichards, spezialisiert auf Bauten im Stil der Deutschen Renaissance, hatte für Gropius' Onkel Erich auf dessen Gut in Janikow in Pommern 1895 ein Gutshaus errichtet, dies öffnete ihm die Türen zu einem Baupraktikum. Da er keinerlei Fähigkeiten der Darstellung, Berechnung oder Ausführung eines architektonischen Entwurfs hatte, konnte er in dem nun folgenden Volontariats- oder Praktikantenjahr wohl auch nur baupraktische Grundkenntnisse über Arbeitsabläufe und Baustellen erwerben. Erich Gropius organisierte für seinen Neffen allerdings eine Tätigkeit, indem er ihn mit einem Arbeiterwohnhaus auf seinem Gut Janikow beauftragte, das dann im Büro von Solf & Wichards gezeichnet und unter dessen Baubetreuung ausgeführt wurde.[18] Welchen Anteil Gropius an Entwurf und Bauausführung hatte, ist nicht bekannt, es dürfte sich eher um eine symbolische Mitwirkung des Zwanzigjährigen gehandelt haben. Das Praktikum, das Gropius durch eine weitere Reise nach Oberitalien im Frühjahr 1904 unterbrach, führte jedenfalls nicht dazu, dass er sich intensiver der Architektur zuwandte, im Gegenteil, bereits während der Zeit im Architekturbüro bemühte er sich um Zulassung zu dem in großbürgerlichen und adeligen Kreisen üblichen Dienst als Einjährig-Freiwilliger und wählte dafür das renommierte Husarenregiment Nr. 15 in Hamburg, die «Wandsbeker Husaren».

Jugend- und Lehrjahre. Von Schinkel zu Behrens

Walter Gropius in
Husarenuniform, um 1905

Bei den Husaren

Der Dienst bei den Husaren hatte in der Familie Gropius eine eigene Tradition, denn der Urgroßvater Johann Carl Christian hatte als Offizier des 8. Husarenregiments 1815 an der Schlacht bei Waterloo teilgenommen und ein Hemd aus dem Reisewagen Napoleons erbeutet, das in der Familie von den jungen Männern als Glücksbringer bei Examen getragen wurde.[19] In dem Eliteregiment zur Ausbildung des Offiziersnachwuchses dienten hauptsächlich Söhne aus adligen Familien, nicht zuletzt da die hohen Kosten für Pferdehaltung, Sattel- und Futtergelder sowie für die maßgeschneiderten aufwendig geschmückten Husarenuniformen selbst finanziert werden mussten. Auf Fotos für die Eltern präsentierte sich Gropius stolz mit der hohen Pelzmütze und der geschnürten Uniformjacke, der Attila der Husaren, aber die Familie musste dafür genauso aufkommen wie für das teure Leben in Casinos und in den besseren gesellschaftlichen Kreisen Hamburgs. In den Briefen an die Mutter geht es deshalb immer auch um Geld und Schulden. Die Mutter Manon, die aus der wohlhabenden Familie Scharnweber stammte (ihr Vater Georg besaß das Rittergut Schönhausen), half ihrem geliebten Sohn aus allen finanziellen Nöten. Die Ausbildung bestand im Wesentlichen im Reiten, bei dem sich Gropius offensichtlich so geschickt anstellte, dass er nach einem Jahr zum Unteroffizier befördert wurde. Um die Offizierslaufbahn fortzusetzen, musste er in den folgenden Jahren Reserveübungen absolvieren. 1906 stieg er zum Vizewachtmeister auf, aber im Sommer 1907 wurde ihm eine weitere Übung bei seinem Regiment verweigert und damit die Laufbahn unterbrochen. Gropius erklärte dies gegenüber der Familie als Intrige, da angeblich das Reservekorps «veradeligt»[20] werden sollte. Die Angelegenheit wurde später durch eine Intervention des Onkels Felix, Hauptmann der Garde-Artillerie a. D., bereinigt, und der nationalen Gesinnung tat dies jedenfalls keinen Abbruch, denn bei Beginn des Krieges meldete sich Gropius am 5. August 1914 freiwillig bei seinen Wandsbeker Husaren, bei denen er – schon im November zum Leutnant befördert – dann die meiste Zeit des Ersten Weltkriegs verbrachte.

Auf seine schmucke Uniform, die Reitkünste und seine Offizierslaufbahn bei den Husaren war er zumindest bis 1918 stolz, dann findet die Militärzeit in seinen Briefen fast keine Erwähnung mehr. Nur als 1923 die Reichswehr seine Wohnung in Weimar durchsuchte, da er angeblich kommunistisches Material besaß, wandte er sich empört an den zuständigen General, zählte seine Orden auf und betonte seine Verdienste als Offizier. In den USA erhielt er 1938 von einem Freund, Erich Schroeder, ein Reitpferd geschenkt und entdeckte seine «alte Pferdeleidenschaft wieder»[21]. Als er 1954 den Brief eines ehemaligen Husarenkameraden erhielt, schrieb er: «Wie Sie bin ich den Pferden treu geblieben. Bis weit in den Krieg hinein begann ich jeden Tag mit einem Ritt.»[22] Dieses luxuriöse Vergnügen musste er 1944 aufgeben, setzte es aber nach dem Krieg bei vielen Urlaubsaufenthalten auf einer Ranch in Colorado oder in Arizona noch lange fort. Eine gewisse Form von «Herrenreiter-Attitüde», von elitärer Distanziertheit umgab Gropius nach dem Eindruck von manchen Zeitgenossen zeitlebens. Dazu gehörten auch teure Maßanzüge und korrekte Kleidung, auf die er immer großen Wert legte.

Studienzeit in Berlin

Nach dem Abschluss des Militärdiensts im September 1905 war Gropius 22 Jahre alt und er beschloss, einen zweiten Anlauf zum Studium zu nehmen. Zum Wintersemester 1905/06 immatrikulierte er sich an der Königlich Technischen Hochschule zu Berlin in Charlottenburg für die Architekturabteilung wieder im ersten Semester, denn von der Münchner Studienzeit konnte er keinerlei Vorkenntnisse in Anrechnung bringen. Dort lernte er Dietrich Marcks[23] (1882–1969), den späteren Archäologen und Mitausgräber der Nofretete, kennen, mit dem ihn eine lebenslange Freundschaft verband und dessen Bruder, den Bildhauer Gerhard Marcks, er 1919 als Leiter der Keramikwerkstatt ans Bauhaus berief. Marcks erinnerte Gropius 40 Jahre später daran, wie sie nachts gemeinsam durch den Grunewald liefen «mit obligaten philosophischen Gesprächen über Kunst und Unsterblichkeit»[24]. Zusätzliche Anforderungen an Absolventen des humanistischen Gymnasiums bestanden in Berlin-Charlottenburg nicht, aber das zweijährige Grundstudium der Architektur war wie überall an deutschen Hochschulen noch bestimmt von Vorlesungen und Übungen zu Physik, Chemie, Geodäsie, Mineralogie, Geologie, darstellender Geometrie, Statik der Hochbaukonstruktion und Baukonstruktionslehre. Dazu kam das Erlernen der Darstellungsfähigkeit mit einer ganzen Reihe von Kursen vom Plan-, Ornament-, Figuren- und Landschaftszeichnen bis zum Aquarellieren und figürlichen sowie ornamentalen Modellieren. Und alles wurde gerahmt von Vorlesungen und Übungen zur Kunst- und Architekturgeschichte von der antiken Baukunst, dem Backsteinbau und der Baukeramik bis zu historischer «Hausausstattung und Möbel». Die Zeichenkurse und der historische Stilkundeunterricht setzten sich im dritten und vierten Studienjahr fort, und erst dann begannen die Übungen zum Entwerfen und die Einführungen zum Städtebau.[25] Da Gropius ähnlich wie bereits in München enorme Probleme mit den fachlichen Anforderungen hatte und dann das nur sporadisch betriebene Studium nach vier Semestern zum Sommer 1907 ohne Prüfung und ohne irgendeinen Abschluss abbrach, erhielt er keinerlei Entwurfsausbildung und kam mit den dafür zuständigen Professoren Otto Raschdorff und Fritz Wolff sowie den renommierten Städtebaulehrern Felix Genzmer und Theodor Goecke nie in Kontakt.

Erste Aufträge

Zum Scheitern des Studiums trug wohl auch bei, dass Gropius bereits im ersten Berliner Semester von seinem Onkel Erich weitere Aufträge erhielt. Ein Arbeiterhaus für eine Stärkefabrik wurde noch 1905 fertiggestellt, Anfang 1906 erfolgten Auftrag und Planung zum Bau eines Kornspeichers sowie eines Schmiede- und Waschhauses in Janikow.[26] Über den Onkel erhielt er außerdem den Auftrag zum Bau einer Villa und eines Wirtschaftsgebäudes für den benachbarten Leutnant a. D. Otto Metzler in Dramburg.[27] Da dieser das Haus bereits im September 1906 bezog, muss Gropius vom Anfang des Studiums an mit Planungen und Bauleitungen beschäftigt gewesen sein. Die notwendigen Zeichnungen führte ein Bauzeichner für ihn aus, den der Student Gropius bereits im ersten Semester bei sich angestellt hatte. Der um sein Studium besorgten Mutter schrieb er am 16. Juni 1906: «Ich stehe [...] jeden Morgen pünktlich um 8 Uhr auf, frühstücke und arbeite dann mit meinem Zeichner bis ½ 4 Uhr durch. [...] Auf der Hochschule habe ich mir auch Arbeiten geben lassen und gehe regelmäßig nachmittags hin.»²⁸ Wie er diesem Zeichner seine Vorstellungen übermittelte, ist nicht bekannt, das Studium blieb auf jeden Fall auf der Strecke, denn am Ende des Monats musste er der Mutter mitteilen: «In den Collegs kann ich nach der langen Pause nicht mehr folgen, sie sind überhaupt außer für Genies illusorisch; ich gehe nicht mehr hin und arbeite alles nach Collegheften durch. Vor Statik graut mir am meisten.» Einige der von Gropius verwendeten Colleghefte sind noch erhalten, sie zeigen letztlich nur, dass er diese unter den Studenten kursierenden Mitschriften, wie beispielsweise zu Viollet-le-Duc und zur Proportionslehre, kannte. Wie viele Übungen er selbst besuchte und was er von diesen Abschriften, die ganz allgemein den Studenten als Repetitorien dienten, übernahm, ist nicht rekonstruierbar.²⁹ Einen Monat später, am 17. Juli 1906, teilte er der Mutter mit: «Für die Bauten habe ich täglich zu tun und noch hat kein Bauherr über mich geklagt.» Da er die Bautätigkeit in Pommern überwachen und mit den beauftragten Baufirmen, den Bauherrn sowie den Bauämtern alles vor Ort abklären musste, blieb für den Besuch der Hochschule kaum Zeit. Die Bauten selbst sind zum einen reine Nutzgebäude, ohne jeden architektonischen Anspruch, zum anderen sind der Kornspeicher und die Villa Metzler direkt nach dem Vorbild des Gutshauses der Architekten Solf & Wichards konzipiert, eine persönliche Handschrift liegt nicht vor. Die eigene Entwurfsleistung beschränkte sich auf die konventionelle Anordnung der Räume und die «malerische» Gruppierung der Bauteile. Die Bauausführung und Werkplanung sowie die technische Durchführung wurden ohnehin üblicherweise von den beauftragten Baufirmen weitgehend selbständig nach Standardplänen mit Standarddetails abgewickelt.

Gropius war somit die ersten beiden Semester vollauf mit eigenen Arbeiten beschäftigt und im Wintersemester 1906/07 kamen weitere Aufträge hinzu. Erich Gropius vermittelte ihm mit dem befreundeten Gutsherrn Brockhausen einen weiteren Bauherrn, für den er im Frühjahr 1907 ein Wohnhaus für Landarbeiter sowie mehrere Wirtschaftsgebäude, darunter ein Sägewerk, auf dessen Gut in Mittelfelde plante und die Ausführung begleitete. Auch im dritten und vierten Semester kam Gropius kaum zum Studium, so dass er wohl selbst einsah, dass sich die akademische Ausbildung in unerreichbare Ferne verschob. Da er nach dem Tod der Großmutter Luise im November 1906 eine beträchtliche Erbschaft machte und er sich wohl ausrechnen konnte, dass er über den Onkel Erich sowie über die große wohlhabende Verwandtschaft und deren Freundeskreis weitere Aufträge erhalten konnte, beschloss er, das Studium ohne irgendeinen Abschluss, und ohne besondere Kenntnisse erworben zu haben, abzubrechen, und ging im Laufe des Sommersemesters 1907 von der Hochschule. Ende September trat er eine einjährige Reise nach Spanien an. Dieser Studienabbruch und das Fehlen eines Diploms erscheinen aus heutiger Sicht gravierend, waren aber zumindest in der Zeit vor dem Ersten Weltkrieg nicht so bedeutsam, sofern man nicht eine Position in einer Bauverwaltung anstrebte. Die Berufsbezeichnung Architekt war nicht geschützt, es gab keine Einschränkungen bei der Planvorlage und Plangenehmigung und insofern spielte der akademische Abschluss keine so große Rolle bei einer Tätigkeit als planender und bauender Architekt. Nicht nur Le Corbusier und Mies van der Rohe, sondern eine ganze Reihe weiterer bedeutender Architekten von Henry van de Velde bis Peter Behrens und von Frank Lloyd Wright bis Marcel Breuer profilierte sich im 20. Jahrhundert ohne Diplom. Theodor Fischer verzichtete sogar einfach auf einen Abschluss und ging mit einer Empfehlung seines Lehrers Friedrich von Thiersch lieber in das Büro von Paul Wallot, da ihm dies für seine weitere Entwicklung wichtiger erschien.[30] Bedeutsam ist also weniger das abgebrochene Studium als die Tatsache, dass Gropius zwar Baupraxis anderweitig erwerben konnte, dass er aber keinerlei Ausbildung im Entwerfen und für Hochbaukonstruktion erhalten sowie relativ wenig von der Architektur- und Baugeschichte gelernt hatte. Im Gegensatz zu anderen Autodidakten, die versuchten, dies nachzuholen, verhielt er sich zu historischer Architektur, mit wenigen Ausnahmen, zeitlebens indifferent bis ablehnend, seine baugeschichtlichen Kenntnisse waren dementsprechend dürftig. Im Studium hatte sich seine Schwäche in der zeichnerischen Darstellung, in der Materialisierung einer Idee gezeigt, aber auch dies ist weniger bedeutsam oder einschränkend, als es einem Laien, der Planungsabläufe in einem Architekturbüro nicht kennt, erscheint. Wie sein Lebenswerk belegt und wie noch ausgeführt wird, entwickelte Gropius seine eigene Form der zeichnerischen Konkretion seiner Ideen über Mitarbeiter und Kollegen.

Karl Ernst Osthaus

Warum die Reise nach Spanien ging und welches Interesse damit verbunden war, ist nicht bekannt, von der Sprache erlernte er erst etwas im Land. Die vielen Berichte an die Mutter vermitteln eher den Eindruck einer weitgehenden Vergnügungsfahrt, etwas garniert mit Kunst, Kultur und Interesse an der Damenwelt, also durchaus vergleichbar der traditionellen Grand Tour von Adeligen durch Frankreich und Italien. Zusammen mit Helmuth Grisebach ging die Fahrt mit dem Schiff von Le Havre nach Bilbao und von da zu Pferd, zu Fuß oder mit der Kutsche über San Sebastian, Burgos, Salamanca, Ávila nach Madrid. Wie einige Beschreibungen in den Briefen an die Mutter belegen, interessierte sich Gropius für die historische Architektur, aber eine intensivere Auseinandersetzung findet sich nur ein einziges Mal beim Besuch des Kastells von Coca bei Segovia. Über diese Anlage verfasste er nach der Rückkehr Ende 1908 einen längeren Text, und bei seinem ersten großen öffentlichen Vortrag über «Monumentale Kunst und Industriebau»[31] verwendete er 1911 Fotos der Burg, um den monumentalen Charakter einer reinen Funktionsarchitektur zu illustrieren. Im Laufe der Reise kamen die beiden auf die Idee, sie könnten in Antiquitätengeschäften Kunstwerke entdecken, diese erwerben und dann gewinnbringend verkaufen. Es zeugt von Gropius' gewaltigem Selbstbewusstsein, dass er nach kurzer Zeit glaubte, er könne die Qualität von Kunstwerken und die Handschrift von Künstlern erkennen, und dass er nicht nur Teile seiner Erbschaft in Ankäufe investierte, sondern auch noch seine Mutter überredete, bei diesen Geschäften mitzumachen. Die beiden Amateure kauften eine unbekannte Zahl von Objekten. Beim Versuch, diese später zu veräußern, stellte sich heraus, dass sie weitgehend wertlosen Ramsch und Talmi erworben hatten. Über diese peinliche Aktion wurde deshalb der Mantel des Schweigens gezogen und Gropius sprach nie mehr darüber. In einem anderen Bereich agierte er hingegen erfolgreicher. Er interessierte sich für Keramik, studierte Geschichte und Technik der Fliesenherstellung, besuchte Sammlungen und arbeitete sogar in der Fliesenmanufaktur in Tirana bei Sevilla, um eigene Entwürfe selbst umzusetzen. In diesem Zusammenhang lernte er Ernst Kühnel und Hans Wendland kennen, die im Auftrag des reichen Industriellensohns Karl Ernst Osthaus (1874–1921) maurische Keramik für dessen Folkwang-Museum in Hagen suchten.[32] Osthaus kam auf Anregung von Wendland nach Sevilla, erwarb mit Hilfe von Gropius einige Keramiken und es entwickelte sich sehr schnell eine gute Beziehung, denn vor seiner Abreise schickte er noch ein Empfehlungsschreiben an Peter Behrens (1868–1940), das Gropius den Weg in dessen Architekturbüro ebnete. Die Bekanntschaft und spätere Freundschaft mit Osthaus sowie die Tätigkeit bei Behrens sollten sich als entscheidende Wende im Leben von Gropius herausstellen. Der verbummelte Architekturstudent kam mit einem der reichsten Kunstmäzene Deutschlands und mit dem Chefarchitekten und Designer der AEG in Verbindung, er trat ein in die Gedankenwelt Friedrich Nietzsches, Alois Riegls, Wilhelm Worringers und des 1907 gegründeten Deutschen Werkbunds, nahm Teil an den Architektur- und Kulturdiskussionen der Avantgarde. Sein Leben und Denken verliefen von da an in völlig neuen Bahnen. Ohne dieses Zusammentreffen in Sevilla wäre auch Gropius mit großer Wahrscheinlichkeit den Weg seines Freundes Helmuth Grisebach gegangen, der sich zu einem im Heimatstil tätigen regionalen Provinzarchitekten entwickelte.

Mitarbeit im Büro von Peter Behrens

Anfang Mai 1908 kehrte Gropius von der Spanienreise zurück und im Juni begann der inzwischen 25-Jährige seine Tätigkeit im Büro von Peter Behrens in Neubabelsberg. Seine Position beschrieb er im Rückblick völlig überzogen als «Hauptassistent» oder «rechte Hand» von Behrens, richtig ist wohl eine andere Selbstbezeichnung, er sei als «Faktotum», das heißt als «Mädchen für alles», tätig gewesen.[33] Sein Entree bildete die Empfehlung von Osthaus, über den Behrens den Auftrag zum Bau des Krematoriums in Hagen-Delstern erhalten und für den er 1905 den Versammlungsraum in dessen Folkwang-Museum in Hagen gestaltet hatte. Für die von Osthaus auf einer Fläche von 100 Hektar geplante Gartenstadt und Künstlerkolonie Hohenhagen hatte Behrens 1907 den Lageplan überarbeitet und zwei Häuser, das Haus Schroeder und das Haus Cuno, standen zur Ausführung an. Es liegt somit auf der Hand, warum Gropius, der ohnehin eine normale Zeichentätigkeit im Büro nicht hätte ausführen können, mit der Betreuung und Bauleitung der beiden Häuser, den Bereichen, in denen er eine gewisse Erfahrung gesammelt hatte, beauftragt wurde. Die persönliche Beziehung zu dem 15 Jahre älteren renommierten Künstler und Architekten entwickelte sich immerhin so weit, dass er mit Behrens Bauten von Schinkel besichtigte, ihn 1909 auf einer Reise nach England begleiten durfte, in dessen Haus eingeladen wurde und für die Tochter Petra als Tennislehrer fungierte. Dieser persönliche Bezug war entscheidend dafür, dass Gropius in den nur knapp zwei Jahren, die er im Büro Behrens verbrachte, über die gesamten Diskussionen und Aktivitäten zu einer Erneuerung der Architektur und Kultur, an denen Behrens seit der Jahrhundertwende maßgeblich beteiligt war, gleichsam aus erster Hand informiert wurde.

Der Maler und Grafiker Peter Behrens[34] war mit dem Bau seines eigenen Hauses auf der Mathildenhöhe in Darmstadt 1901 bekannt geworden. Mit der Berufung von Avantgarde-Künstlern in die neue Künstlerkolonie und mit der begleitenden Ausstellung «Ein Dokument Deutscher Kunst» wollte Großherzog Ernst Ludwig zum einen Kunst und Gewerbe in seinem Land fördern und zum anderen ein nationales Zeichen für einen künstlerischen Neuanfang beim Aufbruch in das 20. Jahrhundert setzen. Das Haus Behrens war nicht nur ein Manifest des aus der Lebensreformbewegung am Ende des 19. Jahrhunderts hervorgehenden Jugendstils, sondern auch eine Verherrlichung Friedrich Nietzsches, des wichtigsten Ideengebers dieser Reform, der sich am radikalsten gegen die Dominanz der Historie im Leben geäußert hatte.[35] Wie viele Künstler der Zeit hatte auch Behrens die Werke Nietzsches, insbesondere die *Unzeitgemäßen Betrachtungen* und *Also sprach Zarathustra*, intensiv studiert, war von dessen Ideen völlig durchdrungen und wie als Spiegel dieser Ergriffenheit zeigte sein Künstlerhaus vom stilisierten Adler auf der Eingangstüre bis zur Ausstattung und Farbgebung Motive, die auf Nietzsche beziehungsweise Zarathustra verwiesen.[36] Schon Fritz Schumacher fühlte sich deshalb im Behrens-Haus an «Zarathustras Gesänge»[37] erinnert. In zahlreichen Vorträgen verknüpfte Behrens Ideen Nietzsches mit den Aufgaben des Bauens und den Vorstellungen von Alois Riegl, August Schmarsow u. a. zu einer spezifischen Architekturtheorie,[38] die Gropius direkt von ihm beziehungsweise in dessen Atelier aufnahm und in den folgenden Jahren zum Teil wörtlich wiederholte. Auch seine beiden Hauptwerke vor dem Ersten Weltkrieg – das Faguswerk und das Bürogebäude auf der Werkbundausstellung in Köln – stehen im direkten Zusammenhang mit diesen Vorstellungen.

Nietzsches 1873 erschienene *Unzeitgemäße Betrachtungen. Vom Nutzen und Nachteil der Historie für das Leben* zertrümmerten den Historismus, die dominierende Denkrichtung und Grundlage des Stilpluralismus der Architektur. Die geschichtliche Forschung hatte dem sich entwickelnden historischen Bewusstsein im Laufe des 19. Jahrhunderts immer mehr Kenntnisse über alle Epochen geliefert. Für Architekten standen historische Stile nahezu beliebig zur Auswahl und die Diskussionen kreisten schier endlos um die Frage nach dem richtigen Stil, nach dem adäquaten architektonischen Ausdruck der eigenen Gegenwart. Da sich diese Gegenwart unter dem Druck von Industrialisierung, Urbanisierung und sozialen Spannungen immer radikaler veränderte, geriet die historische Weltorientierung, der Historismus, in eine Krise.[39] In dieser Zerrissenheit zwischen rückwärtsgewandter Sinngebung aus der Geschichte und radikalem Fortschrittsglauben, die sich in den 1870er-Jahren nach der Reichsgründung noch verschärfte, lieferte Friedrich Nietzsche mit seinen *Unzeitgemäßen Betrachtungen* einige der entscheidenden Begriffe, mit denen die kulturkritischen Diskussionen in den Jahrzehnten bis zum Ersten Weltkrieg ausgetragen wurden.[40] Nach Nietzsche lebte «der Deutsche unserer Tage» in einem «chaotischen Durcheinander aller Stile»[41], er häufte nur die «Formen, Farben, Produkte und Kuriositäten aller Zeiten und Zonen» um sich auf und brachte dadurch «jene moderne Jahrmarkts-Buntheit hervor», die von «den Gebildeten» als das «Moderne an sich» bezeichnet wurde. Der als Zerrissenheit diskreditierten Vielfalt stellte er eine Kultur als Ausdruck stilistischer Einheit gegenüber: «Kultur ist vor allem Einheit des künstlerischen Stiles in allen Lebensäußerungen eines Volkes.»[42] Diese Definition und die daraus resultierende Suche nach Einheit können geradezu als Leitmotiv zahlloser Diskussionen und künstlerischer Aktivitäten der folgenden Jahrzehnte – auch bei Gropius – bezeichnet werden. So erklärte Joseph Maria Olbrich 1898: «Eine Stadt müssen wir bauen, eine ganze Stadt […]. Alles von demselben Geist beherrscht, die Straßen die Gärten und die Paläste und die Hütten und die Tische und die Sessel und die Leuchter und die Löffel Ausdrücke derselben Empfindung […].»[43] Kultur konnte nach Nietzsche nur «etwas lebendig Eines» sein. Wer also die Kultur eines Volkes fördern wollte, «der erstrebe und fördere diese höhere Einheit und arbeite mit an der Vernichtung der modernen Gebildetheit zugunsten einer wahren Bildung, er wage es, darüber nachzudenken, wie die durch Historie gestörte Gesundheit eines Volkes wiederhergestellt werden […] könne.»[44] Die Einheit der Kultur sollte somit auch als nationales Heilmittel, als «Erziehung zur Nation» dienen, ein Thema das seit den 1890er-Jahren von einflussreichen Autoren wie Julius Langbehn, Paul de Lagarde und Moeller van den Bruck sowie dem nationalliberalen Politiker Friedrich Naumann besonders betont wurde und dann im Deutschen Werkbund eine wichtige Rolle spielte.[45] Die Künstler wurden aufgerufen, die durch die Akademien produzierten historischen Masken der Stile, jenen «Alptraum» verlogener «Jahrmarkts-Buntheit» zu zerschlagen und für ihre eigene Zeit – nur mit Blick auf das Leben der Gegenwart – eine einheitliche Kultur zu gestalten. Schaffung von Kultur bedeutete somit Abwendung von der Geschichte, Lösung von den akademischen Bildungsidealen und Kampf für einen einheitlichen Ausdruck als Stil der Gegenwart. Kennzeichnend für diese Haltung, die dann auch Gropius rigoros vertrat und die sich bei ihm im Bauhaus-Manifest und in zahllosen späteren Reden und Schriften niederschlug, war es, den Historismus des 19. Jahrhunderts als «Feind» zu behandeln, der beseitigt werden müsse. So heißt es im Jahrbuch des Deutschen Werkbunds 1912: «Wir schulden es unserer nationalen Würde, daß wir den Schutt hinwegschaufeln, den ein Jahrhundert der Unkunst über unser einst so fruchtbares Feld gebreitet hat.»[46] Die Gegenwart, deren Lebenskräfte erfasst werden sollten, zeichnete Behrens in seinen Vorträgen mit dem von Houston Stewart Chamberlain übernommenen antithetischen Begriffspaar als eine zerrissene «Zivilisation», der er die angestrebte Einheit der «Kultur» gegenüberstellte. Die moderne Zivilisation war für Behrens und andere «Nietzschelinge»[47] das Produkt von Wissenschaften und Technik, die auf Analyse, Zerlegen und Berechnung angelegt waren. Deren Errungenschaften sollten nicht geleugnet, sondern durch den Künstler und dessen Kraft der Intuition zu einer Synthese gebracht und somit in Kultur übergeführt werden. Aus der Technik allein konnte demnach keine Kunst entstehen, sie war «im Prozeß der künstlerischen Form kein schöpferischer»[48] Faktor. Nur der Künstler konnte den «gesamten Geistesäußerungen einer Epoche» einen «einheitlichen Formenausdruck»[49] geben, sie zu einem Stil verdichten und so den Zustand der Kultur herstellen. Bei der Eröffnung der Darmstädter Ausstellung 1901 brachte Behrens diese Ideen in einem von ihm gestalteten «Weihespiel» zum Ausdruck: Ein Künstlerpriester trug ein «Zeichen», den Kristall oder Diamanten Zarathustras, von der Höhe zu den Menschen herab und der begleitende Text erläuterte, so wie der «Kohlenstaub in den reinen leuchtenden Kristall» des Diamanten verwandelt werde, «so wird das rohe ungestaltete Leben zur Schönheit, wenn wir es läutern durch die uns eingeborene Macht künstlerischen rhythmischen Formens»[50].

Diese Kraft zur Verwandlung, Veredelung oder Vergeistigung des Materials erklärte Behrens nicht nur mit Bezug auf die von Nietzsche dem Künstler zugewiesene Rolle als Kulturbringer, sondern auch über die Theorien des österreichischen Kunsthistorikers Alois Riegl, der im Künstler den Vollender eines «Kunstwollens»[51] seiner Zeit sah. Die wirkenden Kräfte einer Zeit mussten demnach durch eine geistige Leistung zu einem Kunstwerk geformt werden. Mit der Theorie vom teleologisch auf künstlerische Gestaltung gerichteten «Kunstwollen» wandte sich Riegl gegen «materialistische» Auffassungen von der Entstehung von Kunst nach den Gesetzmäßigkeiten der verarbeiteten Materialien. Als Vertreter des Kunstmaterialismus benannte er Gottfried Semper, der in seinem großen Werk *Der Stil in den technischen und tektonischen Künsten* die Verarbeitung von Materialien nach deren Eigenschaften als Grundlage für die Entstehung von Kultur beschrieben hatte.[52] Nach Riegl verstand es der Künstler, dem anonymen Kunstwollen Form zu geben, indem er aus eigener geistiger Leistung Körper und Räume schuf. Diese Vorstellung basierte wiederum auf der von August Schmarsow entwickelten Theorie vom Raum als «Das Wesen architektonischer Schöpfung». Ausgehend von der Wahrnehmung der eigenen Körperlichkeit und dem daraus resultierenden Raumgefühl hatte der Kunsthistoriker Schmarsow 1893 den Raum als ein geistiges, von der Materie unabhängiges Element definiert, das der Architekt in einem schöpferischen Akt formt. Erst über Schmarsows Gründungsmanifest der modernen Architektur wurde «Raum» zur zentralen architektonischen Kategorie und der Architekt zum Künstler, der in einer rein geistigen Tätigkeit Räume und Baukörper gestaltete.[53] Diese künstlerisch geistige Gestaltgebung war für

Behrens die zentrale Aufgabe des Architekten beim Umgang mit der Technik beziehungsweise bei der Formung einer Konstruktion. Die Berechnungen des Ingenieurs lieferten demnach nur «nackte Konstruktionsformen», ein statisches Gerippe oder eine «Technikform», die der Architekt im Vollzug des Kunstwollens und mit seiner intuitiven Gestaltungskraft in eine «Kunstform» verwandeln müsse. Das Kunstwollen bezog sich ausschließlich auf die Kräfte der Gegenwart, der «von allen akademischen (intellektuellen) Fesseln losgelöste Kunstwille»[54] des Architekten fand «durch intuitives Vorgehen» allein aus sich heraus die Gesetze der Kunst, mit denen er die Einheit des Stils schaffen und damit seine Mitmenschen wieder zur Kultur führen konnte. Der Architekt wirkte somit im Sinne Nietzsches als Erzieher, wozu die nur historisch Gebildeten nicht in der Lage waren. Dem Konstrukt aus Ideen Nietzsches, Schmarsows und Riegls lieferte Wilhelm Worringer schließlich noch in seiner Schrift *Abstraktion und Einfühlung* ein entwicklungsgeschichtliches Schema und bereits im Titel eine griffige Formel. Danach zielten die Gesetze der Materie auf abstrakte Konstruktion, die erst durch künstlerische Einfühlung in den Kunstwillen zu einem Organismus gestaltet wird. Der Architektur kam dabei eine Leitfunktion zu, an ihr war nach Worringer «das Kunstwollen eines Volkes abzulesen»[55].

Als Behrens 1903 an die Düsseldorfer Kunstgewerbeschule berufen wurde, bildete dieses Ideengemenge die Grundlage seiner Lehre. Es ging nicht mehr – wie bis dahin üblich – um die Nachahmung von historischen Vorbildern oder von Naturformen, sondern im Zentrum stand die Zurückführung aller Gestaltungen auf wenige geometrisch abstrakte Prinzipien. Die Natur sollte dabei zwar als Vorbild dienen, aber nur, um deren innere gesetzmäßige Organisation zu erfassen, und um dann nach diesem «autonomen Bildungsgesetz»[56] zu gestalten. Diese Kunstgesetze hatten sich nach Behrens «seit Anfang aller menschlichen Kultur als fortlaufende Tradition gültig erhalten», ihr Zentrum bildete die «Proportion, die das Alpha und Omega von allem Kunstschaffen ist»[57]. Aus der Geschichte, die Behrens genau studierte, sollten also keine wechselnden (Stil-)Formen übernommen, sondern Konstanten gefunden werden. Die geistige Veredelung aller Produkte auf der Basis einheitlicher Kunstprinzipien, um die gesamte Lebenswelt wieder in eine harmonische Einheit zu bringen, die «Wiedereroberung harmonischer Kultur»[58] standen dann auch hinter der Gründung des Deutschen Werkbunds, an dessen Konstitution Behrens 1907 als einer von zwölf Künstlern beteiligt war. Im gleichen Jahr wurde er von Emil Rathenau zum künstlerischen Berater der AEG berufen, um allen Produkten und Erscheinungsformen des Konzerns einen einheitlichen Ausdruck zu geben. Behrens gab seine Stelle in Düsseldorf auf, richtete Ende 1907 ein Büro im Gartenatelier der von ihm gemieteten «Villa Erdmannshof»[59] des Hofbildhauers Erdmann Encke in Neubabelsberg ein, und in den folgenden Jahren schuf er für die AEG geradezu prototypisch jene einheitliche Gestaltung, die Nietzsche als Grundlage der Kultur definiert hatte.

Als Walter Gropius im Juni 1908 in das Neubabelsberger Büro kam, konnte er somit direkt die Arbeit am Corporate Design der AEG miterleben. Im Rückblick erklärte er 1966, er habe bei Behrens die «Beherrschung der Technik der räumlichen Beziehungen und der Proportionslehre»[60] an konkreten Beispielen kennengelernt und dieser habe ihn «in die Systemlehre der mittelalterlichen Bauhütten und in die geometrischen Regeln der griechischen Architektur» eingeführt. Auch wenn in Gropius' Erinnerungen häufig die Fakten dem jeweiligen Stand seiner Biographie angepasst sind, so liegt es doch aufgrund seiner bis dahin fehlenden Entwurfsausbildung auf der Hand, dass er erst bei Behrens die zentralen Elemente des Entwerfens, die Gestaltung und Proportionierung von Baukörpern und Räumen erlernte. Im Umgang mit Behrens erfuhr er sicher auch einiges über historische Proportions- und Systemlehren. Neben Rastersystemen und Goldenem Schnitt konnte er bei Behrens auch die von August Thiersch[61] entwickelte Proportionsmethode nach gleichen Seitenverhältnissen von Bauteilen kennenlernen, die über das *Handbuch für Architektur* vor dem Ersten Weltkrieg weite

Verbreitung fand. Im Gegensatz zu Behrens[62] zeigen Gropius' Entwürfe allerdings keine strenge Systematik und auch in seinen vielen Schriften und Vorträgen blieben Verweise auf Proportion pauschal. Verschiedene Formen der Proportionierung sind jedoch auch im Werk von Gropius nachweisbar[63] und Ernst Neufert erinnerte sich später, dass Gropius mit «Hilfsrastern»[64] gearbeitet und dies den Studenten vermittelt habe.

Die 22 Monate im Behrens-Büro sind in nahezu jeder Beziehung für Gropius' weitere Entwicklung entscheidend. Er tauchte ein in die Diskussionen über Einheit des Stils und Kunstwollen, Kultur und Zivilisation, Technik- und Kunstform, Raumschöpfung und Baukörpergestaltung, Vergeistigung der Produkte und Erziehung zu nationaler Gestaltung, aber er übernahm diese Ideen weitgehend aus zweiter Hand. In seinen späteren Texten erwähnte er zwar Riegl und Worringer, aber er zitierte diese zumeist aus den Texten von Behrens, der sich in diesen Jahren wiederholt und detailliert zum Thema «Kunst und Technik»[65] äußerte und immer wieder Nietzsches Stildefinition verwendete.[66] Nietzsche wurde von Gropius nie erwähnt,[67] die zentrale Denkkategorie «Einheit des Stils als Grundlage von Kultur», die sich bis an sein Lebensende in zahllosen Varianten durch seine Texte und Vorträge zieht, blieb bei ihm ohne Verweis auf den Urheber, aber auch Behrens wurde nicht als Vermittler genannt. Ob es sich um eine weitgehende Übernahme von allgemein präsenten Themen «aus zweiter Hand» oder um eine bewusste Verdrängung historischer Zusammenhänge handelt, sei dahingestellt. Dass Gropius häufig seine eigene Tradition konstruierte, hatte jedenfalls bei ihm Methode. Wie viel Architekturtheorie Gropius überhaupt selbst studierte, ist nicht definitiv zu beantworten. Seine Bibliothek, die von Deutschland 1937 zumindest teilweise mit in die USA wanderte, enthielt jedenfalls keinen einzigen der klassischen Architekturtraktate von Vitruv[68] bis Viollet-le-Duc und auch das *Handbuch der Architektur*, die umfassende Grundlage für jedes Architekturwissen für deutschsprachige Architekten bis in die 1930er-Jahre, war mit keinem Band vertreten. Sempers *Der Stil* und Riegls

42 Jugend- und Lehrjahre. Von Schinkel zu Behrens

Mitarbeiter im Büro von Peter Behrens: Adolf Meyer (zweiter von links), ungesichert Mies van der Rohe (erster von links) und Walter Gropius (hinten rechts), um 1908

Stilfragen waren zwar vorhanden und Frank Lloyd Wrights Wasmuth-Publikation *Ausgeführte Bauten und Entwürfe* erhielt er von seiner Mutter 1912 geschenkt, aber letztlich handelt es sich nur um eine Handvoll Architekturpublikationen aus der Zeit vor dem Ersten Weltkrieg und auch Werke zu Philosophie und Geschichte sind insgesamt nur spärlich zu finden.[69]

Im Behrens-Büro, in dem etwa ein Dutzend immer wieder wechselnde Personen unter der Leitung von Jean Krämer[70] beschäftigt waren, lernte er Mies van der Rohe kennen, der dort von Oktober 1908 bis Mai 1910 (und von Mai 1911 bis Anfang 1912) tätig war, und er traf Adolf Meyer (1881–1929), der zwar wahrscheinlich schon im September 1908 Behrens wieder verließ, den er aber dann nach der Gründung seines eigenen Büros im Frühjahr 1910 als Mitarbeiter holte. Entgegen einer vielfach verbreiteten Legende war Charles-Édouard Jeanneret, der sich später Le Corbusier nannte, nicht gleichzeitig bei Behrens, er kam erst nach dem Weggang von Gropius im Herbst 1910.[71] Für die weitere architektonische Entwicklung war es sicher bedeutsam, dass Gropius in engste Berührung mit dem Thema Fabrikbau kam, denn er konnte die Planung und den Bau einiger AEG-Gebäude, darunter die Turbinenfabrik an der Huttenstraße in Moabit, direkt miterleben. Diese Fabrikhalle ist ein Musterbeispiel für die Umgestaltung der Technikform in eine Kunstform durch den Kunstwillen des Architekten. Behrens verkleidete den von dem AEG-Ingenieur Karl Bernhard berechneten Dreigelenkträger im Fassadenbereich an der Berlichingenstraße mit Blech und gab damit der Fachwerk-Stabkonstruktion Masse und Körperlichkeit. Diese Wirkung verstärkte er durch schräggestellte Glasflächen zwischen den wie eine Pfeilerkolonnade aufgereihten Trägern. Die Stirnseite bildete er wie ein Tympanon mit einer darunterstehenden senkrechten Glasfläche aus, die zwischen geböschten Eckpylonen eingespannt scheint. Die ägyptisierenden Pylone vermitteln einen massiven Eindruck, sie bestehen aber nur aus einer gekrümmten Betonschale und sind im Inneren hohl. Während der Ingenieur dies als «Ver-

Peter Behrens, AEG-Turbinenfabrik, Huttenstraße Berlin, um 1910

kleidung»[72] kritisierte, handelte es sich für Behrens um eine Gestaltung, bei der «das statische Moment ästhetischen Ausdruck»[73] fand. Die berechnete Technikform erhielt durch Licht und Schattenflächen, die auf einem Gitterträger nicht hätten erzeugt werden können, «Körperlichkeit» und diese «Erscheinung des Voluminösen» vermittelte dem Auge den Eindruck von «Stabilität». Die Veränderung der berechneten in eine «dargestellte Stabilität» ist eine Demonstration des Kunstwillens des Architekten, der die gesamte Fabrik als einen Baukörper gestaltete, dem er historische Bezüge verlieh, ohne eine Stilform zu übernehmen. Es handelt sich nicht um Verkleidung oder gar Fehler, die auch Gropius später Behrens unterstellte, um sein Faguswerk von der Turbinenfabrik abzugrenzen, sondern um ganz bewusste Gestaltung ästhetischer Prinzipien, um eine Demonstration des Kunstwillens des Architekten, der eine bislang gering geschätzte Bauaufgabe geistig und kulturell veredelte. Für Behrens war es nicht Aufgabe der Architektur, die Konstruktion «zu enthüllen, sondern den Raum zu umschließen, zu umkleiden», denn «Architektur ist Körpergestaltung»[74]. Mit dieser Hierarchisierung der Ästhetik über der Konstruktion, aber auch der impliziten Trennung zwischen innerer Konstruktion und äußerer Schönheit, stand Behrens in der Tradition einer seit Jahrzehnten unter Architekten kontrovers diskutierten Frage nach dem Zusammenhang zwischen «Tektonik» und «Bekleidung», «Kern» und «Stilhülse»[75], berechneter Konstruktion und aufgesetztem Stildekor.[76] Auch Gottfried Semper, der von Riegl und dessen Nachfolgern als «Materialist» falsch interpretiert wurde, vertrat die Auffassung, dass die berechneten dünnen Eisenformen mit Blech verkleidet werden müssten, um dem Auge «Masse» entgegenzusetzen und damit erst Architektur zu schaffen.[77] Die Entfernung der «Hülle», das Zeigen des Gerüstes und die Ästhetisierung des «nackten Bauorganismus» wurden erst im Zuge eines Transformationsprozesses der ästhetischen Wertvorstellungen zu Themen für Architekten, nur schrittweise wurden die vom Ingenieur berechneten Formen Maß und Vorbild für eine neue Architektur. «Anima forma corporis», die Form entsteht nicht nach den Gesetzen der Materie, sondern wird vom Geist bestimmt, dieses Prinzip von Thomas von Aquin und Meister Eckhart lernte Gropius bei Behrens kennen, und als er das Bürogebäude auf der Werkbundausstellung in Köln 1914 konzipierte, ließ er im Foyer über dem Eingang als Motto und Programm die Inschrift anbringen: «Die Materie harrt der Form»[78].

Im Rückblick erklärte Gropius, er habe im Behrens-Büro am Ausstellungspavillon der AEG auf der Deutschen Schiffbauausstellung 1908 in Berlin mitgewirkt und die beiden Häuser Schroeder und Cuno für Karl Ernst Osthaus in Hagen betreut. Letzteres ist durch einen Briefwechsel über Bauschäden an den Gebäuden belegt.[79] Beim Haus Schroeder setzte Behrens das Obergeschoss durch ein eingezogenes umlaufendes Band vom Erdgeschoss ab. Dieser Rücksprung führte dazu, dass das

Peter Behrens, Haus Cuno in Hagen, um 1910

Mauerwerk durchnässt wurde, und da auch der verwendete Kunstsandstein mangelhaft war, kam es bei Frost zu Abplatzungen der Wand. Osthaus beschwerte sich bei Behrens und erklärte, dass dadurch dessen Ruf geschädigt würde, der ohnehin durch gravierende Probleme am Hagener Krematorium, an dem die Marmorverkleidung herunterfiel, angeschlagen sei. Beim kurz darauf errichteten Haus Cuno kam es ebenfalls zu Problemen mit Mauerrücksprüngen, die Isolierung der vorstehenden Mauerblöcke funktionierte nicht und zudem gab es beim tiefer gelegten Erdgeschoss Schwierigkeiten mit der Entwässerung. Osthaus beschwerte sich wieder bei Behrens, worauf dieser zuerst zusammen mit Gropius erklärte: «Unser Bauführer versagt gänzlich»[80] und im Übrigen seien die ausführenden Firmen an den Bauschäden schuld. Als sich der Streit zuspitzte, machte Behrens seinen Bauleiter Gropius verantwortlich und dieser versuchte wiederum, sich sowohl gegenüber Behrens wie auch direkt bei Osthaus zu rechtfertigen. Osthaus erklärte er, dass er

Behrens auf die Probleme hingewiesen habe und seine Einwände mit Skizzen und Briefen belegen könne, dass aber Behrens nicht auf ihn eingegangen sei.[81] Diese Argumentation erscheint nicht überzeugend, zum einen, da Gropius wenig Kenntnisse zu baukonstruktiven Fragen hatte, und zum anderen, da er als Bauleiter bei entsprechendem Wissen auch ohne Eingriffe in den Entwurf durch fachlich korrekte Detailausbildungen und durch Materialkontrolle die Bauschäden hätte verhindern können. Bei den Auseinandersetzungen kritisierte Behrens seinen Bauleiter Gropius so massiv, dass dieser am 5. März 1910 kündigte und das Büro umgehend verließ. Gegenüber Osthaus liest sich der Rauswurf allerdings so, dass er sich aufgrund der Auseinandersetzungen mit Behrens «genötigt gesehen habe», auf eine «fernere Zusammenarbeit mit ihm zu verzichten»[82]. Auch wenn man berücksichtigt, dass sich Gropius gegenüber Osthaus, der ihn zu Behrens vermittelt hatte, rechtfertigen musste, so ist es doch bezeichnend für Gropius' Selbsteinschätzung, dass der völlig unerfahrene und unbekannte knapp 27-Jährige seinen Rauswurf als Verlust für den berühmten und gut beschäftigten Behrens darstellte. In einem Brief an Osthaus vom 19. März erkannte er immerhin an, dass «die künstlerischen Eindrücke», die er durch Behrens empfangen habe, «von nachhaltiger Wirkung» auf ihn bleiben würden. Wie dem auch sei, Gropius erreichte jedenfalls, dass ihm Osthaus den Rücken stärkte und dass sich dieser bei Behrens über das Ausscheiden des zuständigen Bauleiters beklagte.[83] Das gute Einvernehmen zwischen Gropius und Osthaus bestand weiter. Der reiche Mäzen versorgte den jungen Architekten, der im April ein eigenes Büro in Neubabelsberg eröffnete, mit Aufträgen und bezog ihn in die Arbeit des Deutschen Werkbundes ein. Da Gropius zudem wieder Aufträge aus der Verwandtschaft und deren Freundeskreis hatte, vollzog sich der Wechsel relativ problemlos, und auch mit Behrens kam es über die weitere Arbeit im Werkbund wieder zu einem gewissen Einvernehmen. Die Lehrjahre waren 1910 vorbei. Gropius hatte einige Kenntnisse über Bauen und Entwerfen erworben, kannte die aktuellen Diskussionen, hatte sich die zentralen Begriffe und Konzeptionen angeeignet, die ihn dann zeitlebens begleiteten, und trat von nun an als selbständiger und selbstbewusster Architekt auf.

«Ich selbst bin zwar nicht begabt, aber doch erfolgreich»
Vom Faguswerk zum Bauhaus-Manifest
1910–1919

Faguswerk in Alfeld a. d. Leine, Blick auf die stützenlose Eckkonstruktion, um 1912

«Atelier für Architektur»

Nach dem mehr oder weniger zwangsweisen Abschied von Behrens bezog Gropius ein kleines Büro in Neubabelsberg und holte Adolf Meyer, der zwischenzeitlich für Bruno Paul gearbeitet hatte und mit dem er wohl in Kontakt geblieben war, als Mitarbeiter zur Abwicklung einiger Bauaufträge für die Verwandtschaft. Gegen Ende des Jahres 1910 zog er nach Berlin-Wilmersdorf an den Nikolsburger Platz 4, wo er bis März 1913 sein «Atelier für Architektur» – die Benennung verweist auf den künstlerischen Anspruch – betrieb.[1] Anschließend verlegte er das «Atelier» in seine Wohnung in der Kaiserin-Augusta-Straße 68 in Berlin-Tiergarten, wo es bis zum Beginn des Krieges bestand. Für den Onkel Erich führte er mit Meyer ein einzelnes Doppelwohnhaus sowie eine Gruppe von vier freistehenden Doppelwohnhäusern für Landarbeiter auf dessen Gut Janikow in Dramburg/Pommern aus. Weiterhin baute er dessen Herrenhaus auf Golzengut bei Dramburg um und errichtete dazu ein ähnliches Arbeiterwohnhaus wie in Janikow. Für einen weiteren Landadligen, Friedrich Wilhelm von Arnim, konnte er auf dessen Gut Falkenhagen bei Rummelsburg in Hinterpommern eine große Villa mit Wintergarten sowie ein Doppelwohnhaus für Landarbeiter errichten. Ob Gropius eventuell mit Meyer schon während seiner Tätigkeit bei Behrens mit diesen Aufgaben beschäftigt war, ist nicht bekannt, da die Gebäude nicht exakt datiert werden können,[2] jedenfalls sicherten diese Aufträge die Büroarbeit in den ersten Monaten. Sowohl die Landarbeiterhäuser als auch die Villen zeigen die Prägung durch die Arbeit bei Behrens und damit einen völlig anderen architektonischen Ausdruck als die Bauten aus den Jahren 1903 bis 1906. Das Haus für von Arnim ist eine Paraphrase des Hauses Schroeder von Behrens in Hagen, das Mansarddach und die Betonung der Mitte durch Kontraktion der Tür- und Fensterachsen verleihen dem Bau jedoch einen wesentlich traditionelleren Eindruck als die straff kubische und gleichmäßige Gliederung bei Behrens. Inwieweit dies Unvermögen oder bewusste Gestaltung der jungen Nach-

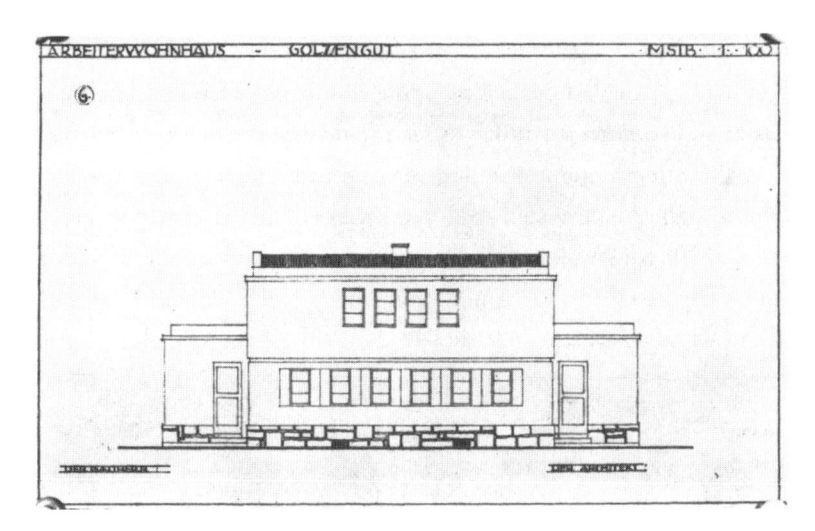

Aufriss Arbeiterwohnhaus Golzengut, bei Dramburg/Pommern, 1910

ahmer des Meisters Behrens war oder ob eine Einflussnahme und Wünsche des Bauherrn vorlagen, muss offenbleiben. Beim Herrenhaus für den Onkel Erich in Golzengut handelt es sich um einen Umbau, dessen Umfang nicht bekannt ist. Der Bau wurde im Zweiten Weltkrieg völlig zerstört und nur einige Fotografien zeigen eine Anlage, bei der Elemente von Schinkels Charlottenhof in Potsdam sowie das Motiv eines halbkreisförmigen Erkers vom Haus Cuno aufgenommen sind. Bei den verschiedenen Landarbeiterhäusern handelt es sich um schlichte kubische Bauten mit einem flachen Satteldach, Lochfassaden und leicht rhythmisierten Bauteilen für die verschiedenen Funktionen. Als Vorbild kann auch hier auf Peter Behrens verwiesen werden, der für Osthaus 1907 ähnliche Entwürfe für Arbeiterhäuser in Hagen-Eppenhausen geliefert hatte. Da es sich um völlig schmucklose, glatt verputzte Nutzbauten handelt, die aufgrund der leichten fotografischen Untersicht den Eindruck vermitteln, als handle es sich um Flachdachbauten, ließ Gropius 1932 ein Haus für Landarbeiter im Katalog der Ausstellung «Modern Architecture: International Exhibition» im New Yorker Museum of Modern Art sowie 1954 in der von Sigfried Giedion verfassten Biographie als einziges Frühwerk abbilden, das er zudem noch auf 1906, also auf seine Zeit vor Behrens datierte.[3] Es sollte offensichtlich der Eindruck vermittelt werden, er habe hier bereits einen funktionalen Bautyp entwickelt, den er später variieren konnte. Wie Mies van der Rohe, Le Corbusier oder Alvar Aalto zensierte auch Gropius sein Frühwerk und wollte im Rückblick durch Elimination der tastenden Versuche eine direkte, bruchlose Linie von einem «Anfangsbau», der bereits den Meister ahnen lässt, zu den späteren Hauptwerken herstellen. Auch hier gilt somit, wie bei allen konstruierten Geschichten, dass der Mythos vom Neuanfang der Feind der Tradition ist.[4] Im Frühwerk später bedeutender Künstler wird immer wieder versucht, bereits «die Kralle des Löwen» zu entdecken. Dies mag manchmal begründet sein, bei Gropius handelt es sich jedoch um Arbeiterhäuser, die im bewussten Kontrast zum Gutshaus ohne gestalterischen Anspruch völlig schmucklos und möglichst billig errichtet wurden. Wie bei zahllosen Fabrikarbeitersiedlungen des 19. Jahrhunderts ist die simple Erscheinung vorrangig Ausdruck der niederen formalen Kategorisierung dieser Bauaufgabe, eine Haltung, die sich erst in den 1920er-Jahren umkehrte, als taylorisierten Gestaltungen generell, unabhängig von der Bauaufgabe, ein besonderer ästhetischer Wert, manchmal sogar die Essenz modernen Bauens zugesprochen wurde.

Die Gestaltung einfacher kostengünstiger Bauformen verknüpfte Gropius mit den Ideen, eine Vereinheitlichung architektonischer Formen als Ausdruck eines neuen «Zeitstils» zu finden. Neben den konkreten Bauaufträgen beschäftigte er sich mit einem «Programm zur Gründung einer allgemeinen Hausbaugesellschaft auf künstlerisch einheitlicher Grundlage m.b.H.»[5], das er während der Zeit bei Behrens konzipiert und diesem bereits zur gemeinsamen Ausfertigung und Verbreitung vorgeschlagen hatte. In diesem «Programm», das an Emil Rathenau geschickt werden sollte[6] und das Gropius später auf April 1910 datierte, wird das Konzept zur industriellen, massenhaften und kostengünstigen Fertigung von Bauten entwickelt. Nach einem technisch und künstlerisch ausgereiften Entwurf sollten durch serielle Vorfertigung in einer Hausbaufabrik nahezu alle Teile eines Hauses, vom Rohbau bis zum Ausbau, mängelfrei produziert und damit sowohl die teure Handarbeit abgelöst wie auch Bauschäden vermieden werden. Anstelle von Unikaten sollte «durch den Rhythmus von Wiederholungen, durch die Einheitlichkeit einmal als gut erkannter immer wiederkehrender Formen»[7] eine neue «Convention» geschaffen werden. Das Beispiel aller Stile zeige, «daß ihnen immer dieselbe Formgebung zugrunde liegt und nur im einzelnen Fall Variationen in sich vorhanden sind». Die «stilistische Einheitlichkeit» sollte somit wie in früheren Kulturperioden einen «Zeitstil» hervorbringen, der «die Traditionen ehrt und sich gegen die falsche Romantik wendet».

Das Programm zielte auf Normierung aller Bauteile, auf Differenzierung der Gestaltung von Arbeiterhäusern bis zu Vorstadtvillen und auf städtebauliche Einpassung mit der Reihung von Mietshäusern zu geschlossenen Straßenzügen sowie «Centralisierung» des wirtschaftlichen Betriebs.[8] Dem Konzept waren keine Zeichnungen beigegeben, es blieb rein schriftlich ohne jede architektonische Konkretion, aber es ist bis hin zu Vertriebsmöglichkeiten, Entwurfsatelier, Ausstellungen und «Propaganda» durchformuliert, wohl um Gropius im Falle einer Verwirklichung alle Rechte zu sichern. Der soziale Aspekt spielte, abgesehen von einer Verbilligung der Produktion, die sowohl im Hinblick auf den Nutzer wie auch den Produzenten formuliert wurde, keine Rolle. Mit dem «Programm» liegt erstmals eine schriftliche Formulierung einer ganzen Reihe von Ideen vor – von Einheit, Konvention und Zeitstil bis Vorfabrikation, Baukastensystem und «Centralisierung» haustechnischer Einrichtungen –, auf die Gropius zum einen immer wieder zurückverwies und sich als Erfinder benannte und die sich zum anderen bis an sein Lebensende in einer schier endlosen Zahl von Varianten durch seine Vorträge und Texte ziehen. Vorgefertigte Häuser wie auch Baukastensysteme waren zwar seit langem bekannt,[9] aber Gropius vermerkte dies nur nebenbei, um das Besondere seines Programms, die künstlerisch einheitliche Grundlage der Produktion von Typen in einer Hausbaufabrik, herauszustellen. Die Idee der Stileinheit geht auf die Anregungen durch Behrens zurück, das Gesamtkonzept stammte von Gropius, der aber Probleme hatte, damit an die Öffentlichkeit zu gehen, da offiziell das «Programm» gemeinsam mit Behrens, von dem er im Streit gegangen war, konzipiert worden war. Erst Mitte 1911 wandte er sich damit an Karl Ernst Osthaus, den er dafür interessieren konnte.

Die Ausarbeitung des «Programms» neben der gemeinsamen Entwurfstätigkeit mit Meyer im eigenen Büro zeigt eine Parallelität von theoretischer und praktischer Arbeit, die für Gropius in den nächsten Jahrzehnten charakteristisch ist. So verfasste er in dieser Zeit auch ein kleines Manuskript «Über das Wesen des verschiedenen Kunstwollens im Orient und im Occident»[10], in dem er mit einem historisch weit ausgreifenden Überblick auf nur sechs Seiten versuchte, mit den von Behrens und seinen aus der Lektüre von Riegls «Kunstwollen» übernommenen Ideen eine systematische Entwicklung der Kunst zu formulieren. Den Unterschied zwischen orientalischer und «indogermanisch» okzidentaler Kunstauffassung, der angeblich in einem «urzeitlichen Kontrast der Rasseninstinkte in verschiedenem Geblüt»[11] wurzelte, bestimmte er in der Gestaltung von Flächen gegenüber der Formung dreidimensionaler «Körperlichkeit». Im Anschluss an Gedanken, die schon Friedrich Naumann, Hans Poelzig und Peter Behrens entwickelt hatten,[12] sah er eine Verbindung dieser grundsätzlichen Tendenzen darin, dass der Baukörper so gestaltet wird, dass seine «Silhouette» auf den Betrachter wirkt. Aus dieser «Silhouettenfrage» würde sich «ein moderner Architekturgedanke» entwickeln, denn «infolge der wachsenden Schnelligkeit der Verkehrsmittel und des ganzen Lebens» brauche das Auge wieder «einfachste sinnliche Eindrücke». Die Gedanken sind zwar noch etwas wirr und sprunghaft formuliert, aber der Text enthält schon einige Ansätze, die dann in den bald folgenden Vorträgen und Aufsätzen von ihm präzisiert wurden.

Beziehung mit Alma Mahler

Mitten in diesen Arbeiten fuhr der 27-Jährige Anfang Juni 1910 zur Kur nach Tobelbad bei Graz in der Steiermark. Urlaub machte Gropius zeitlebens ausgiebig, warum er sich für eineinhalb Monate zurückzog und warum er diesen entlegenen Ort in Österreich auswählte, ist nicht bekannt, vielleicht weil das dortige Wildbad Sanatorium durch den ganzheitlichen Ansatz, den der Dresdner Naturarzt Dr. Heinrich Lehmann eingeführt hatte, gerade groß in Mode gekommen war.[13] Bereits am 4. Juni traf er dort Alma Mahler (1879–1964), die Ehefrau des berühmten Wiener Komponisten und ehemaligen Direktors der Wiener Hofoper Gustav Mahler, der seit 1909 als Chefdirigent der New Yorker Philharmoniker wirkte. Innerhalb kürzester Zeit entspann sich eine heftige Liebesbeziehung zwischen der vier Jahre älteren Alma, die sich von ihrem erfolgreichen Ehemann seelisch und seit Jahren sexuell vernachlässigt fühlte, und dem jungen preußischen Architekten, der in seinen Jugend- und Mannesjahren eine große Anziehungskraft auf Frauen ausübte. Die weitgehend sexuell bestimmte «rauschhafte Affäre»[14], Gropius interessierte sich wenig für Musik und Alma überhaupt nicht für Architektur, führte in den nächsten Monaten zu extremen Gefühlsausbrüchen auf beiden Seiten, die sich in hunderten von Briefen mit zum Teil detaillierten Beschreibungen der sexuellen Vorgänge und Wünsche niederschlagen. Auch die Tagebucheintragungen von Alma liefern einen – allerdings höchst unzuverlässigen – Reflex dieses «coup de foudre», der beide erfasste. Alma Mahler war eine in Liebschaften erfahrene Frau, die immer wieder Männer in ihren Bann und zumindest zeitweise in sexuelle Abhängigkeit zog und die es trotz ihrer Eitelkeit und ihres extrem selbstsüchtigen Verhaltens offensichtlich verstand, ihre Partner zu künstlerischen Höchstleistungen anzuregen. Da sie Gustav Mahler durch ihre Beziehung mit Gropius in eine tiefe Krise stürzte, die manche Zeitgenossen und Biographen auch für dessen Tod in weniger als Jahresfrist verantwortlich machten, wurde sie – ob zu Recht oder zu Unrecht sei dahingestellt – vielfach äußerst negativ gezeichnet. Richard

Alma Mahler, um 1910

Strauss nannte sie «ein liederliches Weib», Theodor W. Adorno sprach vom «Monstrum», Elias Canetti charakterisierte sie aufgrund ihrer molligen Figur und ihrer Trinkgewohnheiten als eine «überquellende» Likörsäuferin und Hans Wollschläger schrieb von ihrem «hochtrabenden, bis zur Hirnrissigkeit konfusen Geschwätz»[15]. Für Gropius war die Zeit mit ihr jedenfalls gefühlsmäßig extrem zerrissen und im Auf und Ab der Gefühle sicher entsprechend belastend.

Aus dem Briefwechsel merkte Gustav Mahler eine Veränderung bei seiner Frau und besuchte sie deshalb am 30. Juni, aber Alma beruhigte ihn, worauf er nach Toblach in Südtirol in sein Komponierhäuschen fuhr, in dem er an der 10. Symphonie arbeitete. Gropius blieb bis Mitte

Juli mit Alma in Tobelberg zusammen, dann reiste er nach Berlin und sie zu ihrem Mann. Für den weiteren Kontakt hatten sie vereinbart, der Briefwechsel sollte postlagernd über eine Chiffre in Toblach laufen. Einen Liebesbrief adressierte Gropius jedoch an «Herrn Director Mahler», den dieser am 29. Juli öffnete, worauf für ihn eine Welt zusammenbrach. Gropius beteuerte zeitlebens, das sei ein Versehen gewesen, aber die präzise Adressierung macht dies wenig glaubwürdig. Da Alma ihrem Mann üblicherweise die Post vorlegte und Handschrift sowie Ortsangabe erkennen musste, wurde auch vermutet, dass sowohl sie als auch Gropius eine Entscheidung bewusst herbeiführen wollten.[16] Mahler hatte nach diesem Brief zum einen jedes Vertrauen zu Alma verloren, zum anderen geriet er in extreme psychische Schwierigkeiten, von denen die gequälten Randnotizen auf der Partitur seiner letzten, unvollendeten Symphonie Zeugnis ablegen.[17] Ende August fuhr er deswegen sogar in die Niederlande nach Leiden, um sich von Sigmund Freud psychotherapeutischen Rat zu holen. Dieser erklärte später: «Sein Besuch erschien ihm notwendig, weil seine Frau sich damals gegen die Abwendung seiner Libido von ihr auflehnte.»[18]

Als Alma Gropius den Brief und dessen Folgen vorhielt, glaubte dieser offensichtlich, er müsse nun eine Entscheidung in dem Dreiecksverhältnis erzwingen, und reiste sofort nach Toblach, wo er sich am 4. August so am Weg platzierte, dass Alma ihn ihrem Mann bekannt machen musste. Die beiden Männer führten darauf ein Gespräch, aber Mahler gab seine Frau nicht auf und diese akzeptierte sein nunmehr wieder gesteigertes Interesse an ihr, ohne allerdings auf Gropius zu verzichten. Als Mahler zu den Proben seiner 8. Symphonie nach München kam, trafen sich Alma und Gropius im Hotel Regina. Während Mahler die «Symphonie der Tausend» einstudierte, die er «Meiner geliebten Frau Alma Mahler» widmete, vergnügte sich seine Frau mit dem jungen Architekten Walter Gropius.[19] Zur Uraufführung am 12. September 1910 in der Ausstellungshalle auf dem Messegelände kam eine Elite der europäischen Kulturwelt von Paul Dukas, Camille Saint-Saëns und Auguste

Rodin aus Paris über Max Reinhardt und Leopold Stokowski aus Berlin bis zu Siegfried Wagner, Max Reger, Bruno Walter und Thomas Mann. Mahler feierte seinen größten musikalischen Triumph – von Gropius' Anwesenheit in München ahnte er wohl nichts. Als er mit seiner Frau dann Mitte Oktober zu seinem Orchester nach New York reisen musste, organisierte Alma zusammen mit ihrer Mutter noch eine gemeinsame Zugfahrt mit Gropius im Schlafwagen und einen Aufenthalt in Paris. Von da an bis zu Gustav Mahlers Tod nach der Rückkehr aus den USA in Wien am 18. Mai 1911 – Gropius' Geburtstag – blieben sie nur brieflich verbunden. Dann trafen sie sich im August 1911, aber als Gropius im Nachhinein erfuhr, dass sie mit ihrem Mann wieder sexuelle Beziehungen aufgenommen hatte, kam es zu einer Auseinandersetzung und der «betrogene Betrüger» hielt sich von da an zunehmend von ihr fern. Zwar kam Alma noch im Dezember 1911 nach Berlin, aber sie verstand sich nicht mit Gropius' Mutter und so entfernten sie sich weiter voneinander. Zwischenzeitlich begann die reiche Witwe eine neue leidenschaftliche Affäre mit dem Maler Oskar Kokoschka. Das gemeinsame Kind ließ sie im Oktober 1912 abtreiben, die Hochzeitspläne zerschlugen sich und im Laufe des Jahres 1914 wandte sich Alma wieder Gropius zu, den sie dann am 18. August 1915 heiratete.

Die Fagus-Fassaden

Die Beziehung mit Alma nahm Gropius die zweite Hälfte des Jahres 1910 weitgehend in Beschlag, neben den Bauten in Pommern lässt sich nur noch eine Teilnahme am Wettbewerb für das Bismarck-Nationaldenkmal in Bingerbrück nachweisen, an dem sich auch Mies van der Rohe beteiligte. Wie die meisten Teilnehmer schlugen auch Gropius und Mies eine mächtige monumentale Anlage vor, kamen aber unter den fast 400 Einsendungen nicht in die engere Wahl.[20] Da nun die Auftragslage im Büro prekär wurde, begann Gropius mit einer intensiven Akquisition und schrieb eine Reihe von Briefen an potenzielle Bauherrn, denen er sich als Architekt anbot. Diese Aktion war zwar komplett erfolglos, aber

Die Fagus-Fassaden 59

in diesem Zusammenhang machte ihn sein Schwager Max Burchard, Landrat in Alfeld a. d. Leine bei Hannover, auf eine Ankündigung aufmerksam, dass am Ort eine neue Schuhleistenfabrik für Carl Benscheidt gebaut werden solle.[21] Am 7. Dezember 1910 schrieb Gropius an Benscheidt, verwies auf seinen Schwager als Referenz und bot seine Dienste als Architekt an. Am 12. Januar 1911 antwortete dieser, er sei zwar mit Anfragen überschüttet worden, aber sei geneigt, Gropius «die äußere Gestaltung der Bauten»[22] zu übertragen. Diese Festlegung auf den Entwurf der Fassaden war darin begründet, dass Benscheidt bereits im Dezember 1910 den Architekten Eduard Werner mit der Planung der neuen Fabrikanlage betraut hatte. Werner war nicht nur ein erfahrener Fabrikarchitekt, er hatte auch 1897 auf einem Gelände an der Bahnlinie Hannover-Göttingen die Leistenfabrik für Carl Behrens errichtet, die Benscheidt – technischer Direktor bei Behrens seit 1887 – bis Oktober 1910 leitete. Nach der Trennung wollte Benscheidt mit finanzieller Hilfe der amerikanischen «United Shoe Machinery Corporation» ein eigenes Konkurrenzunternehmen aufbauen, für das Werner direkt gegenüber der Behrens'schen Fabrik – auf der anderen Seite der Bahnlinie – einen Neubau errichten sollte. Der versierte Industriearchitekt entwickelte eine nach den Funktionsabläufen gegliederte Anlage, die sich aber nicht von seinem eigenen Bau für das eingesessene Unternehmen architektonisch abgehoben hätte. Da Benscheidt im Dezember die modernen, großflächig verglasten Fabrikanlagen der «United Shoe Machinery Corporation» in Beverly/Massachusetts besichtigt hatte, glaubte er offensichtlich, der junge Architekt aus dem Büro des AEG-Designers und Spezialisten für Industriedesign Peter Behrens könne seiner Fabrik eine attraktive Gestaltung geben und ihm damit in der Konkurrenzsituation der beiden Unternehmen an der Bahnlinie einen Vorteil verschaffen. Zur Erhöhung der Werbewirksamkeit erhielt die neue Firma – unter Anspielung auf das zu Schuhleisten verarbeitete Holz der Buche (lat. «fagus») – den einprägsamen Namen «Fagus G.m.b.H.».[23]

Am 1. Februar 1911 fand ein erstes Treffen in Hannover statt und im

Laufe des Monats kam es zum Auftrag für einen Vorentwurf auf der Basis der vorliegenden Planung von Eduard Werner. Bereits am 14. März legte Gropius eine Überarbeitung vor, nach der die Baukörper zusammengefasst und die Schauseite der Fabrik zur Stadt ausgerichtet werden sollten. Benscheidt lehnte die Änderungen ab, worauf Gropius mit Meyer zwei Tonmodelle anfertigte, um den Werner'schen Entwurf und seinen Vorschlag besser ablesbar zu machen. Im April kam Benscheidt nach Berlin und erteilte Gropius anschließend den Auftrag, entschied sich aber mit geringen Veränderungen wieder für den Werner'schen Entwurf, den er bereits am 29. April bei der Baubehörde zur Genehmigung einreichte, denn für ihn war ein schneller Bau- und damit Produktionsbeginn vorrangig. In der Auftragsbestätigung für Gropius erklärte Benscheidt am 13. Mai nochmals ausdrücklich, dass diesem «die architektonisch, künstlerische Baugestaltung» der Fabrikanlage übertragen werde, aber dabei müsse er sich «im Grundriß und in der konstruktiven Anordnung an die Pläne des Herrn Werner anlehnen» und nach «bestem Können bemüht sein, der ganzen Anlage ein geschmackvolles Ansehen zu geben»[24]. Auch weitere Versuche von Gropius, verändernd in die vorliegende Planung einzugreifen, wies Benscheidt ab und betonte, dass es dessen Aufgabe sei, «die Fassaden» zu gestalten. Die Baugenehmigung für die vorab eingereichte Planung von Werner erfolgte am 26. Mai, zu diesem Zeitpunkt arbeiteten Gropius und Meyer noch an ihren Plänen, die dann nachgereicht und erst am 23. September genehmigt wurden. Die Bauarbeiten begannen bereits im Mai, bis zum Jahresende war die Anlage weitgehend fertiggestellt und die Schlussabnahme erfolgte am 30. Mai 1912.[25]

In der ersten Hälfte des Jahres 1911 entstand somit in mehreren Schritten eine Planung, die sich letztlich weitgehend auf die Gestaltung der Fassaden konzentrieren musste. Der 28-jährige Walter Gropius hatte die Chance zu einem ersten eigenen Großbau erhalten, aber er musste sein Können und seine Vorstellungen an der äußeren Erscheinung demonstrieren, für die er dann allerdings eine völlig neuartige, architektonisch wegweisende Lösung fand (Abb. S. 49). Am Hauptgebäude wurden die mit Klinkern versehenen gemauerten Pfeiler – die gesamte Konstruktion ist ein reiner Mauerwerksbau mit Eisen-Holz-Decken[26] – leicht geneigt über drei Geschosse nach oben gezogen und die dazwischen befindlichen, geschossübergreifenden Fensterfelder lotrecht von der Attika abgehängt. Diese Fensterelemente mussten zwar auf Anordnung der Baubehörde aus Brandschutzgründen auf Höhe der Geschossdecken mit Stahlblechen versehen, hintermauert und fest montiert werden – es handelt sich also um keinen frei vorgehängten «Curtain Wall» –, aber es entstand doch die optische Wirkung von eingespannten großen Glasflächen. Diese Fassadenform wäre in Deutschland weitgehend neuartig, aber letztlich nur eine Anlehnung an bekannte amerikanische Fabrikbauten gewesen. Der gestalterische Kunstgriff von Gropius bestand darin, dass zum einen die geneigten Pfeiler durch den Licht- und Schattenwechsel die «körperliche» Wirkung der Glasflächen verstärkten, und zum anderen, dass er an der nordöstlichen Gebäudeecke die Fensterfläche in der Mitte abknickte und dann frei, ohne Stütze, um die Ecke bis zum nächsten Pfeiler führte. Zum ersten Mal in der Baugeschichte wurde damit ein Großbau ohne stützende Eckelemente ausgeführt und so eine völlig neuartige optische Wirkung erzielt, die allerdings mit unbeholfen verqueren Knotenpunkten in der Decke auf Kosten der Konstruktion ging.[27] Wie Gropius zu dieser Lösung fand, ist nicht bekannt, aber seine geistige Verfassung und die Umstände beim Entwurf können rekonstruiert werden, und was er damit ausdrücken wollte, hat er selbst genau formuliert.

Zur Zeit der Planung der Fagus-Fassaden befand sich Gropius in einer besonderen psychischen Situation. Mit Alma, die in den USA und dann in Wien war, hatte er nur brieflichen Kontakt, aber in ihren Schreiben bezeichnete sie sich als «Dein Weib», er nannte sie «Mein wahlverwandtes Weib»[28], und ihr wiederholtes Drängen, er solle etwas Großes leisten – «[...] je mehr Du bist und leistest, desto mehr wirst Du mir sein!!»[29] –, stand als Forderung und Versprechen über dem jungen, bis dahin völlig unbekannten Architekten. Dieser psychische Ansporn ist in seiner Bedeutung und konkreten Auswirkung nicht weiter zu belegen, dürfte aber durchaus eine wichtige Rolle bei der Arbeit gespielt haben. Weiterhin kam Gropius in diesen Monaten wieder in engeren Kontakt mit Karl Ernst Osthaus und über diesen mit dem Deutschen Werkbund. Die Diskussionen um einen neuen Stil sowie die Aktivitäten zur «Veredelung» beziehungsweise «Vergeistigung» der Produkte und Bauten der Industrie hatte Gropius bei Behrens kennengelernt; aber Osthaus organisierte für ihn im Dezember 1910 die Mitgliedschaft im Werkbund, in dem er selbst im Vorstand wirkte, und er vermittelte ihm eine Mitarbeit an den Werkbund-Jahrbüchern sowie an dem von ihm in Hagen gegründeten «Deutschen Museum für Kunst in Handel und Gewerbe», das als «Werkbund-Museum»[30] bei der Verbreitung der neuen Ideen eine wichtige Rolle spielte. Das Faguswerk entstand somit in einer besonderen psychischen Spannung sowie durch die gestalterische Umsetzung von neuartigen Ideen, die Gropius auf Einladung von Osthaus in einem Vortrag im Folkwang-Museum in Hagen am 10. April 1911 selbst detailliert erläuterte. Karl Ernst Osthaus, Alma Mahler, Peter Behrens und das Ideenkonstrukt des Deutschen Werkbunds könnten als «Geburtshelfer» beim Fassadenentwurf für das Faguswerk bezeichnet werden.

Von der Technikform zur Kunstform

Osthaus, Bankierssohn und Erbe eines bedeutenden Vermögens in Hagen, verfolgte seit seiner Jugend das Ideal, durch Kunst die Folgen der Industrialisierung zu beheben, beziehungsweise zu sublimieren, und die Menschheit – oder zumindest vorrangig die Deutschen – durch Erziehung vom Stand der technischen «Zivilisation» zur «Kultur» zu führen.[31] Dieser unbedingte Glaube an die Erziehung sowie an eine nationale Erneuerung durch Kultur wurde in Deutschland seit den 1880er-Jahren von dem Hamburger Museumsdirektor August Lichtwark sowie von Vordenkern einer Reform wie dem publizistisch ungemein einflussreichen «Rembrandtdeutschen» Julius Langbehn oder dem national-liberalen Politiker Friedrich Naumann propagiert und über die Zeitschrift «Kunstwart» sowie den «Dürerbund» verbreitet.[32] Osthaus war davon völlig durchdrungen und er dürfte es gewesen sein, der Gropius dieses Ideal einer «Erziehung zur und durch Kultur», das diesen dann sein ganzes Leben lang begleitete, besonders eindringlich vermittelte. Um das Volk durch die Schönheit der Kunst «aufzuwecken», ließ Osthaus in Hagen das Folkwang-Museum errichten, das die Sammlung des Volkes im Namen trägt und auch von den Zeitgenossen als «Weckruf»[33] verstanden wurde. Den Außenbau errichtete noch der mit der Familie verbundene Berliner Baurat Carl Gérard in historisierenden Formen, aber dann lernte Osthaus im Mai 1900 Henry van de Velde kennen, war fasziniert von dessen neuer, anti-historischer Formensprache und beauftragte ihn mit der Gestaltung der Innenräume, die dieser mit den fließenden Formen und den Kraftlinien des Jugendstils modellierte. Das 1902 eröffnete Museum füllte er mit seinen eigenen Ankäufen und schuf damit nicht nur ein in Deutschland bis dahin einmaliges Zentrum für weltweit zusammengetragenes Kunstgewerbe und moderne Kunst von Monet über van Gogh bis Cézanne, sondern auch ein Instrument zu der von ihm verfolgten Erziehung durch Kultur. Die Stadt Hagen wurde durch ihn – neben Darmstadt und Weimar – zu einem kulturellen Leuchtturm der Reformbewegung in Deutschland. Sein Ziel formulierte er rückblickend in einem Buch über van de Velde: «Die bildende Kunst mußte angewandte Kunst werden, angewandt auf das Leben, aus dem der Geist entflohen war. Und die Arbeit an der Schönheit mußte dem Menschen den verlorenen Adel zurückgewinnen. So öffnete sich ihm der Blick auf eine Zukunft, die im neuen lockenden Lichte lag.»[34]

Die Veränderungen in der Gesellschaft sollten sich nach Osthaus' Auffassung allein «von oben» durch die Wirkung der Kunst und «nach oben» durch die Erziehung zur Schönheit vollziehen. Seine eigene Rolle sah er darin, die Voraussetzungen für kulturelle Verbesserungen zu schaffen. Die Macht- und Besitzverhältnisse sollten dabei nicht angetastet werden, sondern durch die harmonisierende Wirkung der Kultur sollten sich gesellschaftliche Spannungen und soziale Konflikte von selbst lösen oder zumindest mildern. Mit diesem paternalistischästhetischen Ansatz, den dann auch Gropius in seinen Beiträgen vor dem Ersten Weltkrieg übernahm, stand er im Gegensatz zur deutschen Gartenstadtbewegung, die in der Nachfolge von Ebenezer Howards genossenschaftlichem Reformkonzept der «Garden Cities of Tomorrow» auch eine Lösung der Bodenfrage und damit eine friedliche Veränderung der Besitz- und Abhängigkeitsverhältnisse – «A Peaceful Path to Real Reform»[35] – erreichen wollte. Im Gegensatz zur ersten Reformsiedlung Hellerau bei Dresden, die eine Genossenschaft verwaltete, war die von Osthaus finanzierte sogenannte Gartenstadt Hohenhagen als elitäre Künstlerkolonie konzipiert. Auch die Gartenstadt Emst, die Osthaus als Hauptaktionär betrieb, hatte fast nichts mit den sozialpolitischen Reformideen Howards zu tun, sondern war als gewinnbringende Siedlung im Grünen geplant. Harry Graf Kessler charakterisierte Osthaus deshalb treffend als «halb Illuminat, halb Bodenspekulant»[36].

Über die Hagener Textilindustrie war Osthaus bereits an der III. Deutschen Kunstgewerbeausstellung 1906 in Dresden beteiligt, auf der sich die Reformideen zu einer Veredelung von Industrieprodukten, die im folgenden Jahr zur Gründung des Deutschen Werkbunds in München führten, erstmals manifestierten.[37] Das dort von Fritz Schumacher verkündete Programm einer «Harmonisierung der Kultur»[38] hatte auch Osthaus mitinitiiert. Den stark erzieherischen Aspekt der Werkbundkonzeption vertiefte Osthaus noch durch das «Deutsche Museum für Kunst in Handel und Gewerbe», das in Anwesenheit des Kaisers am 10. August 1909 in Hagen gegründet wurde. Die neuartige Konzeption bestand darin, dass für bestimmte Themenbereiche Mustersammlungen in einer «Photographien- und Diapositivzentrale» angelegt wurden, die dann als Wanderausstellungen durch Deutschland geschickt wurden, um durch die Verbreitung von Vorbildern die größte Breitenwirkung bei der angestrebten «Geschmacksbildung des Volkes»[39] zu erreichen. Bei der Eröffnung erklärte Osthaus, es gehe um einen Kampf gegen die Kulturlosigkeit, in allen Ländern wuchere «der Schund in den Mistbeeten des Liberalismus», das Unternehmertum habe die Kunst verdrängt, ein Wandel könne nur «durch Erziehung der Menschheit» zur Kultur erfolgen.[40] Zu den ersten Wanderausstellungen zählte die Foto-Präsentation «Moderne Baukunst», die exemplarisch Werke von Behrens, Endell, Messel, Poelzig, van de Velde u. a. zeigte. Über Osthaus erhielt Gropius den Auftrag, eine neue Ausstellung über «Vorbildliche Industriebauten» zusammenzustellen, die dann 1912 auf Wanderschaft ging.[41] Er konnte somit die Arbeit am Faguswerk mit einer intensiven Auseinandersetzung zum Stand und zur Bedeutung von Industriebauten verknüpfen, die ihren Niederschlag nicht nur in der Vorbildsammlung, sondern auch in Beiträgen für die Jahrbücher des Deutschen Werkbunds und in der Zeitschrift «Der Industriebau» sowie in einem Vortrag fand, zu dem er von Osthaus nach Hagen eingeladen wurde. Am 10. April 1911 sprach Gropius im Vortragssaal des Folkwang-Museums über «Monumentale Kunst und Industriebau»[42], zeigte dazu 64 Lichtbilder und lieferte nicht nur eine präzise ausformulierte, geradezu programmatische Erklärung seiner Vorstellungen zum Thema, sondern auch – in Anwesenheit seines Bauherrn Carl Benscheidt, der eigens zu dem Vortrag anreiste – implizit eine Erläuterung seiner Konzeption des ebenfalls vorgestellten Faguswerks. Schon sein erster öffentlicher Auftritt, dem zahllose weitere im Laufe seines Lebens folgen sollten, zeigte seine Fähigkeit, seine Ideen und auch schwierige Themen verständlich und für die Zuhörer überzeugend zu vermitteln. Inhaltlich basiert der Vortrag allerdings nahezu komplett auf den Begriffen und Konzepten von Peter Behrens, er ist somit auch ein Beleg für die Aneignung der Ideen von anderen, die Gropius zeitlebens ziemlich unbekümmert betrieb.

Im ersten Teil des Vortrags entwickelte Gropius unter Berufung auf Alois Riegl und Wilhelm Worringer sowie mit Zitaten von Peter Behrens noch ohne Bildmaterial seine Theorien. Ausgangspunkt war für ihn, dass ein monumentaler Stil immer aus den neuen Bauaufgaben der

Zeit entstanden sei, die neue Monumentalbaukunst werde deshalb aus den durch Technik und Industrie gestellten «gewaltigsten Aufgaben der Zeit» hervorgehen, durch «Wucht, Strenge und Knappheit» gekennzeichnet sein und damit dem «organisierten Arbeitsleben» entsprechen. In den Großbauten der modernen Industrie sah er die Vorboten des «kommenden monumentalen Stils». Wie in allen seinen Schriften und Äußerungen bis 1916/17 ging es ihm darum, den «stilbildenden Wert industrieller Bauformen»[43] und das Wesen dieses von ihm antizipierten neuen Stils zu definieren. Erst mit der Teilnahme an den Diskussionen im Arbeitsrat für Kunst 1918/19 und dem Bauhausprogramm verschob sich diese Suche nach einem Stil begrifflich auf das «Einheitskunstwerk». Da den Industrieprodukten aber noch die «ethische» Grundlage fehlte, müssten alle Formen, die nach natürlichen oder mechanischen Gesetzen entstünden, durch den Willen und die geistigen Kräfte des Menschen in Kunstformen umgewandelt werden. Diesen Gestaltungswillen besäßen nur «künstlerische Genies», deren Kraft und Schöpferwille im Folgenden unentwegt beschworen wurde und denen er sich offensichtlich selbst zurechnete. Das Genie schuf nach Gropius die monumentalen Kunstwerke, indem es die sichtbaren, stofflichen Dinge mit der Kraft seines Willens geistig durchformte, ihnen seine «gesetzmäßige Ordnung» aufzwang und damit dem von Riegl verkündeten «Kunstwollen» einen «sinnlichen Ausdruck» verlieh. Die Wirkung dieses Ausdrucks sei umso monumentaler, je mehr die Gestaltung dem Wesen des menschlichen Auges, das die Sinneseindrücke übermittelt, entspräche. Der «formende Kunstwille» müsste deshalb alle Baustoffe so gestalten, dass sie vom Auge als Körper im Raum erfasst werden können, denn «die eigentliche Aufgabe der Baukunst» sei «Körpergestaltung und als notwendige Folge davon Raumbegrenzung».

Mit dieser theoretischen Hinführung zum Wesen künstlerischer Gestaltung bereitete Gropius den Weg zum Nachweis, dass die modernen Baustoffe Eisen und Glas mit den Forderungen nach «Körperlichkeit» eigentlich unvereinbar seien, dass aber «mit genialem Raffinement» dem «wesenlosen» Material der «Eindruck von Körperlichkeit» abgetrotzt werden könne. In mehrfachen Wendungen wiederholte er die bereits von Behrens formulierte Umwandlung der «Technikform» in eine «Kunstform». Die «verstandesmäßige arithmetische Rechnung der Stabilität eines Materials» bringe nur das «nackte eiserne Konstruktionsgerippe des Ingenieurs» hervor, das durch eine «ungeheure Willensbetätigung» des Künstlers in eine «harmonische Kongruenz»[44] gebracht werden müsse. Aufgabe des Architekten sei es, «aus dem wesenlosen, lichtdurchfluteten Eisengerippe wieder Körper und Räume zu machen».

So sei eine rein «konstruktive Eisenbrücke, das nackte Resultat verstandesmäßiger Ingenieurrechnung», nur «ein fleischloses, körperloses Liniengebilde ohne Licht und Schatten», der Künstler müsse deshalb – ohne «Störung der Technik, des Gebrauchszwecks und der pekuniären Oekonomie» – durch Hinzufügen von Blech oder Masse «dem Auge die Illusion einer wuchtigen Körperlichkeit»[45] bieten. Das Können des Architekten zeige sich darin, selbst aus «durchsichtigen» Materialien «Körper und Räume zu schaffen, um Kunstwerke hervorzubringen»[46]. Bei den in Diapositiven vorgestellten Brücken sowie Bahnhof-, Industrie- und Fabrikgebäuden, zwischen die er das Faguswerk und ein eigenes Arbeiterwohnhaus einschob, ging es ihm deshalb ausschließlich darum, aufzuzeigen, «inwieweit die Körperlichkeit bzw. bei Innenansichten die Raumgeschlossenheit sinnfällig zum Ausdruck gebracht wurde».

Industriebau und monumentaler Stil

Zum Abschluss dieser Reihe präsentierte Gropius Fabrikbauten von Peter Behrens, die in der Turbinenfabrik der AEG kulminierten (Abb. S. 44). Für ihn war diese Anlage «das einzige Beispiel dafür, dass ein künstlerischer Wille in souveräner Weise moderne Ingenieur-Konstruktionen und moderne Baustoffe (Eisen und Glas) vollkommen bewältigte und der wesenlosen Eigenschaften dieser Materialien spottend, ein monumentales Bauwerk im besten Sinne schuf»[47]. Besonders hob er die Glaswand an der Frontseite hervor, die durch die «bündige Anordnung von Glas und Eisen» eine «Einkörperlichkeit» erhalte und deshalb, ohne das Auge zu beleidigen, so wirke, als trage sie das große monolithisch erscheinende Dach. Diese «körperliche», dem «wesenlosen» Material «abgetrotzte» Wirkung der Glas-Eisen-Konstruktion, die durch das Licht- und Schattenspiel der geneigten Bauteile verstärkt wurde und die er auch an seinem Faguswerk präsentierte, war für Gropius die eigentliche Leistung des künstlerischen Formwillens. Bei der Auflösung der Ecke ging es ihm somit nicht um Transparenz, deshalb wurde der Bau – ganz im Gegensatz zum späteren Bauhausgebäude – bei Publikationen auch nie mit einem schrägen Eckdurchblick präsentiert, sondern im Gegenteil darum, dass er der Glas-Eisen-Konstruktion eine Körperlichkeit verlieh, die sich auch ohne einen Eckpfeiler über den ganzen Baukörper entwickelte. Mit dem Faguswerk stellte sich Gropius somit in die Nachfolge der «Körperlichkeit» der von ihm ganz offensichtlich verehrten Behrens-Bauten, erst bei späteren Interpretationen erklärte er, er habe an seinem Bau die bei der Turbinenhalle nur vorgetäuschte massive Eckkonstruktion «verbessern» wollen. Weder bei der Turbinenhalle noch beim Faguswerk ging es den Architekten darum, eine funktionale Architektur im Sinne eines «form follows function» zu schaffen, und es ging auch nicht vorrangig darum, historische Bezüge so weit wie möglich zu reduzieren, um der Funktion besser Ausdruck zu geben (dies ist eine auf die Bauwerke rückprojizierte Interpretation des Neuen Bauens)[48], sondern erklärtes Ziel war es, den «wesenlosen» Stahl-Eisen-Konstruktionen technischer Bauten durch Körper und Raumgestaltung einen künstlerischen Ausdruck zu verleihen. Aus diesem Grund blieb auch die erste reine Glas-Eisen-Konstruktion in Deutschland, die 1903 von einem Ingenieur ohne jedes Interesse an «Körperlichkeit» errichtete Steiff-Fabrik in Giengen an der Brenz, in der Architekturwelt jahrzehntelang völlig unbeachtet.[49]

Die Überlegungen zur Entstehung eines monumentalen Stils dienten Gropius auch dazu, den Industriebau mit der «sozialen Frage», dem ethischen «Zentralpunkt unserer Tage»[50] zu verknüpfen. Wie Behrens war Gropius der Auffassung, die technisch wissenschaftliche Epoche müsse sich zu einer «Verinnerlichung» entwickeln, um damit auf die Zivilisation die Kultur folgen zu lassen, die bereits zu einem architektonischen Ausdruck dränge: «Das monumentale Arbeitsbedürfnis braucht Gehäuse, die mit ernstem Pathos den inneren Wert dieser Einrichtungen würdig auszudrücken [...] vermögen.»[51] Der Arbeit müssten deshalb «Paläste errichtet werden, die dem Fabrikarbeiter, dem Sklaven der modernen Industriearbeit, nicht nur Licht, Luft und Reinlichkeit geben, sondern ihn noch etwas spüren lassen von der Würde der gemeinsamen großen Idee, die das Ganze treibt». Wenn im einzelnen Arbeiter dieses Bewusstsein für das «Mitschaffen großer gemeinsamer Werte» geweckt würde, könnte vielleicht die drohende «soziale Katastrophe» vermieden werden. Mit Blick auf den anwesenden Benscheidt sowie andere potenzielle Bauherrn verwies Gropius darauf, dass mit der durch Architektur erzeugten Zufriedenheit des Arbeiters auch dessen Arbeitsgeist wachse «und folglich die Leistungsfähigkeit des Betriebs»[52]. Gropius' Argumentation bewegte sich hier nicht einmal auf der Linie des «wilhelminischen Kompromisses»[53], dass durch Reformen «die Lebensbedingungen der arbeitenden Klasse» verbessert werden müssten, um ein soziales Ventil zu schaffen und «um konkurrenzfähig zu bleiben», sondern er vertrat Osthaus' paternalistisch-ästhetisches Kulturkonzept: Ohne Herrschafts- und Besitzverhältnisse anzutasten, soll Kunst so erziehen, dass nicht nur soziale Probleme übertüncht, sondern sogar noch die Leistung der «Sklaven» erhöht wird.[54] Die von Gropius zustimmend zitierte Bezeichnung der Turbinenfabrik durch Karl Scheffler als «Kathedrale der Arbeit»[55] ist dementsprechend dekuvrierend: Wie in den Kirchen geglaubt, so sollte in den neuen Fabrik-Kathedralen mit innerster Überzeugung gearbeitet werden. 1920 kritisierte Adolf Behne «die große Gebärde dieser Schauseiten», die doch «nicht das geringste an der Lohnsklaverei der Arbeiter»[56] änderte, und der Schweizer Architekturhistoriker Peter Meyer nannte dies 1940 eine «sakrale Verherrlichung der Maschine – also Götzendienst»[57]. Gropius' Bemerkung, dass Kunst den Glauben an «große gemeinsame Ideen» brauche, damit Großes zustande komme, verweist allerdings bereits vage auf das Konzept einer gemeinsam zu schaffenden «Zukunftskathedrale», das acht Jahre später im Bauhaus-Manifest verkündet werden sollte. Die Präsentation von Fabrikgebäuden benutzte Gropius abschließend dazu, um die «harten Züge des Nutzbaus» als Ausdruck des modernen Lebens zu charakterisieren, der nicht «mit einer sentimentalen, aus früheren Stilen erborgten Maske verschleiert»[58] werden dürfe, solche «Maskerade» und «historischer Mummenschanz» gehörten zur Archäologie. Diese Ablehnung der Übernahme historischer Bauformen blieb lebenslang für ihn eine Leitlinie. Vornehmste Aufgabe der Baukunst sei die Proportionierung der Baumassen und durch die Wiederholung einmal als gut erkannter immer wiederkehrender Formen werde eine Einheitlichkeit erreicht und damit das «vollendete Vorbild» für eine Zeit, die «Stileinheit»[59] geschaffen. Es ging also nicht um die Überwindung einer «Stilarchitektur»[60], sondern im Gegenteil um die Ablösung der historischen Stile durch den neuen Stil des Industriezeitalters. Die Energie und Ökonomie des modernen Lebens erzeuge die «exakt geprägte Form», diese sei bar jeder Zufälligkeit, mit klaren Kontrasten, Reihung gleicher Teile sowie einer Einheit von Form und Farbe. Als Beispiel für diese von den Kräften der Industrie und Wirtschaft geschaffenen «Sprachmittel des modernen Architekten»[61] zeigte Gropius abschließend neun Silobauten aus Eisenbeton, deren «einfache große Form» eine «mächtige monumentale Wirkung» erzielte. Die anonymen Nutzbauten aus Argentinien, den USA und Deutschland hatte er aus Fachzeitschriften gesammelt und sich Fotos zuschicken lassen,[62] sie sollten mit ihrer «mächtigen körperlichen Wirkung» eine «monumentale Schönheit» demonstrieren, den «stilbildenden Wert industrieller Bauformen» aufzeigen und somit dem Baukünstler den Weg zur Gestaltung monumentaler Kunst und damit zu einem neuen Stil weisen. Gropius erklärte ausdrücklich, dass diese anonymen Bauten noch keine Kunstwerke seien, aber die Anerkennung reiner nackter Nutzbauten als bemerkenswerter Bauform markierte einen tiefen Ein-

Kornsilo in Südamerika, von Gropius beim Vortrag 1911 gezeigt und 1913 publiziert

schnitt in eine seit Jahrhunderten geläufige Betrachtungsweise, die zwischen einer durch Schmuckformen gekennzeichneten «Architektur» und einfachen schmucklosen «Bauwerken» unterschied. Diese Nobilitierung von Nutzbauten bildete eine wichtige Grundlage der «modernen», antihistorischen Architektur.[63] Das Faguswerk wurde in Fachzeitschriften publiziert, Gropius sorgte über den Deutschen Werkbund für eine entsprechende Propaganda und insbesondere die Präsentation im Rahmen der Wanderausstellungen «Moderne Baukunst» und «Vorbildliche Industriebauten» sicherte ihm einen Platz im relativ kleinen Kreis avantgardistischer deutscher Architekten vor dem Ersten Weltkrieg. Um 1910 fanden die wichtigsten architektonischen Experimente in Deutschland, das zur größten europäischen Industrienation aufgestiegen war, im Bereich des Fabrikbaus statt. Fast gleichzeitig entwarfen fünf Werkbundmitglieder fünf Fabrikanlagen, die das Spektrum der Auseinandersetzung mit der Bauaufgabe und die Suche nach einem neuen monumentalen Stil gleichsam als

«Prüffälle der Moderne»[64] aufzeigen. In der Gartenstadt Hellerau bei Dresden errichtete Richard Riemerschmid die Fabrik der Deutschen Werkstätten, die – in der Art einer «architecture parlante» – über einem Grundriss in Form einer Holzwinge traditionelle Baumotive, vom Mansarddach bis zu Erkern, zu einem organisch gegliederten Baukörper zusammenschloss.[65] Diese mit der Bautradition verbundene Fabrikform fand keinen Eingang in den bald etablierten Kanon einer neuen funktionalen Architektur. Bei der Seidenweberei Michels in Potsdam von Hermann Muthesius und dem Ingenieur Karl Bernhard konzentrierte sich die architektonische Aussage auf die Eisenkonstruktion des Innenraums, mit der im Zusammenspiel von Technik, Funktion und Belichtung eine neuartige Raumwirkung erzielt wurde. Hans Poelzig schuf mit der chemischen Fabrik in Luban bei Posen einen schmucklosen gemauerten Baukörper, der mit seiner monumentalen Silhouettenwirkung dem Ideal einer massiven Körperlichkeit folgte.[66] Peter Behrens' Turbinenhalle der AEG markierte die Verschmelzung von historischen Motiven – Pfeilerkolonnade und geböschter Pylon – mit der Körperlichkeit der Eisen-Glas-Konstruktion zu einem «Industrie-Klassizismus»[67] als Machtausdruck und Corporate Identity eines führenden Industrieunternehmens. In dieser Reihe wirkt Gropius' Faguswerk heute am «modernsten», aber nur deshalb, weil die Architekturgeschichtsschreibung im Rückblick den asketisch schlichten Bau als Ursprungsort ihrer eigenen Suche nach der Entstehung schmuckloser, rein funktionaler Architektur benannt hat. Nikolaus Pevsner schrieb sogar 1936, hier sei «der Stil des 20. Jahrhunderts verwirklicht»[68] worden. Mit dieser eindimensional auf Funktionalität hin konstruierten Entwicklungslinie der «Architektur im Maschinenzeitalter»[69] wurden das Faguswerk zur Ikone erhoben und gleichzeitig andere Ansätze moderner Architektur ausgeblendet.

Zusammenarbeit mit Adolf Meyer

Das Faguswerk machte Gropius bekannt, die Veröffentlichungen nannten ausschließlich ihn als Architekten und der im Atelier angestellte Adolf Meyer wurde nicht erwähnt. Dies entsprach der bis heute gültigen Rechtslage, dass Angestellte, ganz gleich welchen Beitrag sie zu einem Projekt leisten, kein Anrecht auf Nennung ihres Namens haben, es sei denn, dies wird eigens vertraglich geregelt. Der Inhaber eines Architekturbüros bezahlt die Angestellten, trägt sämtliche Kosten und ist alleine gegenüber dem Bauherrn sowie bei Bauschäden verantwortlich, somit firmiert auch die aus dem Büro erbrachte Leistung, ganz unabhängig von seinem eigenen Beitrag, ausschließlich unter seinem Namen. Entsprechend dieser Regelung werden weltweit zahllose Bauten nur mit dem Namen des Büroinhabers publiziert, obwohl vielfach selbst berühmte Architekten inhaltlich wenig zum Entwurf eines speziellen Projekts beitragen. Diese Praxis ist zum Teil auch darin begründet, dass bei der Bauplanung fast immer mehrere Personen beteiligt sind, die von den ersten Skizzen über Vorentwurf und Eingabe bis zur Werk- und Detailplanung in ganz unterschiedlichem Maß immer wieder eigene Ideen einbringen, die dann aber aufgrund der ineinandergreifenden Arbeitsprozesse in ihrer Wirkung oder Gewichtung nicht mehr isoliert erfasst werden können. Nicht diese einzelnen, manchmal gestalterisch durchaus bedeutsamen Schritte, sondern die grundsätzlichen Festlegungen am Beginn eines Entwurfs, die Ausrichtung auf eine bestimmte «Handschrift» des Büros oder Büroinhabers sowie die verantwortlichen Entscheidungen sind für das Ergebnis letztlich maßgeblich. In manchen Büros entwickeln Mitarbeiter nur Varianten von Ideen und der Verantwortliche leitet durch eine kontinuierliche Auswahl und mit kleinen, oft nur verbalen Hinweisen den ganzen Entwurfsprozess zu einem Ergebnis, das seinen Vorstellungen entspricht. Versierte Architekten können sogar völlig unabhängig vom Chef Projekte komplett so entwerfen, dass der fertige Bau genau dessen «Handschrift» zeigt, die Namen dieser eigentlichen Entwurfsverfasser werden jedoch nur selten bekannt. Bei großen Architekturbüros ist es heute manchmal sogar üblich, dass eine eigene Designabteilung die kleinen Skizzen, Modelle oder auch nur Hinweise des Chefs so formt, dass daraus ein für das Büro typischer, das heißt ein in seiner Architektursprache einem bestimmten Architekten entsprechender Bau entsteht. Eine «Händescheidung», wie das bei Kunstwerken manchmal versucht wird, ist auch dann, wenn Zeichnungen signiert oder mit Namenskürzel versehen sind, angesichts der Komplexität ineinandergreifender planerischer Abläufe abwegig, denn entscheidend sind die Leitlinien des Büros sowie gestalterische Vorgaben und Zielsetzungen, die in einem nicht mehr rekonstruierbaren Prozess mit Skizzen und verbalen Erläuterungen entstehen. Diesen Ablauf bestätigte der ehemalige Mitarbeiter Ernst Neufert auch für Gropius' Büro: «Gropius erschien tatsächlich selten im Büro aber entschied oft, bzw. wählte aus den Skizzen von Meyer das zu Bauende aus.»[70] Der Büroinhaber übernimmt mit der Unterzeichnung der Pläne, die auf seinen Entscheidungen beruhen, das Urheberrecht sowie die juristische und finanzielle Verantwortung. Sofern Ansprüche aufgezeigt werden sollten oder Architekten eine Partnerschaft eingingen, war es seit dem 19. Jahrhundert üblich, die Bedeutung der Zusammenarbeit durch Nennung weiterer Personen beim Projekt oder im Büronamen sichtbar zu machen. Eine Besonderheit bei der Entwurfs- und Bautätigkeit von Gropius liegt nun darin, dass er nicht nur – wie auch einige andere Architekten – seine Ideen weitgehend verbal entwickelte, sondern dass das Faguswerk und die Bauten für die Werkbundausstellung in Köln in einer Broschüre 1923 rückwirkend als Gemeinschaftswerke «mit Meyer» ausgewiesen wurden.[71] Die Zusammenarbeit muss also in ihrer spezifischen Konstellation und im Hinblick darauf betrachtet werden, dass der angestellte Mitarbeiter Meyer im Nachhinein Ansprüche anmelden konnte, auf die Gropius zumindest teilweise einging.

Bereits im ersten Semester berichtete Gropius seiner Mutter über seine Probleme beim Zeichnen und in Briefen wiederholte er dann mehrfach seine «absolute Unfähigkeit»[72], einen «geraden Strich» zu ziehen. Es belastete ihn selbst, dass sich seine Hand verkrampfte und er einen Gedanken nicht flüssig auf Papier umsetzen konnte. Schon bei den Projekten, die er als Student ausführte, beauftragte er deshalb einen Zeichner. Auch gegenüber Alma gestand er diese Schwäche ein, tröstete sich aber damit, dass das gedankliche Konzept wichtiger sei.[73] Seine Frau Ise erklärte die Schwierigkeiten beim Zeichnen später damit, dass er einen «Tennisarm»[74], eine Verkrampfung, die eine Strichführung stark beeinträchtigte, gehabt habe. Diese Erklärung greift sicher zu kurz, denn der «Tennisarm» ist zumeist mit andauernden Schmerzen verbunden, die bei Gropius, der zahllose Briefe per Hand schrieb, nicht bekannt sind.

Letztlich bedeuteten die Probleme aber nicht, dass Gropius überhaupt nicht zeichnen konnte, sondern nur, dass er Schwierigkeiten hatte und dass ihm dies unangenehm war, da Architekten üblicherweise gewisse Fertigkeiten beim Darstellen entwickeln und die Fähigkeit, räumliche Konzeptionen mit Zeichnungen und Perspektiven zu visualisieren, damals noch viel mehr als heute im Zeitalter computergenerierter Entwürfe, geradezu als Kennzeichen des Berufsstands betrachtet wurde. Wenn irgend möglich ging Gropius deshalb dem Zeichnen aus dem Weg und verließ sich auf seine verbalen Fähigkeiten. Seine Mitarbeiter und Schüler berichteten aber auch, dass er in seltenen Fällen einen Bleistift verwendete, um eine kleine Skizze oder eine Korrektur anzufertigen (vgl. Abb. S. 273),[75] und einige wenige dieser Handzeichnungen sind auch belegbar. So zeichnete er in einem Brief vom 3. Februar 1935 an seine Tochter Manon, um ihr eine Vorstellung von der neuen Wohnung in London zu vermitteln, mit seinem Füllfederhalter in klaren sauberen Linien einen präzisen maßstabsgerechten Grundriss, den er allerdings mit etwas unsicheren Bleistiftstrichen vorher skizziert hatte.[76] Er war also durchaus in der Lage, sich bei Bedarf zeichnerisch zu artikulieren. Eine mangelnde Begabung beim Zeichnen teilt Gropius im Übrigen mit einer Reihe anderer Architekten wie beispielsweise Adolf Loos, Ernst May oder Robert Vorhoelzer. Es ist eine

so nun ist es wohl für heute genug. ich hoffe sehr sehr
bald von dir einen ebenso langen brief zu kriegen,mit guten
nachrichten über dein befinden. -hat sich mammi ein wenig erholt?
ich wünschte es so,nach all den schweren monaten der aufregung
und pflege für dich. grüsse sie herzlich,ebenso werfel.
geküsst und umarmt von deinem

papa

Walter Gropius, Skizze des Grundrisses der Wohnung in der Lawn Road in einem Brief an seine Tochter Manon vom 3. 2. 1935

fachfremde Vorstellung, dass Architekten immer mit genialischer Hand ihre Ideen zu Papier bringen können. Die Schwächen beim Zeichnen glich Gropius somit frühzeitig durch die Fähigkeit aus, seine Vorstellungen entsprechend präzise zu formulieren, und diese Kompensation ließ ihm die Kraft des eigenen Wortes ohnehin bedeutsamer als die Materialisierung von dessen Inhalt erscheinen. Im Gegensatz zu der seit der Renaissance vertretenen Disegno-Lehre, nach der sich der «geistige Funke» direkt in der Zeichnung ausdrückte,[77] blieb für ihn der zeichnerische Vorgang – zwangsweise – der Idee und dem Wort nachgeordnet. Auch ohne darstellende Fähigkeiten beim Freihandzeichnen hätte Gropius leicht lernen können, einen Entwurf mit Winkel und Reißschiene präzise auf Papier aufzureißen, wie das jahrhundertelang bei Architekten und Baumeistern üblich war, aber diese Arbeit entsprach offensichtlich nicht seinem Selbstverständnis als künstlerisch schöpferischer Architekt, nach dem derartige Planrisse Bauzeichner fertigten. Gropius benötigte somit zur Umsetzung seiner architektonischen Ideen und für die Planvorlagen immer einen Zeichner, Mitarbeiter oder Partner. Aus Berichten von

Personen, mit denen er zusammenarbeitete, ist bekannt, dass er einen Entwurf nicht fertig im Kopf formulierte, wie das manche Architekten praktizieren,[78] sondern dass er bevorzugt Konzepte mit einem Gegenüber entwickelte. Um seine Leistung als Architekt genauer zu beurteilen, müsste also geklärt werden, wie viel vom fertigen Entwurf über die verbal formulierten oder auch gestisch vermittelten Ideen – Situierung, Dimensionierung und viele andere Determinanten eines Projekts lassen sich auch «zeigen» – in die Zeichnungen einging und wie viel die beteiligten Partner beim Zeichnen und im Gespräch einbrachten. Diese Trennung ist zum einen nicht möglich, da kein einziger Entwurfsprozess auch nur annähernd von den Beteiligten beschrieben wurde, und zum anderen schon vom Ansatz her nicht sinnvoll, da die maßgebenden Entwurfsvorgaben bei den verschiedenen Projekten nicht bekannt sind und die Entscheidungen über einzelne Entwurfsanteile in einem Arbeitsprozess nicht mehr separiert und im Nachhinein bewertet werden können. Wie in vielen Architekturbüros üblich lieferten auch bei Gropius die angestellten Architekten Entwurfsleistungen, die vom Projektleiter gesteuert und vom Büroleiter abgenommen wurden. Entwurfs-, Präsentations- oder Werkzeichnungen von Angestellten aus dem von Gropius geleiteten Büro sind deshalb keine eigenständigen «Auftragsarbeiten» oder gar «Entwürfe für Gropius»[79] – dies missversteht den Unterschied zwischen selbständiger und unselbständiger Tätigkeit –, sondern firmieren völlig zu Recht unter dem Namen des verantwortlichen Büroinhabers, an dessen Leistung Mitarbeiter in unterschiedlichem Maße mitwirkten. In einigen wenigen Fällen, wie bei der Publikation des Bauhausgebäudes in Dessau, benannte Gropius selbst die am Projekt beteiligten Personen, ohne jedoch damit seine Urheberschaft mit diesen zu teilen.[80]

Eine Aussage über Personen, die an Projekten von Gropius mitwirkten, muss sich nach der Rechtslage richten. Das Urheberrecht ist im Angestelltenverhältnis eingeschränkt, kein Mitarbeiter hat deshalb jemals einen Entwurf aus dem Büro Gropius für sich alleine in Anspruch genommen. Um sich unter seinem eigenen Namen zu profilieren, muss sich ein Architekt selbständig machen oder eine Partnerschaft eingehen. Mit Franz Möller, Maxwell Fry, Marcel Breuer, Konrad Wachsmann u. a. traf Gropius Vereinbarungen und diese wurden bei den gemeinsamen Projekten als gleichberechtigte, aber in der Reihenfolge nachgeordnete Partner – mit seinem Namen durch ein «und» verbunden – genannt. Bei der Zusammenarbeit mit dem Team von «The Architects Collaborative» (TAC) wurde er bei den von ihm betreuten Projekten als «Partner in charge» bezeichnet. Mit Adolf Meyer arbeitete er von Frühjahr 1910 bis zum Sommer 1914 zusammen, dieser betreute als Angestellter mit der Funktion eines Büroleiters das «Atelier Gropius», ohne dass er namentlich in Erscheinung trat. Nachdem Gropius die Leitung des Bauhauses erhalten hatte, reaktivierte er im März 1919 auch sein Architekturbüro, da er über Osthaus zwei Wohnhausaufträge erhalten hatte, und er gewann zur Mitarbeit wieder Adolf Meyer, der nun aber eine Nennung seines Namens bei gemeinsamen Projekten verlangte. Gropius ging auf diese Forderung ein, die Umstände und genauen Zusammenhänge der Absprache sind nicht bekannt, es gibt nur den einzigen Hinweis in einem Schreiben Meyers an Adolf Behne vom 16. Januar 1923, dass am 1. März 1919 eine Vereinbarung getroffen worden sei, bei gemeinsamen Bauten – Meyer zählte zum Zeitpunkt des Schreibens das Theater in Jena, die Häuser Sommerfeld, Otte, Kallenbach sowie den Speicher Kappe und das Bürohaus Sommerfeld auf – «zeichnen als Autoren Walter Gropius und Adolf Meyer»[81]. Bezüglich der Vorkriegsarbeiten teilte Meyer Behne lediglich mit, dass er im Atelier «beim ersten und zweiten Bauabschnitt des Faguswerks als auch an der Kölner Anlage mitgearbeitet habe». Ob sich Gropius dieser Forderung unter dem Druck beugte, dass er schnell wieder einen Mitarbeiter brauchte, der seine Arbeitsweise kannte und Planvorlagen eigenständig erstellen konnte, und ob dies vertraglich ausformuliert sowie die juristischen Implikationen und Haftungsfragen geklärt wurden, ist nicht rekonstruierbar, da die Hintergründe nicht bekannt sind und die Vereinbarung selbst nicht mehr vorliegt. Meyer beschrieb in dem Brief keine genaue Form der Nennung, es ging ausschließlich um eine gemeinsame Nennung als «Autoren». Im gleichen Jahr erschien eine Broschüre unter dem Titel «Walter Gropius mit Adolf Meyer, Weimar. Bauten»[82]. Hier wurden auch die beiden Vorkriegsbauten aufgeführt, die damit erstmals «mit Meyer» genannt wurden. Diese Veröffentlichung konnte nur mit Kenntnis und unter Mitwirkung von Meyer erfolgen, es ist also davon auszugehen, dass die Nennung im gegenseitigen Einvernehmen erfolgte und der Vereinbarung entsprach. Eine Vereinbarung in der Form «Gropius und Meyer» ist ohnehin kaum vorstellbar, denn Gropius war Büroinhaber, somit finanziell und juristisch für alles verantwortlich, und Meyer war sein Angestellter. Falls tatsächlich eine andere Form der Nennung vereinbart gewesen wäre, hätte Meyer gegen die Broschüre Einspruch erheben, seine Rechte einklagen oder eine nachträgliche Berichtigung verlangen können. Dies geschah aber nicht. Erstaunlicherweise wurde dann aber zwei Jahre später im ersten Bauhausbuch *Internationale Architektur*[83] zwischen Bauten «mit Meyer» und Bauten nur unter dem Namen Gropius unterschieden, und zu Letzteren zählten nun das Faguswerk und die Kölner Bauten. Selbst wenn man annimmt, dass sich der als zurückhaltend geschilderte Meyer nicht mit Gropius anlegen wollte, so hätte er doch spätestens nach der Trennung von Gropius ab April 1925 und dem Wechsel 1926 an das Hochbauamt in Frankfurt am Main als Leiter der Bauberatung seine Ansprüche artikulieren können. Das Bauhausbuch wurde aber 1927 in einer überarbeiteten, bezüglich der Namensnennung jedoch unveränderten zweiten Auflage verbreitet. Meyer selbst äußerte sich nie zur Zusammenarbeit, aber zwei Briefe belegen, dass es nie zu einem Streit zwischen den beiden kam. Als Ernst May einen Mitarbeiter für Frankfurt suchte, fragte er am 5. Dezember 1925 bei Gropius an, der empfahl Meyer und informierte diesen am gleichen Tag in einem Brief, den er mit «lieber meyer» begann und mit herzlichen Grüßen unterzeichnete. Meyer antwortete am 15. Dezember an «Lieber Gropius» und unterzeichnete ebenfalls mit herzlichen Grüßen an den ehemaligen Partner und dessen Frau.[84] Es gab somit keinerlei Verstimmung zwischen den beiden, nur durch spätere Bemerkungen anderer Architekten sowie die etwas kryptische Betonung von Meyers Leistung durch Bruno Taut in einem Nachruf wurde diesem eine besondere Bedeutung zugewiesen, die Gropius jedoch immer abstritt oder zumindest stark relativierte.[85] Etwas konfus wird die Sachlage dadurch, dass bei der von Giedion mit Gropius zusammengestellten Publikation Meyer 1954 wieder so wie in der Broschüre von 1923 genannt wird. Gropius verhielt sich somit inkonsistent, seine späteren Erklärungen, er habe Meyer ohne jede Verpflichtung aus eigenem Antrieb genannt, sind jedoch wenig überzeugend.

Es bleiben allerdings die gravierenden und letztlich entscheidenden Fakten, dass Gropius mit dem Bauhausgebäude in Dessau ohne Meyer sein zweites Meisterwerk realisierte, dass aus seinem Büro zwischen 1925 und 1934 mehrere wichtige Bauten, Wettbewerbserfolge und Projekte hervorgingen, die nur unter seinem Namen firmierten, obwohl die Mitarbeiter und die neuen Büroleiter – kurze Zeit Ernst Neufert, dann Otto Meyer-Ottens und zuletzt Hanns Dustmann – sicher wieder Anteile einbrachten, und dass Adolf Meyer seit 1925 nicht die Architektursprache der Gropius-Zeit fortsetzte und keinen einzigen eigenen Bau von besonderer künstlerischer Bedeutung schuf, während im Büro von Gropius ein weitgehend konsistenter architektonischer Ausdruck ohne eine Zäsur nach dem Weggang von Meyer zu konstatieren ist.[86] Wäre Meyer die entscheidende Kraft hinter den Entwürfen im Atelier Gropius gewesen, müsste sein eigenes Werk ohne Gropius nach 1925 ganz anders aussehen und im Werk von Gropius müsste ein Bruch erkennbar sein. Als Fazit ergibt sich deshalb zwangsläufig: Die maßgebenden architektonischen Ideen kamen von Gropius. Die wichtige Rolle Meyers im Atelier und bei der Realisierung erkannte Gropius insofern an, als er ihn im Nachhinein auch bei zwei Frühwerken und dann bei einigen Projekten 1919–1924 namentlich nannte. Alle Versuche, Meyer zu einem gleichrangigen Partner zu erheben – am massivsten und völlig überzogen in einer Dissertation[87] über Meyer 1994 –, stehen im Widerspruch zu diesen eindeutigen Fakten. Meyer war zweifellos wichtig im Büro, aber Versuche, die jeweiligen Anteile an den gemeinsamen Entwürfen herauszufinden, sind müßige und unsachgemäße Spekulation, hier helfen auch nicht Konstruktionen wie «schöpferische Assimilation»[88] zwischen dem Wortmenschen Gropius und dem Praktiker Meyer weiter. Aber es muss auch gesagt werden, dass Gropius immer wieder bei späteren Aussagen die Leistung seines Mitarbeiters und Partners verkleinerte und Meyer sogar als Person despektierlich herabsetzte, als er ihn zusammen mit Lothar Schreyer in der Porträtgalerie der Bauhausmeister im Katalog der Ausstellung 1938 im Museum of Modern Art ohne Bild, nur mit Namen in einem dicken Barockrahmen präsentierte.[89]

Florierendes Architekturbüro

Mit den Planungen für das Faguswerk verbesserte sich Anfang 1911 die Lage im Atelier Gropius, dazu kamen Aufträge für ein weiteres Arbeiterwohnhaus für den Onkel Erich in Janikow, eine Stärkefabrik und eine Feldscheune für die Familie Kleffel auf deren Gut Baumgarten in Pommern sowie eine komplette Inneneinrichtung für die Wohnung des seit der Militärzeit mit Gropius befreundeten Juristen Dr. Karl Herzfeld in Hannover. Mit diesen Möbelentwürfen begann eine ganze Serie von Einrichtungen für private Auftraggeber sowie für Ausstellungsräume, die sich bis in die frühen 1920er-Jahre zog. Ob Meyer daran mitwirkte, ist ungeklärt. Die Arbeiten zeigen Gropius' Vertrautheit mit Holzverarbeitung und Werkstattbetrieb und könnten deshalb als Beleg für sein kontinuierliches Interesse am Handwerk gelten, das dann im Bauhaus-Manifest hymnisch gefeiert wurde.[90] Diese Kontinuität muss aber dahingehend relativiert werden, dass Gropius bis etwa 1916/17 in seinen theoretischen Äußerungen dem Handwerk nur geringe Bedeutung beimaß, dass er eine Stilbildung nur aus den industriellen Formen sah und dass erst im Kontext der Kriegsniederlage und der damit verbundenen ökonomischen Probleme die handwerkliche Arbeit und die Verwendung von Holz für ihn kurzfristig von besonderer Wichtigkeit erschienen. Auch wenn eine Möbelgruppe 1913 auf der Weltausstellung in Gent eine Auszeichnung erhielt, so kann doch im Rückblick auf die Designgeschichte festgestellt werden, dass nichts aus diesem Bereich auch nur annähernd historisch relevant ist – ohne den Namen des Bauhausgründers fänden die Stücke kaum Beachtung. Gropius selbst maß den Ausstattungen in seinem Werk keine besondere Bedeutung zu, nach dem Ersten Weltkrieg publizierte er fast nichts davon. Die zumeist schwergewichtigen Möbel entsprechen der Tendenz zu massiv-monumentaler Wirkung von Ausstattungen in den Jahren vor dem Krieg, und sie sind eher als Beleg zu sehen, dass er in diesem Bereich keine besonderen Fähigkeiten besaß.

Um an weitere Aufträge zu kommen, wandte sich Gropius, der von den Planungen für eine große «Gartenstadt Emst» gehört hatte, an der Osthaus maßgeblich finanziell beteiligt war, im Juli 1911 an seinen Förderer und offerierte ihm unter dem Siegel der Verschwiegenheit sein Programm für eine Hausbaugesellschaft. Obwohl bereits der ehemalige Kollege von Behrens an der Düsseldorfer Kunstgewerbeschule, J. L. M. Lauweriks, für die Planung vorgesehen war, wollte sich Osthaus dafür einsetzen, dass Gropius 100 bis 150 Häuser bauen könnte. Dieser schickte darauf Skizzen, aber die Angelegenheit entwickelte sich nicht weiter, nicht zuletzt weil das gesamte Projekt schlecht organisiert und verwaltet wurde. Um die Probleme zu beheben, lud Osthaus 1913 Gropius sogar ein, nach Hagen zu kommen, die verantwortliche Leitung zu übernehmen und 2500 Häuser zu bauen, aber dieser ließ sich auf das Unternehmen, das dann auch scheiterte, nicht mehr ein.[91]

1912 kamen neue Projekte ins Büro, darunter zwei Doppelhäuser für Werkswohnungen sowie ein Wasch- und Stallgebäude der Bernburger Maschinenfabrik in Alfeld-Delligsen. Für die simplen Bauten wurden im Wesentlichen die bereits früher für Arbeiterhäuser in Pommern verwendeten Bauformen adaptiert. In der ersten Jahreshälfte 1912 arbeitete das Büro auch an zwei großen Projekten für ein Landratsamt in Rummelsburg/Hinterpommern sowie für das Kreiskrankenhaus in Alfeld a. d. Leine, die aber beide nicht zur Ausführung kamen. Bei beiden Gebäuden wurde der von Peter Behrens entwickelte neoklassizistische Formenapparat verwendet, hier zeigt sich deutlich, dass Gropius und Meyer im Bereich von Wohn- und Verwaltungsgebäuden keine eigene Handschrift entwickeln konnten. Bei der Gliederung der Fassade des Landratsamts mit geschossübergreifenden Pilastern könnte zudem die Publikation der Bauten von Frank Lloyd Wright, die Gropius in diesem Jahr von seiner Mutter als Geschenk erhielt, Anregungen geliefert haben. Gropius hatte nach eigener, allerdings Jahrzehnte späterer Aussage, eine Wright-Ausstellung 1910 in Berlin, bei der es sich wohl nur um die Präsentation eines Portfolios mit Wright-Zeichnungen handelte, angeblich nicht gesehen. Auf Wright wies ihn jedoch Osthaus[92] bereits 1912 nachdrücklich hin und die Publikation der Wright-Bauten im Wasmuth-Verlag lag im Büro aus und sollte später als «Bürobibel» bezeichnet werden. Über den Einfluss Wrights wurde erst nach Gropius' Übersiedlung in die USA, als er seine Eigenständigkeit und Wright seine Priorität und Bedeutung betonte, immer wieder heftig gestritten.[93]

1913 kamen weitere Aufträge sowohl über die Verwandtschaft wie deren Bekannte ins Büro, das nun so gut lief, dass Gropius mehrere neue Mitarbeiter, darunter Fritz Kaldenbach und den später mit Bauten in Hamburg und Altona bekannt gewordenen Karl Schneider, anstellte.[94] Von diesen Arbeiten, die zum Teil nur aus Werklisten bekannt sind und nicht weiter konkretisiert werden können, hebt sich unter gestalterischen Gesichtspunkten nichts hervor. Rein quantitativ betrachtet war die Siedlung «Eigene Scholle» in Wittenberge/Elbe der größte Auftrag. Für eine Gesellschaft in Frankfurt an der Oder wurden insgesamt 44 Siedlerstellen mit drei verschiedenen Haustypen errichtet, die an frühere Arbeiterhäuser aus dem Büro angelehnt waren. Gropius nahm offensichtlich alle Aufträge, auch für Getreidespeicher, Lagerhäuser, Stallungen und verschiedene Wohngebäude an, mit denen ohnehin, auch angesichts der Auftraggeber, keine besondere Architektur entwickelt werden konnte und um deren Planung und Ausführung er sich dann auch nicht allzu viel kümmerte, wie Klagen über Bauschäden belegen. Von etlichen Projekten sind nicht einmal Fotos aufbewahrt worden und Gropius distanzierte sich schon wenige Jahre später völlig von diesen Auftragsarbeiten. Als er 1919 einem potenziellen Klienten Projekte für Wohnbauten schicken sollte, schrieb er an Osthaus, seine früheren Arbeiten seien ein «solcher Dreck, daß ich sie gar nicht ansehen mag»[95].

Erweiterung Faguswerk und Deutscher Werkbund

Gropius' Aktivitäten konzentrierten sich seit 1913 auf eine Erweiterung des Faguswerks sowie auf den Deutschen Werkbund, für den er publizierte und an dessen großer Ausstellung in Köln er dann mitwirken durfte. Die Produktionszahlen des Faguswerks entwickelten sich so günstig, dass bereits wenige Monate nach der Eröffnung eine Erweiterung ins Auge gefasst wurde. Den konkreten Auftrag für Neu- und Erweiterungsbauten, mit denen sich die Fläche der Anlage bis Kriegsbeginn fast verdoppelte, erhielt Gropius dann im Sommer 1913. Er nutzte die Baumaßnahme, um die Baukörper zusammenzufassen und um das Hauptgebäude an der Südostseite um sieben Achsen so zu verlängern, dass an der Schmalseite nach Südwesten ein neuer Eingang gesetzt und damit das Werk auch zur Straßenseite hin markiert werden konnte. Den neuen Blickpunkt bildete eine vorgeblendete zweigeschossige Klinkerwand, die durch eine asymmetrische Platzierung die Gestaltung von zwei weiteren stützenlosen Gebäudeecken ermöglichte. Der neue Haupteingang nahm im Mauerwerk die Gliederung der Fenstersprossen als Schattenfugen der gelblichen Klinker auf und wirkt damit wie ein Pendant zu den mit Nuten versehenen Beton-Pylonen der AEG-Turbinenfabrik. Wie die Pylone bei Behrens hat die Klinkerwand keine tragende

Erweiterung des
Faguswerks mit neuem
Eingang, um 1914

Funktion, sondern dient nur zur Markierung des Eingangs sowie der Akzentuierung der Körperlichkeit des Bauwerks. Gropius bezog sich damit wieder auf sein großes Vorbild, das er gleichsam «antithetisch»[96], aber keineswegs funktional weiterführte. Die Treppe liegt nicht hinter der Eingangswand, sondern ist so in die Ecke verschoben, dass die Podeste frei im Raum schweben und somit die stützenlos ums Eck geführte Fassade in ihrer räumlichen Wirkung noch verstärkt wird. Diese optische Wirkung unterstrich Gropius zudem durch eine leichte Streckung der Fensterfelder im Bereich der Ecken.[97] Die auf der Südseite verlängerte Glasfassade des schmalen Baukörpers führte jedoch zu langen schlauchartigen und schlecht belichteten Fluren an der Rückseite des Gebäudes und außerdem zu schwierigen raumklimatischen Bedingungen. Die Räume hinter der einfach verglasten Fassade heizen sich im Sommer wie in einem

Glashaus auf und waren im Winter eisig kalt. Der von Gropius intendierten wuchtigen körperlichen Wirkung des Baukörpers war die Funktionalität völlig untergeordnet. Später angebrachte Gardinen und Außenrollos konnten diese Mängel nur dürftig beheben, dies hinderte Gropius aber nicht, zwölf Jahre später beim Bauhausgebäude wieder der zeichenhaften Erscheinung einer gläsernen Ecke den Vorrang vor der Nutzung zu geben.

Die Arbeiten waren bei Kriegsbeginn noch nicht alle abgeschlossen, sie wurden deshalb 1919/20 wieder aufgenommen und kamen erst 1925 zum Abschluss. In diesem Zusammenhang entstand auch die bereits im Juli 1914 geplante, aber erst 1921/22 ausgeführte Gestaltung des Vestibüls und des Treppenhauses mit schwarzen Opakgläsern, die mit den weißen Wandflächen ein dekoratives Ornament bilden.[98] Hier fügte Gropius die «heitere Schmuckform»[99] hinzu, die er in zwei Beiträgen für die Jahrbücher des Deutschen Werkbunds als «Zeichen der innerlichen Verfeinerung» der «herben Formen des Anfangs» und als Ergänzung der «einprägsamen Silhouette»[100] angekündigt hatte. Beide Aufsätze wiederholten zum Teil wörtlich die bereits 1911 in Hagen vorgetragenen Ideen. Diese Form collageartiger Montagen von Textbausteinen sollte Gropius bei nahezu allen seiner zahllosen Vorträge anwenden, die deshalb auch häufig repetitiv wirken.

Im Jahrbuch 1913 schrieb er über «Die Entwicklung moderner Industriebaukunst»[101], pries wieder die AEG-Bauten von Behrens als «Baugebilde von wahrhaft klassischer Gebärde» und zeigte eine Auswahl der in Hagen und dann in der Wanderausstellung über Industriebauten präsentierten Silobauten, die damit auch einer breiten Öffentlichkeit bekannt wurden.[102] Deren «große, knapp gebundene Form» hielt für ihn «in ihrer monumentalen Gewalt des Eindrucks fast einen Vergleich mit den Bauten des alten Ägypten aus». Da die Silobauten «ein architektonisches Gesicht von solcher Bestimmtheit» zeigten, «daß dem Beschauer mit überzeugender Wucht der Sinn des Gebäudes eindeutig begreiflich wird», bildeten sie für Gropius einen ablesbaren Ausdruck einer rein aus der Nutzung hervorgegangenen Form. Die Silos waren somit anonymes Zeugnis für den «stilbildenden Wert industrieller Bauformen». Um diese Stilbildung ging es dann auch in Gropius' Beitrag im Jahrbuch 1914. Aus Handel, Technik und Verkehr, den Kräften, die den «Grundton unserer Zeit bestimmen»[103], entwickelte sich demnach der gemeinsame Gedanke der Gegenwart, mit dem das «Chaos individualistischer Anschauungen» abgelöst und der «Gestaltungswillen der vielen in einem Gedanken» gesammelt werden könnte. Je mehr sich diese geistigen Strömungen der Zeit durchsetzten, umso mehr werde das «Ausdrucksbild unserer gemeinsamen Lebensäußerungen an Einheitlichkeit gewinnen» und «damit wäre der Weg zu einem Stil gefunden, der schließlich bis in die letzten Verzweigungen des menschlichen Kunstschaffens hinabreicht.»[104] Gropius beschwor damit wieder das Ideal des Deutschen Werkbunds, durch die künstlerische Gestaltung der Erscheinungen von Industrie und Technik einen einheitlichen Ausdruck und damit einen neuen Stil zu schaffen. Fünf Jahre später kehrte er diesen Gedanken um und suchte die Einheit im großen Bau der Zukunftskathedrale, von der ein neuer Stil in alle Lebensbereiche ausstrahlen sollte.

Seit Anfang 1913 liefen die Planungen für eine große Ausstellung des Deutschen Werkbunds in Köln, die der Beigeordnete der Stadt, Carl Rehorst, auf einem 20 Hektar großen Gelände am rechten Rheinufer organisierte. Gropius bemühte sich, über Osthaus, der als Delegierter des Werkbunds im vorbereitenden Ausschuss mitwirkte, den Auftrag für die Abteilung «Fabrik, Werkstatt und Büro» zu erhalten, um dort in Fortsetzung des Faguswerks seine Vorstellungen demonstrieren zu können. Osthaus setzte sich auch vehement für die mit ihm verbundenen Künstler und Architekten ein, allerdings mit der Folge, dass Hermann Muthesius als Gegengewicht zum «zweiten stellvertretenden Vorsitzenden» gewählt und in den Ausschuss geschickt wurde.[105] Diese Konfrontation zwischen Osthaus und Muthesius verweist auf Differenzen innerhalb des Werkbunds, die dann im sogenannten Werkbundstreit

1914 aufbrechen sollten. Osthaus konnte nur erreichen, dass Gropius zusammen mit Hans Poelzig in die engste Wahl für diesen Bereich gezogen wurde, aber dann fiel die Entscheidung gegen seinen Protegé aus. Erst als Poelzig selbst von der Planung zurücktrat, rückte Gropius nach und wurde Ende Juni 1913 beauftragt.

Als Gropius und Meyer bereits mitten in der Planung steckten, wurde ihnen Mitte Juli mitgeteilt, dass sie aus Kostengründen eine fertige Fabrikhalle der Berliner Stahlbaufirma Breest & Co., die bereits im Vorjahr auf einer Ausstellung in Leipzig verwendet worden war, übernehmen müssten. Gropius bedauerte zwar, dass nicht mehr alles «aus einem Guß»[106] gestaltet werden könne, da ihm aber die Halle selbst «ausgezeichnet» gefiel und er sie für die «Zwecke der Ausstellung für entschieden geeignet» hielt, entwickelte er mit Meyer auf dem zugewiesenen länglichen Grundstück eine dieser Vorgabe entsprechende Anlage. Den Auftakt bildete der quergestellte Kopfbau des Bürogebäudes mit einer fast geschlossenen Front von 50 Metern Breite. Entlang der Mittelachse der Anlage gelangte man über einen von offenen Hallen flankierten Hof zur Fabrikhalle, an die seitlich ein Oktogon für die Deutzer Gasmotorenfabrik platziert war. Als Rehorst Ende März 1914 anordnete, dass auch noch ein großes Modell einer Schmiedepresse für Panzerplatten aufgestellt werden müsse, protestierte Gropius heftig und drohte sogar damit, auszusteigen. So konnte er immerhin erreichen, dass die Presse etwas versteckt hinter dem Deutz-Pavillon platziert werden durfte. Eine Besonderheit der Anlage war, dass Gropius durch viele Bittbriefe bei Firmen erreichte, dass die Bauten, im Gegensatz zu der bei Ausstellungen üblichen provisorischen Holz-Rabitz-Bauweise, aus «echten» Materialien errichtet werden konnten.

Der gerade 31 Jahre alte Walter Gropius war sich sehr wohl bewusst, dass er mit dem Auftrag zur Teilnahme an der großen Leistungsschau des Deutschen Werkbunds eine einmalige Chance erhielt, sich zu profilieren. Der Bau sollte deshalb, wie er seiner Mutter schrieb, «mein Fundament für später werden»[107]. Seine architektonische Aussage konnte er

Erweiterung Faguswerk und Deutscher Werkbund 89

Eingangs- und Rückseite des Bürogebäudes von Walter Gropius auf der Ausstellung des Deutschen Werkbunds in Köln, 1914

nur am Bürogebäude vermitteln, das dementsprechend programmatisch konzipiert wurde. Die mit einer engen Folge vertikaler Mauerstreifen gegliederte Eingangsfront vermittelte jene knappe, wuchtige und silhouettenhafte Wirkung, die er als Ausdruck der Kräfte des Industriezeitalters bei den Silobauten und mit der Assoziation ägyptischer Bauwerke beschworen hatte. Die Eingangsfassade kann als Umsetzung einer Vision bezeichnet werden, die Gropius bereits 1910 in einem Brief an Alma Mahler formuliert hatte: «Ich möchte eine große Fabrik, ganz aus weißem Beton bauen, nichts wie nackte Mauern mit Löchern darin – große Spiegelglasscheiben – und ein schwarzes Dach. Eine große reine, reich gegliederte Form [...]. Muß durch die hellen Wände und Schlagschatten wirken. Einfach – groß. Ägyptische Ruhe.»[108] Die monumentale Eingangsfront kontrastierte er mit der Glas-Eisen-Konstruktion der Rückseite, deren Material und Gliederung sich bereits in zwei seitlichen halbkreisfömigen Treppenhäusern an der Schauseite ankündigten und von da um den Bau herumzogen. Die gläsernen Treppenhäuser wurden das später am häufigsten nachgeahmte «Gropius-Motiv». Als Pendant zur geschlossenen ägyptisierenden Eingangsseite sollte die gläserne technoide Rückseite wieder demonstrieren, dass den wesenlosen modernen Materialien «Körperlichkeit» abgetrotzt und damit eine Kunstform geschaffen werden konnte. Diese Transformation brachte Gropius programmatisch im Foyer über der Eingangstür durch die Inschrift «Die Materie harrt der Form» zum Ausdruck. Den Text nach einem Spruch des Meisters Eckhart, der Gropius' Credo – das technische «Ding muß mit geistiger Idee, mit Form durchtränkt werden»[109] – genau entsprach, hatte er selbst festgelegt. Die Umsetzung erfolgte über den Maler Erwin Hahs, der auch zusammen mit Georg Kolbe das Foyer expressiv – nicht ganz zum Gefallen von Gropius – ausmalte.[110] Auf die Einbeziehung von bildenden Künstlern legte Gropius großen Wert, um Architektur und Kunst zu einem Gesamtkunstwerk zu verbinden, und deshalb konnten auch Richard Scheibe und Gerhard Marcks die Durchgangswände mit Reliefs gestalten, eine Reihe weiterer Künstler war für die Ausstattung einbezogen und vor dem Eingang sowie vor dem Deutz-Pavillon wurden Skulpturen von Georg Kolbe beziehungsweise Hermann Haller platziert.[111]

Sowohl die etwas krude Kombination von monumentaler Eingangsseite und filigraner Rückseite als auch die heterogene künstlerische Ausstattung ergaben zwar keine harmonische Gesamtlösung – Hans Poelzig nannte Gropius «etwas unselbständig à la Behrens»[112] –, aber das

Bürogebäude gehörte zusammen mit dem seitlich daneben platzierten skulpturalen Theater Henry van de Veldes und dem Glashaus Bruno Tauts zu den architekturgeschichtlich bedeutsamsten Beiträgen einer Ausstellung, deren repräsentative Hauptgebäude einen eher retrospektiven Eindruck vermittelten. Dass der Umriss des Bürogebäudes mit zwei offenen Dachaufbauten stark an das Mason City Hotel in Iowa von Frank Lloyd Wright erinnerte, wurde erst viel später von britischen und amerikanischen Historikern thematisiert.[113] Im Vergleich mit dem ganz für die Licht- und Farbwirkungen von Glas konzipierten Pavillon Tauts erscheint aus heutiger Sicht die Glas-Eisen-Konstruktion der Rückseite des Bürogebäudes wie eine Demonstration von Transparenz, aber wie beim Faguswerk ging es Gropius auch hier nur darum, den «wesenlosen» Materialien einen körperlichen Ausdruck zu verleihen. Insofern markieren die Glasmetaphorik Tauts und die Körperlichkeit des Glases bei Gropius völlig konträre Umgangsformen mit diesem Material. Über Taut und das Glashaus lernte Gropius die Ideen des Schriftstellers Paul Scheerbart kennen, der mit Glas eine phantastische Philosophie der Erneuerung verknüpfte und der eigens für den Bau seines Freundes Sprüche wie «Das bunte Glas zerstört den Hass» oder «Ohne einen Glaspalast ist das Leben eine Last»[114] verfasste. Über Scheerbart erhielt Glas eine besondere Bedeutung und Überhöhung als Material der Reinheit und kristallines Zukunftszeichen. Diese Assoziationen sollten allerdings erst im Verlauf des Weltkriegs ihre Wirkung auf Architekten entfalten und beeinflussten Gropius dann bei der Vision einer kristallinen Zukunftskathedrale im Bauhaus-Manifest.[115]

 Obwohl noch nicht alle Gebäude fertiggestellt waren, wurde die Ausstellung am 16. Mai 1914 eröffnet. Ende Juni verschickte Hermann Muthesius zehn Leitsätze, die er auf der siebten Jahreshauptversammlung vortragen und verabschieden lassen wollte. Der erste Leitsatz lautete: «Die Architektur und mit ihr das ganze Werkbundschaffensgebiet drängt nach Typisierung.»[116] Diese bereits verengte Auffassung von der Werkbundarbeit verschärfte er im Folgenden noch dahingehend, dass eine «nützliche Konzentrierung» auf spezifische Typen notwendig sei, um «die Vorbedingungen für einen kunstindustriellen Export zu schaffen». Damit verschob er das 1907 formulierte Ziel der Werkbundarbeit einer «Vergeistigung» der industriellen Produkte zur Schaffung von Qualitätsarbeit in Richtung auf eine Stärkung der Wirtschaft durch Typisierung im Kampf um internationale Märkte. Zahlreiche Mitglieder sahen in dieser neuen Akzentuierung eine Schwächung des künstlerisch individuellen Anteils der Gestaltung und protestierten heftig dagegen. Obwohl Gropius mit seinem Programm einer Hausbaufabrik eine rigorose Typisierung vertreten hatte, stellte er sich an die Spitze des Protests, sammelte Gleichgesinnte wie Endell, Obrist, Poelzig und Taut um sich und versuchte, Osthaus dazu zu bewegen, im Vorstand massiv gegen Muthesius aufzutreten. Van de Velde wurde auserkoren, als Sprecher für künstlerische Freiheit und Individualität aufzutreten und zehn Gegenthesen vorzutragen. Auf der Tagung vom 2. bis zum 6. Juli, auf der Muthesius seine Vorstellungen von der «Werkbundarbeit der Zukunft» verlas, wurde dann auch erbittert gestritten, allerdings trat Gropius in den Diskussionen hinter August Endell zurück. Hinter den Kulissen drängte er darauf, einen Rücktritt von Muthesius zu erreichen, und wenn das nicht gelänge, dann sollten die Muthesius-Gegner geschlossen aus dem «wurmstichigen Bund»[117] austreten. Hier zeigte sich eine Neigung von Gropius, zu polarisieren und Auseinandersetzungen zu personalisieren, ein Charakterzug, der später noch öfter sein Handeln bestimmen sollte. Osthaus sowie der ebenfalls zur Aktion gedrängte Peter Behrens akzeptierten jedoch einem Kompromiss mit Muthesius. Seine Haltung erklärte Osthaus später dahingehend, dass er die künstlerische Freiheit gegenüber der wirtschaftlichen Nötigung durchaus vertreten habe: «Ich wollte nicht die Qualität um des Welthandels willen, sondern die Schönheit um des deutschen Volkes willen.»[118] Obwohl Gropius in den Vorstand gewählt wurde, reagierte er wütend und schrieb enttäuscht an Osthaus, er «fühle sich persönlich blamiert»[119], ihm bliebe nur noch der Weg, den Werkbund zu verlassen. Dazu kam es nicht mehr, denn drei Wochen später brach der Krieg aus und Gropius, der sich nach der intensiven Vorbereitung der Ausstellung und dem Streit in Köln wieder mal nach Timmendorfer Strand zurückgezogen hatte, meldete sich sofort freiwillig zum Militär. Die Kölner Ausstellung wurde geschlossen und für Truppenübungen und dann als Lazarett genutzt. Der Streit schwelte unterschwellig weiter, aber die radikale Typisierung setzte sich im Zuge der von Walther Rathenau gesteuerten Kriegswirtschaft schnell durch und der Deutsche Werkbund wurde zu einem willigen Mitstreiter beim Kampf um die deutsche Vorherrschaft in Politik, Wirtschaft und Kultur.[120]

Kriegsjahre

Am 5. August 1914 kam Gropius in das Feldlager des Husarenregiments Nr. 9 der Reserve-Einheit der Wandsbeker Husaren und bereits am 8. August zog er mit seiner Einheit in die Vogesen, wo er Mitte September in erste Kampfhandlungen einbezogen war. Bis November 1918 verbrachte er, abgesehen von einigen kurzen Heimataufenthalten und einem Besuch der Werkbundtagung in Bamberg sowie einem Vorstellungsgespräch in Weimar, den gesamten Krieg an der Front oder in der Etappe. Das Architekturbüro wurde geschlossen und Anfragen bezüglich einiger Projekte beziehungsweise berufliche Angelegenheiten konnte er nur brieflich beantworten. Über seine Militärzeit berichtete Gropius sehr ausführlich und in vielen Briefen seiner Mutter, so dass diese Jahre relativ genau, allerdings aus diesem speziellen Blickwinkel rekonstruiert werden können.[121] Nach einer erfolgreichen Feindaufklärung erhielt er schon am 25. September das Eiserne Kreuz II. Klasse, am 1. November folgte die Beförderung zum Leutnant. Dann kam er mit seinem Regiment in die vorderste Front der Schützengräben in Lothringen und erlebte im Stellungskrieg Ende Dezember mörderische Kämpfe, bei denen fast die halbe Kompanie aufgerieben wurde. Eine Granate explodierte in seiner unmittelbaren Nähe, so dass er einen Schock und nervliche Störungen

Walter Gropius mit
seiner Frau Alma und der
Tochter Manon, um 1918

erlitt und einen Sonderurlaub erhielt. Zu Hause fand er Anfang 1915 einen Brief von Alma vor, die ihm zwar schon seit Mai 1914 ein paar Mal geschrieben hatte, nun aber – nach der endgültigen Trennung von Kokoschka – signalisierte sie Interesse an einer erneuten Annäherung. Gropius ging darauf ein und bei einem Besuch von Alma in Berlin Ende Februar 1915 flammte offensichtlich die alte Leidenschaft wieder auf, denn von nun an blieben sie in engem Briefkontakt. Obwohl Alma in ihrem Tagebuch Gropius noch im Juni 1915 als «lau»[122] bezeichnete, erfolgte am 18. August 1915 die Trauung in Berlin. Alma wechselte dafür sogar die Konfession und wurde wie Gropius evangelisch. Weihnachten 1915 konnten sie gemeinsam in Wien verbringen und Alma schenkte ihm Paul Claudels *Ruhetag* mit der beziehungsreichen Widmung «Sichtbare Zeichen einer unsichtbaren Macht». Am 15. Oktober 1916 kam die gemeinsame Tochter Manon zur Welt. Die Heirat und die Vaterschaft wurden für Gropius zu einer enormen psychischen Belastung, denn er konnte seine Frau – und dann auch sein abgöttisch geliebtes Kind – nur bei wenigen kurzen Aufenthalten in Wien sehen, die

Beziehung verlief weitgehend brieflich. Ohne das geringste Interesse oder Verständnis für seine Situation im Krieg tyrannisierte ihn Alma mit ihren Eitelkeiten und maßlosen egozentrischen Ansprüchen, stellte ihm gegenüber in demütigender Weise ihre angebliche gesellschaftliche Überlegenheit als umworbene Witwe des berühmten Gustav Mahler heraus,[123] zog ihn in ihre Dauerfehde mit seiner Mutter hinein, so dass er in größte Probleme und Loyalitätskonflikte geriet, und schließlich betrog sie ihn schon 1917 mit Franz Werfel.

Im Frühjahr 1915 kam Gropius auch in eine erste Verbindung mit seiner späteren Wirkungsstätte in Weimar. Der Belgier Henry van de Velde, Direktor der Großherzoglich Sächsischen Kunstgewerbeschule, war von nationalistischen Kreisen gedrängt worden, sein Amt niederzulegen. Trotz der national aufgeheizten Kriegsatmosphäre schrieb ihm Gropius, er verurteile das «brutale, grenzenlos törichte Gebaren meiner Landsleute»[124]. Van de Velde durfte die Amtsgeschäfte nur noch bis zum Oktober 1915 ausführen und in dieser Situation suchte er nach einem Nachfolger. Am 11. April fragte er bei Gropius an, ob er Interesse habe, denn er wollte ihn sowie August Endell und Hermann Obrist vorschlagen. Nachdem Gropius positiv reagierte, wandte sich auch der Direktor der Großherzoglich Sächsischen Hochschule für Bildende Kunst in Weimar, Fritz Mackensen, an ihn und fragte an, ob er die Leitung einer neu einzurichtenden Abteilung für Architektur und angewandte Kunst übernehmen wolle. Während sich diese Anfrage bald zerschlug, wurde Gropius vom zuständigen Oberhofmarschall aufgefordert, Unterlagen nach Weimar zu schicken, und Mitte Januar 1916 durfte er sich beim Großherzog von Sachsen-Weimar-Eisenach vorstellen und seine Konzeption einer Umorganisation der inzwischen geschlossenen Kunstgewerbeschule darlegen. Seine Ideen brachte er anschließend zu Papier und sandte das Manuskript am 25. Januar 1916 als «Vorschläge zur Gründung einer Lehranstalt als künstlerische Beratungsstelle für Industrie, Gewerbe und Handwerk»[125] nach Weimar. Ausgangspunkt seines Programms waren die bekannten Ideen des Werkbunds, die industriellen Produkte mit geistigen Ideen zu durchtränken und zwischen Künstler, Kaufmann und Techniker eine Arbeitsgemeinschaft zu organisieren, um Qualitätsarbeit zu erreichen. Schüler mit einer abgeschlossenen Ausbildung im Handwerk sollten nicht mehr wie bisher an den Kunstgewerbeschulen «vorbildliche Einzelstücke» selbst herstellen, sondern in Werkstätten bei einem Meister, in der Fabrik an der Maschine und in der Schule bei einem Künstler an konkreten Projekten ein aufeinander bezogenes «organisches Gestalten» erlernen. Damit könne in der Schule eine «ähnlich glückliche Arbeitsgemeinschaft wiedererstehen, wie sie vorbildlich die mittelalterlichen ‹Hütten› besaßen», in denen sich Architekten, Bildhauer und Handwerker zusammenfanden und «aus gleichgeartetem Geist» sowie erfüllt von der «Ehrfurcht vor der Einheit einer gemeinsamen Idee» eine Aufgabe zusammen erledigten. Ziel war, dass das «Ausdrucksbild unserer modernen Lebensäußerungen an Einheitlichkeit» gewinnt, «um sich schließlich wieder in kommenden Tagen zu einem neuen Stile zu verdichten». Gropius' Konzept beschwor zwar – wie drei Jahre später im Bauhaus-Manifest – die mittelalterliche Bauhütte, aber es ging um eine Schule zur Vorbereitung eines neuen Stils für industrielle Produkte. Nach einem Jahr schickte das Ministerium die Unterlagen zurück und lehnte das Konzept ab, da das Handwerk zu wenig berücksichtigt worden sei.

Als Vorstandsmitglied sowie über Osthaus blieb Gropius in Kontakt mit den Vorgängen im Deutschen Werkbund, der sich unter der Geschäftsführung von Ernst Jäckh zunehmend zum Mitstreiter für die politischen und wirtschaftlichen Ziele Deutschlands im Krieg entwickelte.[126] Gegenüber dem Freund äußerte er im Mai 1916 sein «heftiges Mißfallen über den Handelston, der die Kunst im Werkbund verschlinge»[127], und beklagte, dass den wirklichen Künstlern «aus Geschäftsgründen»[128] die Macht aus den Händen genommen werde. Er ließ sich deshalb eigens für eine Tagung des Werkbunds Mitte Juni 1916 in Bamberg beurlauben, trat als Agitator auf und erreichte, dass Muthesius sein Amt im Vorstand niederlegte und dafür Hans Poelzig und

August Endell gewählt wurden. Im Zusammenhang der Vorstandswahl verlas Gropius einen offenen Brief von Bruno Taut, den dieser auch auf der Tagung vorgetragen hatte. In dem Text mit dem Titel «Darlegungen» stellte Taut sowohl seine Vorstellungen für die weitere Arbeit und Pädagogik des Werkbunds wie auch seine Vision eines zukünftigen gemeinsam zu errichtenden Bauwerks vor – eine Idee, die er bereits 1913 als «Einheit der Künste»[129] in der Zeitschrift «Der Sturm» publiziert hatte. Tauts Forderung nach einem «Kunstdiktator» sowie seine pazifistischen Ansichten fanden geteilte Aufnahme, aber Osthaus und Gropius waren begeistert von der Idee eines gemeinsamen «Zukunftsbaus», der als «Zukunftskathedrale» wenig später in das Bauhaus-Manifest eingehen sollte, sowie von dem Vorschlag, eine Sammlung von Werkstoffen anzulegen, um bei der Ausbildung bessere, technisch fundierte Materialkenntnisse zu vermitteln.[130] Gropius sah hier zu Recht eine Verwandtschaft mit seinen Vorstellungen, die er im «Programm» für Weimar entwickelt hatte. Das Zusammenwirken von Ideen, die dann 1918/19 über den Arbeitsrat für Kunst zum Bauhaus-Manifest führten, kündigte sich somit hier bereits an.

Auf der Tagung stellte Ernst Jäckh auch den Plan für ein «Haus der Freundschaft» in Istanbul vor, für das zwölf führende Werkbund-Architekten – darunter auch Gropius – zu einem Wettbewerb ausgewählt wurden. Obwohl das symbolisch aufgeladene Projekt in der Hauptstadt des Kriegspartners Türkei zu dem von Friedrich Naumann verkündeten Programm eines «Größeren Mitteleuropa»[131] gehörte, das nach einem deutschen Sieg eine neue Weltordnung und Weltkultur vorsah, war Gropius sehr an einer Teilnahme interessiert. Da er keinen Urlaub von der Armee erhielt, musste er absagen, aber der Bau des prämierten Projekts von German Bestelmeyer kam aufgrund des Kriegsverlaufs ohnehin nicht mehr zur Ausführung.[132] Zu diesem Zeitpunkt befand sich Gropius wieder in den Stellungskämpfen in den Vogesen, am 1. September 1916 wurde er zum Regiments-Adjutanten befördert und war noch zutiefst von einem deutschen Sieg überzeugt. Es folgten Einsätze in Italien, dann kam er zu einer Aufklärungseinheit mit trainierten Hunden und schließlich landete er wieder in den festgefahrenen Gräben an der Somme. Aber allmählich zermürbte ihn der Krieg, so schrieb er am 24. April 1917 an Osthaus, der inzwischen zu einem engen Freund geworden war, er fühle sich, als sei er vor Jahren «aus einem Schnellzug gefallen auf einen toten Acker»[133], wo er verdorre und zerbröckle. In der quälenden Situation suchte er nach Erklärungen und benannte – wie so viele andere in Deutschland – in einem üblen antisemitischen Hassausbruch die Juden als Schuldige: «Ich denke viel über den Sinn des ganzen nach und komme nun manchmal in Zweifel und Gewissensnot; denn geschieht das alles wirklich nur, damit die Juden sich zu Hause mehr und mehr mästen und diese alles Leben und vermehrtes Gut aus dem großen Jammer erretten? [...] Wir alle sind schuld, daß es so gekommen ist, wir haben die Juden unbehindert groß werden lassen und ich fürchte, die frische Kraft zu einem Pogrom ist nicht mehr in uns, das beweist der bedenklich wachsende Zug zur ‹Aufklärung›, zum Sozialismus, in dem eben wieder die Juden treibende Elemente sind.» Dies war kein einmaliger verbaler Ausrutscher, sondern die Verrohung durch den Krieg sowie eine primitive Welterklärung und ein geradezu mörderischer Judenhass brachen auch in einem Brief an seine Mutter Anfang des Jahres 1918 aus ihm heraus: «Wir können so viel und so herrlich kämpfen wie wir wollen, die Schwächlinge und die Schweine in der Heimat fallen uns in den Arm und vernichten alles Erreichte. Die Juden, dieses zersetzende Gift, das ich mehr und mehr hasse, verderben uns. Sozialdemokratie, Materialismus, Kapitalwirtschaft, Wucher – alles ist ihr Werk und wir haben Schuld, daß sie sich so in unser Leben einfressen konnten. Sie sind der Teufel in der Welt, das negative Element der Welt.»[134] Bei vielen in Deutschland herrschte ein ähnlicher Geist, in dem sich 1918/19 die Dolchstoßlegende festsetzen und der rassistische Nationalismus gedeihen sollte.

Im letzten Kriegsjahr 1918 war Gropius bei den Kämpfen an der «Siegfried-Stellung» vor der Ailette sowie an den Schlachten bei Soissons und Reims beteiligt, er hatte jedoch «keinen inneren Zusammenhang mehr damit»[135], wie er an seine Mutter schrieb, er wusste, dass der Krieg nicht mehr zu gewinnen war. Frau und Tochter sah er nur selten, aber als Alma ins Krankenhaus kam, um am 2. August 1918 einen Jungen zur Welt zu bringen, konnte er eine Verlegung nach Semmering erreichen. Am 4. August wurde Gropius mit dem Eisernen Kreuz 1. Klasse dekoriert, aber dann erfuhr er am 25. August zufällig bei einem Besuch der Wöchnerin, die gerade am Telefon Intimitäten austauschte, dass das Kind nicht von ihm, sondern von Franz Werfel stammte, mit dem sie seit fast einem Jahr liiert war. Nun brach auch noch seine private Welt völlig zusammen. Um der Tochter willen klammerte sich Gropius anfangs noch an die Ehe, so dauerte es fast ein Jahr, bis er in einem Brief vom 12. Juli 1919, aus dem seine grenzenlose Enttäuschung sprach, in die Scheidung einwilligte. Dabei brachen wieder antisemitische Gefühle hervor, die sich diesmal aus dem Ressentiment gegen die Juden Franz Werfel und Gustav Mahler speisten: «Dein herrliches Wesen ist vom jüdischen Geist zersetzt worden. Einmal wirst Du zu Deinem arischen Ursprung zurückgehen, und dann wirst Du mich verstehen und in der Erinnerung suchen.»[136] Nach den antisemitischen Tiraden während der Kriegszeit entsprang der rassistische Ausfall diesmal offensichtlich der Ehesituation.

Nach über vier Jahren Militärzeit in einem mörderischen Krieg fühlte sich Gropius «geistig idiotiert»[137], wie er an seine Mutter schrieb, und zudem belastete ihn die zerbrochene Ehe psychisch extrem. Während der Revolutionszeit befand er sich in Wien, wo er vergeblich versuchte, das Sorgerecht für seine Tochter zu erhalten. Als er Mitte November 1918 nach Berlin kam, wurde er von den Auswirkungen und Ideen der Revolution erfasst. Er trat dem Berliner Arbeitsrat für Kunst bei, stürzte sich in Aktivitäten, um Kriegszeit und Eheprobleme zu kompensieren, und sein Zustand änderte sich schlagartig. Der Enthusiasmus der Künstler und Architekten, die sich im Arbeitsrat unter der Leitung von Bruno Taut zusammengefunden hatten, um die politische Revolution im Bereich der Kultur umzusetzen, ergriff den großbürgerlichen Architekten und ehemals begeisterten Husaren und führte ihn in eine neue Welt. In Entsprechung zur Beseitigung politischer und – scheinbar – auch gesellschaftlicher Herrschaftsstrukturen durch die Revolution forderte der Arbeitsrat: «Kunst und Volk müssen eine Einheit bilden. Die Kunst soll nicht mehr Genuß weniger, sondern Glück und Leben der Masse sein.»[138] Die Diskussionen kreisten darum, wie diese neue Einheit erreicht werden könnte. Ziel war es, die Akademien und die daraus erwachsene elitäre Stellung des Künstlers, der sich vom Volk abgetrennt hatte, abzuschaffen und durch Besinnung auf das Handwerk wieder eine Verbindung zum Volk herzustellen. In einem großen, gemeinsam zu erschaffenden Bau sollten sich diese neue Einheit und damit auch die revolutionäre Umwälzung manifestieren. In einer Reihe von Programmen, zu denen dann auch das Bauhaus-Manifest von Gropius gehörte, wurde das Handwerk in diesem Sinne als Gegenpol zur Akademie und als Urquell schöpferischer Gestaltungskraft aus dem Volk beschworen. Über das Handwerk, das Architekten wie Künstler erlernen sollten, sollte die Kunst wieder mit der Gemeinschaft verwachsen. In diesem Sinne erklärte Hans Poelzig 1919 vor dem Deutschen Werkbund ausdrücklich, unter Handwerk müsse «etwas ganz und gar Geistiges» verstanden werden. Es gehe nicht um «die technische Vollendung in irgendeinem gewerblichen Zweig», sondern Handwerk sei identisch mit künstlerischer Tätigkeit, mit dem Willen «mit größter Versenkung und Liebe» zu gestalten, ohne sich um die «wirtschaftliche Ausnutzung der Arbeit» zu kümmern.[139] Die Vertreter des Deutschen Werkbunds, die bis weit in den Krieg hinein davon geträumt hatten, die Maschinenprodukte mit künstlerischem Geist zu durchdringen, um mit deutscher Qualitätsware den Weltmarkt zu beherrschen, wandten sich in einer totalen Kehre von Industrie und Technik ab und beschworen eine Rückkehr zum Handwerk als geistiger Kraftquelle und eine Gemeinsamkeit wie in mittelalterlichen Zünften. Gropius sah diese Veränderung an sich selbst und schrieb an seine Mutter, er habe sich «innerlich völlig umgewandelt und auf das Neue, was unheimlich stark heraufsteigt, umgestellt»[140]. Sein Blick auf die Gesellschaft veränderte sich, aber an sich selbst vollzog er keinen sozialen Wandel. Er blieb der Großbürger, der sich beschwerte, dass nun auch «der Pöbel» in der ersten Klasse der Bahn fahre.[141] Hintergrund aller Diskussionen im Arbeitsrat war das Erlebnis des «Blutsaufen[s]» der «Anbeter der Gewalt»[142] wie Taut schrieb, des mörderischen Krieges, der als Ausgeburt des Materialismus und der egoistischen Haltung der Nationen verstanden und dem deshalb eine geistige Erneuerung durch die gemeinsame Arbeit an einer großen Aufgabe entgegengesetzt wurde. Als geistiger Gegenpol zum Materialismus wie auch als Ausdruck der Einheit von Volk, Handwerk und künstlerischer Gestaltung wurde unentwegt die Gotik beziehungsweise die von der mittelalterlichen Gemeinschaft der Bürger, Handwerker und Künstler geschaffene gotische Kathedrale beschworen. Damit stand auch der Arbeitsrat in der seit etwa zwei Jahrzehnten geführten Diskussion um eine Erneuerung der Kunst und Kultur durch einen Rückbezug auf die Gotik. In seinen einflussreichen Schriften vor dem Ersten Weltkrieg sah Wilhelm Worringer in der Gotik die höchste Form der Vergeistigung, da sie auf eine Entmaterialisierung zielte.[143] Karl Scheffler unterschied in seinem 1917 erschienenen Erfolgsbuch *Der Geist der Gotik* nur noch zwischen dem griechischen und dem gotischen Stil als den «beiden Formenwelten der Kunst» und sah in der Gotik den Ausdruck eines «großen, leidenschaftlichen Kollektivwillens»[144], denn die Sakralbauten seien vom ganzen Volk geschaffen worden. Die Gotik wurde damit zum «Volksstil» und die Einheitlichkeit der von Handwerkern, Künstlern und Architekten geschaffenen gotischen Kathedrale zum architektonischen Ausdruck und Abbild einer sozialen Einheit. In den erregten Diskussionen nach dem revolutionären Umbruch ließen sich somit viele Ideen und Traditionsstränge im Bild der Kathedrale bündeln und zudem bot die Gotik, vor dem Hintergrund des verlorenen Krieges, für manche auch noch ein Bezugs- und Assoziationsfeld zu deutschem Geist und deutscher Größe im Mittelalter.

Noch während des Krieges verfassten Adolf Behne und Bruno Taut, die beiden intellektuellen Protagonisten und Ideengeber im Arbeitsrat für Kunst, Schriften, in denen die gemeinsame Arbeit an einer Kathedrale als pazifistisches Gegenbild zum Krieg beschworen wurde. Unter Berufung auf Scheerbart sah Behne die «Wiederkehr der Kunst»[145] in einer durch Glas erneuerten Gotik, die er als Zeichen einer neuen Weltgemeinschaft sowie der Einheit der Künste unter Führung der Architektur verstand. Taut propagierte mit der «Stadtkrone»[146] den Bau eines Volkshauses, das als strahlende Kristallkonstruktion – wie ehemals die Kathedrale – im Zentrum der Stadt ein architektonisches Zeichen setzen sollte für den «Klang der Einheit» einer friedlichen «harmonischen Menschengemeinschaft». Im Arbeitsrat verfasste er ein «Architekturprogramm», das als Flugschrift im Dezember 1918 verteilt und in dem der Architektur die Fähigkeit zugeschrieben wurde, einer Revolution des Geistes Ausdruck zu geben: «Unmittelbarer Träger der geistigen Kräfte, Gestalter der Empfindungen der Gesamtheit, die heute schlummern und morgen erwachen, ist der Bau. Erst eine vollständige Revolution im Geistigen wird diesen Bau schaffen.»[147] Wie schon Worringer und Scheffler wiesen auch Behne und Taut der Architektur eine Leitfunktion bei der Erneuerung zu, denn die Künste sollten sich «unter den Flügeln einer großen Baukunst»[148] zu einem Einheitskunstwerk zusammenfügen, das die politische Revolution zu einer geistigen Vollendung führte.

Gropius stieß mitten in diese Diskussionen im Arbeitsrat, die um Gedanken kreisten, die auch er seit einigen Jahren zumindest ansatzweise mit sich herumgetragen hatte, die aber nun angesichts der politischen Umwälzungen eine ganz neue Bedeutung und Zielsetzung erhielten. Von Tauts Programm war er begeistert: «Herrliches Werk! Eine Morgenröte am dunklen Horizont unserer herzverstockten Zeit. Heiter ging ich fort, glücklich, das mitzuerleben, mitzufühlen, mitzubrennen im Feuer dieses Geistes. *Das* ist Revolution, Aufbau, neues Glaubenslicht. Form gewordene Kristalle eines neuen Menschentums, Auferwecken aus tödlich langer Kriegsnarkose!»[149] An Osthaus schrieb er über Taut: «Er ist der erste Architekt, der die Idee, der ich schon lange Jahre nachlaufe: Vereinigung aller Künste zum Bau wirklich innerlich begreift und wir ziehen nun gemeinsam an einem Strange. Sein Architekturprogramm ist mir tief sympathisch und aus meinem Geiste.»[150] Bis zu seinem Eintritt in den Arbeitsrat war das Konzept einer Vereinigung der Künste am Bau bei Gropius noch relativ vage, nun übernahm er sofort Teile aus dem Architekturprogramm wie auch aus anderen Konzepten dieses Kreises, die dann fast wörtlich in das Bauhaus-Manifest eingingen. So formulierte Otto Bartning im Januar 1919 einen «Unterrichtsplan für Architektur und bildende Künste auf der Grundlage des Handwerks» und schlug eine Ausbildung unter Leitung eines «Rat[s] der Meister» vor. Dieses Programm redigierte Gropius fast wie einen eigenen Beitrag und übertrug Stücke davon in seine Texte.[151] Mit dem Kunsthistoriker Adolf Behne, den er schon seit Anfang 1914 kannte, entwickelte sich eine enge Freundschaft, und dessen Ideen über die Architektur als «Führerin zur Einheit»[152] und damit als Instrument für eine «Wiederkehr der Kunst» finden sich im Bauhaus-Manifest, an dem Behne auch direkt mitformulierte oder, wie Gropius später schrieb, das sie gemeinsam «ausheckten»[153]. Letztlich erwuchsen alle wesentlichen Ideen des Manifests «aus dem Gedankenkreis des Arbeitsrats für Kunst»[154].

Dieses Ineinandergreifen und Übernehmen von Ideen erfolgte anfangs unter der Annahme einer gleichen inhaltlichen und politischen Orientierung unter den Mitgliedern des Arbeitsrats. Aber bereits gegen Ende des Jahres zeigte sich, dass die vom Pazifismus Tauts geleiteten Vorstellungen einer Mitwirkung des Arbeitsrats an der politischen Neugestaltung illusionär waren. Der Kongress der Arbeiter- und Soldatenräte lehnte am 20. Dezember 1918 eine dezentralisierte Regierung und damit eine direkte Mitwirkung der Künstlerräte an der Politik ab. Taut, der sich «An die sozialistische Regierung» gewandt und den Bau der «Volkshäuser» als Aufgabe des sozialistischen Staates betrachtet hatte, zog sich enttäuscht zurück und schied nach einigen Wochen aus dem Arbeitsrat aus.[155] Gropius engagierte sich dagegen noch mehr und übernahm zum 1. März den Vorsitz, sein Freund Behne erhielt die Geschäftsführung. Auf der einen Seite intensivierte er die Aktivitäten und organisierte eine «Ausstellung für unbekannte Architekten»[156] mit phantastischen Architekturprojekten, auf der anderen Seite verlagerten sich unter seiner Leitung die Aussagen zu visionär-pathetischen, aber unverbindlich «überparteilichen» Programmen, die Gropius allein aufgrund ihrer künstlerischen Haltung als «radikal» bezeichnete. Im Laufe seines Lebens bezog Gropius zwar manchmal politisch Stellung, aber er wollte sich nie parteipolitisch binden beziehungsweise vereinnahmen lassen. So verteidigte er Karl Liebknecht und Rosa Luxemburg gegenüber seiner Mutter als «reine Idealisten, die für ihre Idee wie wenige lebten u. starben», und sprach von einem «gemeinen Mord»[157], aber den Weg der Künstler sah er abseits der politischen Bahnen. Da angesichts der politischen Entwicklung die erhoffte geistige Revolution nicht abzusehen war, propagierte Gropius eine Absonderung von der Tagespolitik, um in kleinen verschworenen Gemeinschaften wie in einer Loge oder einer mittelalterlichen Bauhütte am großen geistigen Werk einer «Zukunftskathedrale» zu bauen, um bereit zu sein, wenn einmal die Zeit reif sei. An Osthaus schrieb er am 2. Februar 1919, der Sozialismus sei durch «die gemeine Zeit» beschmutzt, deshalb «bleibt uns jetzt nur übrig, die reale Welt zu ignorieren und sich seine eigene Welt abgesondert zu bauen».[158] Der Arbeitsrat sollte «eine Art Loge»[159] werden, und am Bauhaus, an dessen Konzept er gerade arbeitete, sollte wie in der Gemeinschaft einer Bauhütte die Vergeistigung künstlerischer Arbeit und die Ausbildung des neuen Künstler-Handwerkers, unter der Leitung eines «Meisters vom Stuhl», exemplarisch vollzogen werden. Die Begriffe der Freimaurer, die sich ihrerseits auch schon auf die Bauhütten als Orte eines Geheimwissens bezogen hatten, waren somit programmatischer Bestandteil der Ideen im Arbeitsrat für Kunst wie auch der Konzeption für Weimar, die beide in den ersten drei Monaten des Jahres

Lyonel Feininger,
Holzschnitt für den Titel des
Bauhaus-Manifests, 1919

1919 völlig miteinander verwoben waren. In dem Manuskript «Ziel der Bauloge» fasste Gropius diese Gedanken zusammen: «Wie in den Bauhütten des Mittelalters, in enger persönlicher Führung der Künstler aller Grade die gotischen Dome entstanden, so muss der Künstler der neuen Zeit in neuen Lebens- und Arbeitsgemeinschaften auf den Freiheitsdom der Zukunft vorbereiten. Solche Gemeinschaft lasst uns gründen!»[160] Dieser Freiheitsdom wurde zur Kathedrale auf der Titelseite des Bauhaus-Manifests.

«Staatliches Bauhaus in Weimar»

Da Gropius seit der Absage seiner «Vorschläge» nichts mehr aus Weimar gehört hatte, wandte er sich im Januar 1919 auf Empfehlung und mit Unterstützung von Hans Poelzig[161] an den neuen Generalintendanten des Deutschen Nationaltheaters Weimar, Ernst Hardt,[162] der ihn wiederum der nunmehr zuständigen provisorischen Regierung des neuen Freistaats Sachsen-Weimar empfahl. Nach der Kontaktaufnahme führte er mit Hilfe von Poelzig auch Gespräche mit dem Lehrerkollegium der dortigen Hochschule für Bildende Kunst, das sich nun für ihn als neuen Direktor einsetzte. Im Februar und März verhandelte er intensiv mit dem im Auftrag der provisorischen Regierung noch zuständigen Oberhofmarschall Hugo Freiherr von Fritsch. Die Etatfragen waren besonders kompliziert, da die Großherzoglich Sächsische Hochschule für Bildende Kunst und die Großherzoglich Sächsische Kunstgewerbeschule, die Gropius zum «Staatlichen Bauhaus» zusammenlegen wollte, weitgehend vom Großherzog finanziert worden waren, über dessen Vermögen und Besitz erst eine Klärung herbeigeführt werden musste, und da zudem die Kunstgewerbeschule 1915 geschlossen worden war und somit etatmäßig gar nicht mehr existierte. Verständlicherweise drängte Gropius auf eine abgesicherte Finanzbasis, außerdem stellte er Forderungen bezüglich der Räume und der Ausstattung und insbesondere verlangte er massiv, selbst staatliche Aufträge zu erhalten.[163] In mühsamen Konstruktionen konnte schließlich eine Lösung der Finanzen erreicht werden. Bezüglich der Aufträge erhielt Gropius aber nur eine Zusicherung, dass er fallweise und unentgeltlich zur künstlerischen und bautechnischen Beratung hinzugezogen werden sollte. Dem Vertrag und dem Programm stimmte dann am 25. März die «Provisorisch-Republikanische Regierung» zu, die in ihm als Mitglied des Arbeitsrats wohl einen Gleichgesinnten sah und der sein Konzept einer Einheitsschule, in der Kunst und Kunstgewerbe, freie und angewandte Kunst vereinigt werden sollten, zusagte.

Mit der Verschmelzung der Hochschule für Bildende Kunst und der ehemaligen Kunstgewerbeschule zum «Staatlichen Bauhaus in Weimar» vollzog sich zum einen die von Gropius geforderte Aufhebung der «Klassenschranken» zwischen akademischer Kunst und Handwerk, zwischen Künstler und Volk, und zum anderen manifestierte sich in dem von Gropius erfundenen Namen «Bauhaus» die Wendung zur sozialen Einheit und Gemeinschaft wie an einer mittelalterlichen Bauhütte. Um den programmatischen Charakter der Reform auch deutlich ablesbar zu machen, wurden im Untertitel der neuen Institution die Namen der beiden ehemaligen Ausbildungsstätten ausdrücklich nochmals genannt. Die Reform des Unterrichts- und Schulwesens war ein zentraler Punkt bei den politischen Verhandlungen für eine neue Verfassung, denn mit der von linken Parteien geforderten «Einheitsschule» sollten soziale Schranken und religiöse Trennungen aufgehoben werden.[164] Diese Reform gelang im Schulwesen nicht, das Bauhaus blieb die einzige künstlerische Reformschule, die in diesen Monaten des Umbruchs entstand, damit war es aber auch bei konservativen und nationalen Kräften von Anfang an als Produkt und Agent links-liberaler Politik gekennzeichnet.

Nach seiner Wahl als neuer Vorsitzender des Arbeitsrats hielt Gropius am 22. März eine programmatische Rede, in der er erklärte, er teile zwar Tauts Bedenken, dass die politische Entwicklung keine «Kunstpolitik auf breiter Basis» zulasse, aber «trotz aller Widrigkeiten der äußeren Politik» sollten die Mitglieder die «Fäden in aller Stille weiterspinnen»[165], die Gemeinschaft müsse sich «in aller Stille konsolidieren» und durch «Zusammenschluß einer kleinen Minorität einem radikalen künstlerischen Bekenntnisse zum Siege verhelfen». In einer Reihe von Texten formulierte Gropius 1919/20 immer wieder die gleichen Gedanken, dass die politische Revolution in kleinen logenartigen Gemeinschaften im geistigen Bereich fortgeführt und vollendet werden müsse: «Die Throne sind zwar umgestoßen, aber der alte Geist wurzelt noch zäh im ganzen Land. Wir brauchen eine neue gemeinsame Geistigkeit des ganzen Volkes. [...] Noch nicht die politische, erst die vollendete geistige Revolution kann uns ‹frei› machen.»[166] Dieses Ziel beschwor er unentwegt mit dem Bild der gotischen Kathedrale, der Verkörperung der sozialen Einheit von Handwerkern und Künstlern sowie der künstlerischen Einheit von Architektur, Malerei und Skulptur. Als Symbol für diese Ideen war die Kathedrale auch ein Zeichen gegen Materialismus und Krieg, aber Gropius gab ihr noch eine weitere Komponente, denn er konfrontierte in einem Aufsatz deren «Baugeist» direkt mit «Krämertum»[167]. Damit ermöglichte er, ohne es auszusprechen, auch eine nationale Assoziation, denn seit Nietzsche und dann insbesondere durch Werner Sombarts Kriegsschrift *Händler und Helden*[168] von 1915 wurden die Engländer als «Krämer» und Repräsentanten des Kommerzialismus, der «Quelle und Ursprung dieses Krieges»[169] diskreditiert, denen nun die – verlorene, aber wiederzugewinnende – geistige Größe der deutschen Gotik gegenübergestellt wurde. Diese Evokation der Gotik als nationales Zeichen findet sich angesichts der militärischen Niederlage und der Demütigung von Versailles vielfach in Veröffentlichungen, aber auch bei Bauten der ersten Nachkriegszeit – vom gotisch dekorierten Hochhaus von Paul Bonatz über die Dombauhütte von Peter Behrens bis zur programmatisch «deutschen» Backsteingotik von Fritz Höger.[170] Für Gropius bedeutete die Kathedrale aber letztlich nichts anderes als ein Zeichen der Einheit aller Gestaltungen und diente damit als Symbol für den erhofften neuen Stil, den er wie alle Werkbundmitglieder schon vor dem Krieg gesucht hatte. In einer Umkehr der Werkbundideen erklärte er nun, vor dem Krieg habe man den Fehler gemacht, das Pferd beim Schwanze aufzuzäumen, indem man «Aschbecher und Bierseidel künstlerisch» ausbildete, um so «allmählich vom kleinsten bis zum großen Kunstwerk» emporzusteigen, nun müsse man warten, bis sich «wieder eine große geistige Idee verdichtet», die in einem «großen Kunstwerk des Volkes, einer Kathedrale der Zukunft ihr Sinnbild finden wird». Dieses große Werk der Einheit werde dann «sein Licht bis in die kleinsten Dinge des täglichen Lebens zurückstrahlen»[171].

Dieser Idee gab Lyonel Feininger mit der kristallinen Kathedrale auf dem Titel des Bauhaus-Manifests bildhaften Ausdruck: Am Bauhaus sollte in einer kleinen Gemeinschaft an der Gestaltung des neuen Stils für eine neue Zeit gearbeitet werden. Dort sollte die Erneuerung stattfinden, ein neuer Mensch gebildet werden, und die Künstler sollten «das einheitliche Sprachmittel finden»[172], das dann – ausstrahlend von der Bauhaus-Kathedrale – für das ganze Volk verständlich sein sollte. Unter der Leitung von Gropius ging es am Bauhaus letztlich immer darum, den Objekten der gesamten Lebenswelt einen einheitlichen Ausdruck, einen «Stil» zu verleihen. Dies war die eigentliche, mit «wagnerianischem Pathos»[173] vom Gesamtkunstwerk vorgetragene Botschaft des Bauhaus-Manifests, das im Mai 1919 verschickt wurde, um die Schule bekannt zu machen und um Schüler nach Weimar zu holen: «Architekten, Maler, Bildhauer, wir alle müssen zum Handwerk zurück! […] Bilden wir also eine neue Zunft der Handwerker ohne die klassentrennende Anmaßung, die eine hochmütige Mauer zwischen Handwerkern und Künstlern errichten wollte! Wollen, erdenken, erschaffen wir gemeinsam den neuen Bau der Zukunft, der alles in einer Gestalt sein wird: Architektur und Plastik und Malerei, der aus Millionen Händen der Handwerker einst gen Himmel steigen wird als kristallenes Sinnbild eines neuen kommenden Glaubens.»[174]

«Ich bin zum Packträger meiner Idee geworden»
Direktor am Bauhaus in Weimar und Dessau
1919–1928

Walter Gropius vor dem Direktorenwohnhaus in Dessau, um 1927

Die Anfänge in Weimar

Am 11. April 1919 kam Walter Gropius nach Weimar und unterschrieb mit dem Hofmarschallamt seinen auf den 1. April rückdatierten Dienstvertrag über die «Leitung der Hochschule für bildende Kunst einschließlich der ehemaligen Kunstgewerbeschule»[1]. Am folgenden Tag wurde die Vereinigung der beiden Schulen zum «Staatlichen Bauhaus Weimar» bestätigt. Trotz der vertraglichen Absicherung gab es noch bis zum Sommer Versuche, Henry van de Velde wieder zu berufen und Gropius, dem «spartakistische Umtriebe»[2] in Berlin unterstellt wurden, durch politische Intrigen wieder loszuwerden. Der Vertrag sicherte Gropius eine für vier Jahre unkündbare Angestelltenstelle mit der stattlichen Besoldung von jährlich 10 000 Mark. Auf den angebotenen Professorentitel verzichtete er, um nicht die im Bauhaus-Manifest propagierte Rückkehr zum Handwerk mit einem akademischen Titel zu konterkarieren. Noch am Abend des 11. April fand eine erste Sitzung des Lehrerkollegiums mit Besuch der Werkstätten statt, auf der sich Gropius die Wahl von vier neuen Lehrkräften bestätigen ließ, die sofort auf die vier freien Stellen an der ehemaligen Kunstschule berufen werden sollten: die Maler Lyonel Feininger und César Klein, die er beide vom Arbeitsrat kannte, den Maler und Pädagogen Johannes Itten, den er über seine Frau Alma in Wien getroffen hatte, sowie den Bildhauer Gerhard Marcks, den Bruder seines engen Freundes Dietrich Marcks.[3] Feininger kam dann auch schon zum Sommersemester, Itten und Marcks folgten im Wintersemester, die Berufung von Klein kam nicht zustande. Gropius bezog sein Direktorenzimmer in dem von Henry van de Velde errichteten Hochschulgebäude und erreichte, dass die gegenüberliegende Kunstgewerbeschule, die zwischenzeitlich als Lazarett genutzt worden war, dem Bauhaus für Werkstätten übergeben wurde.

Schon am 13. April lud ihn Ernst Hardt in sein Haus ein und machte ihn mit den wichtigsten Persönlichkeiten aus Politik und Kultur bekannt. Am folgenden Tag schrieb ihm Gropius in einem Dankbrief: «Ich komme mit Ungestüm nach Weimar mit dem festen Vorsatz, aus meiner

Sache ein ganzes zu machen, oder, wenn das nicht gelingt, schnell wieder zu verschwinden. Meine Idee von Weimar ist keine kleine, ich sehe gerade in dem Punkt der alten, schwerüberwindlichen Tradition die Möglichkeit, fruchtbare Reibungsflächen für das Neue zu schaffen. Ich glaube bestimmt, dass Weimar um seiner Weltbekanntheit willen, der geeignetste Boden ist, um dort den Grundstein zu einer Republik der Geister zu legen. [...] Ich stelle mir vor, daß in Weimar eine große Siedlung sich um den Belvedereberg bilden soll, mit einem Zentrum von Volksbauten, Theatern, Musikhaus und als letztem Ziel einem Kultbau, und daß jährlich im Sommer große Volksfestspiele dort stattfinden, bei denen das Beste geboten werden soll, was die neue Zeit an Theater, Musik und bildender Kunst zu geben weiß.»[4] Der knapp 36-Jährige sprühte vor Energie und Selbstbewusstsein und stellte sich mit dem Ziel, in Weimar eine «Republik der Geister»[5] zu schaffen, in die Nachfolge von Harry Graf Kessler. Aber von den Plänen, die zum Teil bereits von Taut im Arbeitsrat entwickelt worden waren, konnte er in den folgenden sechs Jahren, die er in der Goethestadt verbrachte, fast nichts verwirklichen. Mit einem ungeheuren Kraftaufwand gelang es ihm, die Schule zu etablieren, aber er konnte sie nicht wirklich festigen. Die Reibungsflächen mit den konservativen und retardierenden Kräften waren viel größer, als er zum Zeitpunkt der Berufung ahnen konnte. Die nächsten vier Jahre bis zur ersten großen Ausstellung im Sommer 1923 waren gekennzeichnet von einer einzigen Folge von Kämpfen mit Behörden und Politikern, mit Kollegen und Studenten, mit der Presse sowie verschiedenen Institutionen und Bürgern in Weimar und Thüringen. Dazu kamen die Suche nach Geldgebern und die endlosen Korrespondenzen, um die Schule mit Satzung und Etat bei mehrfach wechselnden politischen Zuständigkeiten zu festigen. Gropius verfasste eine schier unübersehbare Flut von Briefen und Stellungnahmen, trat vor dem Landtag, bei Versammlungen und mit Vorträgen auf und aktivierte immer wieder mit Briefaktionen, über sein großes Netz an Beziehungen, Hilfe für das Bauhaus aus ganz Deutschland. Die erste Leistungsschau mit der Ausstellung 1923 brachte dann einen Erfolg, aber gegen Ende dieses Jahres der Hyperinflation kam es zu einer politischen Wende und von da an führte er einen Kampf um das Überleben der Schule, den er verlor. Genau sechs Jahre nach der Gründung verließ er Weimar und zog mit dem Bauhaus nach Dessau, wo er noch drei erfolgreiche, aber ebenfalls von Arbeit und Mühen gekennzeichnete Jahre verbrachte. Wie er 1922 treffend schrieb, waren die Jahre in Weimar eine einzige Plackerei: «Die Arbeit ist ungeheuerlich. Ich bin zum Packträger meiner Idee geworden.»[6] Das Erstaunliche ist, dass er neben all diesen Belastungen mit dem Bauhaus, an dem er auch Kurse gab und ab 1922 die Tischlerwerkstatt leitete, zudem mit Adolf Meyer sein privates Architekturbüro betrieb, aus dem eine Fülle von Bauten und Projekten hervorging, die er akquirieren, betreuen und verantworten musste, dass er persönliche Belastungen wie einen Streit mit der Reichswehr und Klagen wegen Verleumdungen durchstehen musste, und dass er darüber hinaus nach dem Zerbrechen der Ehe mit Alma zwei weitere leidenschaftliche Beziehungen einging und dann nach der Bekanntschaft mit Ilse Frank am 16. Oktober 1923 eine zweite Ehe schloss. Die Existenz des Bauhauses ist allein seiner Energie, seinem Engagement und seinen Fähigkeiten als Autor und Redner zu verdanken. Dies wurde von den Studenten und Kollegen anerkannt, Gropius' Geburtstag wurde jedes Jahr vom ganzen Bauhaus mit Fackelzügen zu seinem Haus gefeiert, aber umgekehrt konzentrierten sich genau deshalb die Angriffe der Gegner des Bauhauses auf seine Person.

Da Gropius keine geeignete Wohnung fand, wohnte er bis Anfang 1920 in Weimar in einem Hotel, dann zog er in die Steubenstraße 32. Alma besuchte ihn mit der Tochter Manon im Mai 1919, um dem offiziell noch verheirateten Bauhaus-Direktor in der Öffentlichkeit einen den Weimarer Moralvorstellungen entsprechenden gesellschaftlichen Rahmen zu geben. Anschließend reiste sie nach Berlin und dann wieder zurück nach Wien zu Werfel. Auf ihren Vorschlag, ein halbes Jahr mit Gropius in Weimar und die andere Hälfte des Jahres mit Werfel in Wien zu verbringen, ging der Noch-Ehemann allerdings nicht ein.[7] Im Berliner Büro betreute Adolf Meyer inzwischen als einziger Mitarbeiter zwei Wohnbauten, die Osthaus vermittelt hatte, aber letztlich nicht zur Ausführung kamen. Als Meyer im Herbst nach Weimar übersiedeln konnte, erhielt er über Gropius zum Wintersemester 1919/20 am Bauhaus eine Stelle als «außerordentlicher Meister für Architektur» und das Privatbüro wurde in zwei Räume in der ehemaligen Hochschule verlegt, die sich Gropius bei Vertragsabschluss hatte genehmigen lassen. Gropius versorgte damit zum einen den Partner, den er zum Bürobetrieb brauchte, zum anderen diente die Anwesenheit des Architekten Meyer und des Privatbüros in den folgenden Jahren als eine Art Alibi für den nicht vorhandenen Architekturunterricht, der eigentlich entsprechend dem Namen der Schule und deren programmatischer Zielsetzung – «Endziel der bildnerischen Tätigkeit ist der Bau» – im Zentrum der Ausbildung hätte stehen müssen.[8] Das Bauhausprogramm führte zwar bei den Ausbildungssparten an erster Stelle «Baukunst» an, aber prophylaktisch hieß es in einem Werbeprospekt: «Das Programm des Staatlichen Bauhauses stellt einen *Plan* dar, der *allmählich* verwirklicht werden soll.»[9] Für die Aufnahme in die nicht existente Architekturabteilung wurde der Nachweis einer mehrjährigen praktischen Tätigkeit verlangt, die in den Werkstätten des Bauhauses, bei Privatbetrieben oder «an der Weimarer Baugewerkschule» erworben werden könnte. Interessierte Studenten wurden dementsprechend entweder in eine fachfremde Werkstatt oder zu Paul Klopfer an der benachbarten Baugewerkschule verwiesen oder sie wurden vertröstet und mit kleineren Aufgaben im Privatbüro von Gropius versorgt.[10] Die meisten verließen deshalb enttäuscht wieder das Bauhaus. Ab dem Wintersemester bot Gropius einen Kurs im «Werkzeichnen» an, den er gemeinsam mit Meyer durchführte, außerdem bemühte er sich immer wieder darum, eine «Bauwerkstatt» auf einem «Probierplatz» im Reithaus an der Ilm einzurichten. Dieser «Bauversuchsplatz» stand dann auch buchstäblich im Zentrum des neuen Programms von 1922, aber es kam nie zu einer Realisierung. Für Gropius'

Projekt variabler Serienhäuser konnten Studenten Modelle bauen, die auf der Ausstellung 1923 als Arbeit einer fiktiven «Architekturabteilung des Staatlichen Bauhauses» präsentiert wurden, und ähnlich fanden einige Studenten beim Bau des Versuchshauses «Am Horn» Arbeit, das dann in der zugehörigen Publikation ebenfalls der nicht existenten Architekturabteilung zugeordnet wurde. Auf das kontinuierliche Drängen der Studenten und einiger Meister organisierte Gropius ab dem Sommersemester 1924 Kurse zur Architektur, die von Dozenten der Baugewerkschule, die üblicherweise Handwerker ausbildeten, abgehalten wurden. Mit einem geregelten Architekturunterricht hatte dies alles nichts zu tun, einen Abschluss gab es ohnehin nicht. Spätestens ab 1922 – nach Ablauf der geforderten dreijährigen handwerklichen Ausbildung – hätte ein Architekturunterricht angeboten werden müssen, schon um dem Namen der Schule gerecht zu werden. Dazu wäre aber etwa ein halbes Dutzend zusätzlicher Fachkräfte erforderlich gewesen, deren Finanzierung angesichts der generellen Finanzschwäche des Bauhauses, aber auch des Landes Thüringen völlig illusorisch war. Während der gesamten Weimarer Zeit wurde somit von Gropius nur mit dem «Endziel Bau» und einem fiktiven Architekturunterricht jongliert. Eine Architekturklasse entstand erst im Sommersemester 1927 in Dessau und erst nach einem weiteren Jahr, als Hannes Meyer die Direktion übernahm und das Bauhaus radikal umstrukturierte, begann eine konkrete Ausbildung für Architektur, die dann gerade noch fünf Jahre bis zur Schließung durchgeführt wurde. Sowohl der auf Architektur zentrierte Ausbildungsplan als auch der Begriff «Bauhaus-Architektur» sind eine Chimäre.

Der Unterricht am Bauhaus begann zum Sommersemester 1919 mit 84 weiblichen und 79 männlichen Studierenden, von denen über 90 Prozent von der ehemaligen Hochschule für bildende Kunst kamen. Am 6. Mai hielt Gropius eine Ansprache an die Studierenden, erklärte sein Programm, betonte, dass Parteipolitik ferngehalten werden solle, dass «keine Rücksicht auf Damen» genommen werde, denn in der Arbeit seien alle Handwerker, warf «dem Akademischen [...] den Fehdehandschuh hin» und beschwor das wahre Künstlertum, das berufen sei, «die neue Weltanschauung» zu schaffen. Er bat um Geduld und nannte als Motto: «Versuchen, probieren, umwerfen, wieder versuchen.»[11] Von einer Gleichbehandlung von Frauen und Männern konnte allerdings keine Rede am Gropius-Bauhaus sein, denn schon bald stellte der rein männliche Meisterrat fest, Frauen würden sich nur «in den seltensten Fällen für die schweren Handwerke wie Steinbildhauerei, Schmiede, Tischlerei, Wandmalerei, Holzbildhauerei, Kunstdruckerei eignen. Es wäre also darauf hinzuwirken, daß nach dieser Richtung keine unnötigen Experimente mehr gemacht werden.»[12] Die Weberei hätte sich «ganz von selbst zu einer Frauen-Abteilung ausgewachsen. Die meisten Frauen sollten hierin Aufnahme finden.» Die Trennung erfolgte jedoch keineswegs «von selbst», sondern wurde über Zuweisung bei der Aufnahme insbesondere an die Weberei gesteuert.

Am 5. Juni luden die Studierenden zu einem Gesellschaftsabend im Bürgerverein ein, dort bedankte sich der «Jungmeister» Hans Groß bei Gropius und erklärte, dass alle aufs Äußerste bestrebt seien, seine Ideen zu unterstützen und zu verwirklichen, dass es aber schwer sei, aus alten Gewohnheiten herauszutreten.[13] Genau dies stellte Gropius spätestens am Ende des Sommersemesters fest, als die Schülerarbeiten ausgestellt wurden und prämiert werden sollten. Da sich nahezu nichts geändert hatte, hielt er eine kritische Rede, in der er deutlich zum Ausdruck brachte, dass er abgesehen von fünf Beiträgen überhaupt nichts von den Arbeiten hielt und keine Preise vergeben wollte. Künstler dürften nicht neben, sondern müssten mitten im Handwerk stehen, nur das Handwerk könne eine Rettung sein, alle Großtaten vergangener Zeit, «die indischen, die gotischen Wunder», seien aus «souveräner Beherrschung des Handwerks entstanden»[14]. Damit stieß Gropius ganz bewusst nicht nur die Studierenden, sondern auch die akademischen Lehrkräfte vor den Kopf, denn diese hatten ja die Arbeiten betreut.

Bei der Übernahme der Leitung hatte Gropius keinerlei Erfahrung mit schulischen Organisationen, aber ihm musste schnell klar geworden sein, dass er mit seiner Konzeption, aus einer alten Akademie und einer seit Jahren geschlossenen Kunstgewerbeschule eine Reformschule zu bilden, neuen Wein in alte Schläuche füllen wollte, und dass es deshalb nicht genügte, nur Namen und Programm zu ändern. Die Professoren hießen nun zwar Meister, die Ateliers Werkstätten und die Studierenden Lehrlinge, aber das Lehrpersonal war bis auf Feininger unverändert. Die alten Akademieprofessoren hatten sich im politischen Umbruch für ihn als neuen Direktor ausgesprochen, nicht zuletzt da sie sich über die Beziehungen des Vorsitzenden des Berliner Arbeitsrats Unterstützung erhofften, aber die Aufbruchsstimmung schwächte sich schnell ab und keiner der alten Lehrer dachte daran, die alten Besitzstände und Gewohnheiten aufzugeben. Einen Hebel konnte Gropius nur mit Neuberufungen ansetzen. Zum Wintersemester kamen Gerhard Marcks, der aber die keramischen Werkstätten abseits der Schule in Dornburg aufbaute, sowie Johannes Itten, den Gropius bewusst als eine Art Prellbock gegen die akademische Lehre einsetzte. Bereits im Oktober schrieb Gropius: «Ich habe mit Itten das ganze Bauhaus auf den Kopf gestellt, die Modelle hinausgeworfen und bis Weihnachten wird nichts wie Kinderspielzeug produziert [...]. Nur so kann ich verhindern, daß das Bauhaus nicht gleich wieder eine Akademie wird.»[15] Mit dem Spielzeug wurde der hohen Malkunst provokativ die angewandte Kunst als gleichwertig gegenübergestellt. Auf Kritik äußerten Itten und Gropius, Kunst sollte nicht mehr von außen akademisch vermittelt werden, sondern spielerisch aus dem Inneren hervortreten. Mit diesem Affront brachte Gropius nicht nur die Studierenden der Malklassen, sondern auch die alten Akademielehrer gegen sich auf, die nun begannen, die konservativen und reaktionären Kräfte aus allen Bereichen zu mobilisieren.

Der heftige Streit brach am 12. Dezember 1919 los, als bei einer gegen das Bauhaus organisierten Bürgerversammlung der Schule vorgeworfen wurde, dort würden sich «fremdstämmige Elemente» sowie kommunistische und spartakistische Propaganda breitmachen. Der Bauhausschüler Hans Groß hielt daraufhin eine Gegenrede, die aber auf die Proklamierung eines nationalen, «deutschen Bauhauses» hinauslief. Gropius erkannte die Gefahr einer Politisierung und erklärte, «wenn das Bauhaus Ballplatz für politische Fragen» werde, müsse es «wie ein Kartenhaus zusammenstürzen»[16], von keiner Seite dürfe Politik in das Bauhaus getragen werden. Groß wurde gemaßregelt und verließ darauf zusammen mit 13 Gleichgesinnten die Schule, der Rest der Studentenschaft sprach Gropius sein Vertrauen aus. Aber schon am 19. Dezember reichte eine Gruppe «Weimarer Bürger und Künstler» eine Eingabe gegen das Bauhaus an die Regierung ein und nun kamen auch die alten Professoren aus der Deckung und beklagten den Niedergang ihrer angeblich einst blühenden Schule. Die Weimarer Künstler veröffentlichten einen Protest, den Gropius' akademische Kollegen mitunterschrieben, es konstituierte sich ein Bürgerverein mit dem Lehrer Emil Herfurth – bald darauf Abgeordneter der Deutschnationalen Volkspartei DNVP – als Sprecher, und es wurden die Selbstständigkeit der alten Kunsthochschule sowie die Weiterführung einer volkstümlichen deutschen Kunst gefordert. Verschreckte konservative Weimarer Bürger erhoben ebenso ihre Stimmen gegen das Bauhaus wie die Vertreter des Handwerks, die im agrarischen Thüringen dominant waren und die mit dem Bauhaus-Appell «Zurück zum Handwerk» die Entstehung einer Konkurrenz fürchteten.

Noch am 31. Januar 1920 schrieb Gropius an seinen Freund Behne: «Jede Partei ist Schmutz, sie erzeugt Haß und wieder Haß. Wir müssen die Parteien zerstören. Ich will hier eine unpolitische Gemeinschaft» gründen, denn «Gemeinschaft ist überhaupt nur unter Menschen möglich, die die Partei ablehnen und sich einer Idee hingeben und dafür kämpfen»[17]. Aber da war die Lawine bereits losgetreten, die rechte Presse stürzte sich auf die Angelegenheit und publizierte Hetzartikel. Um sich gegen das von ihm verachtete «blöde Spießertum»[18], die «Kunstmumien» und den «fossilen Zustand»[19] in Weimar zu wehren, mobilisierte Gropius Gegenstimmen und zeigte sich dabei als gewiefter

Werbestratege, denn er montierte verschiedentlich Aussagen, um die Wirkung zu verstärken.[20] Mit seiner Aktion forcierte er aber letztlich genau das, was er vermeiden wollte, denn nun polarisierte sich die Auseinandersetzung in der parteipolitisch gespaltenen Presselandschaft und das Bauhaus wurde zum Politikum.

Als sich abzeichnete, dass mit den Akademielehrern keine Einigung zu erzielen war, akzeptierte der Meisterrat die von den alten Lehrern geforderte Abtrennung. Am 20. September 1920 wurde eine neue «Hochschule für Malerei» gegründet, in die nach und nach alle Lehrkräfte der ehemaligen Großherzoglichen Hochschule für bildende Kunst überwechselten. Da die Akademiker auch den Namen ihrer Schule zurückhaben wollten, führte Gropius noch ein halbes Jahr einen erbitterten Kampf, um weiterhin im Untertitel des Bauhauses die Vereinigung der beiden ehemaligen Schulen anzeigen zu können. Dies war für ihn von existenzieller Bedeutung, da die Verschmelzung von reiner und angewandter Kunst, von Akademie und Kunstgewerbe das Herzstück des Bauhausprogramms bildete. Gropius konnte sich durchsetzen und am 4. April 1921 erfolgte die offizielle Neugründung der «Staatlichen Hochschule für Bildende Kunst», die in einer Hälfte des alten Hochschulgebäudes untergebracht war und noch eine Bildhauerklasse sowie etwa ein Viertel des ursprünglichen Gesamtetats erhielt.[21]

Umbruchszeit

Auch wenn Gropius die Neugründung als «monströse Geburt der Reaktion»[22] bezeichnete, so waren doch mit dieser Sezession die internen Spannungen und ein Geburtsfehler des Bauhauses beseitigt, denn sein neues Programm wäre mit dem akademischen Personal niemals umzusetzen gewesen. Jetzt konnte er die frei gewordenen Stellen, die dem Bauhaus erhalten blieben, mit Künstlern seiner Wahl besetzen und somit an eine Realisierung des Programms gehen. Noch im Wintersemester 1920/21 wurden die Maler Paul Klee, Georg Muche und Oskar Schlemmer sowie im folgenden Jahr Lothar Schreyer berufen,

Wassily Kandinsky, Nina Kandinsky, Georg Muche, Paul Klee und Walter Gropius im Bauhausgebäude Dessau, um 1927

die Werkstätten übernahmen, zum Teil an dem neu eingerichteten Vorbereitungskurs mitwirkten und einen antiakademischen Unterricht erteilten. Im Juni 1922 wurde mit Wassily Kandinsky die letzte freie Stelle besetzt.[23] Dass Gropius in dieser Umbruchsphase renommierten Künstlern eine Stelle an einer Experimentierschule bieten und diese dafür gewinnen konnte, eine Werkstatt zu leiten, war ein Glücksfall und entscheidend für das weitere Gedeihen des Bauhauses. Die insgesamt sieben neu berufenen Lehrer brachten einen neuen Geist an die kleine Provinzschule, denn keiner von ihnen hatte vorher an einer Akademie unterrichtet. Bei der Auswahl ließ sich Gropius von seinem Freund Adolf Behne beraten, der glaubte, dass in der expressionistischen und kubistischen Malerei und Plastik «ahnungsvoll» der «Wille zur Einheit vorhanden» sei, jene «Architektonik», die als «geheimer Drang zu einer letzten Einheit»[24] führen werde. Behne empfahl ihm deshalb Künstler, die seinem Konzept einer «Wiederkehr der Kunst» entsprachen.

Der Erfolg mit der Abspaltung war allerdings ein Pyrrhussieg, denn die Feinde des Bauhauses hatten sich gefunden und formiert, die Positionen waren verhärtet, Hans Groß, Emil Herfurth und ihre vielen Parteigänger betrieben kontinuierlich weiter Hetze gegen das Bauhaus und alle Gegner lauerten nur auf ihre Chance, die dann Ende 1923 mit einem Wandel der Politik auch kam. Die Presse hatte im Bauhausstreit Position bezogen und das einmal gezeichnete Feindbild konnte nun nach Bedarf aufgerufen und beschworen werden. Zudem war das Bauhaus vollständig in parteipolitisches Fahrwasser geraten, denn die Mittel zum gesamten Betrieb mussten einem «außerordentlichen Etat» entnommen und jedes Mal vom Landtag bestätigt werden.[25] Jede Entscheidung über den lebenswichtigen Etat wurde somit zu einer politischen Demonstration, bei der sich die Parteien entsprechend positionierten. Obwohl Gropius nahezu verzweifelt versuchte, nach außen jede Parteipolitik fernzuhalten, war das Bauhaus nach gerade einmal einem Jahr des Bestehens zu einem Spielball politischer Kräfte geworden.

Nach dem Kapp-Putsch im März 1920 wurde am 1. Mai durch Zusammenschluss von sieben Freistaaten das neue Land Thüringen geschaffen. Am 20. Juni fand die erste Landtagswahl statt und eine Koalition aus SPD, USPD und DDP konnte anschließend mit einer knappen Mehrheit die Regierung bilden. Das Bauhaus wurde dem neu gebildeten Ministerium für Volksbildung unter dem SPD-Minister Max Greil unterstellt. Bei den Debatten über den Haushalt im Landtag konnte Gropius als von der Regierung bestellter Kommissar das Bauhaus am 9. Juli selbst ausführlich vorstellen und die neue Konzeption gegenüber dem alten, überholten akademischen Lehrbetrieb herausstellen. Diese öffentliche Bühne nutzte er, um ausführlich auf den Streit in der Presse einzugehen und um die Schule gegen die Angriffe von Abgeordneten zu verteidigen.[26] Der Etat wurde schließlich mit den Stimmen der Mehrheit verabschiedet, aber damit war das Bauhaus endgültig als Ziehkind der linken und bürgerlich-liberalen Parteien gekennzeichnet und somit Feindbild für alle konservativen und reaktionären Kräfte. Die politische Naivität von Gropius zeigt sich daran, dass er noch Ende 1920 glaubte, es würde bald eine «Zerstörung der Politik kommen», weil sich «die geistigen Kräfte von ihr fernhalten werden», und dann könnte auf der Grundlage der Zünfte eine «gesündere Politik»[27] entstehen.

Mit den neu berufenen Lehrkräften und der Genehmigung des Etats entspannte sich die Lage etwas, denn nun konnten die Ausstattungen für weitere Werkstätten angeschafft und ein geregelter Unterricht im Sinne des Programms begonnen werden. Die Schule sollte in den Werkstätten aufgehen, in denen jeweils ein «Meister der Form» die künstlerische und ein «Meister des Handwerks» die handwerkliche Ausbildung betreuen sollte, um den neuen Handwerker-Künstler ganzheitlich heranzuziehen. Da die finanzielle Situation nach dem Krieg für viele Studenten sehr schwierig war, bemühte sich Gropius um Freiplätze bei Weimarer Familien, er ließ schon im Herbst 1919 ein ebenerdiges Ateliergebäude in eine Kantine umbauen und 1920 konnte ein Gelände «Am Horn» gepachtet und zum Gemüseanbau für die studentische Verpflegung genutzt werden.[28] In der wirren politischen und ökonomischen Gemengelage der beiden Jahre nach dem revolutionären Umbruch kämpfte Gropius zum einen um das buchstäbliche Überleben der Schule und der Schüler – er selbst wurde allerdings fürstlich besoldet –, zum anderen vertrat er die visionär utopischen Ideen aus dem Arbeitsrat für Kunst, die um eine «Zukunftskathedrale» kreisten, deren Bau von der verschworenen Gemeinschaft vorbereitet werden sollte. Das Bauhaus sah er als Vorläufer und Werkzeug eines «neuen gemeinsamen Weltgedankens, der aus dem Umsturz dieser Jahre geboren wird».[29] An seine Mutter schrieb er Ende 1919: «Mir ist es in diesen Tagen klar geworden, daß mein Kampf der Anfang zu einer ganz großen Auseinandersetzung zwischen der alten erschütterten klassischen Bildung und einer eruptiv aus dem Dunkel dieser Zeit aufbrechenden neuen, sagen wir ‹gotischen› Weltanschauung bedeutet.»[30] Die Vorstellung eines «gigantischen

Kampfe[s] einer aus der Tiefe dieses Chaos aufbrechenden neuen ‹gotischen› Weltanschauung»[31] mit der «klassischen Bildung» beherrschte ihn. Er fühlte sich als Vorkämpfer dieser neuen Weltanschauung, «die im Expressionismus ihre ersten Sinnbilder findet»[32] und mit der die alte «klassische Weltanschauung», die in der Goethestadt ihr «Bollwerk» hatte, überwunden werden sollte. Aus dieser Überzeugung, das neue Weltenheil in Weimar gleichsam an der Front zu verkünden und mit dem Bauhaus ein «Neu-Weimar»[33] zu schaffen, speisten sich sein fast missionarisches Bewusstsein und sein Auftreten: «Ich stehe mitten in einem Kampf um die Bauhaus-Idee [...]. Ich bin stolz auf diesen Kampf [...]. Ich bin entschlossen, meinen Weg kompromißlos weiterzugehen.»[34] Der «gotische Geist» war für ihn Träger eines revolutionären Umbruchs und deshalb assoziierte er zeitlebens – allerdings mit wechselnder Intention und Intensität – mit der Gotik seinen eigenen Aufbruch und seinen Kampf gegen «das Akademische». Das zeigte sich nicht zuletzt daran, dass er 1922 von Matthäus Böblingers Riss C des Ulmer Münsterturms eine großformatige Reproduktion erwarb,[35] die bis an sein Lebensende in seinem Arbeitszimmer hing, und noch bei seiner Lehrtätigkeit in Harvard und bei Vorträgen in der Nachkriegszeit finden sich immer wieder Bezüge zum «Geist der Gotik».

Am Beginn der Bauhauszeit befasste sich Gropius intensiv mit der Literatur über gotische Bauhütten, insbesondere studierte er die Publikation von Julius Haase über *Die Bauhütten des späten Mittelalters, ihre Organisation, Triangulatur-Methode und Zahlensymbolik*. Von Haase übernahm er die Symbolik von Grundformen, denen er paarweise Farben und charakteristische Eigenschaften zuordnete. Dem Dreieck entsprachen demnach das Rot sowie «glühend – Geist» und «männlich – Angriff», zum Quadrat gehörte das Blau und im gelben Kreis vereinten sich Geist und Materie.[36] Diese Kombination von elementaren Formen und Farben, die zu einem Erkennungszeichen für Bauhausgestaltung wurde, vertraten auch Itten, Schlemmer und später Kandinsky, allerdings in jeweils anderer Zusammenstellung. Eine Neigung zu symbolischen, manchmal esoterischen

Bezügen sowie eine Abkehr von den Werkbundidealen der Vorkriegszeit war bei Gropius, wie bei vielen anderen Intellektuellen und Künstlern, in den ersten beiden Jahren nach dem Umbruch 1918/19 vorherrschend. Nach dem verlorenen Krieg und dem politischen und ökonomischen Zusammenbruch des Deutschen Reiches wandte er sich radikal von der Technikbegeisterung und Zukunftsgläubigkeit der Vorkriegszeit ab und suchte nach Wegen zu einer spirituellen Erneuerung. Sein engster Geistesgefährte und Gesprächspartner in dieser Zeit, Adolf Behne, erklärte 1919 in seiner Schrift *Die Wiederkehr der Kunst*, man müsse «die Herrschaft der Technik abschütteln»[37], die Begeisterung des Deutschen Werkbunds für modernes Leben und Verkehr sei «einfältig» gewesen, man müsse «wieder primitiv werden», dann könne man wie der «gotische Mensch» wieder die Welt in ihrer «ursprünglichen Farbigkeit und Ausdruckskraft»[38] erleben. Mit diesem «gotischen Geist» könnten erneut ein «Anschluss an das Volk» und damit eine «Volkskunst» gefunden werden. Ganz ähnlich erklärte Gropius, der Behnes Buch hymnisch lobte und davon 30 Exemplare für das Bauhaus anschaffen ließ,[39] der Krieg habe den «Reichtum zerschlagen, aber in gleichem Verhältnis sind die geistigen Möglichkeiten emporgestiegen»[40]. Der gotische Baugeist müsse «entbrennen und die Gesamtheit erfassen, dann wird die zerbrochene Welt – die sichtbare und die unsichtbare – neu geformt aus unseren Gehirnen und Händen auferstehen». Die alten Baugewohnheiten müssten aufgegeben werden, und da Stein und Eisen fehlten, sollten als erste notwendige Aufgabe «aus neuem Geist heraus» Hütten und Siedlungen aus Holz geschaffen werden. Holz sei in ausreichender Menge vorhanden und entspräche «in seiner Art so recht dem primitiven Anfangszustand unseres sich neu aufbauenden Lebens». Die Studierenden am Bauhaus sollten deshalb das Bauen «tatsächlich mit der Hand erlernen, indem sie basteln und schreinern in den Werkstätten»[41], und aus diesem Grund begeisterte sich Gropius auch für Heinrich Tessenows neue Schrift *Handwerk und Kleinstadt*, bei der die ideale Lebensform bereits programmatisch im Titel benannt wurde. Wie Adolf Behne lehnte er die Technik, die zum Bestandteil des Krieges geworden war, als eine «europäische» Entwicklung ab, nannte Fabriken und Bahnhöfe «zweckverflucht»[42] und rühmte die indische Architektur, die als Einklang von Kunst und Volk, als ganzheitlicher Ausdruck von Geist, Natur und Gesellschaft interpretiert wurde. Dem Mitarbeiter im Büro, Fred Forbát, schenkte Gropius deshalb zu Weihnachten 1920 ein Buch über indische Kunst mit der Widmung «Ein Ziel!»[43] und Adolf Meyer erhielt einen Band über indische Baukunst.

Die fast exaltierte Aufbruchsstimmung schlug sich sowohl in Gropius' Privatleben als auch in einer völlig neuen Ausdrucksweise der Entwürfe im privaten Architekturbüro sowie im Unterricht am Bauhaus nieder. Im September 1919 lernte Gropius bei der Stuttgarter Tagung des Deutschen Werkbunds, auf der Hans Poelzig zum 1. Vorsitzenden gewählt wurde, die 33-jährige Malerin Lily Hildebrandt, die Frau des Stuttgarter Professors für Kunstgeschichte Hans Hildebrandt, kennen und es begann ein leidenschaftliches Verhältnis, das sich über vier Jahre erstreckte und in hunderten von Liebesbriefen Ausdruck fand. Im März 1920 traf er die verwitwete Dichterin Maria Benemann, mit der ihn parallel zu Lily eine weitere heftige, aber nur einige Monate während Leidenschaft verband. In den Briefen an beide Frauen, deren Inhalt manchmal sehr ähnlich ist, finden sich Zeichnungen von Sternen, Kometen und Planeten sowie metaphorische Anspielungen auf Kristalle und himmlische Beziehungen. Gropius unterzeichnete mit «Sternschnuppe» oder «Planet», nannte sich bezeichnenderweise aber auch «Wanderstern», denn offensichtlich wollte er sich nach der gescheiterten Beziehung mit Alma nicht so schnell wieder binden.[44] Dies teilte er beiden Frauen auch mehr oder weniger deutlich mit, was die Beziehungen immer wieder trübte. Um die quälende Ehe mit Alma zu beenden, akzeptierte er die Inszenierung einer schuldhaften Scheidung. Er ließ sich von bestellten Detektiven in flagranti mit einer Prostituierten in einem Hotel ertappen, damit Alma als Klägerin auftreten konnte. In Umkehrung der Fakten nahm Gropius alle Schuld auf sich, Alma erhielt das Sorgerecht für die Tochter und die Ehe wurde am 11. Oktober 1920 geschieden.[45] Die wirren Umbruchsjahre, in denen Gropius seine früheren Ideale teilweise auf den Kopf stellte, spiegeln sich auch in seinem privaten Leben.

Ein rein geistiges Beziehungsgeflecht wurde zur gleichen Zeit von Bruno Taut gesponnen, der am 24. November 1919 Briefe an Gropius, Behne und ein Dutzend weitere Künstler und Architekten verschickte, um über einen Briefwechsel einen kleinen verschworenen Kreis von Gleichgesinnten aufzubauen, mit denen die geistige Revolution im Geheimen fortgeführt werden sollte. Gropius nahm nur halbherzig an dem Unternehmen teil, indem er sich zwar für die Korrespondenz wie gewünscht ein Pseudonym – «Maß» – gab, aber er verfasste selbst keine Beiträge, sondern äußerte seine Meinung nur direkt an Taut. Die Zurückhaltung von Gropius erklärt sich wohl am ehesten daraus, dass er am Bauhaus zur gleichen Zeit einen Überlebenskampf führte und sich zudem nicht in einen von Taut geführten Kreis einordnen wollte. In dem Briefwechsel, später als «Gläserne Kette» bezeichnet, da sich eine Glas-Kristall-Metaphorik wie eine Hommage an den Glaspoeten Paul Scheerbart durch die Schreiben und Visionen zog, wurden von Hans Scharoun, Wenzel Hablik, Wassili Luckhardt und anderen phantastische Projekte für kristalline Volkshäuser entwickelt, aber nach etwa einem Jahr hatte sich die eskapistische Weltenträumerei selbst erledigt und im Laufe des folgenden Jahres fanden alle Teilnehmer, ähnlich wie auch Gropius, wieder zur Realität zurück.[46]

Sowohl die Begeisterung für kristalline, gotische Formen als auch die mit der gotischen Bauhütte verknüpfte Entwurfsmethode der Triangulatur und Quadratur bestimmten von 1919 bis etwa 1921 die Arbeit in Gropius' privatem Architekturbüro. Anfang Januar 1920 erhielt er von dem Berliner Bauunternehmer und Holzgroßhändler Adolf Sommerfeld den Auftrag zur Planung eines Wohn- und Geschäftszentrums. Im Zusammenhang von Überlegungen im Arbeitsrat zum Bau von Arbeiterdörfern in zerstörten Gebieten Frankreichs waren Gropius und der geschäftstüchtige Unternehmer Ende 1919 zusammengetroffen und es entwickelte sich eine wichtige, streckenweise enge Beziehung, bei der Sommerfeld dem Bauhaus immer wieder finanziell und mit Aufträgen half.[47] Der Unternehmer ließ sich ein Wohnhaus mit eigenem Chauffeur- und Garagengebäude, vier Reihenhäuser für leitende Mitarbeiter sowie ein großes Bürogebäude im Umfeld des Asternplatzes in Berlin-Dahlem (heute Ortsteil Lichterfelde) planen. Für den großen Auftrag stellte Gropius mehrere Mitarbeiter ein, darunter Carl Fieger, der bei Behrens gearbeitet hatte, sowie Fred Forbát, der gerade bei Theodor Fischer sein Architekturstudium in München abgeschlossen hatte. Auch der 20-jährige Ernst Neufert half als Praktikant mit. Die Bauten sollten in Entsprechung zum Unternehmen sowie im Hinblick auf die Materialbeschaffung zumindest teilweise in Holz ausgeführt werden. Dass Gropius im gleichen Jahr diesen Baustoff als das Material der Zukunft pries, hatte somit wohl auch etwas mit der Vermarktung seines ersten Nachkriegsauftrags zu tun.

Die ersten Entwürfe sahen ein mächtiges Bürohaus vor, das sich am Asternplatz mit einer Brückenkonstruktion über die Limonenstraße spannte, so dass der Bau wie ein Entree für die dahinterliegenden Wohngebäude gewirkt hätte. Der über mehrere Bauteile gestaffelte Komplex war mit horizontalen Bändern gegliedert, die mit flachen Zeltdächern korrespondierten, deren an den Ecken leicht hochgezogene Traufen einen pagodenartigen, fernöstlichen Eindruck vermittelten. Die ausgeprägte Horizontalität der Baukörper erinnert stark an Bauten Frank Lloyd Wrights. Der Mitarbeiter Ernst Neufert schrieb später: «Ich werde es nie vergessen, wie Gropius und Meyer zu Beginn des Vorentwurfs die großen Mappen vom Wasmuth-Verlag wälzten: Frank Lloyd Wrights ‹Bauten und Entwürfe›.»[48] Da Gropius ausdrücklich von der Erscheinung «klassischer» Bauten und deren vertikalem Stütze-Last-Tragsystem Abstand gewinnen wollte, bot die von Wright bei seinen Prairie-Häusern entwickelte horizontal betonte Tragstruktur die Möglichkeit einer ganz anderen, «fernöstlichen» Anmutung. Von dem gro-

Entwurf eines Bürohauses für Adolf Sommerfeld am Asternplatz in Berlin, 1920

ßen Komplex ist nur eine Entwurfsperspektive bekannt, deren Kohlezeichnung den Baukörper wie umgeben mit einer Gloriole erstrahlen lässt, um damit den expressiv dynamischen Eindruck zu verstärken. Da die Anlage als Holzkonstruktion konzipiert war, hatte sie wohl schon aus Gründen des Brandschutzes keine Chance auf Realisierung und verschwand deshalb frühzeitig von den Lageplänen. Die Brückenkonstruktion findet sich allerdings sechs Jahre später wieder beim Dessauer Bauhausgebäude.

Das Wohnhaus wurde in der patentierten «Blockbauweise Sommerfeld», einer Kombination von Holzbohlen mit Koksschlackenisolierung und Verschalung, errichtet. Der zweigeschossige Bau über einem Kalksteinsockel erhielt durch die Bohlenkonstruktion einen horizontalen Charakter, den Dachüberstände und ein Vorbau noch verstärkten. Auch hier lieferte Wright mit seinen Prairie-Häusern Anregungen. Das Vestibül des Hauses demonstrierte die Zusammenarbeit verschiedener Bauhaus-Werkstätten sowie der begabtesten Schüler und wurde damit zur ersten Verwirklichung der Einheitsidee. Joost Schmidt versah die Eingangstüre sowie die Wände und Treppengeländer des Foyers, die mit Teakholz von einem abgetakelten Kriegsschiff im Fischgrätmuster verkleidet waren, mit abstrakt geometrischen Schnitzereien. Josef Albers entwarf farbige Glasfenster, Dörte Helm gestaltete einen Vorhang und von Marcel Breuer stammten die geometrisierten Möbel. Das Richtfest am 18. Dezember 1920 wurde zur Demonstration des Bauhauses als einer logenartigen verschworenen Gemeinschaft. Die Schüler traten in Zunftkleidung, die Frauen mit eigens entworfenen Kopftüchern zu einer Zeremonie mit Sprechchor und Umzug an, bei der «Ring-Kreis-Kranz» als «Vollender der Gegensätze» beschworen wurden. Das Signet zum Richtfest zeigte das Sommerfeld-Blockhaus in einem Strahlenkranz, der an die kristallin strahlende Kathedrale auf dem Bauhaus-Manifest erinnert. Ausgerechnet an dem Holzhaus eines Bauspekulanten wurde die Bauhaus-Romantik vom Einheitskunstwerk entfaltet und gefeiert. Hier zeigt sich eine Dichotomie zwischen dem Traum von der Arbeit im gotischen Geist an der Zukunftskathedrale und der Lebensrealität in Zeiten wirtschaftlicher Depression. Gropius sprach zwar unentwegt von dem fernen idealen Ziel, aber dem Bauhaus und den Studierenden halfen konkrete Aufträge und zudem stand er als Architekt mit Privatbüro im Berufs- und Geschäftsleben. Er wollte bauen und dafür nahm er das Bauhaus und die Werkstätten in seine Dienste. Über diesen Zwiespalt sollte es zur Auseinandersetzung mit Johannes Itten kommen, der im Bauhaus den Ort zur Erziehung und Entfaltung eines rein auf sich selbst bezogenen Künstlertums sah. Gropius' Privatbüro wirkte als ein Motor, mit dem das in Visionen entschwebende Bauhaus in die Realität zurückgeführt wurde.

Während das Wohnhaus für Sommerfeld den aufgewühlten Geist der Zeit mit den überall geläufigen Dreieck- und Zackenformen spiegelte, man sprach vom «Inflationsstil»[49], sind die fast gleichzeitig errichteten Bauten für leitende Mitarbeiter des Sommerfeld-Unternehmens eher als belanglose Reihenhäuser zu bezeichnen. Die Planungen für eine Bauhaus-Siedlung, die Gropius schon seit Mitte 1919 betrieb,[50] wurden im Spätsommer 1920 wiederaufgenommen, um auf einem Gelände «Am Horn» eine Holzhaussiedlung zu errichten, für die Sommerfeld Material stiften wollte. Als das Finanzministerium Ende August dem Bauhaus 7000 Quadratmeter des Areals verpachtete, forderte Gropius alle Meister und Schüler auf, mitzuarbeiten und Skizzen zu liefern. Von den Vorschlägen ist nur der Entwurf von Walter Determann erhalten, der auch ein stark farbiges Modell fertigte, das Holzhäuser in der Art des Sommerfeld-Blockhauses auf einem mit expressiven Zacken überformten Gelände zeigt. Da keine Finanzierung existierte und sich auch herausstellte, dass das Gelände zu steil abfiel, kam nur ein Geräteschuppen zur Ausführung und die Fläche wurde zum Gemüseanbau für die Bauhaus-Kantine verwendet.

In Gropius' Privatbüro entstand 1920/21 noch eine Reihe weiterer Projekte mit gezackten Grund- und Aufrissen, bei denen es vorrangig um einen expressiv dynamischen Ausdruck ging. So nahm Gropius im Herbst 1920 am Wettbewerb für ein Denkmal für die neun beim Kapp-Putsch erschossenen Weimarer Arbeiter teil, für das er eine Betonskulptur in der Form eines emporzuckenden Blitzes konzipierte. Die Idee geht auf einen Entwurf von Schmidt-Rottluff für eine «Säule des Gebets» zurück, den Gropius adaptierte. Fred Forbát berichtete später, dass er «eine flüchtige Handskizze von Gropius in ein plastisches Modell umdichtete»[51]. Beim Leichenbegängnis für die Arbeiter am 20. März waren viele Bauhäusler mit Plakaten und Transparenten mitgezogen, dies hatte Gropius, der nicht teilnahm, in der nächsten Meisterratssitzung gerügt, da das Bauhaus unpolitisch bleiben müsse. Dass er dann aber selbst im Herbst bei dem vom Gewerkschaftskartell ausgeschriebenen Wettbewerb mitmachte, wirft ein bezeichnendes Licht auf seine ambivalente Haltung zur Politik. Das prämierte und am 1. Mai 1922 auf dem Weimarer Friedhof eingeweihte Denkmal war ein politisch konnotiertes Zeichen, aber Adolf Behne rügte zu Recht daran, es sei «so ängstlich unpolitisch, dass es als sehr allgemein gehaltenes Symbol der ‹Erhebung›, ebenso gut hätte für die Kappisten gesetzt werden können. [...] Es ist Utopie, in einer politisierten Umwelt apolitisch sein zu wollen.»[52] Diese Ambiguität, die sich nicht zuletzt auch an der schiefen Metaphorik eines nach oben zuckenden Blitzes zeigt, ist kennzeichnend für Gropius' Umgang mit politischen Themen. Einerseits plädierte er für eine überparteiliche Haltung, andererseits nahm er im Laufe seines Lebens immer wieder zu politischen Fragen Stellung und positionierte sich damit zumindest indirekt. So äußerte er sich 1920 in einer Umfrage des Bundes deutscher Gelehrter und Künstler dezidiert politisch: «[…] ich bin der Überzeugung, daß der Bolschewismus trotz all seiner üblen Nebenerscheinungen wohl der einzige Weg wäre, in absehbarer Zeit die Voraussetzungen für eine kommende Kultur zu schaffen»[53]. Die deutsche Revolution 1918 erschien ihm unvollkommen, «das alte Gerippe» stehe noch, es habe «nur einige neue Spitzen aufmontiert» bekommen, «der alte, herzverstockte laue Sinn des kaiserlichen Bürgertums» sei noch nahezu unverändert; aber er plädierte für keine politische Aktion, sondern für eine Veränderung durch eine «innere Revolution». Dieser Spagat zwischen gesellschaftspolitischen Stellungnahmen und dem Versuch, überparteilich, außerhalb der Politik zu bleiben, zeigt sich auch an der ambivalenten Aussage seines Denkmals für die März-Gefallenen. Für die Nationalsozialisten genügte allerdings schon der politische Hintergrund, dass das Denkmal 1933 zerstört wurde.

Anfang 1921 erhielt Gropius den Auftrag zum Umbau einer Villa am Großen Wannsee für Albert und Bruno Mendel. Durch aufwendige Einbauten wurden mehrere Räume komplett umgestaltet, Windfang und Vestibül erhielten ein zackenförmiges Ornament, das Treppenwangen, Wände, Decken und Fensterteilungen umfasst. Prismen-, Pyramiden- und Dreiecksformen ziehen sich durch Räume und Ausstattung, so dass ein expressiv dekoriertes Gesamtkunstwerk entstand, das Gropius bezeichnenderweise später aus seinem Werkkatalog verbannte, denn der Umbau hatte nichts mit funktionaler Gestaltung zu tun, sondern es handelt sich um Dekorationen mittels Verblendungen und Verputz.[54] Das expressive Formenvokabular des Sommerfeld-Hauses, des Weimarer Denkmals sowie des Hauses Mendel erreichte dann im Herbst 1921 einen Höhepunkt im Entwurf für das Haus Kallenbach, der in Konkurrenz zu einem Projekt des holländischen Stadtbaumeisters J.J.P. Oud entstand. Der Lageplan wurde mit Dreieck- und Zickzackformen sowie den Grundfarben Rot, Gelb und Blau rein dekorativ gestaltet. Wie das Gelände ist auch der Baukörper in Grund- und Aufriss mit Dreiecken und übereck gestellten Quadraten dynamisiert.[55] Im Entwurf überlagern sich die geometrischen Rasterungen, die Adolf Meyer bei Lauweriks gelernt hatte, mit der Idee gedrehter Raster und Polygone, die Frank Lloyd Wright verwendete. Darüber hinaus war das Dreiecksmotiv in diesen Jahren bei Architektur und Design als Ausdruck expressiver Dynamik ohnehin fast allgegenwärtig.[56] Das Haus Kallenbach kam nicht zur Ausführung und bereits beim folgenden Auftrag, dem Wohnhaus für Fritz Otte in Berlin-Zehlendorf, das ebenfalls im Herbst 1921 geplant und bis September 1922 fertiggestellt wurde, zeigte sich eine gewisse Ernüchterung und Abkehr von der übersteigerten Expressivität. Der kubische Baukörper erinnert durch die Betonung der horizontalen Dachüberstände an das Sommerfeld-Wohnhaus, ist aber durch weiß verputzte Flächen im Ausdruck zurückhaltender, nur noch diagonal gestellte Gartenmauern vermitteln eine reduzierte Dynamik.[57] Beim nächsten Projekt, dem Umbau des Stadttheaters in Jena, vollzog sich dann der Wandel vom expressiven Aufbruch 1919 zu einer orthogonalen Geometrisierung der Gestaltung. Diese Entwicklung, die durch die Auseinandersetzung mit der holländischen De Stijl-Bewegung und dem russischen Konstruktivismus forciert wurde, ist auch in der Lehre und bei den Werkstätten des Bauhauses zu verfolgen.

In dem geistigen Umfeld von Gotik-Begeisterung, expressiver Weltveränderungsphantastik und Technikverdammung konnte Johannes Itten anfangs mit Unterstützung, dann mit Duldung von Gropius am Bauhaus einen Unterricht abhalten, der darauf abzielte, zum einen die Schüler von allen «toten Konventionen» zu befreien, indem ihre körperlichen, sinnlichen, seelischen und intellektuellen Kräfte durch eine ganzheitliche Pädagogik aktiviert wurden, und der zum anderen durch eine spirituelle Welt- und Wesensschau zu einer Form von Selbsterlösung führen sollte. Dieser Weg war eng mit einer spezifischen Körperpflege, mit Darmreinigung über Knoblauch sowie besonderer Diät verknüpft, um den Geist zu läutern und den Körper zu befreien. Die Ideen dieser körperbasierten «Reformreligion»[58] stammten aus der Mazdaznan-Lehre, einer der vielen theosophisch grundierten Lebensreformbewegungen, der Itten, aber auch Muche nahestanden. Da Itten den für alle neuen Studierenden obligatorischen Vorbereitungskurs sowie mehrere Werkstätten leitete, gelang es ihm in kurzer Zeit, eine fast sektenhaft eingeschworene und agierende Schülergemeinde um sich zu versammeln. Schon im Frühjahr 1920 führte dies fast zu einer Spaltung innerhalb der Studentenschaft, die Gropius gerade noch verhindern konnte.[59] Itten trat mit kahl geschorenem Kopf und einer Art Mönchskutte auf, erreichte, dass die Kantine nach Mazdaznan-Vorschriften kochte, und hielt im Kreis seiner Jünger eigene Vorträge, Übungen und pseudosakrale Veranstaltungen ab. Die Mazdaznan-Schüler, die übelriechend durch die Stadt zogen, verstärkten die Ablehnung der Weimarer Bürger, die ohnehin die langhaarigen Studenten und die emanzipierten Studentinnen mit Bubikopf misstrauisch beäugten und die Schule als Hort lasterhaften Lebens und freier Liebe betrachteten. Das Bauhausprogramm hatte nicht nur «eine verwegene Schar an jungen Menschen»[60] zusammengerufen, wie Oskar Schlemmer im Februar 1921 schrieb, es zog auch, nicht zuletzt durch den Mazdaznan-Kult, eine obskure Figur wie den Wanderapostel und «Inflationsheiligen» Ludwig Christian Haeusser an, der eine private Selbsterlösungsphilosophie mit nietzscheanischen Botschaften von der Ich-Überwindung des Künstlers und sexueller Befreiung verkündete. Da Gropius selbst irrationale oder esoterisch angehauchte Ideen verkündete und zudem neben seinen beiden Liebschaften auch anderweitigen erotischen Beziehungen zugeneigt war, ließ er nicht nur Itten lange Zeit gewähren, sondern lud auch Haeusser Anfang Dezember 1920 zu einem Vortrag in das Bauhaus ein. Anschließend attestierte er ihm eine «gute und nützliche»[61] Gesamtwirkung. In dieser labilen Phase, als Gropius von Kämpfen und eigenen Problemen

Erstes Signet des Bauhauses von Karl Peter Röhl, verwendet von 1919 bis 1922 (links),
Oskar Schlemmer, Bauhaus-Signet, 1922 (rechts)

selbst stark beansprucht war, geriet das Bauhaus immer stärker in den Bannkreis von Itten, der seine Position und seinen Einfluss auf die Schüler kontinuierlich ausbaute, so dass Schlemmer im Juni 1921 ganz lapidar notierte: «Gropius ist Itten. Nur was dieser sagt, tut jener.»[62]

Die esoterisch symbolische Ideenwelt, die das Bauhaus in der Anfangszeit beherrschte, ist im ersten Signet der Schule, das aus einem von Karl Peter Röhl gewonnenen Studentenwettbewerb im Herbst 1919 hervorging, gleichsam verdichtet.[63] Es zeigt nicht die kristalline Kathedrale des Manifests, sondern ein in einen Kreis eingepasstes «Sternenmännchen», das ein Dreieck nach oben stemmt. Eine expressive Variante der Proportionsfigur Leonardo da Vincis, die auch an das Dreieck mit Lot des Freimaurerzeichens erinnert. Die Figur ist von der Swastika, dem indischen Glücksbringer-Zeichen, germanischen Runen für Mann und Frau sowie einem Stern und einem Planeten-Zeichen umgeben. Die offizielle Verwendung des symbolüberladenen Signets, das an Steinmetzzeichen der Bauhütten erinnert, macht deutlich, dass Gropius' «Glaubenskern»[64] dieser Zeit hier bildzeichenhaft verdichtet war. Derartige Esoterik bestimmte weite Teile des Bauhauses bis etwa Ende 1921. Am 20. Oktober dieses Jahres konnte sogar noch Otto Rauth, Vorstand des deutschen Mazdaznan-Bundes, einen Vortrag an der Schule halten;⁶⁵ aber im gleichen Monat beschloss der Meisterrat, ein neues Signet, wieder über Wettbewerb, suchen zu lassen. Im November wurde der Entwurf Oskar Schlemmers ausgewählt, ein stilisierter Kopf, der ab Januar 1922 offiziell verwendet wurde. Das klar ablesbare, funktionale Signet, das aus den vorhandenen Zeichen eines Setzkastens zusammengesetzt werden konnte und mit dem das Bauhaus eine medial verwertbare zeichenhafte Identität, eine Corporate Identity erhielt, vermittelte eine völlig neue Botschaft: Der geometrisch konstruierte Mensch verbindet sich mit der kühlen rationalen Welt der Technik.⁶⁶ Dem Weg vom symbolischen Sternenmännchen zum konstruktiven Kopf entsprechen interne Wandlungen am Bauhaus, die von Machtkämpfen gezeichnet waren. Seit Frühjahr 1921 wollte Gropius die Werkstätten stärker für Auftragsarbeiten einbinden, um mit dem Bauhaus finanziell unabhängiger zu werden, aber auch um Aufträge seines Privatbüros bedienen zu lassen.⁶⁷ Dem widersetzte sich Itten, der wirtschaftliche Überlegungen völlig ablehnte und die Werkstätten ausschließlich zur künstlerischen Ausbildung verwenden wollte. Auslöser und Hebel für die allmähliche Abkehr von der expressiven «gotischen» Weltanschauung und die damit verbundene Kehrtwendung am Bauhaus vom Handwerkskult zur Technikbegeisterung waren das Erscheinen von Theo van Doesburg und dessen Botschaft der neuen Kunst des De Stijl.

Die holländische Künstlergruppe De Stijl, zu deren Kern neben van Doesburg der Maler Piet Mondrian, der Architekt Jan Wils und der Bildhauer Georges Vantongerloo gehörten, hatte sich mitten im Weltkrieg 1917 in Leiden gegründet und eine Art künstlerischer Friedensbotschaft verkündet: Die durch Gegensätze gekennzeichnete Herrschaft des Individuellen, die für den Krieg verantwortlich war, sollte künstlerisch durch die universell gültige Harmonie von Vertikalen und Horizontalen sowie die Reduktion auf die Grundfarben ausgeglichen werden. Wie das Bauhaus zielte De Stijl auf das Zusammenwirken aller Künste zur Gestaltung eines Einheitskunstwerks, das aber nicht aus dem Handwerk, sondern mit elementaren Formen und Farben, universal an-

Umbruchszeit 137

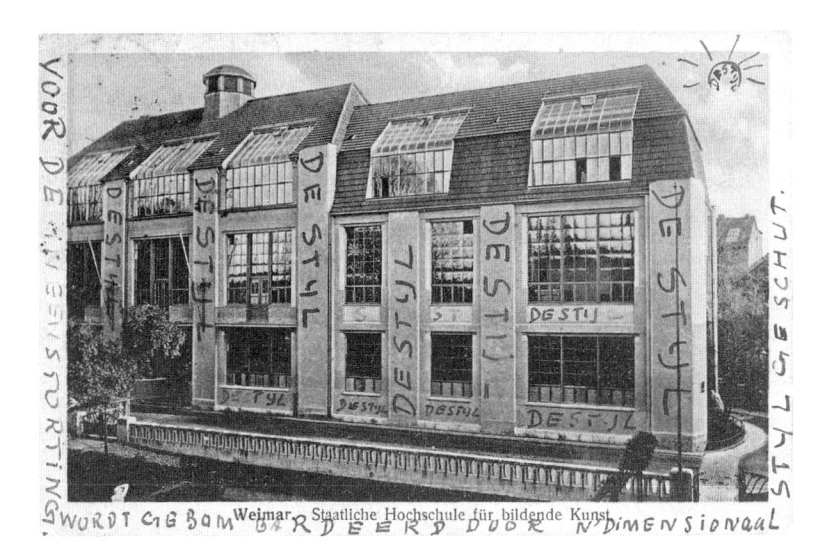

Postkarte von Theo van Doesburg an Antony Kok vom 12.9.1921. Das von Henry van de Velde errichtete Gebäude des Bauhauses in Weimar übermalt mit «De Stijl»

wendbar und international gültig geschaffen werden sollte. Die neue elementare Kunst sollte das gesamte Leben durchdringen und damit eine Weltharmonie erreichen. Die Vorstellungen und Manifeste wurden in einer eigenen Zeitschrift publiziert, De Stijl bot damit ein Theorie-Gerüst, das am Bauhaus weitgehend fehlte.[68]

Bei einem Besuch der Niederlande im Herbst 1920 war Adolf Behne von der dortigen Architektur und Kunst so begeistert, dass er seinen expressiv phantastischen Schwärmereien des Vorjahres völlig abschwor und sowohl die Architektur des Rotterdamer Stadtbaumeisters J. J. P. Oud als auch die Arbeit von De Stijl begeistert bekannt machte. Behne weckte Doesburgs Interesse am Bauhaus, lud ihn nach Berlin ein und Ende Dezember kam es zu einem Treffen im Haus von Bruno Taut, bei dem auch Gropius und Meyer anwesend waren. Schon am 9. Januar 1921 hielt Doesburg auf Einladung von Gropius im Bauhaus einen Vortrag, mit dem er zumindest nach seiner eigenen Aussage «alles radikal auf den Kopf»[69] stellte und der wie eine «Bombe» einschlug. Sein erklärer Gegenpart war Johannes Itten, dessen subjektivem Expressionismus er die abgeklärte Elementargestaltung von De Stijl gegenüberstellte. Da sich der Meisterrat bedeckt hielt, zog er am 29. April 1921 nach Weimar, richtete sich mit Hilfe von Meyer ein Atelier ein, verlegte die Redaktion der Zeitschrift «De Stijl» von Leiden an seinen neuen Wirkungsort, präsentierte seine Bilder und arrangierte ab dem Sommer Zusammenkünfte, zu denen bald auch etliche Lehrer und Schüler vom Bauhaus kamen. Doesburg griff Itten nicht nur an, sondern machte den Kontrast zu seinem Antipoden auch mit seinem Auftreten direkt ablesbar. Mit Monokel und schwarzweißer Kleidung, die einen «amerikanischen» und sportlichen Eindruck vermitteln sollte, demonstrierte er eine völlig andere, moderne Welt gegenüber dem mönchischen Spiritualismus des Mazdaznan-Lehrers.

Gropius war in der Anfangsphase des Bauhauses mit zahllosen Auseinandersetzungen beschäftigt und ließ deshalb einen Freiraum für Itten, der daraufhin der Schule immer stärker «seinen Stempel aufdrücken»[70] konnte, wie Schlemmer konstatierte. Im gleichen Maße wie sich Gropius allmählich über konkrete Aufträge von der gotischen Zukunftskathedrale ab- und der Realität des Bauens zuwandte, versuchte er auch, die Leitung der Schule, die sich auf dem Weg zu einer Mazdaznan-Sekte befand, wieder an sich zu ziehen. In diesem Zusammenhang wirkte das Auftreten van Doesburgs wie eine Art Katalysator. Gropius war sowohl von der De Stijl-Kunst, die seinem Ideal des Zusammenwirkens der Künste bei der einheitlichen Gestaltung der gesamten Lebenswelt entsprach, wie auch anfangs von van Doesburg angetan. Er verkehrte mit dem Holländer am Bauhaus und wollte ihm die Ausmalung des Theaters in Jena, dessen Umbau er seit Sommer 1921 zusammen mit Meyer plante, übertragen. Den Auftrag hatte er über Ernst Hardt, den befreundeten Generalintendanten des Weimarer Theaters erhalten, der auch das Jenaer Theater bespielte und Gropius als Architekten für die Umgestaltung des Innenraums durchsetzte. Dies führte zu Problemen, da der zuständige Jenaer Stadtbaudirektor Oskar Bandtlow den

Foyer des umgebauten Theaters in Jena, 1922

Umbau selbst betreuen wollte und dann auch einen banalen Kassentrakt an das historistische Theater anfügen ließ. Dies führte zu Auseinandersetzungen mit Gropius, der sich mit seinem «ersten Bau in Thüringen»[71] entsprechend profilieren und dazu auch alle Kräfte des Bauhauses heranziehen wollte. Mit Doesburg hätte der Umbau einen ganz neuen, programmatischen Akzent erhalten, aber dieser hielt sich mit seinen Vorschlägen bedeckt und schließlich kam es Ende September zu einem heftigen Streit, bei dem sich herausstellte, dass Gropius und der dominante Holländer nicht zusammenarbeiten konnten.[72] Bei der Meisterratssitzung am 1. Oktober 1921 wurde dann Lothar Schreyer und nicht Doesburg als neuer Lehrer berufen. Gropius suchte keine neue starke Persönlichkeit, sondern er wollte selbst wieder die Kontrolle übernehmen und die Schule auf einen neuen Kurs bringen.

Obwohl van Doesburg nicht zum Zug kam, blieb seine Wirkung mit dem Umbau des Jenaer Stadttheaters verknüpft. Nachdem Ernst Hardt zusätzliche Geldmittel organisiert hatte, festigte sich Gropius' Position beim Auftraggeber. Der Stadtbaudirektor wurde abgelöst und Gropius erhielt am 19. November die alleinige Bauleitung. Daraufhin ließ er die Anbauten von Bandtlow wieder abreißen, um den gesamten Bau einheitlich gestalten zu können. Im Zuge der weiteren Planung verschwanden alle anfangs noch vorhandenen expressiven Elemente in den Entwürfen, die historistische Fassade wurde komplett entfernt und durch klare weiße Putzflächen ersetzt – eine Demonstration der Ablehnung von Geschichte – und der Innenraum erhielt einen orthogonal strukturierten kubischen Ausbau. Noch während das expressive Sommerfeld-Holzhaus und das Gefallenen-Denkmal fertiggestellt wurden, fanden somit De Stijl-Prinzipien beim Jenaer Theater eine direkte Umsetzung.

Für die Bestuhlung beauftragte Gropius die Tischlerwerkstätten des Bauhauses, dies führte zum Streit mit Itten, der dort andere Arbeiten geplant hatte. In der Meisterratssitzung am 5. Dezember 1921 kam es zur heftigen Konfrontation, die Schlemmer als «Zweikampf Itten – Gropius»[73] bezeichnete. Gropius griff Itten, der privatwirtschaftliche Aufträge als Eingriffe in die künstlerische Ausbildung strikt ablehnte, massiv an: «Das Bauhaus [...] steht und fällt mit der Bejahung oder Verneinung der Auftragsnotwendigkeit.»[74] Auftragsarbeiten gehörten für Gropius zum Programm des Bauhauses, die Schule müsse sich deshalb «mit der realen Welt» auseinandersetzen und dürfe nicht «als isoliertes Gebilde für sich betrachtet» werden. Da die Aufträge mit seinem Privatbüro verknüpft waren, stieß diese Argumentation bei den Künstlern im Meisterrat auf Bedenken. Daraufhin forderte Gropius die Meister zu persönlichen schriftlichen Stellungnahmen auf.

In der direkten Korrespondenz zwischen Gropius und Itten eskalierte der Streit inzwischen. Da Gropius verlangte, dass Itten die zwischenzeitlich noch erweiterten Arbeiten zurückziehen sollte, erklärte dieser am 4. Januar 1922, dass seine Arbeit sabotiert würde und er die Leitung von drei Werkstätten niederlege, weil er für deren Ergebnisse keine Verantwortung mehr übernehmen könne. Als Gropius antwortete, er habe den Eindruck, dass Itten «einen förmlichen Hass»⁷⁵ gegen ihn hege, erklärte dieser, er werde mit seinem Vorkurs- und Formunterricht zum Ende des Semesters aufhören und nur noch die Stein- und Holzbildhauerei leiten. Gropius hatte sich damit durchgesetzt und der Meisterrat, der anfangs keineswegs geschlossen hinter Gropius stand, konnte die Entwicklung nur noch zur Kenntnis nehmen. In einem umfangreichen Text lieferte Gropius dann am 3. Februar 1922 zu den Meinungsverschiedenheiten am Bauhaus eine interne «Erklärung»⁷⁶, in der er Abschied nahm vom pathetischen Aufruf im Gründungsmanifest zu einer Rückkehr zum Handwerk. Diese Rückwendung sei nur am Anfang notwendig gewesen, um den Jungen «das richtige Gefühl einer miteinander verwobenen Werk- und Formarbeit wiedergeben zu können», aber damit sei keineswegs eine Ablehnung der Maschine und der Industrie verknüpft. Die neuen Fahrzeuge, Fabrikbauten, amerikanische Silos sowie maschinell gut hergestellte Dinge seien vorbildlich, das Bauhaus könnte deshalb «zu einer Insel der Eigenbrötler werden, wenn es den Kontakt mit der Arbeit der übrigen Welt und ihrer Arbeitsart verlöre»⁷⁷. Die Verantwortung des Bauhauses liege darin, «Menschen zu erziehen, die die Welt, in der sie leben, in ihrem Grundcharakter klar erkennen und aus der Verbindung ihrer Erkenntnisse mit ihren Phantasien typische, ihre Welt versinnbildlichende Formen zu schaffen vermögen. [...] Lehnten wir die Umwelt völlig ab, so bliebe als Ausweg nur die romantische Insel.» Der «von ästhetischen und historischen Hemmungen unbeschwerte» Ingenieur konnte nach Gropius «zu klaren organischen Formen kommen», deshalb müsse «die noch breite Kluft» zwischen den Werkstätten und dem gegenwärtigen Stand der Industrie geschlossen werden. Die Arbeit in den Werkstätten sollte «mehr und mehr zur Schaffung typischer Einzelstücke führen», die dann «als richtungsweisend» aufgenommen würden.

Wohnmaschinen

Mit dieser ausdrücklich als «Revision»[78] bezeichneten Erklärung, mit der Gropius wieder bei den Werkbundideen der Vorkriegszeit angekommen war, gab er die neue Richtung des Bauhauses vor, die dann unter dem Schlagwort «Kunst und Technik eine neue Einheit» bis zu seinem Weggang 1928 die Arbeit an der Schule bestimmen sollte. Drei Tage nach der «Revision» verfasste Gropius am 6. Februar 1922 den siebenseitigen Text «Wohnmaschinen»[79], in dem er die kühnste technische und gesellschaftliche Utopie seines Lebens entwickelte. Den kompletten Umschwung innerhalb eines Jahres von der gotischen Kathedrale zur Technikphantasie bewirkten verschiedene Faktoren: die Erkenntnis, dass Itten das Bauhaus in eine Sektenwelt führte; dann der Einfluss van Doesburgs, der auch mit Vorträgen zum Thema «Der Wille zum Stil. Neugestaltung von Leben, Kunst und Technik» eine neue Richtung wies; weiterhin die eigene wachsende Baupraxis sowie die Lektüre von Bruno Tauts Publikation *Die Auflösung der Städte oder Die Erde eine gute Wohnung* [80] und des Beitrags «machines à demeurer»[81] in Heft 8/1921 der von Le Corbusier herausgegebenen Zeitschrift «L'Esprit nouveau», aus dem Gropius den Begriff «Wohnmaschine» übernahm. Gropius' Text beginnt mit der Feststellung, dass «schöpferisches Handwerk und Industrie» keine Gegensätze seien, der Unterschied liege nur in den Arbeitsvorgängen, diese müssten wieder zu einer Einheit zusammengeführt werden. Durch richtige Arbeitsverteilung und Mechanisierung aller praktischen Bedürfnisse würden geistige Kräfte frei, diese Entwicklung auf der ganzen Erde verwische «mehr und mehr die Grenzen zwischen Rassen und Völkern». Durch den Weltverkehr dämmere in der Ferne «die Möglichkeit eines einheitlichen Erdbewohners, dessen Heimat die Erde, nicht irgend ein Teil von ihr ist». Dieser einheitliche Erdbewohner werde sich aufgrund einer anderen Geisteshaltung auf der ganzen Erdoberfläche bewegen, überall wird für ihn Heimat sein, denn das Gehäuse, in dem er lebt, ist ein Werkzeug, eine Maschine, die ihn wie Dampfer, Autos oder Flugzeuge beweglich mache: «Das Ideal wäre eine Maschine, die dem Wohnbedürfnis praktisch entspricht und uns jeden Ortswechsel in allen Elementen gestattet», eine Mobilie, keine Immobilie, «zum Fliegen, Fahren auf dem Lande und dem Wasser». Dieser Traum könne erreicht werden, man brauche nur die «Kühnheit des amerikanischen Volkes», dort habe Ford vorgemacht, dass der Besitz eines Autos für jeden möglich sei. Mit der Wohnmaschine würde das Haus «zum selbstverständlichen Werkzeug, zum Gehäuse jeden Erdenbewohners». Die derzeitige Wohnsituation sei eine Kasernierung der Menschen, «tierisch aber nicht menschlich», denn «Steinhäuser machen Steinherzen» wie Bruno Taut in seinem Buch *Die Auflösung der Städte oder Die Erde eine gute Wohnung* schrieb. Entscheidend sei die Überwindung der Sesshaftigkeit und Trägheit und des «sentimentalen Hängen[s] an einer Vergangenheit, die nicht mehr lebt». Der Architekt, der bislang völlig versagt habe, müsse voran gehen und Häuser so schaffen, wie in der Industrie gute Gegenstände produziert würden. Das «neue Haus» müsse mit der Industrie entwickelt und serienmäßig «aus variablen Versatzstücken» hergestellt werden, die «kombinativ zusammensetzbar sind, etwa in der Art eines Anker-Steinbaukasten im Großen». Der Text, in dem Gropius wie später nie wieder ein «utopisches Ideal» entwickelte, blieb unveröffentlicht, aber hier sind fast alle Gedanken versammelt, die er dann in den folgenden Jahren in Texten über «Wohnhaus-Industrie», «Wohnhausbau der Zukunft», «Wie wollen wir in Zukunft bauen?» oder *Internationale Architektur* ohne den utopischen Überschwang konkretisierte. Im Bauhaus wurde der Begriff Wohnmaschine schnell bekannt, Schlemmer schrieb im Juni 1922 in sein Tagebuch: «Statt Kathedralen die Wohnmaschine [...] Abkehr also von der Mittelalterlichkeit und vom mittelalterlichen Begriff des Handwerks.»[82]

Mit der «Revision», hinter der somit die Vision der «Wohnmaschine» stand, wurden auch die Programmatik und der Unterricht des Bauhauses komplett umgestülpt. Dies kam direkt in der im Juni 1922 verabschiedeten neuen Satzung zum Ausdruck, in der die Zukunftskathedrale des Manifests verschwunden war und als Ziel nur noch eine Ausbildung zur schöpferischen Gestaltung sowie die «Durchbildung aller im Handwerk, Technik und in der Form mit dem Ziel gemeinsamer Arbeit am Bau»[83] genannt wurden. Das neue Signet sowie ein rational und konstruktiv aus konzentrischen Kreisen aufgebauter Lehrplan machten die Wandlung auch nach außen sichtbar. Die Meister fügten sich dem neuen Kurs, Itten war damit ausgeschaltet und das «Itten-Bauhaus» ging zu Ende. Er schrieb im Februar 1922 an Gropius, dass er auf seiner «romantischen Insel in Stille verharre[n]»[84] werde, Anfang 1923 verließ er Weimar und ging an ein Mazdaznan-Zentrum in der Schweiz. Itten hatte dem Bauhaus einen antiakademischen Weg gebahnt und mit dem Vorkurs ein Instrument zur Vereinheitlichung der Ausbildung geliefert, nun drangen die De Stijl-Ideen von elementarer und universeller Gestaltung vor, die sich 1923 mit den Konzepten des russischen Konstruktivismus mischten. Ittens körperbezogene Ausdruckslehre verschwand aber nicht völlig, denn seine Mitarbeiterin Gertrud Grunow unterrichtete als «außerordentliche Lehrkraft» bis zum Frühjahr 1924 eine für alle Anfangssemester verbindliche «Harmonisierungslehre», die das Gestalten auf einheitliche organische Prinzipien zurückführte.

Van Doesburg initiierte noch im März 1922 in seinem Atelier in Weimar einen eigenen öffentlichen De Stijl-Kurs, zu dem bald 30 Schüler, darunter viele Bauhäusler kamen, aber spätestens mit der Berufung von Kandinsky im Juni war ihm ein Weg ins Bauhaus endgültig versperrt. Seinem Ärger machte er mit bestellten und selbst verfassten Polemiken in der Zeitschrift «De Stijl» Luft, in denen das Bauhaus als ein «von Mazdaznan und Expressionismus verseuchtes Künstlerkrankenhaus»[85] bezeichnet wurde, und er organisierte im September in Weimar und Jena einen «Internationalen Kongress der Konstruktivisten und Dadaisten»[86], auf dem der eigens aus Paris angereiste Tristan Tzara das Bauhaus verhöhnte. Für ihn persönlich gab es aber hier keine Zukunft mehr, er ging deshalb Ende 1922 nach Berlin und beschimpfte Gropius in der Zeitschrift «Bouwkundig Weekblad» als «talentlosen Snob»[87]. Seine Meinung, dass die Monate seiner Anwesenheit in Weimar mehr bewirkt hätten als die übrigen vier Jahre Bauhaus,[88] ist nicht falsch, denn die De Stijl-Ideen blieben präsent und übten eine enorme Wirkung aus, dies zeigte sich zum einen an den Studentenarbeiten in den Werkstätten, die sich nun zunehmend auf geometrische Grundformen und auf die Grundfarben konzentrierten, zum anderen an den Entwürfen des Architekturbüros von Gropius, der sich zwar von der Person Doesburg, nicht aber von dessen Kunst trennte. Nachdem die Ausmalung des Jenaer Theaters durch Doesburg gescheitert war, erhielt Oskar Schlemmer den Auftrag, den er im Frühjahr 1922 ausführte. Als van Doesburg das Ergebnis im Juli besichtigte, kritisierte er die Arbeit vor Gropius so vernichtend, dass dieser alles wieder entfernen ließ und von Schlemmer eine völlig neue Gestaltung verlangte.[89] Der Saal erhielt nun graue, rote und dunkelblaue Töne, der Windfang wurde blau, das Foyer gelb und der Vorraum violett ausgemalt, De Stijl hatte sich damit zumindest indirekt durchgesetzt.

Die mit dem Jenaer Theaterumbau verbundene Abwendung vom Zacken-Expressionismus der vorangegangenen Projekte bestimmte von nun an die weitere Arbeit des Architekturbüros Gropius. Schon der in der ersten Hälfte des Jahres 1922 ausgearbeitete Entwurf für ein Ausstellungs- und Lagergebäude der Landmaschinenfabrik Gebr. Kappe & Co. in Alfeld a. d. Leine zeigte eine rechteckige, nur durch einige Vor- und Rücksprünge gegliederte Stahlbeton-Kiste. Die grauen Betonwände des 81 Meter langen nüchternen Baublocks, dessen Ausführung sich bis 1925 hinzog, kontrastierten mit den rot gestrichenen eisernen Fenstersprossen. Der im Büro zuständige Mitarbeiter, Fred Forbát, berichtete später, dass Doesburg sein Gefallen am Entwurf geäußert habe, dies würde bestätigen, dass De Stijl geradezu persönlich im Büro präsent war. Durch die strikte Reduktion auf das nackte orthogonale Konstruktionsgerüst vermittelt der Bau zwar Anklänge an die Vertikal-Horizontal-Harmonie von De Stijl, aber letztlich handelt es sich um eine rein von Funktion und Konstruktion bestimmte Gestaltung.[90] Dies ist charakteristisch für die weiteren Arbeiten des Büros, bei denen sich die Anstöße von De Stijl allmählich mit Anregungen von den Arbeiten russischer Konstruktivisten vermengten.

Beim nächsten Projekt, das Forbát im Frühsommer 1922 betreute, handelte es sich um Reihen- und Einzelhäuser sowie Schülerwohnungen für eine kleine «Bauhaussiedlung»[91], die über dem Tal der Ilm «Am Horn» geplant war. Die würfelförmigen Einzelbauten waren so konzipiert, dass um einen zentralen Wohnraum je nach Bedarf weitere Räume angefügt werden konnten. Durch Typisierung der Bauteile sollten einzelne Wandelemente mit normierten Schalungen in Beton gegossen und dann wie bei einem «Wabenbau» zusammengesetzt werden. Gropius griff auf Ideen zurück, die er mit dem «Hausbauprogramm» 1910 entwickelt und im Text über Wohnmaschinen weitergeführt hatte, die schlichte Addition von Bauteilen war allerdings sowohl konstruktiv wie funktional völlig unausgegoren. Zur Ausführung kam davon nichts, aber er verfolgte das Konzept weiter, eine Variante wurde als «Baukasten im Großen» 1923 auf der Ausstellung «Internationale Architektur» gezeigt und die typisierte Vorfertigung kam dann bei der Siedlung Törten zum Einsatz.

Im Herbst 1922 nahm das Architekturbüro an dem international ausgeschriebenen Wettbewerb für ein Büro- und Verwaltungsgebäude der Zeitung «Chicago Tribune» teil. Nicht zuletzt aufgrund der exorbitant hohen und in der Inflationszeit besonders verlockenden Preissumme von insgesamt 100 000 Dollar sandten 37 deutsche Architekten Entwürfe nach Chicago, die jedoch alle nicht prämiert wurden. Der 1. Preis ging an J. M. Howells und R. M. Hood aus New York für einen Entwurf mit historisierenden Applikationen, der auch zur Ausführung kam. Gropius und Meyer präsentierten ein Hochhausensemble, dessen Umfang weit über der in der Ausschreibung genannten zulässigen Gesamtfläche lag und das wohl schon deshalb schnell ausjuriert wurde.[92] Das Gebäude war als «Stahlbau mit terracotta-ummanteltem Eisenwerk» konzipiert und dem strengen Konstruktionsgerüst, das wie eine vertikale Stapelung des Lagergebäudes der Gebr. Kappe wirkt, lag in Grund- und

Wohnmaschinen 147

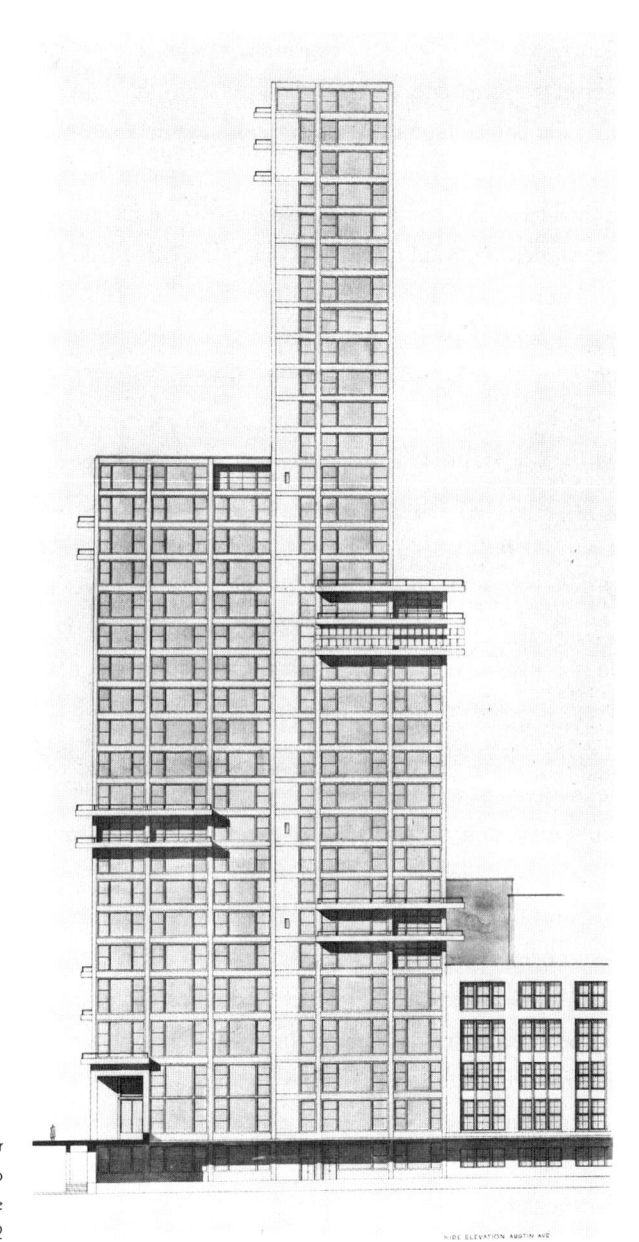

Fassadenaufriss für
den Wettbewerb
Chicago Tribune
Tower, 1922

Aufriss ein Quadratraster zugrunde. Die nackte Konstruktion ist durch versetzt angeordnete auskragende Platten rhythmisiert, dadurch erinnert der Bau an De Stijl-Entwürfe, die rein dekorativ aufgesetzte Gliederung belegt aber, dass es sich nur um formale, buchstäblich oberflächliche Übernahmen handelt.[93] Gropius war stolz auf den Entwurf, den er im Modell 1923 auf der Ausstellung «Internationale Architektur» zeigte und der sogar von dem Kunsthistoriker Georg Gustav Wieszner in der Publikation *Der Pulsschlag deutscher Geschichte*[94] 1930 in einer Illustration von Moholy-Nagy für eine vom Barock zur Neuzeit ausschlagende «Stilrhythmik» verwendet wurde, bei der Gropius' Hochhaus als Ausdruck der Architektur des 20. und 21. Jahrhunderts diente. Als Gropius 1937 nach der Berufung nach Harvard in die USA reiste, ließ er ein Foto von sich vor einer großformatigen Zeichnung des Hochhauses an die Presse verteilen, als eine Art Hinweis, dass er schon 1922 die moderne Architektur nach Amerika bringen wollte, nun aber gleichsam leibhaftig komme, um seine Vision zu erfüllen. Der befreundete Kunsthistoriker Sigfried Giedion lieferte dazu 1941 in der Publikation *Space Time and Architecture* die Erklärung nach, mit dem Chicago-Tribune-Projekt habe Gropius an die Architektur der Chicagoer Schule und an Louis Sullivans Funktionalismus, der durch den Historismus der Beaux-Arts-Schule in den USA verdrängt worden sei, wieder angeknüpft.[95] Der Entwurf spielte somit zwar nicht architektonisch, aber biographisch eine wichtige Rolle. Einen cineastischen Reflex fanden der Wettbewerb und die Auseinandersetzung mit dem Historismus noch 1949 in dem Film «The Fountainhead» nach dem Bestseller von Ayn Rand. Dort vertrat der moderne Architekt – eine Mischung aus Wright, Mies van der Rohe und Gropius – unbeugsam seinen nackten Hochhausentwurf gegenüber den Wünschen des Bauherrn nach einer Dekoration mit historischen Formen.

Kunst und Technik eine neue Einheit

Auch bei einigen weiteren Projekten, die Ende 1922/Anfang 1923 im Architekturbüro Gropius entstanden, wie die Entwürfe für ein Bürohaus für Adolf Sommerfeld und ein Wohnhaus für den Gemäldesammler Dr. Rauth, sind mit auskragenden Platten noch Anklänge an De Stijl, aber auch an die Prairie-Häuser Frank Lloyd Wrights vorhanden. Der stilistischen Kehrtwendung im Büro vom Haus Kallenbach zum Jenaer Theater korrespondiert der Umbruch, mit dem Gropius das Bauhaus im Laufe des Jahres 1922 komplett umstrukturierte. Nachdem Itten ausgeschaltet war, drängte er darauf, die bislang rein künstlerisch orientierten Werkstätten in produktiv arbeitende Einrichtungen zu verändern, in denen Typen für industrielle Produktion entwickelt und damit Einnahmen generiert werden sollten. Dies war auch in mehrfacher Hinsicht notwendig, denn nach dreijähriger Schulzeit musste ab Sommer 1922 ein Übergang von der Ausbildung von Lehrlingen, die bei der Handwerkskammer eine Gesellenprüfung ablegen konnten, zur Arbeit von Gesellen in einem «Produktivbetrieb»[96] vollzogen werden. Damit sollten das bei der Gründung formulierte Programm, dass die Schule nach und nach in den Werkstätten aufginge, eingelöst werden und gleichzeitig vorzeigbare Erzeugnisse entstehen, denn das Bauhaus kam immer mehr unter Druck, seine Daseinsberechtigung in einer öffentlichen Ausstellung der bisher geleisteten Arbeit zu dokumentieren. Im Haushaltsplan für das folgende Jahr beantragte Gropius deshalb einen Kredit über zwei Millionen Mark «für produktiv-wirtschaftliche Zwecke»[97], der vom Thüringischen Landtag am 25. Juli 1922 auch gewährt wurde.[98] Damit konnten Maschinen, Geräte und Material angeschafft sowie Mitarbeiter bezahlt werden, aber diese Gelder mussten auch vorschriftsmäßig korrekt verwaltet werden und daraus sollten sich gravierende Probleme ergeben. Gropius verließ sich bei den Abrechnungen auf den neu eingestellten Syndikus Dr. Hans Beyer, der sich jedoch bald als völlig inkompetent herausstellte. Die Thüringische Rechnungskammer stellte später fest, das Kontokurrentbuch des Bauhauses sei «schon im September 1922 jeder Genauigkeit und Ordnung bar» gewesen, «Rechnungen wurden nicht belastet, eingegangene Zahlungen nicht gutgeschrieben.»[99] Im Herbst 1922 kam es darüber zu Streitereien, die sich mit Schwierigkeiten mit einigen Werkmeistern und persönlichen Anschuldigungen gegen Gropius zu einem brisanten Gemenge mischten. Die gemeinsame Leitung der Werkstätten jeweils durch einen Künstler und einen Handwerksmeister war am 15. April 1921 beschlossen worden, allerdings durften die schlechter bezahlten Werkmeister im Meisterrat nicht mitstimmen. Die viel berufene Rückkehr zum Handwerk spiegelte sich nicht in der Hierarchie des Bauhauses. Nachdem Itten die Leitung mehrerer Werkstätten Anfang 1922 abgegeben hatte, wiederholten die Werkmeister, die zwischenzeitlich als «Hilfsmeister»[100] diskreditiert worden waren, ihre Forderung nach Gleichberechtigung. Eine gleiche Bezahlung wurde akzeptiert, aber Sitz und Stimme im Meisterrat am 24. April 1922 als «unbillig» abgelehnt, denn die Künstler könnten zwar das Handwerk erlernen, aber Handwerker kaum die Fragen der Kunst erfassen, «die eben nicht Sachen des Berufs, sondern der Berufung sind»[101]. Die schwelende Unzufriedenheit entlud sich dann im Herbst 1922 bei der Auseinandersetzung des Werkmeisters Carl Schlemmer, des Bruders von Oskar Schlemmer, mit Dörte Helm auf der Baustelle des Hauses Dr. Otte. Da sich die Studentin im Streit mit dem wohl eifersüchtigen Carl Schlemmer auf Gropius berief, der ihr Unterstützung zugesichert hatte, bezichtigte Schlemmer Gropius einer erotischen Beziehung und forderte eine Untersuchung sowie den Ausschluss der Studentin vom Bauhaus.[102] Der Werkmeister Joseph Zachmann unterstützte seinen Kollegen und brachte ähnliche Anschuldigungen gegen Gropius vor, die angeblich unter der Studentenschaft bezüglich der Studentin Charlotte Müller kursierten. Die Vorwürfe der Werkmeister wurden durch den Syndikus Dr. Beyer verstärkt, der mit Gropius in heftigste Auseinandersetzungen wegen der Abrechnungen geraten war und dabei die Schuld auf die von Gropius sehr geschätzte

Sekretärin Lotte Hirschfeld schob. Gropius verhielt sich taktisch geschickt, indem er die Angelegenheit am 5. Oktober vor den Meisterrat brachte, dort selbst den Vorsitz niederlegte und daraufhin eine interne Untersuchungskommission eingesetzt wurde, die am 14. Oktober detailliert Bericht erstattete.[103] Die anschließende geheime Abstimmung endete mit einem eindeutigen Vertrauensbeweis für Gropius sowie der Feststellung, dass Schlemmer, Zachmann und Beyer für eine weitere Tätigkeit am Bauhaus ungeeignet seien.[104] Gropius beantragte nun die umgehende Entlassung und sprach ein Hausverbot für die beiden Werkmeister aus, das der Meisterrat am 28. Oktober auch noch für den Syndikus anordnete. Die Betroffenen verlangten ihrerseits beim Ministerium für Volksbildung ein Disziplinarverfahren gegen Gropius sowie eine Untersuchung der Finanzsituation und Beyer erstattete zudem eine Anzeige. Am 11. Dezember sprach das Ministerium offiziell die Entlassungen aus, inzwischen hatten sich aber die drei an Politiker gewandt, die sie mit internen Informationen versorgten. Am 19. Dezember 1922 stellte der Abgeordnete der DNVP, Emil Herfurth, eine kleine Anfrage zum Bauhaus an die Landesregierung[105] und auf die schriftliche Antwort des Ministeriums reichte er zusammen mit weiteren Abgeordneten der DNVP am 23. Februar 1923 eine Interpellation zur Organisation und Betriebsführung des Bauhauses an den Landtag von Thüringen ein. In der daraufhin am 16. März 1923 angesetzten Sitzung griff Herfurth alle Schwachstellen am Bauhaus massiv an. Er benannte die schlechte Auslastung der Werkstätten und die mangelnde Arbeitsmoral der Studenten, verwies auf die Kritik in der Zeitschrift «De Stijl», fragte nach der fehlenden Architektenausbildung und dem nicht realisierten Versuchsplatz, verlangte Aufklärung über die Verwendung der Kreditmittel, monierte die unkorrekten Abrechnungen und kritisierte massiv das Ineinander von Gropius' Privatbüro, den Werkstätten und der Arbeit von Adolf Meyer, der am Bauhaus angestellt war. Herfurth konnte sogar schon den ihm zugespielten Begriff vom Bauhaus als «Kathedrale des Sozialismus» zitieren, den Gropius im Februar aus einer von Oskar Schlemmer vorbereiteten Broschüre eigens hatte entfernen lassen.[106] Staatsminister Greil von der SPD stellte sich voll hinter das Bauhaus, das er als Teil seiner Schulreform zur Einführung des «Arbeitsschulgedankens»[107] in ganz Thüringen bezeichnete, und Gropius wies alle Vorwürfe strikt zurück. Der Landtag debattierte einen ganzen Tag lang und am Ende wurde von der Mehrheit eine Entschließung abgelehnt. Das Bauhaus war durch die politische Konstellation noch einmal gerettet worden, aber die Gegner, die nun auch aus der Schule selbst kamen, hatten Schwachpunkte aufgezeigt und der Druck verstärkte sich.

Aufgrund der kontinuierlichen Angriffe drängte Gropius darauf, dass sich das Bauhaus mit Erfolgen behaupten müsse und dazu zählte für ihn neben dem Verkauf von Prototypen und Produkten aus den Werkstätten insbesondere eine öffentliche Präsentation. Nachdem er Itten in die Schranken gewiesen hatte, ließ er schon am 24. März 1922 im Meisterrat das Für und Wider einer Ausstellung diskutieren. Da eine anschließende Rundfrage eine fast einhellige Ablehnung ergab, weil kaum «Bauhausarbeiten» vorhanden wären und «durch eine verfrühte Ausstellung das wahre Gesicht des Bauhauses verwischt würde»[108], wurde nur ad hoc eine «kleine Ausstellung für Weimar»[109] in drei Sälen des Hauptgebäudes im Mai präsentiert. Im Juni wurden Arbeiten aus dem Architekturbüro Gropius vorgestellt, darunter die «Bauhaussiedlung», bei der wieder die fiktive Architekturabteilung genannt werden konnte. Beide Präsentationen fanden nur eine begrenzte Resonanz in der Öffentlichkeit.[110] In den Semesterferien arbeitete Gropius dann umfassende Vorschläge für eine Bauhaus-Ausstellung im Sommer des folgenden Jahres aus, die er vorab an die Kollegen versandte und in der Sitzung am 2. Oktober 1922 vorlegte.[111] Obwohl sich Gerhard Marcks sarkastisch dahingehend äußerte, dass nur «ein paar Schränke voll von Stöffchen und Töpfchen»[112] gezeigt werden könnten, über die sich dann ganz Europa amüsieren würde, machte Gropius Druck, setzte schon am 6. Oktober eine Ausstellungskommission mit großen Vollmachten ein und ordnete an, dass alle Kräfte am Bauhaus für die Vorbereitungen eingesetzt werden müssten. Da die Durchführung komplett von der Finanzierung abhing, beantragte er einen weiteren Kredit über 10 Millionen Mark, den allerdings der Finanzminister bewilligen musste, der dem Bauhaus aufgrund des Ausbleibens der «seit Jahren erwarteten produktiven Ergebnisse»[113] aber wenig wohlwollend gegenüberstand. Nach einer Besichtigung und mit Unterstützung des Ministers Greil wurde der hohe Betrag, der aber nur 450 Dollar entsprach, am 30. Januar 1923 doch genehmigt.[114] Die Kreditsumme verweist auf die steigende Inflation und damit auf das zentrale Problem des Jahres 1923, das die Durchführung der Ausstellung zu einer Herkulesarbeit machte und am Ende zu dem politischen Umsturz, an dem das Bauhaus zugrunde ging, beitrug. Dass Gropius die Umstrukturierung zu Produktivwerkstätten sowie die große Ausstellung im Jahr der Hyperinflation realisieren konnte, basiert auf einem enormen, kaum nachvollziehbaren Kraftakt.

Gropius hatte zwar in Anknüpfung an die alten Werkbundgedanken seit Frühjahr 1922 Industrie und Technik schrittweise wieder im Bauhausprogramm verankert und dann die Devise «Kunst und Technik eine neue Einheit» ausgegeben, aber im Herbst des Jahres erhielt dieses Konzept ganz neue Substanz. Mitte Oktober wurde in Berlin in der Galerie van Diemen die «1. Russische Kunstausstellung» eröffnet, auf der über 1000 Objekte von russischen Künstlern zu sehen waren. Vermittler war El Lissitzky, der bereits seit Frühjahr des Jahres die an den Moskauer höheren künstlerisch-technischen Werkstätten, den WChUTEMAS, entwickelten Gestaltungen über die Zeitschrift «Vešč-Objet-Gegenstand» bekannt machte. Mit der Ausstellung, die Adolf Behne als Sensation feierte,[115] konnten Werke und Konzepte des Konstruktivismus erstmals direkt studiert werden. Im Gegensatz zur üblichen «Komposition» nach ästhetischen Vorgaben ging es beim Konstruktivismus und an den WChUTEMAS um eine nach ökonomischen Prinzipien und technischen Gesetzen gestaltete «Konstruktion». Alle Lebenszusammenhänge sollten erforscht und für die Gestaltung einer neuen politischen Ordnung in Dienst genommen werden. Von zentraler Bedeutung bei den Versuchen, in Entsprechung zur neuen sowjetischen Gesellschaft eine neue Welt zu gestalten, war die «Überwindung der Schwerkraft» – die Gegenstände sollten aus ihren alten Zuständen herausgenommen und ins Schweben beziehungsweise in ein neues Gleichgewicht gebracht werden. Die in Berlin gezeigten Material- und Gleichgewichtsstudien präsentierten eine völlig neue Form konstruktiver, materialbezogener Gestaltung, die ab Frühjahr 1923 auch am Bauhaus aufgenommen wurde. Entscheidend für die Vermittlung war der junge ungarische Künstler László Moholy-Nagy, den Gropius Anfang 1923 über Adolf Behne in Berlin kennenlernte und den er nach kurzer Vorstellung im Meisterrat bereits zum 1. April als Nachfolger von Johannes Itten berufen ließ.[116] Der 28-Jährige brachte das konstruktivistische Gedankengut sowie eine Experimentierfreude mit neuen Medien und die Auseinandersetzung mit der modernen Welt der Technik an das Bauhaus. Gropius schätzte Moholy-Nagy zeitlebens und stärkte ihm den Rücken, als sich etliche Bauhausmeister gegen dessen radikalen Elan wandten, mit dem er das Bauhaus reformierte. Gerhard Marcks klagte später, Gropius habe «die Muse an Moholy verraten»[117]. Schon äußerlich trat Moholy bewusst als Antipode zum mönchischen Itten auf, indem er sich mit einem Monteuranzug – allerdings mit Krawatte – kleidete und damit den Charakter des Ingenieurs und Konstrukteurs vermittelte. An der Vorbereitung der großen Sommerausstellung arbeitete Moholy-Nagy mit, ab Herbst 1923 übernahm er die Aufsicht über den Vorkurs und unterrichtete «Gestaltungsstudien», die stark von den Arbeiten an den WChUTEMAS inspiriert waren.

Gropius trieb die Umstrukturierung des Bauhauses zusammen mit der Vorbereitung der Ausstellung voran. Im Sommer 1923 sollte sich das Bauhaus erstmals der Öffentlichkeit präsentieren und es war allen Beteiligten klar, dass davon die Zukunft der Schule abhing. Als Auftakt veröffentlichte er am 24. Januar 1923 den programmatischen Text «Idee und Entwicklung des Staatlichen Bauhauses in Weimar»[118] im Amtsblatt des Thüringischen Ministeriums für Volksbildung, der dadurch geradezu offiziösen Charakter erhielt. Wie ein Werbestratege präsentierte Gropius dieses neue Manifest anschließend in Vorträgen im Februar und März in Jena, Weimar und Erfurt sowie in einer Reihe weiterer deutscher Städte,[119] und der Text bildete dann auch den Kern seines Beitrags zur großen Bauhaus-Veröffentlichung im Sommer. In einem großen historischen Überblick stellte Gropius zuerst die künstlerische Ausbildung an den Akademien als Fehlentwicklung dar, da dort Künstler gezüchtet wurden und sich damit die Kunst vom Handwerk und vom Volk entfernt habe. Gegen die «verheerenden Wirkungen des Akademismus» seien dann die Reformbewegungen von Morris über van de Velde bis zum Deutschen Werkbund entstanden, denen aber nach Gropius die Einsicht dafür fehlte, dass die «Einheit von Form, Technik und Ökonomie aller Erzeugnisse» nur durch Gemeinschaftsarbeit von Künstler, Techniker und Kaufmann am «Werkobjekt» und bei dessen Herstellung erreicht werden könne. Diese «Wiedervereinigung der künstlerisch Begabten mit dem Werkleben des Handwerks und der Industrie» sei nun erstmals am Bauhaus versucht worden, dessen beherrschender Gedanke «die Idee einer neuen Einheit» sei. Damit nahm Gropius dem Bauhaus den Geruch des Revolutionären und stellte es in die Tradition der Reformbewegungen, aber gleichzeitig hob er auch dessen Besonderheit hervor. Ausdrücklich betonte er die Ausbildung durch einen Handwerks- und einen Formmeister, die eine neue Art von Gestalter hervorbringe. Auf einer handwerklichen Grundlage werde die Beziehung zum Ganzen und damit zur Industrie und Wirtschaft der Gegenwart gesucht: «Das Bauhaus bejaht die Maschine als modernstes Mittel der Gestaltung und sucht die Auseinandersetzung mit ihr. [...] Das Bauhaus will also keine Handwerkerschule sein, noch handwerkliche Eigenbrötelei züchten, sondern es sucht bewußt die Verbindung mit der Industrie.»[120] Damit war das Programm des Manifests von 1919 auch offiziell aller utopischen Visionen entkleidet und vom Handwerk auf die Industrie umgestellt. Nach der Skizzierung des Bauhaus-Unterrichts schlug Gropius am Ende einen Bogen zur Gegenwart und zum Programm des Ministeriums für Volksbildung. Das Bauhaus sei gleich zu Beginn zu «einem parteipolitischen Kampfobjekt herabgewürdigt» und in der Öffentlichkeit «verhetzt» worden, hier könne nur langsame systematische Aufklärung sowie das Heranwachsen einer neuen Generation helfen, die bald aus den in Thüringen geplanten «Versuchs-Arbeitsschulen»[121] hervorginge. Mit der Erklärung, dass sich das Bauhaus und die Arbeitsschulen ergänzten, stellte Gropius sein Projekt in direkten Zusammenhang mit dem Erziehungsprogramm des SPD-Ministers Greil. Dies war inhaltlich richtig, aber damit lieferte er den politischen Gegnern Greils das dann später verwendete Argument, das Bauhaus sei immer eine parteipolitische Angelegenheit gewesen.

Parallel zur Ausarbeitung des neuen Programms erfolgten die Umstrukturierung des Vorkurses, die Vorbereitungen der Sommerausstellung und die Bemühungen um Finanzhilfen. Am 13. Februar 1923 präsentierte Gropius dem Meisterrat seine Pläne, wie der Vorunterricht völlig umgestaltet werden sollte. Darin kritisierte er die bisherige Arbeit von Itten vernichtend, da ein «Künstlerdünkel»[122] herangebildet worden sei. Anstatt handwerklich zu arbeiten, seien nur die in den Studierenden «gärenden Gedanken» gefördert worden: «Jeder Hammerschlag wird zu einer Philosophie, es werden wahre Wortpagoden aufgetürmt und das Werk selbst bleibt im Ansatz hängen.» Mit einer komplett neuen Ausrichtung sollte die konkrete Arbeit an der Entwicklung von Typen und Modellen in den Werkstätten forciert werden, um auch «mit dieser Arbeit materielle Auswertung zu bringen und den einzelnen von vorneherein an eine richtige Werkarbeit zu gewöhnen». Die Werkstätten sollten sich zudem untereinander öffnen, denn die im Manifest geforderte Zusammenarbeit hätte nachweislich nie stattgefunden. Bis zum Sommer kam mit einem neuen Unterrichtsplan bereits einiges in Bewegung, dies führte dazu, dass sich in der Ausstellung Objekte aus dem Geist der Itten-Lehre mit den neuen Auffassungen mischten.

Das große Programm mit mehreren Ausstellungen, Vorträgen,

Theateraufführungen und Konzerten musste immer wieder modifiziert werden, da es zum einen Probleme mit der Organisation gab, denn die eingesetzte Ausstellungskommission war selbst unerfahren und völlig überfordert. Paul Citroen, ein holländischer Bauhausschüler, der noch eigens angestellt wurde, warf die Aufgabe im April hin. Zum anderen vereitelte die galoppierende Inflation die Umsetzung vieler Wünsche, da Firmen, die zur Unterstützung angefragt wurden, selbst in Probleme gerieten und auch eine Ausleihe von Kunstwerken vielfach nicht mehr finanziert werden konnte. Die gewährte Kreditsumme musste mehrfach angehoben werden, da sie rapide im Wert verfiel. Die finanziellen Probleme und die politische Abhängigkeit bestärkten Gropius zudem in dem Bestreben, die Arbeit am Bauhaus noch enger mit Industrie und Technik zu verknüpfen. Seit dem Frühjahr 1923 betrieb er Pläne, eine Verwertungs-AG herbeizuführen, die den Produktivbetrieb des Bauhauses privatkapitalistisch verwalten sollte. Der Lehrbetrieb sollte abgetrennt und ausschließlich vom Staat finanziert werden, wobei die Gewinne aus dem Produktivbetrieb helfen sollten, den laufenden Etat zu senken. Bereits im Juli führte der neue Syndikus Emil Lange eine getrennte Buchführung für rein schulische Kosten der Werkstätten und für die Finanzen des Produktivbetriebs ein. Je mehr das Geld verfiel, umso klarer wurde Gropius, dass die Schule nur im Zusammenhang mit einer Verwertungsgesellschaft überleben konnte. Nachdem dann die Sommerausstellung keinen wirtschaftlichen Erfolg brachte, setzte er enorme Anstrengungen in die Gründung der Gesellschaft, aber all seine Bemühungen wurden durch den politischen Umschwung Ende des Jahres zunichte gemacht.[123]

Begegnung mit Ilse Frank

Mitten in die Vorbereitungen der Sommerausstellung kam es zu einem einschneidenden persönlichen Ereignis. Am 28. Mai, kurz nach seinem 40. Geburtstag, hielt Gropius in Hannover auf Einladung des Museumsdirektors Alexander Dorner im Provinzialmuseum wieder seinen Stan-

Walter und Ise Gropius, um 1924

dardvortrag über «Die Einheit von Kunst, Technik und Wirtschaft». Unter den Zuhörern waren auch die beiden Schwestern Ilse und Hertha Frank, die zu den Erben der Frankschen Eisenwerke gehörten. Zwischen Gropius und der 14 Jahre jüngeren Buchhändlerin Ilse Frank, die er nur Ise nannte, entwickelte sich in kurzer Zeit eine heftige Liebesbeziehung, obwohl sie mit ihrem Vetter Hermann verlobt war und die Hochzeit bereits im Juli stattfinden sollte.[124] Bereits am 26. Juni schenkte er ihr einen Band mit den Sonetten Shakespeares mit der Widmung «Für Ise – ein Ruf an die Frau meiner Vorsehung». Auf heftiges Drängen von Gropius löste Ilse Frank die Verlobung wenige Tage vor der Hochzeit und zog bereits Anfang August mit ihm nach Weimar, wo sie offiziell als Gast bei Paul Klee und dessen Gattin logierte.[125] Bei der Eröffnung der Bauhauswoche am 15. August war sie bereits an Gropius' Seite und direkt nach Abschluss des großen Festballs am 19. August fuhren sie gemeinsam nach Verona und Venedig, obwohl die Ausstellungen und Veranstaltungen noch bis 30. September andauerten. Am 16. Oktober erfolgte die Heirat in Weimar mit Kandinsky und Klee als Trauzeugen. Ende dieses Monats schloss sich noch eine Hochzeitsreise nach Paris an, wo Gropius zusammen mit Ise Le Corbusier im Café des Deux Magots kennenlernte. Weitere Reisen nach Holland, Italien und in die Schweiz folgten, dazu kamen Konzertbesuche in Berlin und Wiesbaden, Wanderungen in Thüringen und Brandenburg und vieles mehr. Es ist erstaunlich, wie viel Zeit Gropius neben seinem dichten Arbeitsprogramm am Bauhaus, im Architekturbüro sowie mit Veranstaltungen, Besprechungen, Vorträgen und Texten für sein Privatleben erübrigen konnte. Die bei Ises Eintreffen noch vorhandenen Beziehungen mit anderen Frauen löste Gropius, blieb aber mit Lily Hildebrandt nach anfänglichen Schwierigkeiten in einem freundschaftlichen brieflichen Kontakt. Mit Ise fand er eine Partnerin, die ihn sofort in vieler Hinsicht unterstützte und die seine über die Heirat glückliche Mutter als Vertrauensperson und Ansprechpartnerin allmählich in den Hintergrund schob. Ise half ihm – auch mit ihren Fremdsprachenkenntnissen – bei der umfangreichen Korrespondenz und sie arbeitete mit, seine vielen Texte immer wieder für Vorträge und Publikationen neu zu montieren. Sie selbst nannte diese Arbeit in ihrem Tagebuch «auffrisieren» und schrieb von einer «Artikelfabrik»[126]. Mit ihrem Mann und seiner Arbeit identifizierte sie sich nahezu vollständig, bald verfasste sie selbst Texte über Bauten und das Bauhaus und nach einigen Jahren waren sogar ihre Handschriften kaum mehr voneinander zu unterscheiden. Die engeren Bauhausfreunde nannten sie nur «Pia» in Anlehnung an die Bezeichnung «Pius» für Gropius. Um 1930 kam es zu einer tiefen Ehekrise, als sie mehrere Jahre ein Verhältnis mit Herbert Bayer, dem ehemaligen Leiter der Bauhauswerkstatt für Druck und Reklame hatte, aber sie war und blieb zeitlebens Gropius' größte Stütze, insbesondere während der Emigration in England und dann in den USA. Ihre Beiträge waren so bedeutsam, dass sie im Katalog der New Yorker Bauhaus-Ausstellung 1938 neben Herbert Bayer und ihrem Mann als Mitherausgeberin genannt wurde. Eine Besonderheit, denn Gropius hatte keine hohe Meinung von der Kreativität von Frauen, wie er in einem ebenso dekuvrierenden wie geschmacklosen Satz in einem Brief an Giedion offenbarte, als er dessen Frau, Carola Giedion-Welcker, als «der seltene fall eines creativen weiblichen gehirns»[127] bezeichnete. Das Bauhaus und seine Geschichte wurden auch Ises Leben. Nach Gropius' Tod verteidigte sie ihn und sein Werk rückhaltlos, und da sie dabei massiv ihre Autorität als Zeitzeugin einbrachte, trug sie auch zu manchen subjektiven Verzerrungen bei.

Ausstellung «Internationale Architektur»

Der private emotionale Wirbelsturm, der Gropius während der Vorbereitungen der Sommerausstellung 1923 erfasste, beeinträchtigte nicht sein Arbeitspensum. So gehörten zu den zahlreichen Planungen auch zwei Architekturprojekte – ein Musterhaus sowie die Ausstellung «Internationale Architektur», die wiederum selbst architekturgeschichtlich von größter Bedeutung wurde. Schon bei seinen ersten Vorschlägen für die Ausstellung schrieb Gropius am 15. September 1922, es müsse mit allen Mitteln versucht werden, «wenigstens ein Haus auf der Siedlung fertigzustellen und auszustatten»[128]. Nach seiner Vorstellung sollte der Typus eines seriellen und variablen Haustyps, den er gerade für die Bauhaussiedlung in der Form eines «Baukasten im Großen» entwickelte, als Musterhaus ausgeführt werden. Eine Gruppe von Bauhäuslern erarbeitete aber unter der Leitung von Georg Muche ebenfalls ein Projekt, das sich dann bei einer Beratung am 6. Oktober auf Wunsch der Mehrheit gegenüber dem Vorschlag von Gropius durchsetzte.[129] Gropius akzeptierte dies und ließ den Bau des quadratischen Hauses mit zentralem Wohnraum von seinem Büro unter der Leitung von Adolf Meyer betreuen.[130] Die Pläne wurden am 12. Januar 1923 eingereicht, aber erst Ende März genehmigt. Zu diesem Zeitpunkt rechnete Gropius bereits mit 100 Millionen Mark Baukosten. Schon im Januar hatte er sich deshalb mit einem Schreiben an mehrere amerikanische «Dollarkönige» gewandt, die er mit der seltsam rassistischen Formulierung, sie seien die

Ausstellung «Internationale Architektur» 161

«hervorragendsten Männer», die den Vorzug hätten, «in einem Erdteil zu leben, dessen Bevölkerung sich anschickt, die Führung der weißen Rasse zu übernehmen»[131], zu Spenden für den Hausbau bewegen wollte. Die Aktion erbrachte nichts und Spenden aus Deutschland, wie beispielsweise vom Reichspräsidenten Friedrich Ebert, verloren schon bis zum Eintreffen viel von ihrem Wert. Ab April konnte der Bau mit Hilfe zahlreicher Firmen und mit enormen Zuschüssen von Adolf Sommerfeld ausgeführt und termingerecht zur Eröffnung am 15. August fertiggestellt werden. Die Kosten erhöhten sich aufgrund der Inflation fast täglich, im August lagen sie bei 450 Millionen Mark, Sommerfeld beklagte sich bei Gropius, aber er bezahlte immer weiter und am Ende gehörte ihm das Haus, das er dann mühsam zu verkaufen versuchte. Aus den Bauhaus-Werkstätten kam die gesamte Ausstattung, so dass sich hier erstmals das Konzept der einheitlichen Gestaltung verwirklichen ließ.

Für die Begleitpublikation zum Versuchshaus, die dann allerdings aufgrund der Finanzprobleme erst 1925 in der Reihe der Bauhausbücher erschien, verfasste Gropius einen Text über «Wohnhaus-Industrie»[132]. Hier stellte er die 1910 erstmals von ihm propagierte «fabrikmäßige Herstellung von Wohnhäusern», die er mit seinem eigenen, nicht zum Zuge gekommenen Beitrag hatte vorführen wollen, in einen größeren Zusammenhang und entwickelte dabei in Fortsetzung der Ideen im Text über «Wohnmaschinen» eine Reihe von Vorstellungen, die er in den folgenden Jahrzehnten geradezu missionarisch predigte und mit denen er etliche Denkschablonen und Dogmen in die Architekturdiskussion einführte. Die Einrichtung einer Wohnung «in Rokoko oder Renaissance» wurde als «Zeichen geistiger Armut und falschen Denkens» diskreditiert, mit der Begründung, dass «man doch in allen Teilen der Welt das gleiche *moderne* Gewand des *heutigen Menschen* trägt». Diese simple Parallelisierung von Kleidung und Architektur, die kategorisch einen Bruch mit der Geschichte begründen sollte, diente als schlagendes Argument für die Schlussfolgerung, der Mensch der Gegenwart müsse modern wohnen, da er schließlich auch keine Perücke mehr trage. Mit dieser Kleider-Logik

Direktor am Bauhaus in Weimar und Dessau

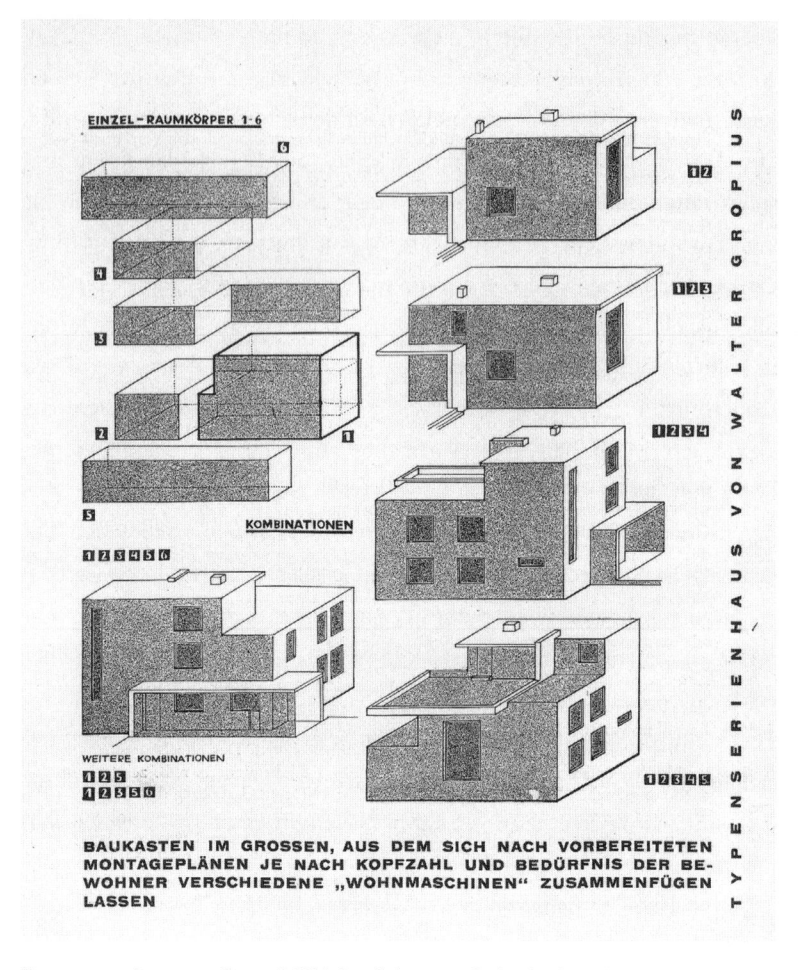

Illustration zum Beitrag von Gropius' «Wohnhaus-Industrie» im Bauhausbuch zum Versuchshaus in Weimar, 1925

wurde dann auch eine einheitlich vorgefertigte Wohnform für alle Menschen begründet, denn so wie man sich keine Schuhe nach Maß mehr anfertigen lasse, so sollte auch das Wohnen normiert und damit verbilligt werden – eine attraktive Begründung in der armen Zwischenkriegszeit. Zudem könnten die Raumgrößen ohne Schaden verkleinert und dafür der Wohnkomfort gesteigert werden, wenn die Wohnbedürfnisse entsprechend organisiert würden. Hier trat die richtige «Organisation» als Schlüssel für ökonomische Einsparungen und zukünftige Entwicklungen auf, denn durch Organisation aller materiellen Arbeit werde «der Geist immer freier» und der von der Wohnung gelöste Mensch werde in Zukunft «mobile Wohngehäuse» verwenden – diese Vision führte ihn zur Konzeption neuer Wohn- und Lebensformen. Und da «die Mehrzahl der Bürger zivilisierter Völker» gleichartige Wohn- und Lebensbedürfnisse habe, könnten die Wohngehäuse die gleiche «einheitliche Prägnanz» aufweisen wie die Kleider, Schuhe und Automobile. Eine Uniformierung könne vermieden werden, wenn «die Bauteile typisiert und industriell vervielfältigt, sodann aber zu verschiedenen Haustypen zusammenmontiert werden können» ähnlich wie beim Maschinenbau. Diese «Vereinheitlichung der Bauelemente» würde die «heilsame Folge haben, daß die neuen Wohnhäuser und Stadtteile gemeinsamen Charakter tragen». Die gesamte Argumentation lief wieder, wie seit dem Werkbundprogramm der Vorkriegszeit, auf die Schaffung eines neuen globalen Stils für das Industriezeitalter hinaus, nur dass der Begriff «Stil» durch Erzeugung von «Einheitlichkeit» ersetzt wurde. Diese neue Einheitlichkeit wurde schließlich auch ästhetisch fundiert: Bei entsprechender Variation innerhalb der normierten Elemente in einem «Baukasten im Großen» entstünde keine Eintönigkeit, sondern die Wiederkehr gleicher Einzelteile würde «ordnend und beruhigend auf uns wirken, ähnlich wie die Einheitlichkeit unserer Kleidung». Nicht Schmuckformen und Profile, sondern klare, einfache Konstruktion, gut verarbeitetes Material und eine «organische Gestaltung» nach Maßgabe der Bestimmung und Funktion würden «Schönheit verbürgen» und wie bei der modernen Kleidung bliebe für die «Eigenart des Individuums und der Nation» genügend Spielraum. Die radikale Ablehnung eines Bezugs zur Geschichte, die bedingungslose Hingabe an Industrie und Technik der Gegenwart, die Forderung nach Normierung, Typisierung, Einheitlichkeit und Organisation, die Vorstellungen von einer neuen Wohnform für mobile Menschen sowie die Vision einer Verbilligung durch Massenproduktion und die Verklärung

Joost Schmidt, Plakat
für die Bauhaus-Ausstellung,
1923

der funktionalen Einfachheit als Schönheit, all das brachte Gropius hier in gedrängter Form zum Ausdruck.

Eine wichtige Basis erhielt dieses Gedankengebäude in der Ausstellung «Internationale Architektur», mit der seine Vorstellungen in einen globalen Rahmen gestellt werden sollten. Erst im Mai 1923 begann Gropius mit der Vorbereitung einer Architekturausstellung, mit der er ganz im Sinne der alten Werkbundgedanken aufzeigen wollte, dass durch Industrie und Technik eine globale Bewegung, eine «Weltnutzarchitektur»[133], beziehungsweise ein «Weltbaustil»[134] wie das Karl Scheffler bereits 1911 nannte, zu einem einheitlichen Ausdruck aller Lebensformen nachvollziehbar sei. Für den von ihm prognostizierten «einheitlichen Erdenbürger» entstand demnach bereits eine einheitliche Architektur. «International» implizierte somit das Verschwinden nationaler Unterschiede wie auch architektonischer Traditionen. Darin lag eine vage Verheißung, aber auch eine problematische Nivellierung. An Adolf Behne schrieb er am 12. Mai, die Ausstellung solle «nur das Beste und in unserem Sinne Modernste an Architektur bringen, also eine profil- und ornamentlose, dynamische Architektur»[135]. Behne unterstützte ihn bei der Auswahl und vermittelte den Kontakt zu J. J. P. Oud, dem Gropius dann erklärte: «Ich möchte einen romantischen Einschlag bei dieser Ausstellung nach Möglichkeit vermeiden und eher stärker eine ‹funktionell dynamische Architektur› aufzeigen.»[136] Organische Architekturformen von Hermann Finsterlin, Adolf Rading oder Hans Scharoun lehnte er ausdrücklich ab und wählte «absichtlich einseitig» nur Arbeiten aus, die nach seinem Verständnis dem Willen «zur Entwicklung eines einheitlichen Weltbildes, der unsere Zeit kennzeichnet»[137] entsprachen. Die Auswahl umfasste Bauten und Entwürfe von 14 deutschen, 10 holländischen, 7 tschechischen, 6 französischen sowie einem dänischen und einem amerikanischen Architekten, dazu kamen 21 Projekte von ihm selbst und 7 Industriebauten aus Deutschland. Sein eigenes Werk wurde somit durch den Kontext gleichsam internationalisiert. Beispiele aus Russland, die Gropius gerne vorstellen wollte, konnten aus Versandgründen nicht gezeigt werden, Gropius schlug deshalb vor, über El Lissitzky einen internationalen Architektenkongress in Moskau zu organisieren.[138] Vorherrschend waren kubisch geometrische Entwürfe und Modelle mit ablesbaren Skelettkonstruktionen, die für ihn den «neuen Baugedanken» vermittelten, den er in seinem programmatischen Beitrag der großen Begleitpublikation zur Bauhaus-Ausstellung beschrieb: «Wir wollen den klaren organischen Bauleib schaffen, nackt und strahlend aus innerem Gesetz heraus, ohne Lügen und Verspieltheiten, der unsere Welt der Maschinen, Drähte und Schnellfahrzeuge bejaht, der seinen Sinn und Zweck aus sich selbst heraus durch die Spannung seiner Baumassen zueinander funktionell verdeutlicht und alles Entbehrliche abstößt, das die absolute Gestalt des Bauens verschleiert.»[139] Diesen nackten strahlenden Bauleib, ohne den «dekorativen Schleim»[140] der Historie, sollte er selbst drei Jahre später mit dem Bauhausgebäude in Dessau exemplarisch verwirklichen. Die von Gropius bewusst einseitig betriebene Auswahl ist typisch für seine Zuspitzung von Ideen und Konzepten. Bei der Neuauflage der Publikation zur Ausstellung, die als Auftakt der Bauhaus-Bücher 1925 erschienen war, tilgte Gropius 1927 zwölf und fügte sechzehn inzwischen entstandene Bauten hinzu, die er nach seinen Kriterien auswählte. In der Ergänzung zum Vorwort stellte er in einem Zirkelschluss die Auswahl als Bestätigung für die von ihm prognostizierte Entwicklung zu einer internationalen Architektur vor: «Damals erst Geahntes ist heute fest umrissene Wirklichkeit. [...] der neue Baugeist unseres technischen Zeitalters [beginnt] unaufhaltsam die ganze zivilisierte Welt zu erobern, getragen von den kühnen Errungenschaften der internationalen Technik.»[141] Sowohl die Einseitigkeit der Auswahl als auch die damit verbundene Nivellierung von Architekturentwicklungen stießen auf heftigen Widerspruch. Sogar Adolf Behne kritisierte, hier würde versucht, einen «Stil unserer Zeit» nach dem Prinzip unbedingter Sachlichkeit zu konstruieren, man sollte aber nicht «als Resultat vorwegnehmen, was immer noch Gegenstand der Auseinandersetzung ist»[142]. Da Gropius auf Empfehlung von Oud die gesamte expressiv organische Architektur in den Niederlanden ausgelassen hatte, schrieb deren Exponent Hendrik Th. Wijdeveld an Erich Mendelsohn von den «armseligen Menschen die nur ‹internationale Übereinstimmung› suchen, [...] wo wir die Welt in tausend Farben brennen sehen, erkennen diese Exklusivisten nur eine erwählte Farbe!!»[143] Erich Mendelsohn hatte bereits im Frühjahr 1923 Vorträge über «Die internationale Übereinstimmung des neuen Baugedankens» gehalten, aber im Gegensatz zu Gropius sah er verschiedene Auffassungen von der «kühlen Sachlichkeit» bis zum «dynamischen Verbrennungszauber», die er nicht trennen, sondern zur Synthese einer «funktionellen Dynamik»[144] zusammenführen wollte. Mies van der Rohe plante, die Ausstellung auch in anderen deutschen Städten zu zeigen, allerdings «auf einer breiteren Basis», um «über das gesamte Bauwollen unserer Zeit»[145] zu informieren. Dies kam nicht zustande, aber als Mies 1927 die Ausstellung «Am Weißenhof» in Stuttgart organisierte, nahm er Gropius' Idee einer «internationalen Architektur» wieder auf, deren Gemeinsamkeit allerdings ebenfalls auf wenigen «Erkennungszeichen» beruhte. Die von Gropius 1923 bewusst betriebene Verengung, was als «internationale Architektur» verstanden werden sollte, setzte sich 1928 mit der Gründung von CIAM, den Internationalen Kongressen für Neues Bauen fort und führte 1932 zur Publikation *The International Style*[146], bei der aus den Auswahlkriterien Stilkriterien geworden waren. Gegen diese Nivellierung kam die massive Kritik Bruno Tauts 1929, dass sich durch die Missachtung regionaler Unterschiede und Traditionen nur der «öde Schematismus des internationalen Schundes»[147] über die Welt ergieße, nicht mehr an, seine Publikation wurde kaum mehr wahrgenommen.

Bei allen Überlegungen zu Hausbaufabriken, Wohnmaschinen und internationaler Architektur ging es Gropius zweifellos um eine Verbesserung der Wohn- und Lebensverhältnisse für alle Menschen, aber die angestrebte Verbilligung des Bauens und die internationale Einheitlichkeit der Architektur zielten nie auf eine Veränderung gesellschaftlicher Strukturen, auf Umwandlung der Produktionsbedingungen oder auf ein politisches Umfeld. In der Druckfahne des Texts zur Wohnhaus-Industrie heißt es 1923: «Ein solches industrielles Bauverfahren ist nur auf großkapitalistischer Grundlage denkbar.»[148] Im gedruckten Text wurde dieses Bekenntnis in die völlig nichtssagende Bemerkung verändert, das Bauverfahren sei nur «auf breiter finanzieller Grundlage denkbar». Auch die Vision eines Weltbürgers, der überall auf der Erde in internationaler Architektur eine Heimat findet, ist weder mit dem humanistischen Gedankengut des Kosmopolitismus verknüpft, das seit der Aufklärung dazu diente, den Weltfrieden und eine Weltrepublik gleicher und gleichberechtigter Menschen zu antizipieren, noch mit dem sozialistischen Konzept länderübergreifender klassenloser Gesellschaften. Bei Gropius geht es um Verbilligung des Bauens, um stilistische Einheit und um globale Verbreitung von Architekturformen, um ökonomische und ästhetische, nicht aber um gesellschaftspolitische Veränderungen. Die «einheitlichen Erdenbürger» sollten aus der technisch industriellen Welt gleichsam von selbst entstehen und der Architekt lieferte für sie bereits die einheitlichen Gehäuse. Dies kennzeichnet den Kern von Gropius' Visionen: sie sind letztlich nur pragmatisch und konnten deshalb fast nach Belieben und für fast jede politische oder gesellschaftliche Richtung in Dienst genommen werden.

Zur Eröffnung der Bauhauswoche am 15. August 1923 lobte Staatsminister Max Greil das Bauhaus als ein «Stück radikaler Schulreform»[149], Reichskunstwart Edwin Redslob überbrachte die Wünsche der Staatsregierung und Gropius hielt den programmatischen Vortrag «Kunst und Technik eine neue Einheit». Am 17. August sprach J.J.P. Oud über holländische Architektur und verwies damit über das lokale Ereignis hinaus auf größere Zusammenhänge. Zu seinem Vortrag kamen eigens El Lissitzky, Ludwig Mies van der Rohe, Erich Mendelsohn sowie Bruno und Max Taut. Aufführungen von moderner Musik, des Triadischen Balletts von Schlemmer sowie Ausstellungen moderner Kunst gaben der Bauhauswoche ein avantgardistisches Gepräge par excellence, ein neues Weimar erstrahlte vor den nationalen und internationalen Gästen. Herzstück und programmatische Präsentationen der «Einheit von Kunst und Technik» sowie der ganzheitlichen Lehre und Arbeit am Bauhaus war das von Gropius gestaltete und nach seinen Entwürfen von allen Werkstätten ausgestattete neue Direktorenzimmer im ersten Obergeschoss des Schulgebäudes. Gropius ließ den rechteckigen Raum durch einen Vorraum so abtrennen, dass ein Raumwürfel von 5 x 5 x 5 Meter entstand, in den sämtliche Gegenstände nach einem rigiden orthogonalen Koordinatensystem eingepasst sind. Die dementsprechend verspannte Deckenleuchte wurde einer von Gerrit Rietveld geschaffenen stabartigen Leuchte nachgebildet, sie verwies ebenso wie die Reduktion auf Grundformen und -farben auf die dominante Wirkung, die van Doesburg und De Stijl hinterlassen hatten. In einer farbigen Axonometrie

Ausstellung «Internationale Architektur» 169

Walter Gropius, Direktorenzimmer im Bauhaus Weimar, um 1924

des Bauhausstudenten Herbert Bayer für die repräsentative Veröffentlichung in quadratischem Format wird der geometrische Formalismus, der die Objekte bis zur funktionalen Unbrauchbarkeit beherrschte, direkt ablesbar.[150] Gropius adaptierte zwar die flächige Elementarlehre von De Stijl für eine räumliche Gestaltung, aber der von ihm gleichsam repräsentativ vorgegebene formalistische Umgang mit Grundformen und -farben bestimmte längere Zeit die Arbeit in den Werkstätten. Zwei Bauhaus-Ikonen aus demselben Jahr, die Leuchte von Jucker und Wagenfeld sowie das Teekännchen von Marianne Brandt, sind direkte Pendants zu Gropius' Direktorenzimmer. Der Berliner Kunstkritiker Paul Westheim schrieb nach einem Besuch der Bauhauswoche karikierend überspitzt: «Drei Tage in Weimar, und man kann auf Lebenszeit kein Quadrat mehr sehen.»[151] Auch Adolf Behne warnte davor, «aus der Geraden und dem rechten Winkel, aus der Geometrisierung ein formales Prinzip und also ein Mittel äußerlicher Stilisierung zu machen».[152] Diese Kritik führte zur Entfremdung zwischen den beiden, denn Gropius, der mit der Ausstellung um das Überleben des Bauhauses kämpfte, kannte in dieser Situation nur noch Freunde oder Feinde. Auch wenn manche Gestaltung kritisiert und das Haus «Am Horn» fast durchweg negativ besprochen wurde, so war die Bauhauswoche zwar kein finanzieller, aber doch im Hinblick auf die Zahl der Besucher und die große Presseresonanz mit 2000 Artikeln ein großer Erfolg für Gropius. Seine Gründung hatte sich in vier Jahren von einer esoterischen logenartigen Vereinigung zu einer international beachteten avantgardistischen Reformschule entwickelt. Schon im März 1924 konnten Bauhausprodukte auf einem eigenen Stand der Leipziger Frühjahrsmesse gezeigt werden.[153] Die Schwächen sah Gropius selbst, aber er hoffte, auf eine selbstheilende Entwicklung. Nach einem weiteren Verriss der gesamten Bauhausarbeit durch Paul Westheim in der Zeitschrift «Die Glocke» schrieb er an die Redaktion: «Nirgends wird schärfer kritisiert als im Bauhaus selbst und es ist klar, daß in einem solchen Brennpunkt der Versuchs- und Pionierarbeit auch alle Schwächen einer Zeit (Konstruktivismus, Maschinen-Romantik, Quadratstilisierung) deutlich zu Tage treten, entscheidend bleibt aber die Zielrichtung der Arbeit, die bisher glücklich an den Klippen deutscher Dogmatik vorbei in fortwährendem lebendigem Wandel sich treu blieb.»[154]

Politischer Wandel in Weimar
Diese Zeit zur Heilung und Entwicklung verblieb dem Bauhaus in Weimar nicht mehr, schon im Oktober kam es zum politischen Umbruch und eineinhalb Jahre später musste die Schule nach Dessau umziehen. Nachdem Kommunisten und Sozialdemokraten am 10. Oktober 1923 in Thüringen und Sachsen angesichts der galoppierenden Inflation eine Koalitionsregierung bildeten, kam es zu bürgerkriegsartigem Aufruhr. Darauf verhängte Reichskanzler Gustav Stresemann am 13. Oktober den Ausnahmezustand und die Reichsexekution für beide Länder, die

von der Reichswehr besetzt wurden. Die «Reichswehrgruppe Hasse» unter Generalleutnant Otto Hasse übernahm mit der 3. Kavalleriedivision Anfang November die militärische Gewalt in Thüringen. Am 23. November fand in der Privatwohnung von Gropius aufgrund einer Anzeige, bei ihm befinde sich bolschewistisches Material, eine Hausdurchsuchung statt. Gropius schrieb einen empörten Brief an Hasse, dass er in der Öffentlichkeit und vor seinen Studierenden wie eine «gemeingefährliche Person»[155] behandelt worden sei. Er verwies auf seine militärischen Verdienste und verlangte eine Entschuldigung. Da Hasse nicht einmal reagierte, wandte er sich an den Chef der Heeresleitung in Berlin, Generaloberst Hans von Seeckt, und forderte von ihm eine öffentliche Entschuldigung. Als Gropius insistierte, wurde seine Beschwerde zurückgewiesen, die Angegriffenen reagierten mit schneidender Verachtung und eröffneten ihrerseits gegen Gropius einen Prozess wegen Beleidigung der Reichswehr und von Seeckts. In dieser für ihn aussichtslosen Situation entschuldigte sich Gropius auf Anraten des thüringischen Ministerpräsidenten August Frölich und des Justizministers Roman Rittweger am 14. Dezember bei Seeckt, um die Angelegenheit zu beenden. Wie in einer Art Vorspiel musste er am eigenen Leib die veränderten Machtverhältnisse spüren, die im Laufe des Jahres 1924 seine Schule abwürgen sollten.

Die thüringische Regierung trat im Dezember 1923 zurück, der Landtag wurde aufgelöst und am 10. Februar fanden Neuwahlen statt. Bereits im Wahlkampf diente das Bauhaus als Zielscheibe[156] für den Ordnungsbund, in dem sich die bürgerlichen, rechtskonservativen und nationalen Parteien zusammengeschlossen hatten und der die Parole ausgab: «Das ganze Land kam auf den Hund, nun rettet nur der Ordnungsbund.» Die rechte Koalition erhielt 35 Mandate, verfehlte damit nur knapp die absolute Mehrheit und bildete eine Minderheitenregierung, die bis 1928 bestand. Richard Leutheußer von der nationalliberalen DVP übernahm das neu gebildete Ministerium für Volksbildung und Justiz und war damit zuständig für das Bauhaus. Der erbitterte Feind des Bauhauses, Emil

Herfurth, wurde Landtagsabgeordneter der DNVP und zog als Staatsrat für Weimar und Mitglied ohne Geschäftsbereich in die Landesregierung ein. Die bisherige politische Unterstützung entfiel und die neuen Mandatsträger rechneten nun mit der Arbeit ihrer Vorgänger und damit auch mit dem Bauhaus ab. Da sich der Wind gedreht hatte, bekamen nun auch alle anderen Gegner, von den Professoren der abgespaltenen Hochschule bis zu den entlassenen Mitarbeitern, Oberwasser und attackierten das Bauhaus. Um seine Schule zu retten, führte Gropius bis zum Ende des Jahres 1924 einen verzweifelten und mit unendlichen Mühen versehenen Kampf, der aber im Grunde bereits mit der Wahl verloren war.

Seine größte Hoffnung setzte Gropius darauf, die Werkstätten auf einen privatwirtschaftlich organisierten Produktivbetrieb umzustellen, um so viel Geld zu verdienen, dass damit der Schulbetrieb weitgehend finanziert werden könnte und somit das Bauhaus aus der politischen Abhängigkeit käme. Bereits im Oktober 1923 sah er in der Gründung einer Verwertungsgesellschaft den letzten Ausweg, da «anders ein Weiterbestehen der Anstalt unwahrscheinlich»[157] sei. Er führte Verhandlungen mit dem Staatsbankpräsidenten Walter Loeb und war optimistisch, in Kürze zu einem Abschluss zu kommen. Mit dem Syndikus Lange überarbeitete er mehrfach den Entwurf, zuletzt zur Gründung einer «Bauhaus-Produktions G.m.b.H.», und erreichte die Zusicherung der Finanzierung über die Staatsbank und private Geldgeber. Die G.m.b.H. sollte in den angemieteten Werkstätten «Gegenstände des täglichen Bedarfs nach den Grundsätzen des Staatl. Bauhauses»[158] herstellen und vertreiben und in der abgetrennten Schule könnten vom Staat Lehrlinge ausgebildet werden. Der Entwurf ging im Januar 1924 an den noch zuständigen Staatsminister Greil, der aber keine Entscheidung mehr fällte. Am 19. Februar, zwei Tage vor Antritt der neuen Regierung, erklärte sich das Ministerium bereit, eine Vorlage für den Landtag vorzubereiten, diese wurde aber am 27. März nur noch mit dem Vermerk «Einstweilen zu den Akten» versehen. Der neue Finanzminister Paul Stolze untersagte der Staatsbank die Vergabe weiterer Kredite an das Bauhaus und die Vorlage blieb zurückgestellt.[159] Die alten Akademielehrer sahen mit dem politischen Wandel ihre Chance, das Bauhaus wieder zu verdrängen. Bereits im Januar forderten sie die Räume des Hauptgebäudes zurück und verlangten, die abstrakten Reliefs im Vestibül, die von Joost Schmidt für die Ausstellung im August 1923 geschaffen worden waren, wieder zu entfernen.[160] Das neue Ministerium unterstützte dies und schließlich musste Schmidt seine eigenen Arbeiten zerstören. Im Hinblick auf den Produktivbetrieb argumentierten die Akademiker, dass von einem Erwerbsunternehmen keine Ausbildung der Jugend und eine Förderung des Handwerks möglich sei. Die Weimarer Künstlerschaft übernahm diese Angriffe und forderte am 21. März, das Bauhaus sollte aufgelöst und dafür der Hochschule für Bildende Kunst wieder eine Kunstgewerbeschule angegliedert werden. Am 29. März gelang es Gropius endlich, den Minister am Telefon zu erreichen, der sich weigerte, eine Initiative zu ergreifen und direkt erklärte, «das Bauhaus sei ja bisher als Parteiangelegenheit behandelt worden»[161]. Bereits zu diesem Zeitpunkt war damit klar, dass die neue Regierung das Bauhaus als politische Hinterlassenschaft der Erziehungspolitik der Vorgängerregierung liquidieren wollte. Am 5. April stellte der Akademielehrer Engelmann auf einer Sitzung des Weimarer Kulturrats den Antrag, die Hochschule für bildende Kunst wieder in ihre alten Rechte einzusetzen, und am 12. April wandte sich die Fraktion des deutschvölkischen Blocks, d. h. die thüringischen Nationalsozialisten, mit einer kleinen Anfrage an den Landtag, verlangte Aufklärung über Ausbildungszahlen und Einnahmen sowie über die Entlassungen und verwies auf Zweifel an den «moralischen Qualitäten des Bauhausleiters Gropius»[162]. Am 24. April erschien ein von Dr. Konrad Nonn verfasster Artikel, in dem Gropius unter dem Titel «Staatliche Müllzufuhr» attackiert und dem Bauhausschaffen «Zeichen tiefster Entrückung und Zersetzung» attestiert wurden, die nur noch «pathologisch» bewertet werden könnten. Nonn sollte selbst im Laufe der Jahre einen geradezu pathologischen Hass gegen Gropius entwickeln und ihn publizistisch und juristisch verfolgen. Ende April wurde eine «gelbe Broschüre» mit üblen persönlichen Angriffen gegen Gropius publik: «Wenn Sie Herr Gropius [...] nicht so ehrlos, so feige, so dickfellig, so unwahr mit sich selber wären, Sie hätten schon längst aus dem völligen Versagen Ihrer künstlerischen Qualitäten die Konsequenzen ziehen müssen. Hinter jeder Falte Ihres verschlagenen, hinterlistigen Gesichts lauert der Dieb, der Intrigant, die Memme.»[163] Gropius stellte daraufhin am 7. Mai einen Strafantrag. Dabei stellte sich heraus, dass Carl Schlemmer, Engelmann und Beyer die Verfasser waren. Gropius bewies nun seinen wahren Kampfgeist, er verfasste eine Gegenbroschüre, antwortete im Landtag, schrieb Denkschriften, korrespondierte unentwegt mit dem Ministerium und entfaltete seinerseits sowohl eine Pressekampagne als auch eine Aktion, um zahlreiche renommierte Unterstützer öffentlich für das Bauhaus auftreten zu lassen. Am 4. Juni konnte er einen kleinen Erfolg verbuchen, als bei der Verhandlung gegen den ehemaligen Syndikus Beyer dieser seine Anschuldigungen zurücknahm.

Aber dann erschien am 9. September der vom Ministerium angeforderte Bericht der Thüringischen Rechnungskammer über die Prüfung der Kassen- und Buchführung des Bauhauses, in dem der Umgang mit Finanzmitteln massiv kritisiert und auf die ständige Anhäufung von Schulden hingewiesen wurde und der zum Ergebnis kam: «Der Betrieb ist heute zweifellos unrentabel.»[164] Damit war dem Ministerium ein objektivierter Vorwand geliefert, und da mit entsprechenden Entscheidungen im Landtag ohnehin zu rechnen war, kündigte Leutheußer am 18. September «vorsorglich» die Verträge von Gropius und allen Meistern zum 31. März 1925. Gropius gab sich jedoch immer noch nicht geschlagen, seine letzte Chance sah er darin, das Bauhaus komplett zu privatisieren, deshalb organisierte er einen «Kreis der Freunde des Bauhauses» mit hochkarätigen Persönlichkeiten wie Albert Einstein, Peter Behrens, Marc Chagall, Gerhart Hauptmann, Hans Poelzig und Arnold Schönberg sowie finanzkräftigen Unterstützern wie dem Gewerkschaftsbund und Adolf Sommerfeld, über die er das nötige Geld auftreiben wollte.[165] Nun forderte allerdings der Minister, vor allem müsste die thüringische Industrie mitwirken. Auch auf dieses Verlangen fand Gropius eine Antwort, denn mehrere Erfurter Industrielle unterstützten einen Gesellschaftsvertrag zur vollkommenen Ausgliederung des Produktivbetriebs. Dieser Vertrag, für den bereits 121 000 Mark zugesichert waren, ging am 11. November 1924 in den Haushaltausschuss des Landtags, aber dort wurde auf Antrag der DNVP am 15. November beschlossen, den Etat des Bauhauses von 100 000 Mark auf 50 000 Mark zu halbieren und eine Verlängerung der Verträge um ein halbes Jahr anzubieten. Mit der Halbierung des Etats wäre Gropius einverstanden gewesen, denn er stand seit Ende November mit dem Präsidialmitglied des Mitteldeutschen Industrieverbands, Dr. Baecker, in Kontakt, der ihm eine Unterstützung zusagte, die er allerdings dem Ministerium noch nicht bestätigen konnte, da Widerstand aus dem Verband aufkam.[166] Bei einem letzten Treffen mit dem Minister am 23. Dezember erklärte Gropius, dass er «übermenschliche Arbeit auf sich genommen habe, um jeden Wunsch des Ministers in der Sache des Bauhauses zu erfüllen»[167], und er versprach, das noch fehlende Geld aufzutreiben, aber für weitere Verhandlungen mit den potenziellen Geldgebern benötige er die Zusicherung, dass sein Vertrag länger als ein halbes Jahr laufe, sonst könne er verständlicherweise nicht verhandeln. Der Minister lehnte dies kategorisch ab und verlangte gleichzeitig für die Finanzierungszusagen Garantien «auf Jahre hinaus»[168]. Damit war endgültig klar, dass es nur darum ging, das Bauhaus zu Tode zu drosseln. Am 26. Dezember erklärten alle Meister dem Ministerium, dass sie nicht mehr bereit seien, über eine Weiterführung des Bauhauses über den 1. April 1925 hinaus zu verhandeln.

Umzug nach Dessau

Zwar hatte Gropius bis zum Schluss gehofft, eine Lösung für sein Bauhaus zu finden, aber bereits seit Herbst 1924 wurden vorsorglich Kontakte zu anderen Städten gesucht, um eine eventuelle Übernahme der Schule vorzubereiten. So schrieb Ise im Oktober nach einem Besuch in Köln an ihren Mann, dass sie Konrad Adenauer für das Bauhaus interessiert hätte.[169] Als die Presse Ende des Jahres über das Scheitern des Bauhauses in Weimar berichtete, meldeten sich Anfang 1925 einige Interessenten, darunter Fritz Wichert, Direktor der Kunstschule in Frankfurt am Main. Diese Option, aber auch die offene Stelle des Stadtbaurats interessierten Gropius, er fuhr am 25. Januar nach Frankfurt, aber die Angelegenheit zerschlug sich.[170] Am 29. Januar kam eine Abordnung aus Mannheim und auch mit Darmstadt, Dessau, Hagen, Hamburg und Krefeld entstanden Kontakte über eine mögliche Übernahme. Der Bürgermeister von Dessau, Fritz Hesse, ging als einziger die Sache konkreter an und ließ sich dabei von dem anhaltischen Konservator Ludwig Grote beraten, der das Bauhaus kannte und auch empfahl. Dessau zählte 1925 circa 70 000 Einwohner und erlebte seit Jahren durch die ortsansässige Industrie, insbesondere die Junkers-Flugzeugwerke, einen wirtschaftlichen Aufschwung und starken Bevölkerungszuwachs. Die Einwohnerzahl hatte sich seit dem Krieg um die Hälfte vergrößert und es herrschte Wohnungsmangel. Die von Gropius propagierte Zusammenarbeit mit der Industrie zur Herstellung von Produkten für die moderne Lebenswelt sowie seine Ideen zur seriellen Produktion von Wohnbauten passten somit sehr gut zu den wirtschaftlichen Interessen der Stadt.

Anfang Februar wollte Hesse die Verhandlungen konkretisieren und kündigte einen Besuch an, aber ausgerechnet in dieser heißen Phase, als die in Weimar liquidierte Schule unbedingt eine neue Heimstätte benötigte, war Gropius mit seiner Frau zu einem vierwöchigen Urlaub nach Süditalien und Sizilien verreist und nicht erreichbar. Als Hesse und Grote am 12. Februar nach Weimar kamen, wurden sie von Kandinsky und Feininger empfangen und Muche und Moholy-Nagy zeigten ihnen die Werkstätten. Am 19. Februar besuchten Kandinsky und Muche mit ihren Frauen Dessau, sie wurden herumgeführt und man versprach, eigene Wohnungen für die Meister zu bauen. Die beiden erstatteten am folgenden Tag den übrigen Meistern Bericht und es herrschte darauf solche Begeisterung, dass sofort ein Telegramm nach Dessau mit der grundsätzlichen Zustimmung zur Übersiedlung ging. Als Gropius diese Nachricht auf Sizilien erreichte, telegrafierte er keineswegs begeistert zurück, denn er hatte auf eine größere Stadt gehofft, und er sah sich auch nicht genötigt, sofort zurückzukehren. Als er dann endlich Anfang März wieder in Weimar eintraf, stellte er fest, dass für die Mehrzahl der Meister die Entscheidung gefallen war und er sich fügen musste. Am 9. März fuhr er selbst nach Dessau und die bereits vorbereiteten Verträge waren derartig vielversprechend, dass der Vertragsentwurf bereits am 12. März dem Gemeinderat vorgelegt werden konnte. Die Schule sollte eine kommunale Einrichtung werden, einen Neubau samt entsprechender Ausstattung erhalten, neue Wohnungen für sechs Meister und den Direktor sollten gebaut werden, für Löhne und Gehälter stand ein Etat von 100 000 RM zur Verfügung und auch der Bau einer experimentellen Siedlung wurde in Aussicht gestellt. Am 14. März reiste Gropius wieder nach Dessau, um in einem großen öffentlichen Vortrag das Bauhaus zu erklären, anschließend traf er sich nochmals mit Vertretern der Industrie. Ise vermerkte in ihrem Tagebuch am 21. März, dass sich Hugo Junkers «sehr für den ganzen Bauhausplan» interessiert und über eine konkrete praktische Zusammenarbeit nachgedacht habe.[171] Damit war der wichtigste und mächtigste Industrielle der Stadt gewonnen, dessen Unterstützung auch in der Folge für die Arbeit am Bauhaus große Bedeutung gewann. Für die politische Umsetzung der Übernahme hatte Hesse die Zustimmung seiner Partei, der DDP, sowie der Mitglieder der SPD erreicht. Auch der SPD-Landtagspräsident Heinrich Peus engagierte sich, da er sich eine bauliche Unterstützung der von ihm vertretenen Anhaltischen Siedlerbewegung erhoffte.[172] Die beiden Parteien besaßen eine Mehrheit im Gemeinderat, und obwohl die Stadt «überflutet» wurde «von Flugblättern gegen das Bauhaus und Gropius»[173], wurde der Vertrag am 23. März mit 26 zu 15 Stimmen genehmigt.[174] Die Ablehnung durch die Vertreter der DNVP und der DVP sowie der rechten Presse und eines eigens gegen das Bauhaus gegründeten «Bürgervereins» war politisch noch zu schwach; aber auch in Dessau galt somit das Bauhaus von Anfang an bei seinen Gegnern als ein Produkt der liberalen und der sozialdemokratischen Partei.

Eine wichtige Rolle bei den Übernahmeverhandlungen spielte die Zusicherung von Gropius, dass sich das Bauhaus durch den Verkauf von Produkten und Lizenzen über eine Bauhaus GmbH mittelfristig weitgehend selbst finanzieren und damit den städtischen Haushalt wieder entlasten könne. Erst im November 1924 hatte Gropius im Zuge der Vorbereitung des Gesellschaftsvertrags für einen Produktivbetrieb eine Klärung über die Vergütung von Urheberrechten herbeigeführt, und im März 1925 ließ er sich noch von den Schülern bestätigen, dass die Verwertung der von ihnen gefertigten Modelle beim Bauhaus verbleibe. Die Formrechte lagen somit bei den Schülern, die Verwertungsrechte aber beim Bauhaus beziehungsweise bei der geplanten Bauhaus-Vertriebs-Gesellschaft. Am 17. März 1925 teilte Gropius deshalb Hesse mit, dass die Rechte an den Modellen nicht beim thüringischen Staat lägen und dass somit die bisherige Produktion für Dessau auswertbar sei.[175] Die rechtliche Klärung dieses Anspruchs sollte ihn jedoch noch Monate beschäftigen, denn das Land Thüringen hatte zwar das Bauhaus abgewürgt, wollte aber weder auf den Namen noch auf die Lizenzen verzichten. Erst am 3. Dezember 1925 kam es zu einer Einigung, dass die Dessauer Schule alleine den Namen Bauhaus führen dürfe, und die Weimarer Schule wurde offiziell zum 1. April 1926 in «Staatliche Hochschule für Handwerk und Baukunst. Weimar» umbenannt. Zudem erkannte das Land Thüringen an, dass das Bauhaus mit Ausnahme einiger spezieller Produkte alle «Rechte an der Form», also auch potenzielle künstlerische Urheberrechte an den bislang entwickelten Modellen erhielt.[176] Gropius hatte somit geschickt die Frage der Rechte an Bauhaus-

Produkten in seinem Sinne geklärt, allerdings sollte die angestrebte finanzielle Entlastung des städtischen Etats nie substanziell zum Tragen kommen und auch die geplante Bauhaus GmbH kam nur formal zustande, denn Adolf Sommerfeld bezahlte seine ursprünglich zugesagten Anteile nie ein.[177] Die finanzielle Situation des Bauhauses blieb auch in Dessau stark eingeschränkt. Das lag nicht zuletzt auch an den hohen Gehältern: Gropius erhielt mit 11 000 RM etwa zehn Prozent des gesamten Personalhaushalts, die Meister bekamen jeweils 7000 RM während sich die Jungmeister mit 2500 begnügen mussten. Als Gropius die Meister im Oktober 1926 um eine freiwillige Gehaltskürzung von zehn Prozent bat, um die finanzielle Situation etwas zu entlasten, erhielt er von Kandinsky und Klee eine Abfuhr.[178]

Mit dem Umzug nach Dessau wurde das Bauhaus eine unselbständige kommunale Einrichtung, die formal der städtischen Kunstgewerbe- und Handwerkerschule angegliedert war.[179] Die Stadt Dessau war Trägerin des Instituts, auch als die Schule im Oktober 1926 von der Anhaltischen Staatsregierung als «Bauhaus Dessau – Hochschule für Gestaltung» anerkannt und der staatlichen Hochschulaufsicht unterstellt wurde.[180] Mit dem Hochschulrang erhielten die Meister den Professorentitel und es konnte ein Diplom vergeben werden. Der Titel war in Weimar noch von der Mehrzahl der Meister abgelehnt worden, um sich von der alten Akademie abzusetzen, nun vollzog sich die früher so bekämpfte Akademisierung fast von selbst. Im neuen Lehrplan vom November 1925 und dann in der neuen Satzung vom Oktober 1926 waren Ziel und Zweck der Ausbildung ohne eine utopische Vision und ohne jedes Pathos beschrieben. Es ging um die «Durchbildung bildnerisch begabter Menschen [...] mit dem Ziel gemeinsamer Arbeit am Bau», dabei sollten «praktische Versuchsarbeit für Hausbau und Hauseinrichtung» und die «Entwicklung von Standardmodellen für Industrie und Handwerk»[181] geleistet werden. Eine entscheidende Änderung vollzog sich bei den Werkstätten. Die alten Werkstattleiter sowie die Töpferei blieben in Weimar beziehungsweise Dornburg, Glasmalerei wurde aufgegeben und Gropius ernannte die ehemaligen Studierenden Josef Albers, Herbert Bayer, Marcel Breuer, Hinnerk Scheper und Joost Schmidt als «Jungmeister» zu neuen Werkstattleitern. Gunta Stölzl führte zuerst mit Muche die Textilwerkstatt und erhielt dann im April 1927 ebenfalls einen Vertrag als Jungmeisterin. Damit entfiel die bisherige Zweiteilung in der Leitung mit jeweils einem Formmeister und einem Werkmeister und die Ausbildung in den Werkstätten lag nun, mit Ausnahme der von Moholy-Nagy geleiteten Metallwerkstatt, in der Hand einer Person, die bereits am Bauhaus sowohl handwerklich wie künstlerisch geschult worden war. Nun konnte in den Werkstätten, die Gropius jetzt als «Laboratorien» bezeichnete[182], strikt das Ziel verfolgt werden, «vervielfältigungsreife, für die heutige Zeit typische Geräte sorgfältig im Modell» zu entwickeln und «dauernd zu verbessern». Erst mit den speziell ausgebildeten Jungmeistern, die alle jünger als 30 Jahre waren, entstand die damals einzigartige Schule für Produkt-, Grafik-, Kommunikations- und Textildesign, die den Namen Bauhaus weltberühmt machen sollte.

Bauhausgebäude und Meisterhäuser in Dessau

Im Laufe des März und April 1925 erfolgte die Übersiedlung nach Dessau in provisorische Räumlichkeiten, die Werkstätten erhielten neue Ausstattungen und am 14. Oktober begann offiziell wieder der Lehrbetrieb in einer alten Textilfabrik in der Mauerstraße 36. Gropius verlegte sein privates Architekturbüro in einige Räume der Fabrik und nahm sofort die Planung des neuen Bauhausgebäudes sowie der Meisterhäuser in Angriff. Im Büro vollzog sich allerdings eine gravierende Veränderung, denn sein langjähriger Büroleiter Adolf Meyer kam nicht mit nach Dessau, sondern blieb als freier Architekt in Weimar. Warum Meyer diesen Schritt unternahm, ist nicht bekannt, es könnte sein, dass ihm ein Auftrag für ein Wohnhaus von Walter Dexel in Jena als Chance zur Selbstständigkeit erschien oder dass ihm Gropius verweigerte, sich beim Aufbau einer Architekturabteilung selbständig zu profilieren. Der 25-jährige Ernst Neufert übernahm die Büroleitung und Gropius übertrug ihm die Bauhaus-Planungen. Neufert hatte im Büro seit Anfang 1922 bei der Betreuung mehrerer Projekte Erfahrungen gesammelt und Gropius vertraute ihm offensichtlich, denn er stellte ihm am 17. September 1924 die Vollmacht aus, «sämtliche schriftlichen und mündlichen Verhandlungen mit Bauherren und Unternehmern in meiner Vertretung zu pflegen»[183]. Planung und Bau des Bauhausgebäudes sind sowohl organisatorisch wie künstlerisch eine Meisterleistung. Nach der Genehmigung im Gemeinderat am 31. März 1925 wurde sofort Anfang April mit den Entwürfen begonnen, obwohl weder das Raumprogramm noch die Finanzierung festlagen. Da ein Neubau für die kommunale gewerbliche Berufsschule bereits früher genehmigt worden war, erhielt diese einen separaten Baukörper, den Gropius über eine Brücke mit den Bauhausräumen verknüpfte, außerdem entwickelte er noch eine Variante mit einem zusätzlichen Ateliertrakt. Bereits am 22. Juni legte er dem Gemeinderat zwei Planungen und Kostenanschläge vor. Die Alternative mit den Ateliers wurde genehmigt, aber die höheren Kosten führten zu Problemen, da die Stadt im Herbst nicht mehr über genügend Haushaltsmittel verfügte und deshalb am 17. September die Mittelzuweisung einschränkte. Bis zu diesem Zeitpunkt hatte Gropius' Architekturbüro, das auf etwa 20 Mitarbeiter anwuchs, über weitere Varianten den Entwurf ausgearbeitet und bereits Anfang September erfolgte der Baubeginn. Innerhalb eines knappen halben Jahres wurden somit die komplette Eingabe- und Werkplanung sowie die Ausschreibungen erstellt, die Baugenehmigungen eingeholt und die Vergaben für einen Großbau durchgeführt. Um der ungesicherten Finanzierung zu begegnen, wurde das ursprünglich dreigeschossig geplante Brückengebäude um ein Geschoss reduziert, aber mittels eines auf dem Dach verdeckt liegenden Überzugs so konzipiert, dass die Möglichkeit bestand, noch nachträglich wieder ein Geschoss aufzusetzen.[184] Nach einem weiteren halben Jahr, in dem zahllose spezielle Details geplant und in Auftrag gegeben werden mussten, konnte am 21. März 1926 das Richtfest gefeiert werden und bereits am 1. September wurde der Ateliertrakt und am 15. Oktober der gesamte Bau bezogen. Die komplette, weitgehend aus den Bauhaus-Werkstätten gelieferte Ausstattung war bis zur Eröffnung am 4. Dezember fertiggestellt. Die Leistung ist in mehrfacher Hinsicht bedeutsam, denn parallel zum Bauhausgebäude, das trotz anfänglicher Planungsungewissheit in kürzester Zeit als völlig neuartiger Bau errichtet wurde, entstanden die drei Doppelhäuser für sechs Meister sowie das Einzelhaus für den Direktor. Weiterhin wurde ab Frühjahr 1926 an der Siedlung Törten geplant,[185] die am 24. Juni genehmigt und deren erster Teil dann von September bis Dezember in einem rationalisierten Bauverfahren ausgeführt wurde. Alles entstand trotz der Probleme im Architekturbüro, denn mit dem Weggang des verantwortlichen Büroleiters Adolf Meyer lag die Hauptlast auf den Schultern des jungen Ernst Neufert, der weder eine Ausbildung noch Erfahrung im Entwerfen hatte. Neufert zeigte großes organisatorisches Geschick, kurz vor der Fertigstellung des Rohbaus erklärte er jedoch Anfang März 1926, dass er einen Ruf an die Weimarer Hochschule als Leiter der dortigen neuen Architekturabteilung annehmen werde.[186] Gropius konnte ihn nicht zum Bleiben bewegen, aber die Trennung erfolgte freundschaftlich und Neufert betreute noch die Bauten bis zum September und übergab die Bauleitung an den Bürokollegen Otto Meyer-Ottens.[187]

Das erstaunlichste ist jedoch, dass es Gropius trotz der Probleme mit dem Umzug nach Dessau, den zahllosen Verhandlungen und der Neustrukturierung der Schule sowie dem Wechsel in der Leitung des Büros gelang, nach dem Faguswerk mit dem Bauhausgebäude ein weiteres Hauptwerk der Architektur des 20. Jahrhunderts zu errichten. Der Bau bildete eine enorme Herausforderung, denn es war klar, dass die Architektur zum einen im Brennpunkt der Kritik stehen würde und als Bewährungsprobe für die Schule dienen musste, zum anderen aber die große Chance bot, das gesamte Konzept des Bauhauses endlich «am Bau» zu konkretisieren. Neufert war daran zwar mit der Organisation, aber wohl nicht entscheidend bei der Gestaltung beteiligt, denn wie Adolf Meyer konnte auch er nach dem Abschied aus dem Büro von Gropius nie eine eigene Entwurfsleistung auf dieser gestalterischen Höhe erreichen. Auch der Büromitarbeiter Carl Fieger, der aufgrund seiner zeichnerischen Begabung immer wieder Perspektiven als Vorlagen fertigte, wäre nicht in der Lage gewesen, selbständig ein Projekt mit derartiger Qualität zu entwerfen, wie seine Arbeiten außerhalb des Büros belegen. Bei der Veröffentlichung des Gebäudes bedankte sich Gropius bei 13 Mitarbeitern, die «an der Planung und Durchführung»[188] mitgewirkt hatten, dies dürfte genau dem üblichen Ablauf im Büro entsprechen, dass der Entwurf unter seiner Leitung und nach seinen Vorgaben schrittweise entwickelt und dabei immer wieder von ihm justiert und entschieden wurde.

Der Entwurf des Bauhausgebäudes basiert auf einigen Vorstufen und Anregungen. Auf der Ausstellung «Internationale Architektur» zeigte Gropius 1923 das Projekt zu einem Landhaus in Eisenbeton, bei dem Mies van der Rohe nach dem Vorbild der Entwürfe Frank Lloyd Wrights einzelne Baukörper windmühlenartig um eine Mitte angeordnet hatte. Die nach Funktionen separierten Baukörper griffen zum einen frei in den Raum hinaus und erzeugten zum anderen durch die winkelförmige Anordnung eine Art innerer Dynamik, denn der Bau kann erst in der Bewegung erfasst werden. In der Veröffentlichung zur Ausstellung ist Mies van der Rohes Entwurf bezeichnenderweise mit dem Robie Haus von Wright auf einer Doppelseite zusammengestellt. Im Büro von Gropius wurde diese neuartige Grundrissform bereits bei dem Entwurf für eine Philosophische Akademie im Frühjahr 1924 aufgenommen. Der Erlanger Professor Rolf Hoffmann hatte sich im Februar an Gropius mit der Bitte um Vorentwürfe für eine von ihm geplante Akademie auf einem Hanggrundstück an der Burgbergstraße gewandt.[189] In den folgenden Monaten entwickelten Gropius und Meyer eine Anlage, deren Bauteile hakenförmig von einer zentralen Halle ausgreifen und deren Fassaden durch Bänder rhythmisiert sind. Das Projekt scheiterte, da Hoffmann erst über einen prominenten Freundeskreis Spenden einwerben wollte, die er aber nicht erhielt, weshalb Gropius auch keine Vergütung für

Luftaufnahme des Bauhausgebäudes in Dessau, um 1927

seine Planung bekam. Als Gropius im folgenden Jahr an die Planung des Bauhausgebäudes ging, hatte er also bereits mit der dynamischen Grundrissform experimentiert, mit der Mies auch ein «konstruktives Prinzip» sichtbar machen wollte.[190]

Beim Entwurf des Bauhausgebäudes sind die verschiedenen Funktionen in fünf Bauteilen zusammengefasst, von denen jeder eine eigene charakteristische Form und Fassadengestaltung aufweist. Die Werkstätten befinden sich im größten, rechteckig gelagerten Bauteil, dessen spektakuläre Verglasung über drei Geschosse auf die zentrale Bedeutung der Werkstattarbeit verweist. Foyer, Versammlungsraum, Bühne und Mensa sind linear aneinandergereiht, können zueinander geöffnet werden und bilden eine auch farblich akzentuierte eingeschossige «Festebene». Die 28 Atelier- und Wohnräume für Studenten befinden sich in einem fünfgeschossigen Baublock über querrechteckigem Grundriss. Die Funktion wird durch schmale Balkone ablesbar, das studentische Leben bildet eine eigene Welt und entfaltet sich in alle Richtungen. Ein zweigeschossiges Brückenbauwerk nimmt die Räume für die Verwaltung und Architektur auf, die Fensterbänder unterstreichen sowohl den Charakter der Büros wie auch die Funktion der Verbindung zwischen den Räumen des Bauhauses und der gewerblichen Berufsschule, die in einem separaten dreigeschossigen Trakt mit eigenem Eingang untergebracht ist. Die fünf eigenständig charakterisierten Bauteile sind so ausgebildet, dass sie jeweils Bezug aufeinander nehmen, so dass sie als Ganzes den von Gropius beschriebenen «organischen Bauleib» bilden. Die Stahlbetonskelettkonstruktion sowie speziell gefertigte Eisenfenster mit Kristallglas ermöglichen eine straffe, «nackte» Gestaltung der Fassaden, deren Proportionen deutlich akzentuiert hervortreten. Sowohl im Grundriss wie im Aufriss sind die Bauteile durch Teilungsverhältnisse im Goldenen Schnitt harmonisch gegliedert und miteinander verbunden.[191]

Dadurch, dass die weißen Baublöcke auf einem halbgeschossigen, dunkel gestrichenen und zurückgesetzten Sockel aufliegen, scheinen sie fast in der Luft zu schweben. Bei Nacht erstrahlte der beleuchtete Bau deshalb wie ein leuchtender Kristall über dem dann unsichtbaren Sockel. Wer den Bau als Ganzes erfassen will, muss rund um die Anlage herumgehen, die eigene Bewegung wird somit zum Spiegel und Ausdruck der immanenten architektonischen Dynamik. Die Blickführung und die Rezeption des Gebäudes versuchte Gropius auch dadurch zu steuern, dass er vor der Eröffnung keine Veröffentlichungen genehmigte und dann Luftbilder sowie Aufnahmen von Lucia Moholy verteilen ließ, die zum einen den windmühlenartigen Aufbau der Anlage aus der Luft und zum anderen diagonale Blickwinkel präsentierten, mit denen Überlagerungen und insbesondere ein Blick durch die gläserne Ecke des Werkstättentrakts akzentuiert wurden. Im Gegensatz zum Faguswerk, bei dem es Gropius darum ging, den mit Eisen und Glas konstruierten Baublock als Körper zu zeigen, sollten am Bauhausgebäude Dynamik und Transparenz von funktional organisierten Bauböcken, die sich zu einem organischen Ganzen fügen, aufgezeigt werden. Das polierte Kristallspiegelglas erklärte er zum «wahrzeichen der neuen baukunst».[192]

und deshalb sei in der «durchsichtigen wand» des Wertstättentrakts Paul Scheerbarts «glasarchitektur wirklichkeit geworden». Im Gegensatz zur «schweren erdgebundenheit in festen burgartigen baukörpern» in alten Zeiten, sei die moderne Glasarchitektur «ein sinnbild für die wachsende erhellung und erweiterung unseres menschlichen blickfeldes». Diesem Eindruck und symbolischen Ausdruck wurde auch die Nutzung untergeordnet, denn die nur einfach verglaste, frei vor die Stahlbeton-Skelettkonstruktion gehängte Glas-Eisen-Fassade des Werkstattflügels führte dazu, dass sich die Innenräume im Sommer stark aufheizten und im Winter nicht zu erwärmen waren.

Die der Architektur immanente Bewegung sowie die angeblich durch Transparenz erzeugte «Simultaneität» von Innen und Außen führten Sigfried Giedion in Anlehnung an Albert Einsteins Begriff «Raum-Zeit» 1941 zur Bezeichnung «Raum-Zeit-Architektur», die er mit Picassos kubistischem Gemälde «L'Arlésienne», auf dem ein Gesicht sowohl im Profil wie auch en face zu sehen ist, parallelisierte.[193] Die direkte Übertragung von Simultaneität in bildender Kunst und Architektur auf die in der Relativitätstheorie mathematisch begründeten komplexen Raum-Zeit-Zusammenhänge bezeichnete bereits Einstein als «Klugscheißerei ohne jede vernünftige Basis»[194]. Linda Henderson entzog in einer großen Studie 1983 derartigen Spekulationen jeden Anspruch auf Wissenschaftlichkeit,[195] und auch die Bemühungen, die Phantasien einiger De Stijl-Künstler über «Raum-Zeit» in direkten Zusammenhang mit der Relativitätstheorie zu bringen, sind wenig überzeugend. Das simultane Erleben räumlicher Zusammenhänge sowie die bewusste Einbeziehung der Bewegung des Betrachters zur Erfassung von Architektur sind uralte Motive der Baukunst: der Blick von innen nach außen oder von außen nach innen führt immer zu einer Form von «Simultaneität» und Treppen, Rampen oder perspektivisch angelegte Konstruktionen beziehen die Bewegung und damit die «Zeit» ein. Die Dynamik der Wahrnehmung aufgrund von Ortswechsel und Bewegung des Betrachters war Ausgangspunkt des von August Schmarsow 1893 entwickelten modernen Raumbegriffs.[196] Vor dem Hintergrund der zeitgenössischen Diskussionen um «Raum-Zeit» gewann die Thematik als Ausdruck von moderner Technik und Mobilität neue Bedeutung. So finden sich in den 1920er-Jahren vielfach Versuche, die Zeit als «vierte Dimension» in räumliche Gestaltungen einzubeziehen, dabei handelt es sich durchweg nur um mehr oder weniger sinnvolle Analogien, denn die naturwissenschaftlich definierte Raum-Zeit entzieht sich jeder Darstellung.[197] Auch Gropius hat sich immer wieder zum Raum geäußert,[198] er steht diesbezüglich aber ganz in der Tradition der Raumdefinitionen von Schmarsow und Riegl, mit neuen naturwissenschaftlichen Kenntnissen haben seine Ausführungen nichts zu tun. Was er mit dem Bauhausgebäude ausdrücken wollte, hat er 1930 einfach und klar selbst formuliert: «ein aus dem heutigen geist entstandener bau wendet sich von der repräsentativen erscheinungsform der symmetriefassade ab. man muss rund um diesen bau herumgehen, um seine körperlichkeit und funktion zu erfassen.»[199] Es ging ihm somit darum, jede Form von symmetrischer Gestaltung aufzubrechen, eine repräsentative Wirkung aus der Gesamtheit des Baus zu erzeugen sowie die Funktionen ablesbar und das Gebäude durch Bewegung erlebbar zu machen. Dies war eine große, neuartige architektonische Leistung, aber mehr ist dazu sinnvollerweise auch nicht zu sagen. Das neue Bauhausgebäude in Dessau erfüllte die von Gropius angestrebte mediale Wirkung, es wurde zum Zeichen für die Schule und zog bis zur Schließung des Bauhauses kontinuierlich einen Strom an Besuchern an.

Parallel zum Bauhausgebäude wurden drei Doppelhäuser für sechs Meister sowie das Direktorenhaus geplant und bis zum Sommer 1926 in einem Kiefernwäldchen an der Burgkühnauer Allee (heute Ebertallee) errichtet. Ähnlich wie die Philosophische Akademie dem Bauhausgebäude konzeptionell voranging, war auch für die Meisterhäuser bereits im Vorjahr mit dem Haus Auerbach in Jena eine Art architektonischer Prototyp von Gropius und Meyer entwickelt worden. In Jena engagierte sich der mit Gropius befreundete Direktor des Kunstvereins, Walter Dexel, besonders für das Bauhaus, über ihn dürfte der Auf-

Direktorenwohnhaus Dessau, um 1927

trag im Frühjahr 1924 zum Bau eines Wohnhauses für das Ehepaar Auerbach gekommen sein. Felix Auerbach wirkte als Professor für theoretische Physik an der Jenaer Universität und zusammen mit seiner Frau Anna führte er einen bedeutenden Salon für Wissenschaftler und Künstler. Mit dem Auftrag des jüdischen Ehepaars an Gropius, der im benachbarten Weimar gerade um das Überleben des Bauhauses kämpfte und dort keinen einzigen Auftrag erhalten hatte, sollte auch ein Zeichen für die Moderne in Jena gesetzt werden. Nach dem expressiven Haus Sommerfeld schufen Gropius und Meyer ein Wohnhaus, das aus zwei so ineinander verschobenen rechteckigen Kuben besteht, dass die Hanglage über die Geschosshöhen aufgenommen sowie ein Wintergarten, eine Terrasse und ein Dachgarten gebildet werden konnten. Die Zusammenstellung von Kuben hatte Gropius beim «Baukasten im Großen» nur schematisch angedeutet, hier experimentierte er erstmals konkret mit diesem Entwurfsprinzip, das nur in der kompletten Verschränkung der Baukörper, nicht aber in einer additiven Aneinanderreihung konstruktiv brauchbar ist.[200] Die Bauhauswerkstätten wurden wieder in die Ausführung einbezogen und dabei konnte Alfred Arndt, Student der Wandmalerei, die Wände in Entsprechung zu den Lichtverhältnissen und Funktionen mit 37 Farbtönen nuancieren. In diesem programmatisch modernen Haus lebte das Ehepaar, bis es durch den Aufstieg der Nationalsozialisten im Februar 1933 in den Selbstmord getrieben wurde.

Bei den Meisterhäusern wurde die am Haus Auerbach entwickelte Entwurfssystematik weiterentwickelt. Die zweigeschossigen Doppelhäuser basieren jeweils auf der Durchdringung eines quadratischen und eines rechteckigen Kubus, wobei die Gesamtform durch die Drehung um 90 Grad und Spiegelung eines Baukörpers entsteht. Die scharfkantig geschnittenen Kuben, die mit rhythmisch versetzten Fenstern, Terrassen und Balkonen gegliedert sind, vermitteln den Eindruck von Varianten nach der Art des «Baukasten im Großen», die Räume waren aber weitgehend gleich und die Bewohner mussten Individualität erst durch Ausstattung und Farbgebung selbst erzeugen. Die ausgewogene Fassadengestaltung mit weißen Putzflächen und Lochfenstern erinnert an die De Stijl-Geometrie und die Reling der Balkone verweist auf die Schiffsmetaphern bei Le Corbusier, aber in der räumlichen Umsetzung und Proportionierung der Baukörper entstand mit den Meisterhäusern ein eigenständiges Baukunstwerk. Wie beim Bauhausgebäude ist auch hier die Planungsleistung hervorzuheben, denn einige Elemente, wie beispielsweise die Stahlfenster, sollten wie seriell hergestellte Maschinenprodukte wirken, waren aber handwerklich gefertigt und mussten dementsprechend aufwendig detailliert werden. In einem Text über die Bauhausbauten in Dessau erläuterte Gropius 1930 rückblickend die Meisterhäuser zum einen als Ausdruck eines neuen Raumempfindens, «das die bewegung, den verkehr unserer zeit in der auflockerung der baukörper und räume widerspiegelt»[201], und zum anderen als Organisation von Lebensvorgängen: «der organismus eines hauses ergibt sich aus dem ablauf der vorgänge, die sich in ihm abspielen. […] die baugestalt

[...] entspringt allein aus dem wesen des baus, aus seiner funktion, die er erfüllen soll.»[202] Funktionserfüllung umfasste für ihn dabei auch die psychischen Bedürfnisse nach harmonischem Raum sowie nach «wohlklang und maß der glieder»[203], die er als «zwecke höherer ordnung» verstand. Funktion und Organisation ergaben sich wiederum für ihn aus der Prämisse, dass der moderne Mensch «in klaren, knappen einfachen formen» seinen Ausdruck finde, denn so wie er nicht mehr im Rokokokostüm über die Straße gehe, müsste auch «unser erweitertes kleid, die wohnung, von sinnlosem, raumsperrenden kram und überflüssigen verzierungen»[204] befreit sein. Aufgabe der modernen Architekten sei es, «die bedürfnisse ihrer eigenen zeit mit den mitteln der heutigen technik zu erfüllen und sich nicht mit schwächlicher nachahmung der vorfahren zu begnügen»[205]. Die Bekleidungsanalogie sowie die damit verknüpfte Diskreditierung der Übernahme historischer Formen als «schwächlich» behielt Gropius bis an sein Lebensende bei.

Bei der Eröffnung des Bauhausgebäudes wurden in dem Musterfilm «Wie wohnen wir gesund und wirtschaftlich?» am Beispiel des Direktorenhauses die Funktionsabläufe sowie das vom historischen Ballast «befreite Wohnen»[206] in den von den Bauhauswerkstätten ausgestatteten Räumen vorgeführt. Wirtschaftlich waren aber weder die Häuser noch die Ausstattung. Die großzügig dimensionierten Räume – im Direktorenhaus gab es zudem eine Gästewohnung sowie Hausmeister- und Mädchenzimmer – und die hohen Herstellungskosten führten dazu, dass die Mieten anschließend bis zu 100 Prozent über den festgelegten Beträgen für Dienstwohnungen lagen. Oskar Schlemmer schrieb nach dem ersten Besuch an seine Frau: «Ich bin erschrocken, wie ich die Häuser [...] gesehen habe! Hatte die Vorstellung, hier stehen eines Tages die Wohnungslosen, während sich die Herren Künstler auf dem Dach ihrer Villa sonnen.»[207] Dass nur die sechs «Altmeister», darunter Feininger, der mit nach Dessau zog, aber gar nicht mehr unterrichtete, ein eigenes Haus erhielten, nicht aber die ohnehin weitaus schlechter bezahlten Jungmeister, führte zu Verärgerung bei den

Zurückgesetzten. Die Studierenden kritisierten die Bauten als unsozial und formalistisch, wie Ise Gropius in ihrem Tagebuch vermerkte. Gropius antwortete auf derartige Kritik, die sich ähnlich auch immer wieder auf Bauhausprodukte generell bezog, dass es sich um Prototypen und Experimente handle und dass sich bei industrieller Fertigung die Kosten verringern und dann die Produkte für alle erschwinglich würden. Dies war eine doppelte Fehleinschätzung, denn zum einen verbilligen sich Waren im kapitalistischen Markt auch bei größeren Stückzahlen keineswegs von selbst, zum anderen wurde damit die Wohnungsfrage als rein technische Aufgabe behandelt, gesellschaftliche und ökonomische Ungleichheit kann aber nicht technisch, sondern nur politisch gelöst werden.

«Häuser-Serienfabrikation»

Da Gropius gesellschaftspolitische Implikationen partout von der Architektur fernhalten wollte, versuchte er, seine Vision von der Häuserfabrik und der «Wohnung für alle» nur durch Rationalisierung und Verbilligung des Bauens zu realisieren. Sein Vorbild war der Automobilproduzent Henry Ford, dessen 1923 auf deutsch erschienene Autobiographie *Mein Leben und Werk* aufzeigte, wie auf rein technischem Wege durch die taylorisierte Produktion von Autos am Fließband die Kosten pro Fahrzeug halbiert werden konnten. Fords Konzept eines «weißen Sozialismus», einer Verbilligung von Waren bei gleichzeitiger Verbesserung der Lebensumstände ohne revolutionäre «rote» politische Umbrüche drang auch in Deutschland in alle Lebensbereiche ein, dies zeigt nicht zuletzt der Erfolg seines Buches, von dem in drei Jahren mehrere hunderttausend Exemplare verkauft wurden. 1926 folgte die Fortsetzung *Das große Heute, das größere Morgen*, in der Ford eine Welt mit Wohlstand für alle entwarf, die ohne politische Eingriffe gleichsam von selbst aus der richtigen Organisation wirtschaftlicher Dynamik entstand.[208] Gropius war fasziniert von dieser Vision, die ihm wohl über Martin Wagner, den Herausgeber der Zeitschrift «Soziale Bauwirtschaft» und späteren Berliner Stadtbaurat, vermittelt wurde und die er mit seinen Konzepten für Hausbaufabriken von 1910 und Wohnmaschinen von 1922 parallelsetzen konnte. Über Wagner kam Gropius zusammen mit Ernst May und Bruno Taut Ende 1924 zu dem Projekt der gewerkschaftlichen gemeinnützigen Baugesellschaft DEWOG für eine Gartenstadt auf der Basis industriell hergestellter «Volkswohnungen»[209]. Im ersten Schritt sollten Versuchshäuser errichtet werden, dafür lieferte Gropius eine Planung, aber das Projekt scheiterte bereits im April 1925 wegen fehlender Finanzierung. Für Gropius wurde Ford zum Kronzeugen für Verbilligung durch Rationalisierung und Martin Wagner erinnerte später daran, dass er der «Henry Ford for housing the masses»[210] werden wollte. Eine fordistische Konzeption des Wohnungsbaus wurde nun zum zentralen Thema seiner Arbeit sowie seiner Vorträge und Publikationen. Eine erste Realisierung des Konzepts erfolgte mit der Siedlung Dessau-Törten.

Bereits bei den Verhandlungen zur Übernahme des Bauhauses spielte der Bau einer experimentellen Siedlung eine gewisse Rolle. Schon kurz nach dem Umzug nach Dessau traf Gropius deshalb im April 1925 Hugo Junkers, um ihm seine «Gedanken über Häuser-Serienfabrikation»[211] vorzutragen, und er schickte ihm seinen Text über Hausbaufabriken von 1910. Im April 1926 konkretisierte sich dann die Planung, als ein Gelände bei dem 1923 eingemeindeten Dorf Törten zur Bebauung ausgewiesen wurde. Gropius wandte sich am 28. April an Junkers und bot eine Zusammenarbeit bei der «fabrikmäßigen Herstellung von zunächst 80 Häusern in Dessau»[212] an. Da er diese aber in Beton und nicht in Metall ausführen wollte, lehnten die Junkers-Werke das Angebot ab. Auf dem ebenen Gelände, das Kies und Sand für Betonkonstruktionen direkt vor Ort bot, plante Gropius einen ersten Bauabschnitt mit 58 Reihenhäusern für Heimstätten, der am 24. Juni im Gemeinderat mit 26 gegen 9 Stimmen genehmigt wurde. Die Flachdach-Hauszeilen mit rückwärtigem Garten zur Selbstversorgung erinnerten schon Zeitgenossen an die Wiener Siedlung am Heuberg von Adolf Loos.[213] Da ein

Mitarbeiter von Loos, der Wiener Architekt Leopold Fischer, genau zu dieser Zeit bei Gropius angestellt war, ist anzunehmen, dass von diesem wichtige Ideen eingebracht wurden.[214] Fischer verließ allerdings schon Ende Juni 1926, wohl im Streit, wieder das Gropius-Büro und ging zum Anhalter Siedlungsverband, für den er zusammen mit dem Gartenarchitekten Leberecht Migge die Siedlung Dessau-Ziebig entwarf, die dann fast parallel mit dem ersten Bauabschnitt von Törten entstand und sowohl bezüglich der modernen Erscheinung wie auch hinsichtlich der Kosten nicht hinter der Gropius-Siedlung zurückstand, aber aufgrund der von Gropius für sein Projekt betriebenen Propaganda wenig Beachtung fand.

Zur Finanzierung von Törten half die Hauszinssteuer, mit der in der Weimarer Republik nach der Inflation ein Steueranteil der Mieteinnahmen zur Förderung des Wohnungsbaus eingesetzt wurde. Mit dem Bau der Siedlung wollte Gropius zum einen seinen Traum von der Hausbaufabrik verwirklichen und zum anderen eine Wohnanlage für den von ihm propagierten modernen «einheitlichen Erdenbürger» schaffen. Bei der Realisierung zeigten sich die Probleme der beiden Konzepte. Da eine Reduktion der Kosten durch Rationalisierung demonstriert und erreicht werden musste, stellte sich schnell heraus, dass dafür das bisherige Konzept eines additiven, variablen «Baukasten im Großen» ungeeignet war. Gropius ging aber nun nicht den Weg von Ernst May in Frankfurt, größere Bauteile zu typisieren und industriell herzustellen, sondern er entwickelte eine strikte Rationalisierung der gesamten Baufertigung, die dazu führte, dass jede Form von individueller Gestaltung aufgegeben werden musste. Die baugleichen Häuser entstanden jeweils gespiegelt entlang einer Kranbahn nach einem perfekt organisierten, zur Kostenminimierung entwickelten Zeit- und Arbeitsplan, der den Eisenbahnbetriebsplänen nachgebildet war. Auf der nach den Methoden der wissenschaftlichen Rationalisierung fließbandartig organisierten Baustelle wurden die Schlackenbetonsteine für die tragenden Brandmauern sowie die Betonbalken hergestellt, mit denen nur durch Anein-

Siedlung Dessau-Törten, erster Bauabschnitt, 1926

anderreihung Decken ohne Schalung konstruiert werden konnten. Nach dem Vorbild der Fließbandproduktion erfolgte eine Zerlegung der Arbeiten in einzelne Arbeitsvorgänge, die dann nach einem aufeinander abgestimmten Zeittakt wie in Akkordarbeit so ausgeführt wurden, dass eine bis dahin in Deutschland unbekannte Schnelligkeit beim Hausbau erreicht wurde.[215] Baubeginn war im September 1926 und zur Eröffnung des Bauhausgebäudes am 4. Dezember konnten bereits zwei komplett eingerichtete Häuser besichtigt werden. Die Kosten eines Hauses wurden aber weniger durch die rationalisierte Bauweise als durch Reduzierung des Wohnkomforts gesenkt. So gab es nur eine Trockentoilette, die über das Freie und durch einen Stallanbau zu erreichen war, und die Sitzbadewanne befand sich in der Küche neben der Spüle. Dazu kamen zahlreiche Bauschäden durch die zu schnell ausgeführten Arbeiten, eine falsch berechnete Warmluftheizung sowie Kältebrücken und große Risse aufgrund fehlerhafter Planung. Das in rasender Eile durchgeführte Experiment forderte seinen Tribut und sollte Gropius' Ruf als Architekt beschädigen. Auch die von Gropius prognostizierte Einsparung durch Rationalisierung von bis zu 50 Prozent stellte sich als viel zu hoch heraus, aufgrund der geringen Anzahl an Bauten belief sich die Kostenreduktion letztlich, je nach Berechnung, auf circa 10 bis 15 Prozent.²¹⁶ Da die von Gropius gewählte Form der Rationalisierung entlang einer Kranbahn geradezu Gleichförmigkeit erzwang, lieferte er dazu eine soziale, letztlich aber ökonomisch begründete Rechtfertigung: «bauen bedeutet gestaltung von lebensvorgängen. die mehrzahl der individuen hat gleichartige lebensbedürfnisse. es ist daher logisch und im sinne eines wirtschaftlichen vorgehens diese gleichgearteten massenbedürfnisse einheitlich und gleichwertig zu befriedigen. es ist daher nicht gerechtfertigt, daß jedes haus einen anderen grundriß, eine andere außenform, andere baumaterialien und einen anderen ‹stil› aufweist.»²¹⁷ Diesem typisierten Einheitsprodukt wollte er einen künstlerischen Ausdruck geben, indem er den Prozess der industriellen und seriellen Herstellung ablesbar zeigte – Rationalisierung wurde zum ästhetischen Programm gemacht.²¹⁸ Wie in Entsprechung zur Fließbandproduktion wurden die Hausreihen durch eine jeweils vor- und zurückgesetzte Brandwand gleichsam «getaktet». Die Schlackenbetonsteine der Trennwände und der Betonbalken der Deckenkonstruktion waren unverputzt sichtbar und betonten die Serialität, und die fast über die Hausbreite als Bänder gespannten Stahlrahmenfenster sollten den Eindruck einer industriellen Fertigung und Versetzung vermitteln. Für den optischen Eindruck industrieller Produktion nahm Gropius auch die um etwa ein Drittel höheren Kosten für Stahlrahmen gegenüber Holzfenstern in Kauf und setzte sich zudem über die Funktion hinweg, denn das ohne Sturz direkt unter der Decke angesetzte Fenster im Obergeschoss erhielt eine Brüstungshöhe von 1,40 Meter, so dass der Ausblick stark eingeschränkt war. Es ging Gropius darum, mit den «getakteten» Häusern das «Wesen» industrieller Produktion auszudrücken, beziehungsweise der Rationalisierung als Ausdruck der Moderne Gestalt zu geben und sie damit im Geiste des Deutschen Werkbunds kulturell zu veredeln. Die Erfassung des «Wesens» hatte er in einem programmatischen Text über die Grundsätze der Bauhausproduktion

1925 als zentrale Aufgabe der gesamten Bauhausarbeit definiert: die Gestalt jedes Gegenstandes sei aus «seinen natürlichen Funktionen und Bedingtheiten heraus zu finden».[219] Aus der Bejahung der Welt der Maschinen sollte deren «eigenes gegenwartsgebundenes Gesetz» erforscht und als das Wesen seiner Existenz gestaltet werden. Wie die Wesenserforschung stattfinden sollte, wurde jedoch nicht beschrieben, letztlich ging es Gropius darum, funktionale, ökonomische und ästhetische Gestaltung unter einen Begriff zu bringen, der aber dementsprechend vage blieb.

Mit der Siedlung Törten beschritt Gropius einen für die Architektur verhängnisvollen Weg: Maßgabe für die Gestaltung der Behausung des Menschen wurden das Fließband und der Takt maschineller Produktion, die beide ausschließlich ökonomisch begründet waren. Die Prinzipien maschineller Produktion bestimmten Lebensformen des Menschen und die nach den Vorgaben der Taylorisierung minimierte Gestaltung wurde zum adäquaten Lebensraum des modernen «Einheitsmenschen» erklärt. In Törten wurde die Unterordnung des Menschen unter die Vorgaben von Ökonomie und Industrialisierung manifest und Gropius lieferte dazu die ideologische Verbrämung, indem er den Mangel ästhetisierte und die Minimierung als Ausdruck der Moderne rechtfertigte.

Die radikale Vereinheitlichung sowie die Unterstellung von Individualität und Funktion unter ästhetische und ökonomische Prämissen führten jedoch auch zu heftiger Kritik. Die Gleichförmigkeit der Siedlung wurde als «Hundehüttengegend»[220] bezeichnet und Adolf Behne bemerkte spöttisch: «Der Mieter hat nicht ganz unrecht, wenn er sagt: Der Architekt ist doch für mich da; er baut, damit ich mich wohlfühlen kann, nicht aber lebe ich, um seine Musterbauten stilvoll zu bevölkern.»[221] Gropius bemühte dagegen eine «gleiche Seelenlage», bei der jeder «bunte Krawatten» tragen könne, Einheitlichkeit sei für ihn «ein Hymnus der Freiheit in der Gemeinsamkeit».[222] Nur wenige sahen dies ähnlich und lobten wie Willi Wolfradt die Siedlung als Ausdruck demokratischer Egalität: «Die Beschränkung auf Grundformen und Typen […] hat ihren Sinn in der Gleichheit der Alltagsbedürfnisse aller Menschen, sie ist vorweggenommener Ausdruck einer auf dieser Gleichheit basierten sozialen Ordnung, einer auf die Allgemeininteressen zugeschnittenen Produktion.»[223] Soziale Egalität sollte somit rein formal antizipiert werden, darin liegt eine zentrale Problematik des gesamten Konzepts, denn formale Elemente können für nahezu beliebige politische und ökonomische Interessen in Dienst genommen werden. Schon Ernst Bloch, Bert Brecht oder Siegfried Kracauer verwiesen darauf, dass mit formalen Elementen keine soziale Emanzipation verbunden sei, dass Rationalisierung und Standardisierung nicht die Produktionsbedingungen veränderten, diese seien «mehr ein Spiegel des Wirtschaftssystems als eine Freisetzung des Menschlichen»[224].

Dass Gropius für sich und die Meister gleichzeitig eine luxuriöse Wohnanlage errichtete, erhöhte die Diskrepanz zum verkündeten Einheitsideal – wie öfter in seinem Leben predigte er Wasser und trank selbst Wein. Bei den folgenden Bauabschnitten behob Gropius zwar einige Planungsfehler, aber er verfolgte sein Ideal einheitlicher Gestaltung nicht nur weiter, sondern verstärkte es durch einen Zeilenbau, der dann 1929 bei der Siedlung Dammerstock auch noch völlig gleich orientiert wurde. Damit geriet er immer mehr als Architekt sturer Gleichmacherei und seelenloser «kalter» Bauten in die Kritik, er ließ sich aber nicht beirren und verstärkte seine Publikations- und Vortragstätigkeit über «Der große Baukasten» und zur Frage «Wie bauen wir billigere, bessere und schönere Wohnungen?», denn die Entwicklung von Typen war für ihn «nicht ein hemmnis kultureller entwicklung, sondern geradezu eine ihrer voraussetzungen»[225]. Der Typ «birgt die auslese des besten in sich und scheidet vom persönlichen das wesenhafte und unpersönliche ab.» Insofern sah er sich als Bringer von «Kultur» gegenüber einer durch Technik und Industrie verflachenden «Zivilisation», die nach Oswald Spenglers Bestseller zum «Untergang des Abendlandes» führte.[226] Die fast missionarischen Aktivitäten zur Ver-

breitung seiner Botschaften nahmen in Dessau nochmals zu, Gropius war nahezu jeden Monat zu mindestens ein bis zwei Vorträgen nicht nur in Deutschland, sondern in halb Europa unterwegs. Bei diesen Reisen begleitete ihn nun häufig auch seine junge Frau und sie nutzten dies, um entweder einen Urlaub oder Besuche dazwischenzuschieben. So fuhr Gropius noch zwei Monate vor Eröffnung des Bauhausgebäudes zu einem Vortrag nach Bordeaux und besichtigte dann Le Corbusiers Siedlung Pessac.[227]
Bei der glanzvollen Eröffnung des Bauhausgebäudes am 4. Dezember 1926 erklärte Gropius vor über 1000 geladenen Gästen, das Bauhaus sei eine Bewegung, die die «Struktur unseres modernen Lebens» in sich trage, und «von einem gemeinsamen geistigen Zentrum aus» werde es gelingen, «die Verbindung zwischen Industrie, Handwerk, Wissenschaft und raumgestaltenden schöpferischen Kräften unserer Zeit herzustellen»[228]. Der neue Bau sei errichtet worden «für die bildnerisch begabte Jugend, die einst das Gesicht unserer neuen Welt schaffen soll». Die Resonanz im In- und Ausland war überwiegend positiv, aber auch die ablehnenden Kräfte formierten sich, so wurde einen Monat vor der Eröffnung bei der Versammlung des bereits 1925 gegen das Bauhaus gegründeten Bürgervereins mit Zitaten aus der «Gelben Broschüre» gegen Gropius gehetzt, der daraufhin wieder Strafanzeige stellte.[229] Mit dem Erfolg stieg Gropius in den engeren Kreis führender deutscher Architekten auf. Bereits im Mai war er Mitglied in der avantgardistischen Berliner Architektenvereinigung «Der Ring» geworden und im Juni wurde er vom Reichsrat in den Wohnungstypenausschuss berufen. Der Bundestag des Bundes Deutscher Architekten (BDA) besuchte noch im Dezember 1926 das Bauhaus und im folgenden Jahr wurde Gropius in den Vorstand gewählt. Bei der Eröffnung traf er auch den Schweizer Architekten Hannes Meyer, dessen rationaler materialistischer Architekturbegriff ihm zusagte. Er lud ihn zu einem Vortrag ein und nachdem sein eigentlicher Favorit, der holländische Architekt Mart Stam, absagte, erhielt Meyer zum 1. April 1927 eine Professur mit

dem Auftrag, die lange geplante Architekturabteilung am Bauhaus aufzubauen. Damit existierte genau acht Jahre nach der Gründung zum ersten Mal ein Ausbildungszweig für Architektur, den Meyer nach seinen Vorstellungen «funktionell-kollektivistisch-konstruktiv»[230] strukturierte; aber in den ersten beiden Semestern musste er sich mit den wenigen Studenten auf theoretische Arbeit konzentrieren, denn Architektur fand weiter im Privatbüro von Gropius im Brückengeschoss des Bauhausgebäudes statt.

Anfang 1927 nahm Gropius zusammen mit Hugo Häring und Bruno Taut an einem geladenen Wettbewerb für ein neues Arbeitsamt in Dessau teil.[231] Sein Beitrag wurde zusammen mit dem Entwurf von Bruno Taut prämiert und nach einer Überarbeitung erhielt er den Auftrag. Das seit Sommer geplante und dann 1929 bezogene Arbeitsamt diente Gropius als Demonstration, wie aus der Erforschung des «Wesens» einer Bauaufgabe die funktionale Gestalt gefunden werden könnte. Die im Grundriss eingetragenen Funktionsabläufe sowie die im Halbkreis angeordneten Zugänge vermitteln den Eindruck, die Form sei direkt aus der Funktion hervorgegangen, in Wirklichkeit sind die Funktionen, ähnlich wie bei den geometrisierten Bauhaus-Produkten, in eine vorgegebene geometrische Idealform eingepasst worden.

Parallel zum Arbeitsamt arbeitete das Büro an den Entwürfen für die beiden Häuser, die Gropius auf der Werkbundsiedlung «Am Weißenhof» in Stuttgart zugeteilt worden waren. Bereits seit Sommer 1925 plante der Deutsche Werkbund eine Ausstellung über «Neuzeitliches Wohnen», im Herbst übernahm dessen stellvertretender Vorsitzender Ludwig Mies van der Rohe die künstlerische Leitung. Da mit der Ausstellung ausdrücklich Neuland «erobert»[232] werden sollte, machte Mies zur Vorgabe, dass zum einen alle Bauten mit Flachdach versehen sein müssten, um zu demonstrieren, dass mit der Tradition gebrochen werde, und er lud zum anderen 17 Architekten aus fünf Ländern ein, um im Sinne der von Gropius entwickelten Vorstellung von Internationalität die universale Gültigkeit der neuen architektonischen Haltung zu belegen. Obwohl Mies ausdrücklich erklärte, dass es nicht um Rationalisierung und Typisierung ginge, denn «der Kampf um neue Lebensformen» sei nur baukünstlerisch und «nicht mit rechnerischen und organisatorischen Mitteln»[233] zu lösen, entwickelte Gropius zwei Bauten, mit denen die industrielle und serielle Produktion am Beispiel von «einzeln lieferbaren Einfamilienhäusern»[234] demonstriert werden sollte. Während Handwerker das Haus Nr. 16 in einer Halbtrockenbauweise relativ konventionell mit Bimshohlblöcken mauerten und dann verputzten, entstand das Haus Nr. 17 in einem trockenen Montagebauverfahren. Auf einer Betonplatte wurde über einem Quadratraster eine Stahlkonstruktion aufgestellt, mit Korkplatten gedämmt und mit Asbestschieferplatten verkleidet. Die guten Dämmwerte der nur 15 Zentimeter starken Außenwand hob Gropius besonders hervor.[235] Insbesondere im Vergleich mit den beiden Gebäuden von Le Corbusier, die direkt vor den Gropius-Bauten standen, wirkten die Montagehäuser allerdings wenig attraktiv und wurden deshalb sogar von den Bauhausstudenten kritisiert, wie Ise in ihrem Tagebuch vermerkte. Gropius ließ sich auch hier nicht beirren und erklärte, dass seiner Bauweise die Zukunft gehöre. Obwohl es um die Präsentation neuer Wohnformen ging, für die auch die meisten Teilnehmer Experimente wagten, präsentierte Gropius relativ konventionelle, allerdings komplett mit Bauhaus-Produkten ausgestattete Räume. Bei einem späteren Prüfbericht wurde 1929 festgestellt, dass die beiden Häuser zu den teuersten der Siedlung gehörten und auch einige konstruktive Fehler aufwiesen.[236] Bei der Eröffnung am 23. Juli 1927 traf Gropius wieder mit Le Corbusier zusammen, der dort seine beiden in Paris geplanten und von Alfred Roth in Stuttgart betreuten Bauten zum ersten Mal sah.

Totaltheater und Siedlung Törten

Gleichzeitig arbeitete das Büro an einem ganz besonderen Projekt, das im Frühjahr 1927 von dem berühmten Berliner Regisseur Erwin Piscator in Auftrag gegeben worden war. Piscator wünschte sich ein «veränderliches Theaterinstrument», das sowohl die räumliche Einbeziehung der Zuschauer «in das szenische Geschehen» wie auch die Integration neuer Medien ermöglichen sollte. Als Experimentierfeld für Zusammenhänge zwischen Mensch und Raum spielte das Theater am Bauhaus seit der Gründung eine große Rolle, der Auftrag betraf somit auch ein zentrales Element der Schule. Der 1925 erschienene vierte Band der Bauhaus-Bücher behandelte *Die Bühne am Bauhaus*, dort wurden nicht nur Entwürfe für neue Theaterformen vorgestellt, sondern Moholy-Nagy veröffentlichte einen Beitrag über «Theater, Zirkus, Varieté»[237], in dem er «Das kommende Theater: Theater der Totalität» vorstellte, das allen Formen des menschlichen Handelns «die vollen Entfaltungsmöglichkeiten» geben sollte. Licht, Ton, Raum, Bewegung und der ganze Mensch sollten in einem phantastischen Raumgebilde mit schwebenden Brücken, Laufbahnen und Filmleinwänden zu einer «Gesamtbühnenaktion»[238] zusammenwirken. Moholy-Nagy kombinierte hier eine Vielfalt avantgardistischer Ideen von den Experimenten der russischen Konstruktivisten bis zur Raumbühne von Friedrich Kiesler zu einem Phantasiegebilde, dem Gropius konstruktive Gestalt geben wollte. Mit dem jungen ungarischen Mitarbeiter Stefan Sebök entwickelte er im Mai 1927 über elliptischem Grundriss einen Theaterbau, bei dem durch Drehung einer Parkettscheibe ein Bespielen als Guckkastenbühne, Amphitheater oder Arena möglich sein sollte.[239] Zwischen die Tragsäulen einer den Raum überwölbenden Gitterschale sollten rundum Projektionsschirme eingespannt werden, auf die von hinten projiziert werden konnte, und zudem sollte es möglich sein, im Inneren alle Wände und Decken buchstäblich «unter Film» zu setzen. Bei einem Vortrag in Rom beschrieb Gropius 1934 vor faschistischem Publikum das von ihm geplante totale Theatererlebnis dahingehend, dass der Spielleiter die

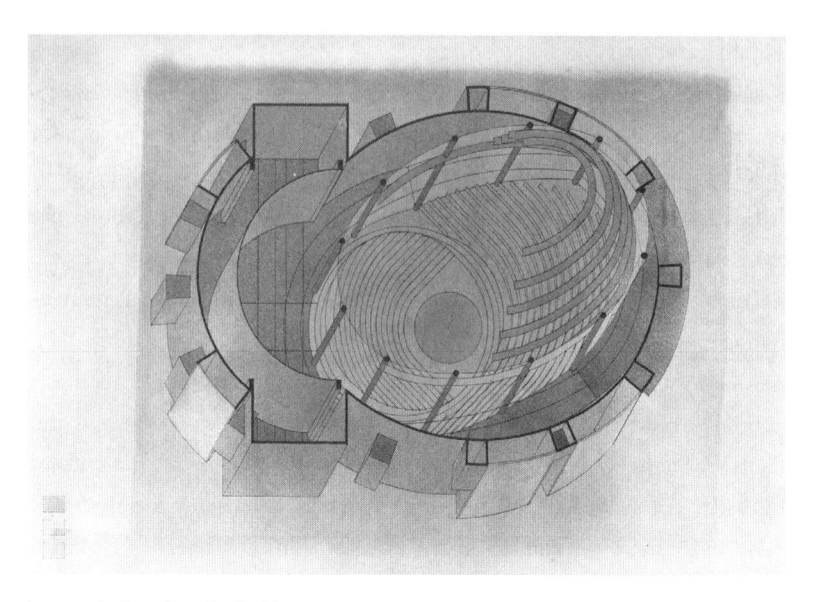

Isometrische Darstellung des Totaltheaters, 1927

Besucher «auf Gnade und Ungnade der Dynamik seiner Vorstellungswelt»[240] unterwerfen könne. Gropius vollzog damit interpretatorisch selbst den in seinem Theater angelegten Schritt von der totalen zur totalitären Erfassung der Besucher. Während es Piscator um ein Theater zur aktiven Einbeziehung der Zuschauer ging, um diese vom Konsumieren zur gesellschaftspolitischen Aktion anzuregen, plante Gropius eine Maschinerie zur Unterwerfung – der aufklärerische und erzieherische Ansatz schlug um in Unterdrückung. Albert Sigrist (d. i. Alexander Schwab) nannte dies 1930 treffend «Das Doppelgesicht der modernen Architektur»[241], die beides ist: «autokratisch und demokratisch». Piscator war angeblich von der Planung angetan, aber da die Finanzierung nicht gesichert und kein geeignetes Grundstück vorhanden war, kam es nicht zu einer Realisierung. Die Idee zu einer Theatermaschine griff Gropius bei späteren Planungen mehrfach wieder auf, ein Theater konnte er allerdings nie bauen.

Im Herbst 1927 erhielt Gropius noch von der Professorenwitwe

Therese Zuckerkandl den Auftrag zum Bau einer Villa in Jena. Da sie vom Haus Auerbach angeregt worden war, wurde das im Laufe des Jahres 1928 ebenfalls in Hanglage errichtete Haus Zuckerkandl wie eine Variante des Vorgängerbaus konzipiert. Gegen Ende des Jahres 1927 nahm das Büro noch am Wettbewerb für eine Stadthalle, ein Museum und ein Sportforum in Halle teil. Auf Lehmanns Felsen an der Saale sollte eine Art Stadtkrone entstehen. Der im Januar 1928 eingesandte Entwurf mit dem Motto «Hängende Gärten», da der Felsen terrassiert und bepflanzt werden sollte, erhielt keinen Preis.

Die meiste Zeit investierten Gropius und sein Büro jedoch in die weiteren Bauabschnitte der Siedlung Törten. Im ersten Quartal des Jahres 1927 wurden der Gesamtplan und der zweite Bauabschnitt für 100 Häuser erarbeitet, die Genehmigung durch den Magistrat erfolgte am 11. Mai. Aufgrund der Erfahrungen mit dem ersten Bauteil konnten einige bauliche Verbesserungen durchgeführt werden, zudem wurde ein neuer Haustyp mit separatem Bad entwickelt. Um den Verkaufspreis pro Hauseinheit trotz steigender Baupreise halten zu können, hatte sich Gropius um eine zusätzliche Finanzierung über den Reichstypenausschuss bemüht. Dieser war am 16. Juni 1926 vom Reichsrat (der Länderkammer der Weimarer Republik) eingesetzt worden, da auch von politischer Seite die Dringlichkeit einer staatlichen Förderung von Rationalisierungsmaßnahmen zur Verbilligung des Wohnungsbaus gesehen wurde.[242] Gropius wurde sofort in den Ausschuss berufen und konnte somit erheblichen Einfluss in einem entscheidenden staatlichen Gremium nehmen. Seine Frau vermerkte am 21. Juni triumphierend in ihrem Tagebuch: «nun sitzt er wenigstens an der quelle.»[243] Bereits am 25. März 1926 hatte sich das Reichsarbeitsministerium vom Reichstag einen Kredit über 200 Millionen RM zur Förderung des Baus von Kleinwohnungen genehmigen lassen, von dieser Summe sollten nun Mittel für den Typenausschuss abgezweigt werden, um Versuche im Bereich der Typisierung und Rationalisierung zu fördern. Über die DDP-Reichstagsabgeordnete Marie-Elisabeth Lüders gelang es Gropius, darauf hinzuwirken, dass 10 Millionen für den Bau von etwa 1000 Versuchsbauten verwendet und über eine Expertengruppe verteilt werden sollten. Eine entsprechende Reichstagseingabe von Lüders wurde am 14. Dezember 1926 genehmigt und Gropius kam in die Arbeitsgruppe, die Vorschläge zur Verwendung erstellen sollte. Anfang Februar traf sich ein «Unterausschuss» in Dessau, um über die Verteilung der 10 Millionen zu beraten und wieder gelang es Gropius, in einen entsprechenden Sonderausschuss gewählt zu werden. Bereits am 10. Februar 1927 vermerkte Ise, dass sich Gropius mit Ernst May über die Verteilung der Mittel arrangiert habe und im Mai erreichte Gropius, dass der Reichstypenausschuss einer Förderung von Törten mit 300 000 RM zustimmte – dies war Grundlage für die Genehmigung des zweiten Bauabschnitts der Siedlung. Der Anhalter Siedlungsverband, der für Dessau-Ziebig ebenfalls eine Förderung beantragt hatte, ging leer aus, was zu weiteren Unstimmigkeiten mit Gropius und zu Kritik in der Presse führte. Nachdem dann Anfang Juni 1927 das Gesetz zur finanziellen Unterstützung von Versuchssiedlungen zur Verbilligung und Verbesserung des Wohnungsbaus in Kraft trat, wurde zur organisatorischen Umsetzung vom Reichstypenausschuss am 29. Juni 1927 die «Reichsforschungsgesellschaft für Wirtschaftlichkeit im Bau- und Wohnungswesen»[244] (Rfg) gegründet, in der Gropius als stellvertretender Vorsitzender des Sachverständigenrats wirkte. In 24 Ausschüssen wurden über die Rfg hohe Zuschüsse und Forschungsgelder verteilt, Gropius befand sich damit nicht nur an einem Schalthebel für staatliche Mittel zum Wohnungsbau, er war auch mit allen Entwicklungen und den maßgebenden Personen bekannt und stand im Zentrum der Diskussionen um Rationalisierung. Sowohl diese Machtposition als auch der Umstand, dass er selbst eine – problematische – Versuchssiedlung plante, führten zu heftiger Kritik, die letztlich auch seinen Rücktritt als Direktor zur Folge hatte.

Am 7. September 1927 veröffentlichte Dr. Konrad Nonn, inzwischen Chefredakteur des einflussreichen «Zentralblatt der Bauverwaltung», eine Eingabe an den Reichstag gegen die Vergabe von staatlichen Zuschüssen für die Siedlung Törten.[245] Die Eingabe wurde nicht nur vom Dessauer Bürgerverein, dem Verband des Dachdeckerhandwerks und dem Verband der deutschen Architekten- und Ingenieurvereine, sondern auch von prominenten Persönlichkeiten wie Cornelius Gurlitt, dem Präsidenten des BDA, oder Paul Schultze-Naumburg und Prof. Emil Högg von der TH Dresden unterstützt. Nonn stellte die Unparteilichkeit der Rfg in Frage, verwies auf Benachteiligung von Handwerksbetrieben und griff insbesondere Gropius an, dessen Versuche mit dem Haus «Am Horn» in Weimar «mit einem amtlich festgestellten Fiasko» geendet hätten. Gropius klagte gegen Nonn, ein Untersuchungsausschuss des BDA stellte im Januar 1928 fest, dass die Vorwürfe haltlos seien, aber erst im November 1928 wurde er von einem Ehrengericht des BDA von allen Vorwürfen freigesprochen. Am 15. Dezember 1927 wurden dann die Fördermittel für Dessau vom Reichsarbeitsministerium genehmigt und am 1. Februar 1928 war eine Regelung erreicht, wie die Förderung von 1000 RM je Versuchshaus verzinst und getilgt werden musste. In der Zwischenzeit eskalierten aber die Auseinandersetzungen um die Kosten der Siedlungshäuser und es erfolgte ein fataler politischer Stimmungsumschwung. Gropius geriet in einen Strudel von politischen Auseinandersetzungen und persönlichen Angriffen, gegen die er sich wehrte, aber dann resignierend aufgab. Persönlich tragisch war, dass Alma Mahler endlich erlaubte, dass Mitte November 1927 seine geliebte Tochter Manon, die er seit Jahren kaum gesehen hatte, für vier Wochen nach Dessau kommen durfte, aber in seinen Abwehrkämpfen blieb ihm ausgerechnet jetzt für sie nahezu keine Zeit (Abb. S. 255).

Der Verkaufspreis der Häuser des ersten Bauabschnitts war vor der Fertigstellung auf 9200 RM festgelegt worden, es stellte sich jedoch heraus, dass aufgrund von diversen Kostensteigerungen die Häuser damit zu billig abgegeben worden waren und deshalb wurde der Preis für den zweiten Bauabschnitt um 15 Prozent erhöht und die monatliche Belastung sollte sogar um bis zu 60 Prozent steigen. Die vielen Kaufinteressenten reagierten verärgert und am 6. Januar 1928 fand eine Versammlung der «Notgemeinde der Gropiussiedler»[246] mit über 1000 Teilnehmern statt. Auf breiter Front wurden nicht nur die Kosten, sondern auch die Bauschäden und funktionalen Mängel der Häuser diskutiert. Verheerend wirkte sich aus, dass der mächtige SPD-Landtagspräsident und Vorsitzende des Anhalter Siedlerverbands Heinrich Pëus, der anfangs Gropius unterstützt, aber sich allmählich von ihm abgewandt hatte, auf der Versammlung Gropius direkt die Kostensteigerungen und indirekt persönliche Bereicherung vorwarf. Am 7. Januar politisierte Pëus in der SPD-Zeitung «Volksblatt für Anhalt» noch das Thema und warf Oberbürgermeister Hesse vor, dieser habe mit dem niedrigen Preis Wahlkampf betrieben. Gropius schrieb eine Richtigstellung an die Zeitung und verwies darauf, dass er nicht verdient, sondern im Gegenteil einen großen Teil seines Einkommens dem Bauhaus gespendet habe. Diese Erklärung wurde am 10. Januar nur zum Teil abgedruckt und Pëus blieb bei seiner Kritik.[247] Gropius traf sich mit Oberbürgermeister Hesse, und als er auch dort keine Rückendeckung erhielt, beschloss er, die Leitung des Bauhauses aufzugeben. Am 12. Januar 1928 verfasste er einen Brief an Hesse: «nach gründlichen überlegungen dieser tage bin ich zu dem entschluss gekommen, von dessau fortzugehen – der unbefriedigende verlauf unserer neulichen verspäteten aussprache, vor allem aber die erkenntnis, daß sich die gewesene und kommende politik dessaus auf meinem buckel abspielt, daß die hiesigen gegner alle meine handlungen und arbeiten aus prinzip herunterreissen und damit mir und dem bauhaus die luft vergiften; ferner die enge der verhältnisse und die aussichtslosigkeit, dem natürlich sich entfaltenden institut ausreichende mittel zu seiner lebensfähigkeit zu verschaffen, haben mich überzeugt, daß mein entschluß auch im interesse des instituts richtig ist.»[248] Am 15. Januar schrieb er noch einen empörten Brief an Pëus. Als er sich am 17. mit diesem traf, erschien jedoch am gleichen Tag ein weiterer Angriff im Volksblatt aus dessen Feder. Darauf schrieb er ihm: «es scheint, daß ich allmählich der dessauer presse gegenüber als freiwild gelte! ich hatte nicht erwartet, dass sich dem auch das volksblatt anschließen würde. [...] ich bedaure feststellen zu müssen, dass sie ihre politisch redaktionelle tendenz über das recht des anderen menschen stellen.«[249] Gropius hatte bereits in Weimar einen zermürbenden Kampf gegen Politik und Presse verloren und es war für ihn abzusehen, dass er auch in Dessau nicht gewinnen konnte, nun erfolgte seine Kündigung. Mit dem Magistrat verfasste er noch eine ausführliche Denkschrift, die dem Gemeinderat am 3. Februar 1928 vorgelegt wurde, um den dritten Bauabschnitt bewilligt zu bekommen. Am nächsten Tag gab er offiziell seinen Rücktritt von der Leitung des Bauhauses zum 31. März bekannt und benannte Hannes Meyer als seinen Nachfolger. Die Presseerklärung vom gleichen Tag sprach nur davon, dass das Bauhaus stabilisiert sei und dass sich Gropius nun neuen Aufgaben zuwenden wollte. Der Rücktritt erfolgte allerdings nicht ohne eine materielle Absicherung, denn bereits am 8. Januar hatte er sich mit dem befreundeten Bauunternehmer Adolf Sommerfeld getroffen und mit ihm Aufträge für Siedlungsplanungen, die Entwicklung einer Häuserbaufabrik sowie ein Einkommen von 50 000 RM für die beiden nächsten Jahre vereinbart.[250] So konnte er zumindest in finanzieller Hinsicht unbesorgt seine Position mit luxuriöser Villa in Dessau aufgeben und nach Berlin übersiedeln. Mit Gropius verließen auch Moholy-Nagy sowie zum Ende des Sommersemesters Herbert Bayer und Marcel Breuer das Bauhaus, die beide ohnehin mit der schlechteren Bezahlung und Zurücksetzung als Jungmeister unzufrieden waren, so dass Hannes Meyer die Schule komplett nach seinen Vorstellungen umstrukturieren konnte.

«Wer seine Hand am Pfluge hat, der schaut nicht hinter sich»

Von Berlin über London nach Harvard
1928–1937

Ise Gropius auf der Brooklyn Bridge in New York, fotografiert von Walter Gropius, 1928

«Fabrikmäßiger Wohnungsbau» in Berlin

Gropius löste den Vertrag mit der Stadt Dessau vorzeitig auf, regelte seinen Weggang vom Bauhaus und zog nach einer zweimonatigen USA-Reise Anfang Juni 1928 mit Ise nach Berlin in eine Zwölfzimmerwohnung in der Potsdamer Straße 121A nahe dem Leipziger Platz. Das «Bauatelier Walter Gropius» erhielt mehrere Räume in der Wohnung, in der auch zwei Dienstmädchen, Köchin, Sekretärin und eine Archivarin arbeiteten. Die geplante Zusammenarbeit mit Sommerfeld benutzten beide Seiten zu einer groß angelegten Werbeaktion. Am 18. März berichtete der Berliner Lokal-Anzeiger unter der Überschrift «Fabrikmäßiger Wohnungsbau» über ein Treffen im Haus Sommerfeld, an dem der preußische Ministerpräsident Otto Braun, Stadtrat Ernst Reuter, Stadtbaurat Martin Wagner, der ehemalige Staatssekretär Julius Hirsch sowie Vertreter der Bau- und Finanzwelt teilnahmen. Gropius sollte zum Studium des Baubetriebs und von Fertigungsmethoden in die USA reisen, um dann zusammen mit Sommerfeld eine Wohnhausfabrik für Großsiedlungen in Berlin zu entwickeln. Er kam damit im umkämpften Berliner Wohnungsmarkt sofort groß in Stellung, aber gleichzeitig diente er mit seinem Renommee auch als Aushängeschild für einen Boden- und Bauspekulanten, der über eine Baugesellschaft sowie mehrere hundert Hektar Bau- und Bauerwartungsland verfügte.[1]

Auf Einladung von Gropius wiederholte Erich Mendelsohn am 6. März einen Vortrag am Bauhaus über seine Reisen in die UdSSR und in die USA und gab anschließend Hinweise für die Reiseroute sowie Empfehlungen für seinen ehemaligen Mitarbeiter Richard Neutra in Los Angeles. Sommerfeld finanzierte dem Ehepaar Gropius – abgesehen von einem Zuschuss der Rfg – die teure zweimonatige Fahrt, an der auch seine Frau Renée als Begleitung von Ise teilnahm.[2] Am 25. März fand ein Abschiedsfest am Bauhaus statt und am 28. ging es mit dem Expressdampfer Columbus nach New York, wo die Gruppe am 7. April eintraf und das Luxushotel Plaza an der 5th Avenue bezog. Drei Wochen besichtigten und fotografierten sie Hochhäuser und besuchten Architekten, dabei trafen sie auch Robert L. Davison, den Leiter des «Research Institute for Economic Housing» der Columbia University, der sich intensiv mit Präfabrikation befasste und von dem Gropius die Informationen zum Stand der Baurationalisierung erhielt, wegen denen er in die USA gekommen war.[3] Anschließend ging es über Washington D. C. nach Chicago, wo einige Bauten Frank Lloyd Wrights sowie die von Gropius 1913 im Jahrbuch des Deutschen Werkbunds publizierten Getreidesilos auf dem Programm standen. Über Arizona und den Besuch eines Indianerreservats kamen die drei am 14. Mai nach Los Angeles, wo Neutra seine eigenen sowie Bauten von Rudolph Schindler und Wright präsentierte und auch Hollywood zeigte. Dann fuhren sie nach Detroit und trafen Albert Kahn, der ihnen die von ihm entworfenen Ford-Werke, die River Rouge Plant in Dearborn erklärte. Ein Besuch dieser Anlage, die «in ununterbrochener Folge alle anderthalb Minuten einen fertigen Wagen»[4] produzierte, gehörte zum Standardprogramm europäischer Besucher, die dort gleichsam einen Blick in die mobile technische Welt der Zukunft werfen konnten. Zurück in New York lernte er den Geschäftsführer des «Architectural Record» Lawrence Kocher kennen, den er mit Davison in Kontakt brachte. Sowohl mit Davison wie auch mit Kocher blieb er in Verbindung und die Bekanntschaft sollte sich später von größter Bedeutung erweisen, denn die beiden empfahlen ihn dem Dekan Joseph Hudnut, über den 1936 die Berufung nach Harvard erfolgte.

Am Ende des Aufenthalts gab Gropius noch ein Interview, das am 27. Mai, einen Tag nach seiner Abreise, in der New York Times erschien. Er wurde als der Architekt vorgestellt, der bei seiner Rückkehr nach Deutschland zusammen mit Sommerfeld und mit Unterstützung des preußischen Ministerpräsidenten die Massenproduktion von Wohnhäusern betreiben werde. Gropius lobte die Effizienz des amerikanischen Bauwesens, erklärte aber dann: «I did not come here to study American architecture. There is no true American architecture yet. [...] The most modern pieces of architecture I saw here are the River Rouge

Plant and the grain elevators of Chicago. And it is noteworthy that the beauty of these is born out of the starkest utility and with no conscious attempt of decoration.»[5] Hier drückte sich drastisch nicht nur Gropius' Überheblichkeit aus – schließlich hatte er Bauten von Wright gesehen –, sondern auch seine ideologisch fixierte buchstäbliche Blindheit. Eine Blickverengung spiegeln auch die mitgebrachten Fotos, die ein besonderes Interesse an Rohbaukonstruktionen zeigen, an denen nach dieser Denkschablone die «Nützlichkeit ohne Dekoration» abgelesen werden konnte. Im Übrigen beruhte seine Einschätzung der Ford-Werke auf einem kompletten Missverständnis, denn sowohl Kahn wie Ford lehnten den von ihm vertretenen «nackten» Funktionalismus ab.[6]

Nach der Rückkehr aus den USA schien ihm die Zusammenarbeit mit Sommerfeld so bedeutsam, dass er sogar am 12. Juni seine Teilnahme am ersten Treffen der modernen Architekten Europas, die sich zu der Vereinigung CIAM – Congrès Internationaux d'Architecture Moderne – zusammengeschlossen hatten, Ende Juni in La Sarraz absagte. Gropius erhielt zuerst einmal den Auftrag zum Bau eines Ausstellungspavillons mit Restaurant in Berlin-Zehlendorf für die AHAG, die «Allgemeine Häuserbau Actien-Gesellschaft» von Adolf Sommerfeld. Anlässlich der Fertigstellung der Siedlung Fischtalgrund sollte im August ein neues Großprojekt von Sommerfeld vorgestellt werden. Die von Moholy-Nagy gestaltete Ausstellung begann mit Schautafeln zum Thema «So baut Amerika», hier konnte schon Material von der Reise verwertet werden und zudem amerikanische Effizienz als Movens für eine im Folgenden noch vage vorgestellte Siedlung mit 500 Häusern im Grünen angedeutet werden. Zum ersten Mal präsentierte Gropius hier auch Entwürfe für Wohnhochhäuser und argumentierte mit dem dadurch verbundenen Gewinn an Freiflächen. Ein Thema, das wohl durch den USA-Besuch angestoßen worden war und das er in den nächsten Jahren intensivieren sollte. Obwohl noch keinerlei weitere Vorstellungen zur Konstruktion entwickelt worden waren, kam es, auch von Sommerfeld befördert, zu einer Reihe von Presseberichten über die angeblich von Gropius geplante Wohnhausfabrik. Da damit große Hoffnungen zur Lösung der Wohnraumnot geweckt wurden, musste Gropius klarstellen, dass er erst mit den Vorarbeiten zu einer neuen Hausbauweise beauftragt, eine Fabrikation aber noch überhaupt nicht absehbar sei. Dass er für einen Bauspekulanten arbeitete, wurde auch kritisch gesehen. So schrieb das Ruhr-Echo: «Weg mit den Unternehmerfingern aus diesem ‹Geschäft› [...] Die Erfindung soll nicht Herrn Sommerfeld, sondern den Wohnungssuchenden dienen.»[7] Im September lancierte Sommerfeld ein Angebot an die Stadt Berlin, 5000 Kleinwohnungen zu errichten, dafür sollten allerdings Grund und Hypotheken günstig zur Verfügung gestellt werden. Da die Stadt auf diese Spekulationen nicht einging, zerschlugen sich beide Projekte bereits im Ansatz. Für ein Siedlungsprojekt mit 1160 Wohnungen in Bad Dürrenberg bei Merseburg, wo Sommerfeld ein 100 Hektar großes Gelände erworben hatte, begann Gropius in Arbeitsgemeinschaft mit Alexander Klein im Herbst mit der Planung. Obwohl in Merseburg der dortige Stadtbaurat Friedrich Zollinger mit dem «Merseburger Bauschiff»[8] sowie mit dem nach ihm benannten Dachtragwerk bereits zwei Verfahren zur Rationalisierung und Verbilligung des Bauens entwickelt hatte, planten Gropius und Klein eine Siedlung im Zeilenbau ohne «Hausbaufabrik». Als aufgrund von Einwänden der Bürgerschaft die projektierten Flachdächer abgeändert werden sollten, gab Gropius im März 1929 – gegen eine hohe Abfindung – die weitere Planung an Klein ab. Da sich damit alle Projekte zerschlagen hatten, erhielt er von Sommerfeld noch im selben Monat den Auftrag zu einem Montagehaus. In Fortsetzung seiner Bauten auf dem Stuttgarter Weißenhof plante er Ein- und Zweifamilienhäuser mit einer Stahlrahmenkonstruktion und Plattenausfachung.[9] Auch diese fast konventionellen Entwürfe mit Walmdach kamen nicht zur Ausführung, sowohl die Hausbaufabrik wie auch die vollmundig angekündigten Sommerfeld-Bauvorhaben hatten sich binnen Jahresfrist alle in Luft aufgelöst. Das Konzept einer Hausbaufabrik verfolgte Gropius über ein Projekt für die Hirsch-Kupfer-Häuser und später in den

USA mit der General Panel Corporation weiter, zu einem Erfolg kam er nie. Auch sein ehemaliger Mitarbeiter Ernst Neufert konzipierte im Übrigen 1943 erfolglos für Albert Speer eine Hausbaufabrik.[10] Eine Realisierung dieses Konzepts gab es ohnehin längst mit den zahllosen Fertighausproduktionen seit dem 19. Jahrhundert von den seriell und präfabriziert hergestellten Lazarettbaracken bis zu den Holz-, Metall- oder Beton-Fertigteilkonstruktionen, mit denen in vielen Ländern experimentiert wurde.[11] In Deutschland war der Fertighausbau mit der Fabrik von Christoph & Unmack in Niesky, den Isartaler Holzhäusern, den zerlegbaren Häusern von Albin Müller und Richard Riemerschmid oder der Fertigteilfabrik für die Frankfurter Siedlungen von Ernst May geläufig, Gropius verfolgte und propagierte eine unausgereifte Jugendidee. Wie oft in seinem Leben blendete er Leistungen anderer aus und sah nur sich selbst.

Die nicht realisierten Projekte konnte Gropius leicht kompensieren, denn inzwischen hatte er den Auftrag zum dritten Bauabschnitt von Törten erhalten und zwei Wettbewerbe für Großsiedlungen in Dammerstock und Haselhorst gewonnen. Alle drei Projekte gehörten zu den von der Rfg geförderten Versuchssiedlungen, die Gropius mit initiiert hatte. Dass er nun selbst diese großen und lukrativen Planungen erhielt, schürte den Unmut gegen seine Person wie auch gegen die Verquickung seiner Interessen mit der aus Steuermitteln finanzierten Rfg. In einer Karikatur wurde er als Triumphator, dem die Rfg huldigt, mit zwei Geldsäcken dargestellt.[12] Den dritten Bauabschnitt hatte der Dessauer Gemeinderat bereits am 17. Februar 1928 beschlossen und Gropius mit dem Bau von 156 weiteren Häusern beauftragt, die nun nach den Richtlinien der Rfg als Versuchsbauten erstellt werden mussten. Hierbei zeigte sich ein grundsätzliches Problem, denn mit den Versuchen sollte – entsprechend den Vorgaben der Rfg – durch den Vergleich verschiedener Typen und Konstruktionen, in den auch die ersten beiden Bauabschnitte einbezogen wurden, die größte Wirtschaftlichkeit festgestellt werden. Da Gropius nicht daran gelegen sein konnte, im Nachhinein Unwirtschaftlichkeit bei seinen früheren Arbeiten herauszufinden, fand nur ein oberflächlicher Vergleich statt.[13] Bei dem neuen Bauabschnitt bemühte sich Gropius zum einen, frühere Fehler und Bauschäden zu vermeiden, indem er neue Konstruktionsmethoden beispielsweise für die Decken anwandte, zum anderen wurde ein neuer Split-Level-Grundrisstyp zur Verkleinerung der Wohnflächen entwickelt, um den Verkaufspreis gegenüber den gestiegenen Baukosten zu halten. Im Juni erhielt er noch den Auftrag zu einem Konsumgebäude, mit dem die ohne räumlichen Zusammenhalt geplante Siedlung wenigstens andeutungsweise einen Mittelpunkt erhielt. Mit den Rationalisierungsmethoden von Törten konnte Gropius zwar die Bauzeiten stark verkürzen, aber die Einsparungen blieben aufgrund der kleinen Stückzahlen relativ gering und waren durch funktionale Probleme und erhebliche Bauschäden erkauft. Die Besitzer begannen sehr bald, die Erscheinung der Häuser nach ihren Vorstellungen und Bedürfnissen zu ändern, und die Siedlung verwandelte sich im Laufe der Jahre fast bis zur Unkenntlichkeit.[14] Die Risse in den Fassaden, die sich aufgrund einer falschen Ausbildung der Fundamente bald zeigten, sowie die Durchfeuchtung der Wände dienten den Gegnern des Neuen Bauens schon 1932 in einer Broschüre über Bauschäden als Demonstrationsmaterial gegen die neuen Bauweisen beziehungsweise allgemein gegen moderne Architektur.[15]

Zeilenbau und Wohnraumreduzierung

Im Juni 1928 wurde Gropius zur Teilnahme am Wettbewerb für die Siedlung Dammerstock bei Karlsruhe eingeladen. Entsprechend den Vorgaben der Rfg sollten 750 Wohnungen mit nur drei Wohnungstypen und festgelegten Zimmergrößen geplant werden, außerdem gab die Ausschreibung eine «zeilenartige» Bebauung vor, die «tunlichst in Nord-Süd-Richtung» erfolgen sollte. Der hier erstmals bei einem Wettbewerb vorgeschriebene reine Zeilenbau wurde mit der angeblich damit verbundenen optimalen Besonnung und Durchlüftung begründet, aber hinter diesem Hygieneargumenten standen ganz offensichtlich die für die Rfg dominanten ökonomischen Überlegungen. Wohnungsbau war in der gesamten Weimarer Republik aufgrund der knappen Finanz- und Kreditmittel im Vergleich zu den Einkommen viel zu teuer.[16] Eine Kostenreduzierung war deshalb auch ein politisches Ziel, das über die Rfg im Hinblick auf Rationalisierung mit Steuermitteln gefördert wurde. Im Zeilenbau materialisierte sich somit eine ökonomisch determinierte Raumstruktur, die mit Verweisen auf Hygiene und Egalität nur eine nachgeschobene, ideologische Rechtfertigung erhielt. Da mit dem Zeilenbau die Bedürfnisse der Menschen auf Luft und Licht reduziert wurden, konnte diese Bauweise bezeichnenderweise auch für nahezu alle ökonomischen Interessen und politischen Richtungen, bis hin zum Konzentrationslager, eingesetzt werden.

Gropius gewann den Wettbewerb mit einer Addition von parallelen, gleichgerichteten Wohnzeilen, deren «Klarheit» von der Jury mit Ernst May, Mies van der Rohe und Paul Schmitthenner besonders gelobt wurde. Er erhielt die Oberleitung für die Gesamtplanung der Siedlung, den Bebauungsplan erarbeitete er zusammen mit dem zweiten Preisträger, Otto Haesler, und für die danach erstellten Reihen mit Einfamilienhäusern und mehrgeschossigen Wohnblöcken wurden sieben weitere Architekten zugezogen. Das Ergebnis war eine Siedlung mit extremer Gleichförmigkeit und ohne jede räumliche Qualität, deren reduzierte Erscheinung Kurt Schwitters direkt typografisch in ein zeichenhaftes Signet umsetzten konnte. Bei der Eröffnung im September 1929 hob Gropius den für Belichtung und Belüftung optimalen Lageplan hervor und verwies auf die zwar reduzierten, aber «wohlorganisierten»[17] Grundrisse, die einen «höheren wohnwert» hätten, da sie wie ein «raffiniert eingeteilter reisekoffer» konzipiert seien. Die Rationalität der Planung definierte er als «vernunft in höherem sinne», mit der die Vielfältigkeit von Mensch, Wohnung und Stadt «zu einer einheit gebunden und gestaltet werden» könne. Rationalisierung wurde somit zu einem Instrument der Vernunft zur Erzeugung von Einheit erklärt – das alte

Zeilenbau und Wohnraumreduzierung 217

Kurt Schwitters,
Umsetzung des Lageplans der
Siedlung Dammerstock in ein
Signet, 1929

Einheitsideal der Werkbundzeit konvergierte mit Typisierung. Die zeitgenössische Kritik reagierte sehr gespalten, am deutlichsten verwies Adolf Behne in der Werkbundzeitschrift «Die Form» auf die im Zeilenbau fixierte Ideologie sowie auf die daraus resultierenden Defizite: «[…] faktisch wird der Mensch hier zum Begriff, zur Figur. Der Mensch hat zu wohnen und durch das Wohnen gesund zu werden, und die genaue Wohndiät wird ihm bis ins einzelne vorgeschrieben. […] Die Methode von Dammerstock ist die diktatorische Methode, die Methode des Entweder–Oder. […] Dies ist kein Miteinander, sondern ein Auseinander. Die ganze Siedlung scheint auf Schienen zu stehen. […] Ist die Ebene nur groß genug, so kann der Zeilenbau nach Norden und Süden kilometerweit auseinanderlaufen. Das heißt Menschen im laufenden Band verpacken, nicht aber Städtebau.»[18] In einem weiteren Beitrag nannte Behne den rigiden Zeilenbau einen «unter der Maske der Wissenschaft sich ausbreitenden Formalismus»[19] und damit eine «ästhetische Diktatur».

Behnes Kritik benannte die gravierenden Probleme von Dammerstock: Der Mensch wird zur berechneten «Figur», seine Bedürfnisse werden auf das «Funktionieren» reduziert und zum Wohnen erhält er einen «Reisekoffer», aus dem jegliche Form von Individualität und Gefühlsleben ausgesperrt ist. Theodor W. Adorno bezeichnete dies 1951 als «Asyl für Obdachlose»[20]. Die immanente Entwicklung der Technik zur Optimierung von Funktionen zerstörte für Adorno die Städte und machte die Häuser zu «Konservenbüchsen», und in dieser «neusachlichen [...] tabula rasa» fertigten dann Sachverständige «Etuis [...] ohne alle Beziehung zum Bewohner».

In Dammerstock wird der Mensch diktatorisch zu einer vom Architekten festgelegten Wohnform gezwungen. Gegen diese Art von Zwangsbeglückung richtete sich die Kritik des österreichischen Architekten Josef Frank, für den sich die Moderne nicht aus der Form, sondern aus dem Inhalt definierte. Modern war für ihn nur das, was dem Menschen hilft und ihm Freiheit gibt. Er forderte deshalb 1930 eine Offenheit und Toleranz gegenüber einer Vielfalt von Ausdrucksformen des Lebens[21] und platzierte in seine modernen Wohnräume beispielsweise demonstrativ einen Sessel mit geblümtem Überzug. Vorgaben wie der Zeilenbau oder das flache Dach waren für ihn nur formale Erkennungszeichen, die er in seiner Schrift *Architektur als Symbol* als «Elemente deutschen neuen Bauens»[22] kritisierte. Der Direktor des Gesellschafts- und Wirtschaftsmuseums in Wien, Otto Neurath, dekuvrierte die Anmaßung von Architekten in der Werkbundzeitschrift «Die Form» mit der simplen Frage: «Warum muß der Bewohner so leben, wie es sich ein Architekt erträumt?»[23]

Und außerdem fehlten in dem Entwurf jegliche städtebaulichen und urbanen Qualitäten. Gropius hatte schlichtweg keine Kenntnisse über das Entwerfen von städtischen Räumen, was er mit Dammerstock lieferte, war eine nach ökonomischen Gesichtspunkten rationalisierte Addition von Wohnungen entlang einer Kranbahn, aber keine Siedlung für das Zusammenleben von Menschen. Theodor Fischer hatte in München bei der Siedlung Alte Heide bereits 1919/20 gezeigt, wie auch mit Zeilenbauten Räume gebildet und Gemeinschaftseinrichtungen integriert werden können,[24] und sein Mitarbeiter Bruno Taut oder sein Schüler Ernst May entwickelten diese Qualitäten beispielsweise in der Hufeisensiedlung Britz in Berlin und in der Römerstadt in Frankfurt weiter. Erst unter dem Druck der Wirtschaftskrise gab May Ende der 1920er-Jahre den geformten Siedlungsraum für eine rigorose Baurationalisierung auf und lieferte mit dem Zeilenbau von Westhausen eine ähnlich öde Anlage wie Dammerstock. Die Unterordnung unter Rationalisierungskonzepte machte den Menschen nicht nur zur isolierten Figur eines Diagramms, sondern zerstörte auch den gemeinschaftsbildenden öffentlichen Raum. Mit Städtebau als Gestaltung von sozialen Räumen und Interaktion von Funktionen befasste sich Gropius erst genauer, als er in Harvard unterrichtete. Stadträumliche Qualitäten blieben jedoch ein Manko seiner Projekte, und als er mit dem Pan Am Building 1963 den Straßenraum der Park Avenue in New York blockierte, erntete er damit die heftigsten Anklagen seiner ganzen Architektentätigkeit.

Kritik focht Gropius jedoch wenig an, Selbstkritik war ohnehin nie sein Fall und außerdem wurde er durch seine Ämter in der Architektenschaft und durch die Verleihung der Ehrendoktorwürde der Technischen Hochschule Hannover am 5. März 1929 in seinen Ansichten und in seinem selbstbestimmten «Kampf» bestärkt. Die Fakultät würdigte den knapp 46-Jährigen mit dem Dr.-Ing. e. h. nicht als Gründer des Bauhauses, sondern als «denjenigen unter den deutschen Baukünstlern, der mit eisernem Willen und rücksichtslosem Erkenntnistrieb den Problemen nachgeht, welche die Arbeitsteilung und die Mechanisierung der Baukunst stellt.»[25] Den mit der Planung von Dammerstock beschrittenen Weg einer Rationalisierung mittels Zeilenbau und Wohnraum-

Walter Gropius vor einem Plan seines Entwurfs für die Siedlung Haselhorst, 1929

reduktion setzte er unbeirrt bei der Ausarbeitung seines Beitrags für die von der Rfg betreute Reichsforschungssiedlung Haselhorst in Berlin-Spandau fort. Bei dem im September 1928 ausgeschriebenen Wettbewerb sollte eine Siedlung mit bis zu 4000 Kleinwohnungen in vier Grundrissvarianten auf einer Fläche von etwa 40 Hektar geplant werden. Zeilenbau war wieder vorgegeben, da dieser «bei bester Durchlüftung eine gleich günstige Sonnenlage für alle Wohnungen sichert»[26], eine Blockrandbebauung schloss die Ausschreibung als «den neuzeitlichen Grundsätzen des Städtebaus widersprechend» aus. Gropius reichte gemeinsam mit dem Ingenieur Stephan Fischer vier streng systematisch und vergleichend angelegte Entwurfsalternativen ein, bei denen er exakt vorrechnete, wie viele Wohneinheiten jeweils mit Flach-, Mittel- oder Hochhausbebauung auf dem Gelände untergebracht werden konnten. Für eine Variante mit einer gemischten 2- bis 5-geschossigen

Bebauung erhielt er Anfang 1929 den ersten Preis. Den Alternativvorschlag mit 12-geschossigen Laubenganghäusern lehnte die Jury ab, obwohl Gropius hierfür gegenüber der prämierten Lösung um die Hälfte mehr an Wohneinheiten errechnet hatte. Da er selbst die Hochhauslösung präferierte, bei der nach seiner Rechnung nicht nur die größte Zahl an Wohnungen untergebracht, sondern auch die größten Freiflächen zwischen den Häusern erreicht werden konnten, verteidigte er das Hochhaus in einem eigenen Beitrag im April 1929 über «Flach-, Mittel- oder Hochbau»[27] in der Zeitschrift «Das Neue Berlin» und entwickelte dieses Konzept anschließend weiter. In diesem Zusammenhang verwendete er auch erstmals ein Diagramm aus einer US-Statistik, das er in der Folge immer wieder bei seinen Vorträgen als Nachweis der Verbilligung durch Rationalisierung zeigte und das die Steigerung der Hausbaukosten im Zeitraum zwischen 1913 und 1926 um 200 Prozent sowie die gleichzeitige Halbierung der Kosten für die Herstellung eines Ford-Autos darstellte.[28] Mit der Rationalisierung des Bauwesens wollte Gropius ein «Wohnford»[29] werden, wie Martin Wagner später schrieb.

Die Realisierung von Haselhorst kam aufgrund der vielen beteiligten Gremien und Institutionen nur mühsam voran, und da die Ausführungsplanung nicht komplett an Gropius übertragen werden sollte, drohte er sogar im Herbst 1929, auszusteigen. Dann kam im Oktober der Börsenzusammenbruch und damit die «Höllenfahrt»[30] der gesamten wirtschaftlichen und politischen Entwicklung «in den Abgrund». Dammerstock blieb halbfertig liegen, Haselhorst wurde verschoben und erst im Herbst 1930 erhielt Gropius' ehemaliger Mitarbeiter Fred Forbát zusammen mit Mebes und Emmerich einen Teilauftrag. Die Rfg geriet immer mehr in die Kritik, erhielt keine Mittel mehr und löste sich im Juni 1931 auf.

Mit dem Zeilenbau hatte Gropius einen architektonischen Ausdruck für seine beiden zentralen Themen, die Häuserbaufabrik und die Wohnform des modernen «einheitlichen Erdenbürgers» gefunden. In den folgenden Jahren entwickelte er eine Reihe von Planungen und verfasste

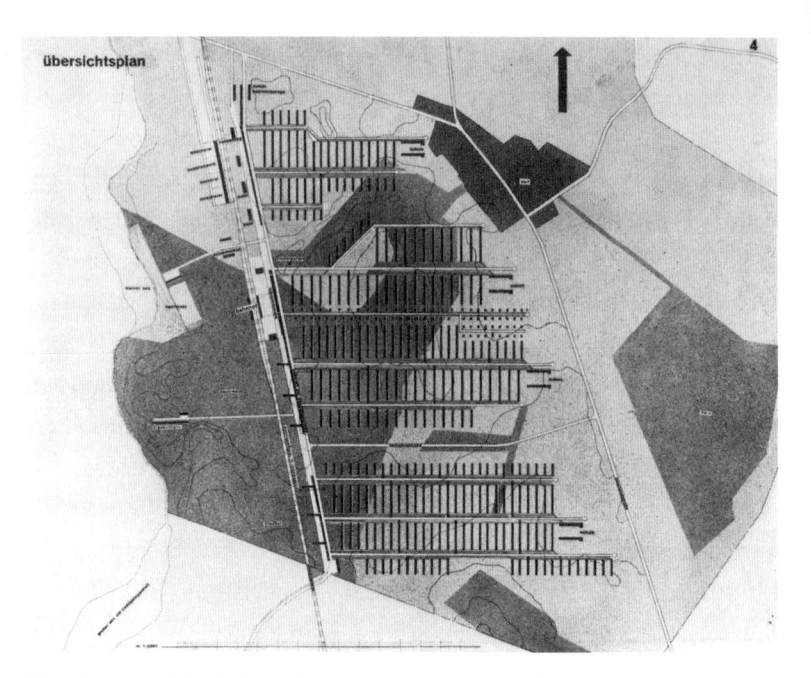

Walter Gropius mit Stefan Fischer und Friedrich Paulsen, Lageplan der Großsiedlung «Genossenschaftsstadt», 1929

Erklärungen für die ökonomische und gesellschaftliche Sinnhaftigkeit des Wohnens und Lebens in der rationalisierten Wohnzeile beziehungsweise im scheibenförmigen Wohnhochhaus. Anfang 1929 führte er die Haselhorst-Planung zusammen mit Stephan Fischer und dem Journalisten Friedrich Paulsen zum Projekt einer genossenschaftlich organisierten Großsiedlung weiter. Im März berichtete die Berliner Presse, dass 5400 Wohnungen zu einer spektakulär günstigen Jahresmiete von 7,50 RM pro Quadratmeter über einen Verein Großsiedlung e.V. außerhalb von Berlin errichtet werden sollten. Die als «Gropius-Stadt»[31] vorgestellte Planung zeigte, ohne die geringste räumliche Qualität und mit einer Durchfahrtsstraße quer durch die Siedlung, eine vollkommen gleichförmige 4-geschosige Nord-Süd-Zeilenbebauung entlang einer S-Bahnlinie. Zur Finanzierung hatte Fischer ein Konzept entwickelt, nach dem eine günstige ausländische Kapitalanleihe über die Mieteinnahmen sowie aus den Überschüssen der gemeinnützlichen Versorgungsbetriebe – Heizkraftwerk, Konsumverein und Gaststätten – verzinst und getilgt werden sollte. Dieses Modell einer «Genossenschaftsstadt» wurde heftig diskutiert, einige bezweifelten, dass die Berechnungen stimmten, Alexander Schwab verwies auf das Problem, wie denn inmitten der kapitalistischen Welt eine «Insel Utopia mit genossenschaftlicher Verfassung»[32] geschaffen werden sollte, aber die Wohnungsnot führte dazu, dass schon bald 5700 Interessenten in den Verein eintraten und eine Anzahlung leisteten. Gropius trat bei Veranstaltungen nach Meinung der Presse «missionarisch» auf, erklärte aber, er sei nur für Architektur und Städtebau zuständig und verließ dann selbst im August den Verein, da er angeblich nicht mehr an das Finanzierungs- und Genossenschaftsmodell glaubte. Mit dem Börsenkrach ging auch das Vereinsvermögen verloren und nun richtete sich der Ärger auf ihn, da er sich «der Öffentlichkeit als Volksbeglücker empfohlen»[33] hatte und die Gropius-Stadt, für die es noch nicht einmal ein Grundstück gab, wurde als «Pompeji bei Berlin» verhöhnt.

Trotz derartiger Kritik sah Gropius sein architektonisches Konzept nicht in Frage gestellt, denn dieses war nach seiner Auffassung – als Ausdruck neuer Wohnformen im Industriezeitalter – unabhängig von einer bestimmten Gesellschaftsform gültig. Er verfolgte deshalb seine Planungen weiter, verwendete sie aber in der Folge für völlig verschiedene gesellschaftliche Schichten. Bei der Verbreitung seiner Ideen kooperierte er mit dem Generalsekretär von CIAM, Sigfried Giedion, der diese Vorstellungen als allgemein gültige Aussagen über neue Bau- und Wohnformen publizistisch aufbereitete. So lieferte Giedion im Frühjahr 1929 mit der griffig formulierten Publikation *Befreites Wohnen*[34] eine Zusammenstellung der Vorschläge zur «Streifenbebauung», «Orientierung nach der Sonne» und Hausproduktion «auf industrieller Basis», aber die angekündigte Befreiung bezog sich auf eine neue Hausform, auf die Befreiung der Frau von Hausarbeit und auf eine Verbilligung der Herstellung, die wiederum zur Verbilligung der Mieten führen sollte, ohne dass «die Gesamtwirtschaft zu kurz käme»[35]. Auch die Ästhetisierung der taylorisierten Bauformen findet sich bei Giedion, denn ein Haus sei «schön», wenn es «unserem Lebensgefühl entspricht: Dieses verlangt: Licht, Luft, Bewegung, Öffnung». Als wichtigste Aufgabe des Bauens bezeichnete er «die Wohnung für die Leute mit dem kleinsten Einkommen»[36]. Diese «Wohnung für das Existenzminimum» wurde dann zum Thema für den 2. CIAM-Kongress in Frankfurt am Main, der direkt nach dem Börsenzusammenbruch Ende Oktober 1929 stattfand und dadurch besondere Aktualität erhielt.[37]

Gropius hielt in Frankfurt ein Grundsatzreferat über «Die soziologischen Grundlagen der Minimalwohnung für die städtische Industriebevölkerung»[38], in dem er die Reduktion des Wohnraums sowie die gleichförmige Ausrichtung mit soziologischen und hygienischen Argumenten rechtfertigte, um dann das Wohnhochhaus als Lösung aller Probleme zu präsentieren. Unter direkter Bezugnahme auf die populäre und vielgelesene Studie des Soziologen Franz Carl Müller-Lyer über «Die Entwicklungsstufen der Menschheit», die als «Volksbibel der Soziologie»[39] gefeiert wurde, erklärte er, dass die Entwicklung der menschlichen Gesellschaft von einer verwandtschaftlichen über die familiäre zur individualen Epoche verlaufen sei und sich nun auf eine genossenschaftliche Zukunftsepoche zubewege. Im Zuge dieser Entwicklung habe sich die Familie vom großen patriarchalischen Sippenverband zur Kleinfamilie mit berufstätiger Frau verändert. Die Individuen verließen demnach den Hausverband und wurden mobil, Dienstboten verschwanden, die Zahl der Ledigen wuchs, familiäre Funktionen wie Kinderbetreuung, Erziehung und Altenpflege wurden vom Staat übernommen und deshalb müssten für die verkleinerten Familien auch Kleinwohnungen geschaffen werden. Entsprechend dieser «Klarstellung der gesellschaftlichen Tatsachen» müsste das «knappste Optimum der lebensnotwendigen Ware Wohnung und das Preisminimum für ihre Herstellung gefunden werden». Unter Berufung auf Untersuchungen des Hygienikers Wilhelm von Drigalski und des Mediziners Paul Vogler erklärte

Gropius, «daß der Mensch, beste Belüftungs- und Besonnungsmöglichkeiten vorausgesetzt, vom biologischen Standpunkt aus nur eine geringe Menge an Wohnraum benötigt, zumal wenn diese betriebstechnisch richtig organisiert wird. […] so lautet das Gebot: vergrößert die Fenster, verkleinert die Räume.»[40] Um genügend Luft und Licht in die kleinen Räume zu bekommen, sei es aber notwendig «die Siedlungsdichte aufzulockern», dies erfolge am besten über scheibenförmige, orientierte Hochhäuser. Im Vergleich zwischen Flach-, Mittel- und 10-geschossiger Bebauung versuchte er nachzuweisen, dass bei gleichem Lichteinfallswinkel im Hochhaus am meisten Wohnungen untergebracht und zudem Grundfläche eingespart sowie weite durchgrünte Abstände zwischen den Gebäuden geschaffen werden könnten. Da das Wohnhochhaus gegen die Form der Siedlungen des Gastgebers Ernst May gerichtet war, wurde eine weitere Behandlung des Themas auf den nächsten Kongress vertagt, auf dem es um städtebauliche Fragen gehen sollte. Als May den Beitrag von Gropius nicht in der Kongresspublikation abdrucken ließ, wollte dieser über Giedion erreichen, dass sich der Kongress von der ganzen Veröffentlichung distanzierte.[41]

Bei Gropius' Argumentation blieben gesellschaftspolitische Zusammenhänge ausgeklammert, die Veränderungen vollzogen sich für ihn, entsprechend der direkt von Müller-Lyer übernommenen Argumentation, geradezu zwangsläufig und zudem «biologisch» adäquat aus dem industriell-technischen Wandel. In einer Zusammenfassung seiner Thesen erklärte er: «Die Standardwohnung muss die Minimumforderung für alle Erwerbstätigen darstellen; dann ist es Sache der Wirtschaft, sie zu verwirklichen und jedem Erwerbstätigen seine Ration Wohnung zuzuteilen.»[42] Als einige Delegierte erklärten, man müsse beim Minimum an Wohnraum vom durchschnittlichen Verdienst eines Arbeiters ausgehen, lehnte dies die Mehrheit ab.[43] Sowohl Gropius' apolitischer Ansatz als auch die Propagierung des Wohnhochhauses wurden in der Folge jedoch von sozialpolitisch denkenden Architekten heftig kritisiert. Hannes Meyer schrieb, die Wohnungen würden doch nur verkleinert, «weil die Miete verringert werden muss»[44] und somit würden durch die kleinen Wohnungen letztlich auch noch die niedrigen Löhne gerechtfertigt. Martin Wagner erklärte, es ginge nicht darum, die Fenster, sondern die Kaufkraft der Familien zu vergrößern.[45] Außerdem seien alle Einsparungen durch Rationalisierung im Vergleich zu den Zinsbelastungen marginal, denn eine Reduktion der Baukosten um zehn Prozent würde durch eine Steigerung des Hypothekenzinses um ein Prozent wieder aufgehoben.[46] In Frankfurt wurden diese Zusammenhänge weitgehend ausgespart, die dem Mangel zugrundeliegende Gesellschafts- und Wirtschaftsstruktur sollte bewusst nicht behandelt werden. Eine Lösung der Wohnprobleme sollte ganz im Sinne des «weißen Sozialismus» über die Wirtschaft, die eine «Ration Wohnung» zuteilte, sowie durch die angestrebten bautechnischen Verbesserungen von selbst erfolgen. Ernst Bloch nannte dies 1935 eine «Architekten-Zuversicht, die überhaupt nicht aus der Politik, sondern aus technoid-fortschrittlichem Können und dem Willen zu seiner Anwendung erwachsen ist»[47]. Es werde «in jedem Schiebefenster schon ein Stück Zukunftsstaat» gesehen, das «gleichmäßig hygienische Wohnen» sei aber «keineswegs auf eine klassenlose Gesellschaft ausgerichtet, […] sondern auf den jungen, modern fühlenden, geschmackvoll klugen Mittelstand». Bloch charakterisierte damit auch treffend die Zielgruppe der Planungen von Gropius zum Wohnen der Kleinfamilie im Hochhaus.

Beim Vortrag in Frankfurt deutete Gropius an, dass die Reduktion der Wohnflächen durch «Großhaushalte» kompensiert werden sollte. Auch mit diesem Begriff bezog er sich auf Müller-Lyer, der als Pendant zur Auflösung der Familie zentrale Gemeinschaftseinrichtungen prognostizierte, die er als «klub- oder boardinghouseartige Formen für die Beweglichen»[48] bezeichnete. Dieses «echte Zukunftswohngebilde»[49] entwickelte Gropius in der Folge in der Form von 10- bis 12-geschossigen Wohnscheiben mit vorgelagerten Einrichtungen für Zentralküchen, Waschräume, Schwimmbassin sowie Turn- und Tanzflächen. Bereits bei der Stuttgarter Ausstellung «Am Weißenhof» hatte Ludwig Hilberseimer 1927 eine

Projekt Wohnhochhäuser, Perspektive für eine «Stadt im Grünen», 1930

Wohnung für den zukünftigen mobilen Großstädter gezeigt, der nur noch einen «Wohnraum mit Schlafraum und Bad» benötige, alle übrigen Lebensbereiche könnten in Gemeinschaftsräumen zusammengefasst werden, «wie das in einem guten Hotel schon heute der Fall ist».[50] Er nahm damit Ideen auf, die seit den Überlegungen von Georg Simmel und Karl Scheffler zum Typus des bewegten, heimatlosen Großstädters vielfach diskutiert worden waren.[51] Auf dieser Vision des Wohnens wie in einem Hotel, auf einem Schiff oder in einem Boardinghaus basierte auch das Wohnhochhaus von Gropius, und als er Anfang 1930 über den Deutschen Werkbund die künstlerische Oberleitung für den deutschen Beitrag auf der Frühjahrsausstellung der «Societé des artistes décorateurs français» im Grand Palais in Paris erhielt, realisierte er zusammen mit Moholy-Nagy, Marcel Breuer und Herbert Bayer exemplarisch einen Gesellschaftsraum, der einem großen Modell seines Stahlhochhauses zugeordnet war.[52] Im Zentrum der am 1. Mai eröffneten Schau befand sich eine Bar mit Tanzfläche, umgeben von einer Nachrichtenwand mit Lese-,

Gesellschaftsraum eines Wohnhochhauses auf der Ausstellung des Deutschen Werkbunds in Paris, 1930

Spiel-, Radio- und Grammophonnischen sowie einer Bibliothek und einem Turnraum mit Wohnbad. Die ineinanderfließenden Bereiche waren mit Stahlrosten verbunden, die einen technoiden Eindruck vermittelten und einen Blick von oben in die Wohnwelt des zukünftigen international mobilen Wohnnomaden ermöglichten. Im Anschluss waren drei von Marcel Breuer eingerichtete «Appartements eines Wohnhotels» mit «Damen- und Herrenzimmer» zu sehen, die zeigen sollten, dass sich die Ehe zu einem «Bund zweier geistig und wirtschaftlich freier Menschen»[53] wandeln würde, die in «Wohnhotels» mit Klub-, Sport- und Gemeinschaftsräumen leben würden. Damit wandte sich die Ausstellung an den Großstadt-Weltbürger und intellektuellen «Nomaden», mit dem bei Dammerstock und Haselhorst noch anvisierten «Durchschnittsarbeiter»[54] hatte dies nichts mehr zu tun. Die Präsentation erregte in Paris Aufsehen und wurde als Errungenschaft eines neuen Geistes in Deutschland und Blick in die Zukunft gefeiert, aber auch als kalte stählerne Welt abgelehnt und als Luxus kritisiert.

Die «Section Allemand» in Paris war eine letzte und vielleicht sogar die bedeutendste Demonstration des Gropius-Bauhauses, von nun an folgten nur noch Retrospektiven, die Schule selbst hatte sich allerdings unter der Direktion von Hannes Meyer in den beiden Jahren seit Gropius' Weggang völlig verändert. Meyer hatte dem Bauhaus eine radikale Wendung zu einer sozial basierten, an den Bedürfnissen der «Volksgemeinschaft» orientierten Gestaltung gegeben und sich massiv gegen den Formalismus des «Bauhausstils»[55] gewandt, der die Schule unter Gropius bestimmt hatte. Der in der zweiten Hälfte der 1920er-Jahre geläufig gewordene Begriff «Bauhausstil»[56] bezog sich auf das geometrische, auf Grundformen und -farben reduzierte Produktdesign, das unter Gropius zu einem Markenzeichen der Schule geworden war. Hannes Meyer führte geradezu einen Kampf gegen die «geschmäcklerische willkür»[57] und den «schöngeistigen hang zu geometrischen elementargebilden» des Gropius-Bauhauses und versuchte, unter dem Leitmotiv «Volksbedarf statt Luxusbedarf» sowohl Ausbildung wie Produktion auf gesellschaftliche Relevanz auszurichten. Als provokanten Bruch mit dem Bauhausgründer stellte er zum zehnjährigen Bestehen der Schule 1929 eine Ausstellung mit Standardprodukten für eine «Volkswohnung» zusammen, die ausschließlich Arbeiten aus der Zeit seines Direktorats zeigte. Als er diese Wanderausstellung auch parallel zu der Werkbund-Präsentation in Paris zeigen wollte,[58] verhinderte dies Gropius und begann nun seinerseits gegen seinen Nachfolger zu intrigieren.

Als Meyer im Juni 1930 der kommunistischen Internationalen Arbeiterhilfe IAH privat Geld für streikende Arbeiter spendete, war dies der äußere Anlass für eine Kündigung durch den Dessauer Oberbürgermeister Hesse, an der auch Gropius im Hintergrund beteiligt war. SPD und DDP, die bisher das «linke» Bauhaus unterstützt hatten, standen infolge der Wirtschaftskrise und dem Anwachsen rechter Parteien unter Druck und befürchteten den Verlust von Wählerstimmen. Als Meyer am 1. August 1930 das Bauhaus verließ, hatte Gropius in Abstimmung mit Hesse bereits seit Wochen selbst einen Nachfolger gesucht. Nachdem Otto

Haesler absagte, wurden Verhandlungen mit Mies van der Rohe geführt, der schon kurze Zeit später offiziell die Leitung übernahm. Damit war zum einen ein politisch engagierter Widersacher, der ihm sein Erbe streitig machte, entfernt und zum anderen ein Baukünstler etabliert, der sich nicht um die Vorgeschichte des Bauhauses kümmerte. Als sich Meyer in einem offenen Brief an Hesse rechtfertigte und nochmals darauf hinwies, dass er eine im Formalismus des Bauhausstils versunkene Schule zu einer effizienten Einrichtung für soziale Produktgestaltung umgewandelt habe,[59] bereitete Schawinsky mit Unterstützung von Gropius eine öffentliche Abrechnung mit Meyer vor, die dann aber erst 1931 zum Abdruck kam.[60] Als Antwort auf die Meyer-Ausstellung sowie auf den massiven, aber durchaus berechtigten Vorwurf, unter seiner Ägide sei ein «Bauhausstil» entstanden und gepflegt worden, verfasste Gropius noch im gleichen Jahr eine eigene Publikation in der Reihe der Bauhaus-Bücher über *die bauhausbauten dessau*, in der er nun die Bauten unter Meyer ausklammerte und zum einen schon im ersten Satz von einer für ihn «abgeschlossenen» Zeit sprach und zum anderen den «bauhausstil» als Missverständnis von Nachahmern zurückwies: «das ziel des bauhauses» sei «kein ‹stil›, kein system, dogma oder kanon, kein rezept und keine mode! es wird lebendig sein, solange es nicht an der form hängt, sondern hinter der wandelbaren form das fluidum des lebens selbst sucht.»[61]

Damit nahm er das Bauhaus aus der konkreten historischen Situation heraus und erhob es zur Idee einer überzeitlich gültigen Auseinandersetzung mit dem Wandel des Lebens. Mit dieser geschickten Wendung, die er bis an sein Lebensende immer weiter kultivierte, konnte er «sein» Bauhaus mythisieren und gleichzeitig als seine Erfindung über alle geschichtlichen Entwicklungen weitertragen. Da Hannes Meyer im Herbst 1930 in die Sowjetunion ging, war es leicht, ihm das Etikett «Kommunist» aufzukleben, das ihn in den USA und dann in der Zeit des Kalten Kriegs zu einer Unperson machte. Meyer hatte Gropius provoziert und gegen das Erbe des Gründers gearbeitet, denn er wollte sozial basierte Gestaltung und keinen Formalismus, aber Gropius diskreditierte seinen Nachfolger bis an sein Lebensende als Kommunisten und «Kleinbürger», der ihn angeblich über seine Absichten getäuscht hätte. Die von ihm zusammengestellte große Bauhaus-Ausstellung im Museum of Modern Art 1938 endete mit seiner Amtszeit und noch in der ersten Publikation über den bereits 1954 gestorbenen Meyer setzte er diesen 1965 in ein schiefes Licht.[62] In seinen zahllosen Stellungnahmen zur Geschichte des Bauhauses blieb Hannes Meyer entweder ausgespart oder er wurde nachträglich verunglimpft. Hier zeigte Gropius noch weniger Charakter als beim Umgang mit seinem wichtigsten Mitarbeiter Adolf Meyer.

Trotz verheerender Arbeitslosigkeit und Armut in der Weltwirtschaftskrise ging Gropius den mit der aufwendigen Architektur des Pariser Gemeinschaftsraums beschrittenen Weg weiter – vielleicht auch in gezielter Abgrenzung zum sozialen und kollektivistischen Ansatz Meyers. Er beharrte auf seinem Hochhaus-Wohnmodell und entwickelte die Planung auf eigene Kosten weiter, obwohl Hygieniker den gesundheitlichen Wert des Hochhauses bestritten und auf die Probleme für Kinder hinwiesen,[63] und obwohl Gutachten und Berechnungen eindeutig ergaben, dass die Ersparnis an Grundfläche bedeutungslos war, dass bei einer Bebauung über fünf Geschosse die Kosten «in gerader Linie» anstiegen und dass Gemeinschaftseinrichtungen wie eine Zentralküche erst bei 500 bis 600 Bewohnern pro Haus rentabel seien.[64]

Hochhausstädte im Grünen

Das Wohnhochhaus mit Gemeinschaftseinrichtungen in einer mittels Abstandsflächen durchgrünten Stadt war Gropius' Antwort auf die verdichteten steinernen Industriestädte. Ähnlich wie bei Le Corbusiers Konzept einer «Ville radieuse», das dieser etwa gleichzeitig konkretisierte, bestimmten auch bei ihm Licht, Luft und Grün einen Städtebau, mit dem die Strukturen der verhassten Gründerzeitstadt verschwinden sollten. Die Fragen nach der Wirtschaftlichkeit, der Verfügbarkeit des Bodens und der Finanzierung als Massenwohnungsbau wurden von Gropius wie auch von Le Corbusier, die beide ihre Stadtvisionen auf dem CIAM-Kongress in Brüssel vom 17. bis 19. November 1930 vorstellten, weitgehend ausgeklammert. Da Ernst May zusammen mit Mart Stam und Hans Schmidt im Oktober in die Sowjetunion ging, waren einige der schärfsten Kritiker dieser von der sozialen Realität abgehobenen Planungen in Brüssel nicht anwesend. Gropius hielt wieder ein Referat über Flach-, Mittel- oder Hochbau, aber er argumentierte nicht mehr mit der Wirtschaftlichkeit, wie noch bei seiner Planung für Haselhorst, sondern er stellte die Frage, welche Bauhöhen «rationell» seien. Rationell erklärte er als «vernunftgemäß» und deshalb gehe es beim Städtebau nicht nur um die wirtschaftlichen, sondern vor allem um die «psychologischen und sozialen» Forderungen an eine «gesunde wohnpolitik»[65]. Rationalisierung sei nicht Selbstzweck, sondern mache nur Sinn, «wenn sie lebensbereichernd wirkt». Das teure Einfamilienhaus am Stadtrand eigne sich nur für «familien gehobener volksschichten»[66], aber das 10- bis 12-geschossige Wohnhochhaus sei die beste Lösung für die große Masse der Arbeiterschaft, denn es verhindere die Zersiedelung und biete eine gesunde, den Gemeinsinn fördernde städtische Wohnform. Mit der Auflockerung erfolge keine Auflösung der Städte, sondern Stadt und Land würden sich verbinden. Da er Gesundheit zur obersten Maxime des Städtebaus erhoben hatte, konnte er gegenüber dem von Herbert Boehm und Eugen Kaufmann auf dem Kongress vorgetragenen Nachweis, dass eine 3- bis 4-geschossige Bebauung am günstigsten sei, einfach erklären, dass das Hochhaus im Hinblick auf Besonnung und begrünte Abstandsflächen einer mittleren Bebauung überlegen sei. Damit wandte er sich nicht nur gegen die von Ernst May propagierte Siedlungsform, sondern auch gegen den Vorschlag Hugo Härings für eine «Flachsiedlung» und propagierte ähnlich wie Le Corbusier und Ludwig Hilberseimer das Hochhaus als Wohnform der zukünftigen Gesellschaft.[67] Hygiene und Besonnung waren wichtiger als

Rationalisierung und Mietkosten, und das Wohnen im Grünen sollte die Probleme der Großstadt rein städtebaulich lösen, ohne dass die wirtschaftlichen und gesellschaftlichen Bedingungen, die das Steinmeer der Großstadt hervorgebracht hatten, überhaupt reflektiert wurden.[68] Gropius' scheibenförmige Wohnhochhäuser im Grünen mit zugeordneten Gemeinschaftseinrichtungen wie auch die von Le Corbusier im Plan Voisin und in der Ville radieuse entwickelten Wohnblöcke und Wohntürme in einer durchgrünten Stadt waren bürgerliche, mit der bestehenden Gesellschaft konforme Gegenmodelle zu den gleichzeitig in der Sowjetunion entwickelten Kommunehäusern und zur sozialistischen Bandstadt. Auch im Kommunehaus wurden die Wohnungen minimiert und Gemeinschaftseinrichtungen zugeordnet, aber es war architektonischer Ausdruck für die Umwandlung der bürgerlichen Familie zu einer kommunistischen Gemeinschaft.[69] Mit der Bandstadt sollte der Gegensatz von Stadt und Land aufgehoben werden, aber es ging darum, die bestehende Stadt, «das Produkt einer auf der Warenwirtschaft beruhenden Gesellschaft», aufzulösen, um die neue Gesellschaft in einem «sozialistischen, industrialisierten Land»[70] aufgehen zu lassen.

Angesichts der wirtschaftlichen und politischen Entwicklungen intensivierten sich beim CIAM-Kongress in Brüssel die Diskussionen um gesellschaftspolitische Zusammenhänge der Architektur, aber die Gruppe um Gropius, Le Corbusier und Giedion setzte sich allmählich durch und verdrängte die «linken» Architekten. Schon in Brüssel erreichte Gropius, dass nicht der sozial engagierte Belgier Victor Bourgeois, sondern der Formalist Cor van Eesteren zum neuen Präsidenten von CIAM und er selbst zu einem der Vizepräsidenten gewählt wurde.[71] Die Propaganda für das rein hygienisch und soziologisch begründete Wohnhochhaus zwischen Grünflächen, beziehungsweise für eine «grüne Stadt», entpolitisierte die moderne Architektur und machte sie damit letztlich für nahezu jedes beliebige Gesellschaftssystem akzeptabel.[72] Le Corbusier bot seine Ville radieuse sowohl in der UdSSR wie auch im faschistischen Italien an und bezeichnenderweise projektierte Gropius direkt parallel zum

CIAM-Kongress Ende 1930 eine Uferbebauung für ein Gelände am Wannsee mit 11-geschossigen Hochhäusern und luxuriösen 4- bis 5-Zimmerwohnungen sowie Pavillons für Clubräume und Restaurants. Die Baubeschreibung pries die Anlage als Kapitalinvestition für Eigentumswohnungen.[73] Die Vision vom Neuen Wohnen konnte er problemlos vom Massenwohnungsbau auf Luxuswohnungen verschieben.

Auf der am 9. Mai 1931 in Berlin eröffneten Deutschen Bauausstellung zeigte Gropius in der von Mies van der Rohe betreuten Abteilung «Die Wohnung unserer Zeit» eine erweiterte Fassung des in Paris präsentierten Gesellschaftsraums.[74] In einem eigenen «Demonstrationsraum» wurden mit Großfotos die «grüne Hochhausstadt» und das Modell eines Stahlhochhauses präsentiert sowie Schautafeln gezeigt, auf denen Xanti Schawinsky das von Müller-Lyer übernommene Gesellschaftsmodell und die daraus gezogenen architektonischen Konsequenzen visualisierte. Wohnhochhäuser mit «zentral organisiertem Großhaushalt» in Parklandschaften sollten eine neue Form von Großstadt bilden und eine Erlösung vom «Steinmeer der Mietskasernen ohne die grüne Natur»[75] herbeiführen. Obwohl die wirtschaftliche Depression seit eineinhalb Jahren die Bauwirtschaft allmählich zum Erliegen brachte, waren auf der Bauausstellung viele großräumige Wohnanlagen sowie eine Reihe von Ledigenwohnungen zu sehen, die vorrangig das Wohnen im Boardinghaus als Vision des zukünftigen Lebens zeigten. Gegen diese unbekümmerte Präsentation von Wohnformen, die noch dem Ideal einer mobilen Gesellschaft mit Wachstum und Vollbeschäftigung entsprachen, wandten sich einige sozial und politisch engagierte Architekten, die sich zu einem «Kollektiv für sozialistisches Bauen» zusammenschlossen und mit einer «Proletarischen Bauausstellung»[76] eine Gegenausstellung präsentierten. Dort wurden insbesondere das «Hotelkonzept» angegriffen und Kommunehäuser propagiert, die den architektonischen Rahmen für eine veränderte, kommunistische Gesellschaft boten.

Im Zusammenhang der Bauausstellung kamen im Juni 1931 Mitglieder des CIAM-Ausschusses CIRPAC zu einem Sondertreffen nach Berlin, um den nächsten Kongress zu besprechen, der 1932 in Moskau unter dem von Le Corbusier forcierten Thema «Die funktionelle Stadt» stattfinden sollte. Geplant war, einzelne Städte in Karten hinsichtlich ihrer funktionalen Struktur zu analysieren, um dann vom Standpunkt des Neuen Bauens dazu Stellung zu nehmen. Bei dem Treffen wandten sich linke CIAM-Mitglieder gegen eine formale Analyse nach Funktionen und Arthur Korn, der zum «Kollektiv für sozialistisches Bauen» gehörte, forderte, Städte müssten historisch nach der Produktionsweise und den Klassenverhältnissen, «die sich in den Produktionsweisen dargestellt haben»[77], untersucht werden. Die tschechischen Vertreter Peer Bücking und Nusim Nesis erklärten, die Wohnprobleme seien nicht mit Rationalisierung oder der funktionellen Stadt lösbar, diese führten zu nichts, «so lange nur die Symptome und nicht die ökonomischen und sozialen Bedingungen einbezogen würden»[78]. Gropius' Gemeinschaftsräume auf der Bauausstellung, die zum Besuchsprogramm gehörten, nannten sie «wertlos», wenn nicht zuerst die aktuellen sozialen Probleme behandelt würden. Der Wortführer der engagierten tschechischen Architekten, Karel Teige, schrieb anschließend, Gropius' bürgerliches Wohnhotel sei nur «neuer Wein in alten Schläuchen»[79], und erklärte generell, die Verkleinerung von Wohnraum könne nur dann ein Gewinn sein, wenn die Minimalwohnung mit einer sozialistischen Gesellschaft verbunden und damit das Maximum einer «perfekten Gleichheit»[80] für jeden und in jeder Beziehung erreicht würde. Die von CIAM geplanten Fallstudien und Analysen hielt Teige für bedeutungslos, es ginge darum, an die Wurzeln des Wohnungselends zu gehen und für die Abschaffung des kapitalistischen Systems zu kämpfen.[81] Begleitend zu Teiges Arbeiten über die Minimalwohnung stellte der tschechische Architekt Jiří Kroha die Tafelausstellung «Soziologisches Fragment des Wohnens»[82] zusammen, in der er Gropius' Wohnhochhaus als papierene Planung für Schaufensterpuppen zeigte, die er mit der Wirklichkeit und lebenden Menschen konfrontierte.

Auf dem CIRPAC-Treffen in Berlin blieb derartige Kritik ohne Folgen. Mies van der Rohe bezweifelte schlichtweg, dass Städtebau überhaupt eine politische Frage sei, und die Delegierten einigten sich, auf dem nächsten Kongress das Thema der funktionellen Stadt mit Fallstudien, bei denen die historische und gesellschaftspolitische Entwicklung marginalisiert blieb, weiterzuverfolgen.[83] Die Mehrheit der bei CIAM versammelten Architekten verschloss die Augen vor den politischen Realitäten, auch als eine Autorität wie Otto Neurath auf die Wiener Gemeinde verwies und deutlich machte, dass man nur «durch politische Erfolge, welche den öffentlichen Wohnungsbau begünstigen», zu Veränderungen komme, denn «Wohnungsreform ist letzten Endes eine politische Angelegenheit. Alle technische Verbilligung [...] kann innerhalb der kapitalistischen Wirtschaftsordnung nicht den verelendenden Druck des herrschenden Systems wettmachen.»[84]

Gropius waren diese Zusammenhänge sehr wohl bewusst, aber er weigerte sich, seine Planungen in einem politischen Kontext zu diskutieren, und argumentierte mit Rationalisierung und der soziologischen Entwicklung. Nur an versteckter Stelle äußerte er sich einmal 1931 in der Zeitschrift «Das neue Rußland» unter der Fragestellung «Was erhoffen wir vom russischen Städtebau?» dezidiert politisch: «Die schlimmste Fessel bleibt das unsittliche Recht des privaten Eigentums am Boden. Ohne die Befreiung des Bodens aus dieser privaten Versklavung kann niemals ein gesunder, entwicklungsfähiger und im Sinne der Allgemeinheit wirtschaftlicher Städtebau entstehen. Diese wichtigste Grundforderung hat allein und ohne Einschränkung die USSR erfüllt und damit den Weg zum modernen Städtebau freigemacht.»[85] Der russische Städtebau sei «das erregende Erlebnis eines Wirklichkeit gewordenen Geisteszustandes, der die städtebaulichen Entwicklungshemmnisse, die in der übrigen Welt zur chronischen Krankheit der Stadtorganismen geführt haben, für das eigene Volksgebiet endlich beseitigt hat.» Als er dieses Bekenntnis zu einer radikalen Bodenreform und Veränderung der Gesellschaft als Grundlage für eine neue Architektur verfasste, plante er jedoch gleichzeitig eine luxuriöse 9-geschossige Wohnanlage als Blockrandbebauung mit zentralen Einrichtungen in Nürnberg, mit der er sowohl seine Ideen vom neuen Wohnen wie auch das Konzept des Zeilenbaus rein kommerziellen Interessen opferte.[86] Hier offenbart sich das ganze Dilemma eines Architekten, der seine architektonischen Ideen komplett von einer sozialen Haltung und Funktion trennen konnte und – ähnlich wie Le Corbusier – gesellschaftspolitisch keine Stellung beziehen wollte. Er erfüllte Aufträge nach der jeweiligen Interessenslage, um sein Architekturbüro am Laufen zu halten. Diese Einstellung mag in der Zeit der Wirtschaftskrise nachvollziehbar sein, auch wenn sozial engagierte Architekten wie Bruno Taut und Hannes Meyer ganz andere Konsequenzen zogen; aber letztlich kennzeichnet diese Haltung Gropius' gesamte Architektentätigkeit von den frühen Arbeiten für die ostelbischen Gutsbesitzer über die Tätigkeit für den Terrainspekulanten Sommerfeld bis zum Bau von Luxusvillen in Neuengland und rein kommerziellen Bürobauten wie das Pan Am Building.

In der wirtschaftlichen Depression kämpfte er um Aufträge, nahm an zahlreichen Wettbewerben teil und ließ im Büro kleinere Brotarbeiten ausführen. Die letzten größeren Planungen erhielt er Ende 1929 mit der Siedlung Am Lindenbaum in Frankfurt am Main für 198 Wohnungen sowie mit den beiden Wohnblöcken in der Berliner Siemensstadt. Diese Wohnanlagen, die 1930/31 ausgeführt wurden, zeigten die bei den Vertretern des neuen Bauens inzwischen fast üblichen weißen verputzten Wohnzeilen mit Fensterbändern und vermittelten keinen eigenständigen Charakter. Für die Hirsch Kupfer- und Messingwerke in Finow/Eberswalde, die Fertighäuser mit Metallverkleidung herstellten, entwickelte er 1931 mehrere Serien mit neuen Standardtypen in verschiedenen Größen, von denen ein Versuchshaus bis Januar 1932 fertiggestellt wurde.[87] Anschließend erhielt er den Auftrag für zwei weitere Versuchshäuser der Firma, die er im Frühjahr 1932 im Rahmen des Wettbewerbs «Das wachsende Haus» ausführen konnte. An dem reichsoffenen Wettbewerb beteiligten sich aufgrund der Wirtschaftskrise über 1000 Architekten, Gropius erhielt allerdings mit elf anderen prominenten Architekten eine gesonderte Einladung und ihre Entwürfe wurden zusammen mit den Arbeiten der Preisträger auf der Ausstellung «Sonne, Luft und Haus für Alle» realisiert. Aufgrund der extremen Begrenzung des Wohnraums und der Baukosten entstanden zumeist nur barackenartige Gebilde, zu denen auch der L-förmige Bau von Gropius gehörte. Am 20. Juni 1932 löste die Firma ohne weiteren Kommentar die Zusammenarbeit mit Gropius. Einige konventionelle Haustypen der Kupferhäuser wurden noch weiter gebaut und nach 1933 sogar in das britische Mandatsgebiet Palästina verkauft, aber 1934 erfolgte die Einstellung der Produktion.[88]

Zwar verschlechterte sich die Auftragslage in Deutschland von Monat zu Monat, aber Gropius konnte international einen herausragenden Erfolg erzielen. Am 10. Februar 1932 wurde in New York die von Alfred H. Barr Jr., Philip Johnson und Lewis Mumford im Museum of Modern Art kuratierte Ausstellung «Modern Architecture: International Exhibition»[89] eröffnet, auf der Gropius neben Le Corbusier, J.J.P. Oud und Mies van der Rohe als einer der «four founders of the international style»[90], gefeiert und ihm eine herausragende Rolle zugewiesen wurde. Ähnlich wie er 1923 eine «Internationale Architektur» postuliert hatte, wurde nun festgestellt, dass sich die fortschrittliche Architektur seit dem Chicago Tribune Wettbewerb 1922 zu einem neuen Stil entwickelt hätte, «which is rapidly spreading throughout the world»[91]. Die Prinzipien dieses «International style», der typisch für das 20. Jahrhundert und «fundamentally original as the Greek or Byzantine or Gothic» sei, wurden als Volumen, Flexibilität, technische Perfektion und Fehlen von Ornament definiert und das Bauhausgebäude in Dessau als «clear illustration of these principles of design»[92] vorgestellt. Im Vergleich mit Le Corbusier und Mies van der Rohe kennzeichneten die Autoren zwar das Werk von Gropius als etwas ungleichmäßig, aber sein Faguswerk wurde dafür als einziges Gebäude herausgestellt, das bereits vor dem Ersten Weltkrieg auf der Linie des neuen Stils lag. Über die Begleitpublikation zur Ausstellung *The International Style: Architecture Since 1922*[93] von Henry-

Russell Hitchcock und Philip Johnson wurde der Siegeszug der modernen Architektur unter einem Stilbegriff verbreitet, der am Bauhausgebäude exemplifiziert worden war. Auch wenn Gropius den Begriff ablehnte, da er versuchte, sich von einem «Bauhausstil» abzugrenzen, so wurden doch sowohl sein Werk als auch das Bauhaus im angelsächsischen Sprachraum allmählich unter «international style» subsumiert.[94]

Zu den wenigen in Gropius' Büro ausgeführten Planungen kamen zwischen 1929 und 1932 mehrere nicht realisierte Projekte sowie fast ein Dutzend Wettbewerbsbeiträge, die – abgesehen von einem 8. Preis beim Theater für Charkow – alle keinen Erfolg hatten, beziehungsweise zu keinem Auftrag führten. Die Entwürfe vom Aschrott Altersheim in Kassel über das zentrale Gerichtsgebäude in Berlin bis zu den Schulen in Köpenick und Hagen wurden streng systematisch entwickelt, zeigen aber keine Weiterentwicklung im architektonischen Ausdruck. Großen Aufwand betrieb das Büro 1930/31 bei den Beiträgen für das ukrainische Staatstheater in Charkow sowie für den Palast der Sowjets in Moskau, für den Gropius zusammen mit acht weiteren ausländischen Architekten gesondert eingeladen und honoriert wurde. Diese Beiträge waren «hors concours» und hatten nur «konsultative Bedeutung»[95]. Bei beiden Entwürfen wurden Funktion und Zuordnung der Versammlungsräume mit Kreissegmenten ablesbar gemacht. Den Sowjetpalast präsentierte Gropius unter dem Motto «Pol» als «Monument der Idee der UdSSR», das «als Symbol der Bindung der Volksmassen zu einer menschlichen und politischen Großeinheit» verstanden werden sollte. Prämiert wurden im März 1932 drei akademische Entwürfe und beim anschließenden zweiten Durchgang des Wettbewerbs waren nur noch russische Architekten zugelassen, die sich nach dem von Stalin verordneten «sozialistischen Realismus» zu richten hatten.[96] Als dieses Ergebnis bekannt wurde, tagte Gropius mit dem CIRPAC-Ausschuss von CIAM in Barcelona zur Vorbereitung des vierten Kongresses in Moskau, bei dem es um eine «Untersuchung der gesamten Stadt auf ihre Funktionen hin»[97] gehen sollte. Obwohl den Delegierten die veränderte Situation in der Sowjetunion bekannt war, wurde die Planung weiterverfolgt, aber genau ein Jahr später kam eine Absage aus Moskau und der Kongress musste kurzfristig auf das Schiff Patris II verlegt werden.

Schwierige Zeiten

Im dritten Jahr der Weltwirtschaftskrise verstärkte sich die Arbeitslosigkeit, die Aufträge für Architekten gingen gegen Null und das politische Klima radikalisierte sich weiter. Gropius musste zwar nicht ums Überleben, aber um Arbeit in seinem Büro kämpfen, in dem Anfang 1932 noch sieben Personen beschäftigt waren.[98] Für die Adler-Werke in Frankfurt am Main wurden Karosserietypen entworfen, die sogar einige Preise erhielten, und neben der Akquisitionstätigkeit eilte er von Vortrag zu Vortrag. Mit einem ehemaligen Büromitarbeiter, Franz Möller, der sich in Argentinien niedergelassen hatte und den Namen des Bauhausgründers werbewirksam einsetzen wollte, gründete er sogar ein gemeinsames Büro in Buenos Aires, die Projekte verliefen sich aber bald im Sande. Mitten in diesen Aktivitäten erfuhr er, dass seine Frau seit über zwei Jahren ein Verhältnis mit dem ehemaligen Bauhaus-Jungmeister Herbert Bayer hatte, der inzwischen in der amerikanischen Werbeagentur dorland-studio in Berlin äußerst erfolgreich tätig war. Ise und Walter Gropius trafen sich häufig mit ehemaligen Bauhäuslern in Ascona und beim Skifahren in Davos oder Arosa, und da er selbst öfters wieder zu diversen Vorträgen und Besprechungen verschwand, hatte sich eine Verbindung zwischen der vernachlässigten Ehefrau und Herbert Bayer entwickelt. Um die Heimlichkeiten zu beenden, gestand Ise im März 1932 die Beziehung und Bayer, der zwar getrennt lebte, aber offiziell noch mit der Bauhäuslerin Irene Hecht verheiratet war, suchte im Juli eine direkte Aussprache mit Gropius. Gegenüber der Situation mit Alma Mahler und Lily Hildebrandt hatten sich die Rollen vertauscht, nun war Gropius der betrogene Ehemann, dem die jüngere Ehefrau einen noch jüngeren Liebhaber vorzog. Er versuchte, seine Frau wieder an sich zu binden, indem er mehr Zeit mit ihr verbrachte, aber Ises Beziehung zu

Bayer war so tief, dass sie ihn nicht aufgeben wollte. Dass die Ehe nicht zerbrach, lag wohl eher an Bayer, der bereits am Bauhaus als notorischer Schürzenjäger berühmt war und sich nicht binden wollte. Um seine Frau nicht zu verlieren, gestand ihr Gropius weitere Treffen mit Bayer zu, aber damit zog sich die Situation nur hinaus und es entwickelte sich eine Art Ménage-à-trois. Erst mit dem Umzug nach England im Oktober 1934 kam es zu einer Trennung von Bayer, die Ise aber noch lange beschäftigte.[99] Die Beziehung zwischen dem Ehepaar hatte von da an Bestand und mit Bayer verblieb Gropius immer in herzlicher Verbindung.

Mit der Schließung des Bauhauses in Dessau zum 1. Oktober 1932 war Gropius nicht mehr befasst. Mies van der Rohe hatte alle Rechte, auch am Namen übernommen und verlegte die Schule als private Einrichtung nach Berlin-Steglitz, wo sie jedoch schon nach einem Semester am 11. April 1933 von Schutzpolizei und SA-Hilfspolizisten geschlossen wurde. In dieser Umbruchsphase nahm Gropius eine Einladung nach Leningrad zu einem Vortrag im Januar 1933 an, obwohl er wusste, dass er sich damit in der national aufgeheizten Atmosphäre angreifbar machte. Die Nationalsozialisten waren bei der Reichstagswahl im Juli 1932 als stärkste Partei hervorgegangen und eine Machtübernahme mit Hilfe ihrer deutschnationalen Gesinnungsgenossen stand im Raum. Da erkrankte seine geliebte Mutter Manon, die sich bei der Schwester in Hannover befand, Anfang Januar schwer und Gropius reiste sofort zu ihr. Wenige Tage nach seinem Besuch starb sie am 22. Januar und wurde auf dem Alten St.-Matthäus-Kirchhof in Berlin beerdigt, in dem Grab, für das Gropius schon 1911 für seinen Vater und seine beiden verstorbenen Geschwister einen Grabstein entworfen hatte. Am 26. Januar schrieb er noch seiner Tochter nach Wien, die enttäuscht war, dass sie nicht zur Beerdigung der Großmutter kommen konnte,[100] und am 27. reiste er nach Leningrad. Dort hielt er seinen Standardvortrag über «Flach-, Mittel- oder Hochbau» und führte Gespräche mit Architekten und Wirtschaftsvertretern, ob er auf Aufträge hoffte, ist unklar, in die Sowjetunion überzusiedeln wie Ernst May und Hannes Meyer, hatte er wohl nie im Sinn.

Nach einer Fahrt über das Baltikum und Polen kam er am 4. Februar wieder in Berlin an. Inzwischen war Adolf Hitler am 30. Januar vom Reichspräsidenten Hindenburg zum Reichskanzler ernannt worden, das Parlament wurde am 1. Februar aufgelöst und sofort setzten über die Notverordnungen Verfolgungsmaßnahmen ein. Nach dem Reichstagsbrand am 28. Februar wurde die «Verordnung zum Schutz von Volk und Staat» erlassen, mit der ein Ausnahmezustand konstituiert, Grundrechte außer Kraft gesetzt und politische Gegner verhaftet wurden. Im März entstanden die ersten Konzentrationslager und das Land war in Kürze komplett in der Hand eines rassistischen Verbrecherregimes. Gropius erhielt Anfang Februar noch die Einladung zur Teilnahme am Wettbewerb für den Reichsbankneubau, der dann aufwendig im Büro bearbeitet wurde, er selbst fuhr mit Ise in die Schweiz, traf Giedion, hielt am 16. Februar einen Vortrag in Genf und machte anschließend dort Skiferien. Die Tragweite des Umsturzes war ihm – wie vielen Zeitgenossen – noch nicht klar. Genau zur gleichen Zeit trat allerdings der mit ihm befreundete Berliner Stadtbaurat Martin Wagner aus Protest gegen den Ausschluss von Käthe Kollwitz und Heinrich Mann als einziger aus der Preußischen Akademie der Künste aus, wenige Wochen später verlor er seine berufliche Position.[101] Gropius wartete ab, aber am 17. Mai 1933 schrieb er an seine Tochter, dass er sehr an den derzeitigen Umständen in Deutschland leide und beschämt sei, was dort passierte.[102]

Am 18. Mai feierte er seinen 50. Geburtstag, den die gleichgeschaltete Presse kaum mehr wahrnahm. Unter den Glückwunschschreiben befand sich ein Brief von Kurt Schwitters, der sich ironisch über die grassierende Deutschtümelei lustig machte, indem er «dem deutschen Architekten Walter Gropius, der in aller Welt dem deutschen Namen Ehre macht und machen wird, ein dreifaches Kunst-HEIL»[103] sandte. Um Deutschtum ging es in den folgenden Monaten auch in der Architektur, denn nun waren diejenigen an der Macht, die das neue Bauen und das Bauhaus seit Jahren als «undeutsch», «bolschewistisch» und «jüdisch» diffamiert hatten, da diese angeblich nicht in deutscher Tradition und in deutschem Blut und Boden verwurzelt waren. Beim Wettbewerb für die Reichsbank ging Gropius leer aus, Mies van der Rohe erhielt noch für einen radikal modernen Entwurf einen der sechs ersten Preise, aber dann griff Hitler selbst ein und beauftragte direkt den Baudirektor der Reichsbank Heinrich Wolff, dessen Projekt bei der Jury durchgefallen war.[104] In der Hoffnung auf ein Gesetz zum Berufsschutz schalteten sich die im BDA vertretenen Architekten weitgehend selbst mit dem nationalsozialistischen Staat gleich. Bereits am 23. März trat der Vorstand des BDA zurück, alleiniger Präsident wurde der «begeisterte Nationalsozialist»[105] Eugen Hönig, am 10. April folgte ein «nationales Aufbauprogramm» und das Versprechen zur «selbstlosen Mitarbeit»[106] am neuen Staat. Beim 30. Bundestag des BDA im September in München wurden die jüdischen Mitglieder mit einem «Arierparagraphen» in einer neuen Satzung ausgeschlossen und Peter Behrens, der dann 1934 in die illegale NS-Partei in Österreich eintrat,[107] erklärte zwischen Hakenkreuzfahnen und NS-Uniformierten, dass der «Geist der neuen Zeit, die wir lieben»[108], nun auch den BDA erfasst habe. Als sich der Deutsche Werkbund am 10. Juni selbst mit dem Kampfbund für deutsche Kultur gleichschaltete und der SA-Mann Carl Christoph Lörcher neuer Vorsitzender wurde, stimmten nur Gropius, Martin Wagner und Wilhelm Wagenfeld dagegen.[109] Gropius argumentierte allerdings nicht politisch, sondern wandte sich gegen den «Kompromiss» und legte sein Vorstandsamt nieder, ohne den Werkbund zu verlassen. In der Folge engagierte er sich zwar nicht für den neuen Staat, aber er bemühte sich, wie viele andere Vertreter der modernen Architektur, nicht als Gegner zu erscheinen, denn er wollte weiter in Deutschland bauen. Entsprechend seinem Naturell, aber in völliger Fehleinschätzung der Lage, glaubte er, mit den neuen Machthabern argumentieren zu können. Am 15. Juni schrieb er an Hans Poelzig: «da ich aber nun keine neigung habe auszuwandern, denn ich fühle mich hier zu hause, so habe ich alles interesse daran, dieser situation zu leibe zu gehen, weil ich überzeugt bin, dass ich auf konkrete vorhaltungen der offiziellen stellen dokumentarische beweise antreten könnte, dass die in den zeitungen verbreiteten anwürfe falsch sind.»[110] Ende Juni 1933 fuhr Gropius auf Einladung von Dorothy und Leonard Elmhirst mit seiner Frau für drei Wochen nach England und besuchte die Dartington Hall School, die er später in einem Brief an Wagner als «eine art englisches bauhaus»[111] bezeichnete. Dort lernte er auch das High Cross House kennen, das William Lescaze gerade für die Elmhirsts als modernen Neubau neben dem alten Anwesen errichtet hatte und auf das er später mehrfach in Vorträgen als Beispiel einer Kombination von Alt und Neu verwies. Die Elmhirsts, reiche Mäzene, die seit 1925 in Dartington eine Reformschule aufbauten,[112] suchten Kontakte zu modernen Künstlern und boten Gropius eine erste Perspektive zu weiterer Arbeit, die sich aber erst im folgenden Jahr realisierte. Über sie kam er in London Anfang Juli in Verbindung mit einigen an der Moderne interessierten Personen, die sich im Februar 1933 zur MARS (Modern Architectural Research) Group zusammengeschlossen hatten.[113] Den Anstoß hatte P. Morton Shand gegeben, der sich schon 1929 an Gropius und Giedion gewandt hatte, da er eine britische CIAM-Gruppe einrichten wollte. Zu den Gründungsmitgliedern von MARS zählte auch Maxwell Fry, der zusammen mit Shand im folgenden Jahr bei der Übersiedlung nach England mitwirken sollte, aber im Juli 1933 war Gropius noch nicht bereit, Deutschland zu verlassen. Obwohl er in einem Brief an seine Tochter ankündigte, am vierten CIAM-Kongress, der vom 29. Juli bis 10. August auf dem Schiff Patris II zwischen Marseille und Athen stattfand, teilnehmen zu wollen,[114] fuhr er mit Ise in einen Sommerurlaub. Ob er bei den Nazis nicht anecken wollte, ob das Geld fehlte oder ob er ein Treffen seiner Frau mit Bayer während seiner Abwesenheit verhindern wollte, ist unklar. Gropius verlor durch seine Abwesenheit bei dem wichtigen Treffen an Einfluss. Bei den Diskussionen des Kongresses um die «funktionelle Stadt» konnte sich Le Corbusier mit einer strikt unpolitischen Haltung durchsetzen und dann auch die Publikation an sich ziehen, die als «Charta von Athen» berühmt wurde.

Die Entwicklung im rassistischen NS-Deutschland sah Gropius mit offenen Augen und kommentierte die Judenverfolgung in einem Brief an seine Tochter am 11. September 1933 mit der Bemerkung, sie solle ihrem jüdischen Stiefvater Franz Werfel sagen, dass er jetzt eine besondere Verwandtschaft mit ihm fühle und dass er sich überlege, sich aus Sympathie beschneiden zu lassen.[115] In den ersten Monaten nach der Machtübernahme waren die Befugnisse unter den rivalisierenden NS-Organisationen noch umstritten, deshalb glaubten verschiedene künstlerische Gruppierungen gewisse Freiräume bewahren zu können. Mit dem am 22. September 1933 verabschiedeten «Gesetz zur Errichtung der Reichskulturkammer» zog Goebbels die Kompetenzen in allen künstlerischen Sparten an sich und sein Propagandaministerium und setzte sich damit gegen die DAF von Ley, den Innenminister Frick und den Kampfbund unter Alfred Rosenberg durch. Die Architekten erhielten erstmals in Deutschland mit der am 15. November in der Kroll-Oper konstituierten Reichskulturkammer einen Berufsschutz, aber sie waren in der «Fachgruppe Baukunst» als eine Minderheit der Unterabteilung «Reichskammer der bildenden Künste» eingegliedert, deren Präsidentschaft der Architekt Eugen Hönig bekam. Die Reichskammern dienten als Kontroll- und Machtinstrument, die Verweigerung der Mitgliedschaft bedeutete ein weitgehendes Berufsverbot. Aufgenommen wurde nur, wer seine Loyalität zum neuen Staat erklärte, beziehungsweise der NS-Ideologie entsprach.[116] Durch diesen Selektionsmechanismus waren Personen wegen ihres Glaubens oder ihrer politischen Überzeugung sofort ausgesperrt, gegenüber den Vertretern moderner Kunst und Architektur verhielten sich die NS-Beamten aber ambivalent, denn moderne Gestaltung wurde im NS-Staat für bestimmte Bereiche – Industriebau, Ausstellungen, Werbung – gebraucht und gezielt in Dienst genommen.[117] Obwohl das Bauhaus jahrelang als bolschewistisch und jüdisch bekämpft worden war, konnte Gropius, wie auch Mies van der Rohe oder Ludwig Hilberseimer, am 12. Dezember 1933 Mitglied der Reichskammer werden, was ihm die weitere Arbeit als Architekt ermöglichte. Dies ist auch als ein Akt der Integration zu sehen, denn als sich Gropius wegen Angriffen gegen seine Person bei Hönig beschwerte, schrieb ihm dieser am 4. Oktober 1934, er schätze ihn als «deutschempfindenden» Menschen und er solle sich ruhig selbst verteidigen, «wobei ja immer als Beweis Ihrer Wertschätzung die Aufnahme in die Reichskammer der bildenden Künste angegeben werden kann»[118].

Die Aufträge im Büro gingen allerdings rapide zurück, neben kleineren Arbeiten wie Entwürfen für Öfen der Frank'schen Eisenwerke, an denen seine Frau Anteile besaß, konnten nur noch zwei private Wohnhäuser in Berlin gebaut werden. Das Büro wurde zum 1. Oktober 1933 geschlossen, von da an arbeitete er mit Partnern an einzelnen Projekten. Die Mitarbeiter gingen eigene Wege, Gropius' letzter Büroleiter Hanns Dustmann wurde, wie schon sein Vorgänger Otto Meyer-Ottens, Parteimitglied und machte als Reichsarchitekt für HJ-Bauten Karriere.

Über seine Beziehungen zum Metallverband, für den er bereits 1929 publiziert hatte, gelang es Gropius, den Auftrag zur Gestaltung der «Nicht-Metall Schau» auf der Ausstellung «Deutsches Volk – Deutsche Arbeit» zu erhalten, die von der DAF als «Leistungsschau des deutschen Arbeitsfleißes» seit Herbst 1933 vorbereitet wurde. Im Oktober legte er ein zusammen mit Joost Schmidt erarbeitetes Konzept für eine volkstümliche Darstellung der Lebenswichtigkeit der Nicht-Eisen-Metalle für die deutsche Volkswirtschaft vor.[119] Die am 21. April 1934 auf dem Berliner Messegelände eröffnete Ausstellung war geradezu eine Demonstration der Integration moderner Gestaltung in die Interessen der DAF, die sich als fortschrittliche Vertretung der Arbeiterschaft präsentieren wollte, denn neben Gropius arbeiteten auch Mies van der Rohe, Lilly Reich und fast ein Dutzend weiterer ehemaliger Bauhäusler mit. Die Gestaltung von Katalog und Plakat lag in den Händen von Herbert Bayer, der die NS-Veranstaltung in bester Bauhaus-Manier künstlerisch veredelte und sich damit auch für eine Reihe folgender Ausstellungen als Propagandist von NS-Ideologie im modernen Gewand profilieren konnte.[120]

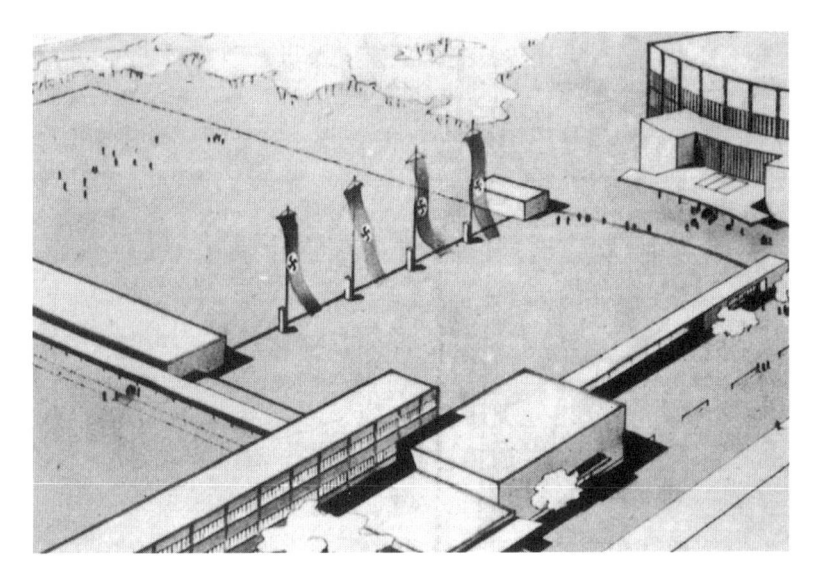

Walter Gropius mit Rudolf Hillebrecht, Beitrag zum Wettbewerb für «Häuser der Arbeit» (Ausschnitt), 1934

Wie die anderen Bauhäusler trat Gropius, abgesehen von einer Nennung im Impressum, auf der Ausstellung offiziell nicht in Erscheinung. Es ging aber nicht nur darum, einen Auftrag zu erhalten, sondern auch sich im neuen Staat zu platzieren. Gropius nahm deshalb an dem Anfang 1934 ebenfalls von der DAF ausgeschriebenen Wettbewerb «Haus der Arbeit» teil.[121] In Anlehnung an die «Opera Nazionale Dopolavoro» im faschistischen Italien sollte auch in Deutschland die Freizeit mit dem «Feierabendwerk der DAF» in entsprechenden Räumlichkeiten total erfasst werden. Gropius lieferte zusammen mit Rudolf Hillebrecht eine moderne Sportanlage mit Theater und Aufmarschplatz, die formal seinen früheren Entwürfen für Schulen entsprach, aber mit Hakenkreuzfahnen geschmückt war. Diese Übertragung moderner Formen für nazistische Inhalte betrieben auch mehrere andere Architekten des Neuen Bauens wie Otto Bartning, Martin Elsaesser, die Brüder Luckhardt oder Hans Schwippert und sogar Bruno Taut, der vor den NS-Schergen nach Moskau geflohen war, sandte einen Entwurf mit Hakenkreuzfahnen. Die meisten der modernen Architekten, die nicht wegen ihrer Religion oder ihrer politischen Überzeugung verfolgt wurden, glaubten in dieser Frühzeit des NS-Regimes, sie könnten die moderne Architektur nationalisieren und damit im neuen Staat hoffähig machen, obwohl jeder von den Konzentrationslagern wusste und tagtäglich sehen konnte, dass das ganze Land totalitär und rassistisch ausgerichtet wurde. Trotz der Angriffe auf seine Person und das Bauhaus, und obwohl er mitbekam, dass der Hassprediger Alexander von Senger, der die Moderne als «Brandfackel Moskaus» bekämpfte, sowie sein Todfeind Konrad Nonn, gegen dessen Verleumdungen er Prozesse geführt hatte, bei Goebbels als Propagandaredner auftraten,[122] glaubte auch Gropius, für sich und die moderne Architektur einen Platz im NS-System finden zu können. Seine Korrespondenz mit einigen Parteifunktionären fasste er später in einem Ordner mit der Überschrift «Eigener Kampf mit den Nazis»[123] zusammen, die Briefe belegen persönlichen Mut, aber weniger einen Kampf als den Versuch, einen Platz und Aufträge im neuen Staat zu erhalten. Martin Wagner, der nichts für sich erhoffte, führte einen ungleich schärferen «Kampf», indem er beispielsweise im Juni 1934 in einem langen Brief an Paul Schmitthenner dessen Agitation gegen die moderne Architektur rein argumentativ Punkt für Punkt widerlegte.[124]

Anfang Januar 1934 bat Gropius Hönig um ein persönliches Gespräch und nach der Unterredung stellte er die Diskreditierungen seiner Person, von der Entfernung seiner Arbeiten aus der Mailänder Triennale über Angriffe im Völkischen Beobachter bis zur Diffamierung als Kulturbolschewist in dem antisemitischen Werk *Sigilla veri* in einem Schreiben zusammen.[125] Begleitend schrieb er, er habe sich immer aufbauend und «staatserhaltend» verhalten: «Wie ich selbst in allen meinen Zügen durch und durch deutsch und preußisch bin, so ist es auch mein persönliches Werk, hinter dem ich stehe, ohne daß ich etwas zurücknehmen kann.»[126] Ähnlich wandte er sich auch an Lörcher, der zum Präsidenten des BDA ernannt worden war, und wollte «endlich klärung»[127] erreichen, ob er «am kommenden aufbau maßgeblich mitarbeiten» könne, denn er könne doch «nicht jahrelang wartend auf eis gelegt» werden. In weiteren Briefen versuchte er, die moderne Architektur als «deutschen Stil» zu erklären, als Erfüllung der von Schinkel vergeblich gesuchten Synthese «der beiden großen geistigen Komponenten des Gotischen und des Klassischen»[128]. Dabei verwies er unter Bezugnahme auf einen Aufsatz des Schweizer Architekturhistorikers Peter Meyer über «Entwirrung der Begriffe»[129] auf das faschistische Italien, wo das neue Bauen als «stile tedesco» bezeichnet wurde. Die Frage, was denn «deutsche Architektur» sei, beschäftigte nach der Machtergreifung viele Architekten, Theodor Fischer erklärte sogar in einer Rede vor dem Kampfbund am 8. Oktober 1933 in Augsburg, «bolschewistische Kunst» sei ein «verhängnisvolles Schlagwort», und was «deutsch» sei, dürfe nicht zum Programm gemacht werden.[130] Gropius war über diese Versuche, sich gegen die Diffamierung des Neuen Bauens mit historischen Argumenten oder begrifflichen Definitionen zu wehren, informiert. So bediente er sich in seinen Briefen auch einiger Argumente aus dem Manuskript «Für die Wiedererweckung einer deutschen Baukultur», das ihm Hugo Häring Ende 1933 zuschickte.[131]

Konfrontiert mit dem Vorwurf, seine Architektur sei undeutsch, begann er zum ersten Mal, sich auch mit Fragen der Historie intensiver auseinanderzusetzen. Seit seiner Werkbundzeit hatte er einen radikalen Bruch mit der Tradition vertreten, der Blick zurück in die Geschichte war für ihn geradezu Ausdruck der Verweigerung, die Gegenwart nach den Vorgaben und Entwicklungen der Technik und Industrie zu gestalten. Das Dogma der bedingungslosen Vorwärtsgerichtetheit, das Arthur Rimbaud für die Avantgarde 1873 auf die Formel «Il faut être absolument moderne» gebracht hatte und das Otto Wagner dann in seiner Programmschrift *Moderne Architektur* 1896 kanonisierte, war sein Credo in ungezählten Aufrufen und die von ihm seit 1923 propagierte «Internationale Architektur» basierte auf dem Bruch mit allen nationalen und regionalen Traditionen. Nun argumentierte er mit seiner Nationalität und mit deutscher Geschichte, aber nicht mit deutscher Rasse, dies unterscheidet ihn gravierend von einigen anderen modernen Künstlern und Literaten, wie beispielsweise Gottfried Benn, der den Expressionismus rassistisch verteidigte und dabei Poelzig und Gropius in seiner Schrift *Kunst und Macht* namentlich als «Arier»[132] vereinnahmte. Da er Ende Januar 1934 zu Vorträgen nach Budapest und Prag eingeladen war, arbeitete Gropius einen Text aus, der wie ein programmatisches Manifest eine «bilanz des neuen bauens» zog. In dieser Bilanz wehrte er Angriffe gegen die von ihm vertretene Architektur ab, an Lörcher schrieb er sogar am 20. Februar 1934, mit diesen Vorträgen verfolge er die Absicht, «meine autorität, die ich im ausland genieße, dafür einzusetzen, dass die bewegung des neuen bauens weiterhin als deutsches kulturgut betrachtet wird»[133]. Erstmals präzisierte er seine Vorstellungen von Tradition und lieferte eine Geschichte der modernen Architektur entsprechend seinem Weltbild. In Umrissen zeichnete er dabei «Die Entstehung einer neuen Tradition», die sein Freund Giedion vier Jahre später auf seine Anregung in den Charles Eliot Norton Lectures in Harvard ausbreiten und als *Space Time and Architecture: The Growth of a New Tradition* 1941 publizieren sollte.

Wie fast immer bei Gropius ist der Vortrag geprägt vom Tenor eines Kampfes um die moderne Architektur, von dem er behauptete, er sei nun siegreich abgeschlossen: «der durchbruch zu einem neuen, dem zeitalter der technik entsprechenden gerüst der baukunst ist erfolgt, der formalismus abgestorbener stile wurde zerschlagen.»[134] In einem Satz bündelte sich seine Weltsicht: Die Vergangenheit zerschlagen, um darauf die Zukunft aufzubauen. Kritik an Sachlichkeit und Rationalisierung wies er als falsch verstandene Schlagworte zurück, viel wichtiger als die «funktionsbetonte ökonomie» sei «die geistige leistung einer neuen räumlichen vision im baulichen schaffensprozess». Konstruktion bestimme nur die Praxis des Bauens, das Wesen der Architektur beruhe aber «auf der beherrschung der raumproblematik». Dazu verwies er auf die Publikation von Moholy-Nagy *von material zu architektur,*[135] in der die kubische Form als nur äußerliches Stilmerkmal bezeichnet wurde, es gehe aber um eine Gestaltung, die Architektur «zum sublimierten räumlichen erlebnis» werden lasse. Genau diese Qualität fehlt allerdings bei vielen Bauten von Gropius. Die Vereinheitlichung rechtfertigte er als eine «befreiung geistiger werte von individueller beschränkung», die auch «über die natürlichen grenzen, an die völker und individuen immer gebunden bleiben, hinaus wächst»[136]. Daraus entstehe aber kein Gegensatz zwischen nationaler und internationaler Baukunst: «architektur ist immer national, immer auch individuell, aber von den drei konzentrischen kreisen: ich, volk, menschheit – umspannt der letzte größte auch die beiden anderen.» Der Ausgleich unter den Völkern erwachse «durch die praktische verkürzung von raum und zeit infolge des technischen fortschreitens, ohne daß wir deswegen eine uniformierung zu befürchten haben.» Man hätte in früheren Zeiten auch keine Besorgnis gehabt, dass die Ausbreitung der Gotik «der nationalen eigenart schaden könne». Der historisch abwegige Verweis auf eine «nationale» Eigenart zu Zeiten der Gotik sowie die Unkenntnis über Stilwandel belegen die schlichtweg mangelnden historischen Kenntnisse von Gropius. Er behauptete deshalb auch ganz unverblümt «jeder architekt, der ehrlich und gründlich die probleme in seinem land anpackt und sie in übereinstimmung mit den sozialen, technischen und klimatischen gegebenheiten kompromißlos zu lösen versucht», würde ein Werk schaffen, «das ganz von selbst die charakteristischen Merkmale des Volkes, dem er angehört, aufweisen wird». Aus seiner Sicht war Tradition «immer kampf um das wesentliche»[137], also das, was die Moderne betrieben habe, als sie das «formalistische chaos» und den «ästhetischen motivsalat» des 19. Jahrhunderts zerstörte. Mit diesem Verständnis von Tradition als Kampf gegen das Alte war für ihn die «wurzelechtheit der neuen baubewegung» bewiesen und die Stärke des Kampfes belege gerade die Kraft des Neuen, auch die gotischen Baumeister hätten Kämpfe «gegen die romanische tradition auszufechten» gehabt. Abgesehen davon, dass auch dieser historische Verweis falsch ist, zeigt die Argumentation, dass Gropius aus dem Blickwinkel seiner radikalen Ablehnung des Historismus des 19. Jahrhunderts jedes Verständnis für das Wachsen von Bautraditionen und für historische Zusammenhänge der Formentwicklung fehlte. Er konnte – geradezu darwinistisch – nur im Schema des Kampfes für das Neue und gegen das Vergangene denken. Als er nach England und in die USA ging, setzte er sich zwar oberflächlich mit regionalen Bautraditionen auseinander, aber die Denkschablone einer radikalen Ablehnung historischer Architektur bestimmte seinen Unterricht in Harvard und deshalb befürwortete er noch 1964 den Abbruch der Penn Station in New York, denn die Beaux-Arts-Architektur war für ihn nur eine «Pseudotradition».[138]

Zurückgekehrt von den Vorträgen schickte Gropius ein zusammen mit Martin Wagner verfasstes Exposé mit Vorschlägen zur Industrialisierung von Ostpreußen an Hans Weidemann, Goebbels' Referenten im Propagandaministerium, offensichtlich in der Hoffnung, einen Planungsauftrag zu erhalten,[139] außerdem schlug er vor, seinen in Budapest gehaltenen Vortrag über die neue «deutsche Architektur»[140] in Berlin zu wiederholen. Eine Genehmigung bekam er nicht. Ende März hielt Hönig einen Vortrag, in dem er das Neue Bauen als «Kistenarchitektur» bezeichnete, die im Neuen Reich abgelehnt werde. Gropius, den Hönig eigens eingeladen hatte, schrieb ihm darauf am 27. März einen langen Brief, in dem er betonte, er fühle sich «sehr deutsch», aber nach dieser offiziellen Rede «fühle ich mich mit allem, was ich in meinem Leben aufgebaut habe, in Deutschland vogelfrei»[141]. Zunehmend wurde ihm nun bewusst, dass er im NS-Staat nichts mehr zu erwarten hatte, Aufträge blieben ohnehin aus, und deshalb begann er, Kontakte ins Ausland zu intensivieren. Als er im März vom Herausgeber des «Architectural Record», Lawrence Kocher, den er in New York 1928 kennengelernt hatte, einen Brief mit der Anfrage erhielt, ob er nicht in die USA kommen wolle, war Gropius nicht abgeneigt, aber er verhielt sich abwartend, da das Angebot sehr vage war. Kocher blieb aktiv und vermittelte bald den entscheidenden Kontakt zu Joseph Hudnut,[142] der Gropius dann 1937 nach Harvard holte.

Eine andere Option hatte er bereits seit Dezember 1933 verfolgt, denn auf Anregung von Moholy-Nagy anlässlich eines Besuchs in London schlug ihm P. Morton Shand vor, eine Einzelausstellung seines Werkes in den Galerieräumen des Royal Institute of British Architects, RIBA, zu organisieren. Seit Januar 1934 wurde die Ausstellung mit reger Korrespondenz zwischen Berlin und London vorbereitet, dabei stellte sich heraus, dass Shand und Fry mit Gropius in Abgrenzung zum «vaterlandslosen Mendelsohn» ausdrücklich «das Werk eines rein deutschen Architekten [...] eines ganz und gar deutschen Staatsbürgers»[143] zeigen wollten. Der antisemitische Unterton verweist darauf, dass Gropius dem seit Sommer 1933 erfolgreich in London tätigen Mendelsohn entgegengesetzt werden sollte. Zur Eröffnung am 15. Mai 1934 fuhr er nach London, und da er fast kein Englisch konnte, übersetzte ihm Shand seinen Text, den er dann auch noch bei der Design and Industries Association, dem englischen Nachfolger des Werkbunds, sowie in Liverpool vortrug. Obwohl Gropius' Vortrag sprachlich kaum verständlich war,[144] war die Ausstellung in der renommierten britischen Architektenorganisation ein Erfolg, denn Sir Raymond Unwin sprach zur Einführung, die Mäzene Dorothy und Leonard Elmhirst, der Kunsthistoriker Herbert Read, die Architekten der MARS Group sowie der progressive Chef der Möbelfabrik Isokon Ltd., Jack Pritchard, waren anwesend. Gropius kam somit in Kontakt mit wichtigen Vertretern der Avantgarde und konnte bereits eine mögliche Übersiedlung nach England sondieren. Am 20. und 21. Mai schloss sich noch ein Treffen der CIAM-Arbeitsgruppe CIRPAC in den Räumen der RIBA an, auf dem der nächste Kongress und Publikationen besprochen wurden. Le Corbusier war nicht anwesend, aber er hatte eine Beschwerde eingereicht, da er von seinem französischen CIAM-Kollegen André Lurçat wegen seiner autoritären Äußerungen als «faschistisch» angegriffen worden war.[145] Die Delegierten beschlossen, die Angelegenheit nicht weiter zu verfolgen, erklärten aber, CIAM sei eine Organisation von Spezialisten, die mit technischen Mitteln Probleme des Städtebaus lösen wollten:

«No Political declarations should therefore be made in the name of CIAM.»[146] Bereits im Einladungsbrief war auf die «Konfusion» hingewiesen worden, dass die moderne Architektur in den verschiedenen politischen Systemen als «westlich bürgerlich», «kulturbolschewistisch oder «wahrer faschistischer Stil» bezeichnet würde, und deshalb wurde in London eine deutliche Grenze zu jeder Form von Politik gezogen, CIAM sollte nur «vom technischen Standpunkt»[147] ausgehen. Aber gerade deshalb konnte diese entpolitisierte Architektur leicht von jeder «Autorität» vereinnahmt werden.[148]

Umzug nach London

Nach der Rückkehr aus England fuhr Gropius sofort am 7. Juni nach Wien, denn seine 17-jährige Tochter Manon war plötzlich schwer an Kinderlähmung erkrankt. Er sollte sie zum letzten Mal sehen, dies war eine weitere psychische Belastung in dieser ohnehin aufgewühlten Zeit. Noch im Juni erhielt er das Angebot, für Pritchard einen Wohnblock in Manchester zu planen, und Maxwell Fry, 16 Jahre jünger als er, bot ihm die Zusammenarbeit sowie eine Partnerschaft an, um die Tätigkeit in Großbritannien überhaupt zu ermöglichen.[149] Den gesamten August verbrachte das Ehepaar in Venedig und Kroatien, im September konkretisierte sich die Übersiedlung, denn nun organisierten die britischen Helfer eine Arbeitsgenehmigung und Pritchard bot eine Wohnung in dem soeben für ihn von Wells Coates erbauten modernen Apartmenthaus in der Lawn Road in Hampstead an.[150] Da Gropius eine Einladung erhalten hatte, beim Volta Kongress in Rom in der zweiten Oktoberwoche über Theaterbau zu sprechen, organisierte er die Fahrt nach England über einen Aufenthalt in Italien. Gegenüber Hönig erklärte er: «[...] ich betone, dass es sich nur um einen vorübergehenden Aufenthalt im Ausland handelt, [...] Wohnsitz und Atelier behalte ich nach wie vor in Berlin»[151]. Daraufhin erhielt er eine Genehmigung sowohl für Italien wie auch für einen bis zum 30. April 1935 befristeten Aufenthalt in England, allerdings stellte Hönig nicht, wie von Gropius erbeten, eine Bestäti-

Gropius mit seiner Tochter Manon in Dessau, 1927

gung aus, dass dies im Interesse der Reichskammer sei. Gropius erfüllte die strengen Devisenvorschriften und konnte deshalb nur wenig Geld mitnehmen, er hielt sich damit aber die Türe für eine Rückkehr offen, und zudem hätte eine Transferierung von Geldmitteln sofort dazu geführt, dass sein Vermögen eingezogen worden wäre. In Rom sprach Gropius über die Erneuerung des Theaters und sein Projekt des Totaltheaters, das einige der anwesenden Fachleute als übertechnisiert kritisierten, aber der Kongress bot ihm auch eine Bühne vor der versammelten faschistischen Prominenz, die ihn als einzigen Vertreter Deutschlands besonders hofierten. Anschließend ging es nach Zürich zu einem Vortrag – wieder über die «Bilanz des Neuen Bauens» – und von da nach London, wo das Ehepaar am 18. Oktober 1934 an der Victoria Station eintraf und von Pritchard und Fry empfangen wurde. Am gleichen Tag schrieb Giedion an Shand: «Gropius in England – kann für ganz England von fundamentaler Bedeutung sein. [...] Ich denke dabei an Palladio und

Wells Coates, Lawn Road Flats, Hampstead/London

Inigo Jones»[152]. Gropius wurde geradezu als Heilsbringer einer neuen Architektur avisiert.

Obwohl Pritchard gar nicht damit gerechnet hatte, dass die Ehefrau mitkam, wurden beide sofort bestens versorgt und in den folgenden knapp zweieinhalb Jahren erhielten sie alle nur erdenkliche Hilfe.[153] Sie bezogen eine der 31 Zweizimmerwohnungen in den modernen «flats with service» in der Lawn Road 15, in denen die gesamte Versorgung vom Essen bis zur Wäsche zentral erfolgte. Das von Gropius geplante Wohnen wie im Hotel war hier realisiert, am 23. Oktober schrieb er an Giedion: «wir wohnen zum ersten mal so, wie ich es selbst seit langem propagiert habe.»[154] Der Tochter Manon meldete er allerdings: «wir bekommen das essen – üblicher englischer einheitsfraß – aus der zentralküche.»[155] Da er nur wenig Devisen transferieren durfte, brauchte er bis 1. Mai 1935 keine Miete zu bezahlen und auch anschließend kam ihm Pritchard in jeder Hinsicht entgegen. Er verrechnete die Miete gegen Beratungsleistungen, besorgte Verpflegung, akquirierte Aufträge, vermittelte Kontakte, zeigte dem deutschen Ehepaar England und machte Gropius 1935 zum «controller of design» seiner Firma Isokon «Isometric Unit Construction». Von den Elmhirsts kamen mehrmals größere Geldbeträge zur Unterstützung, schon im Dezember boten sie eine leitende Position in der Schule an, sie verschafften einige gut dotierte Aufträge, immer wieder erfolgten Einladungen, und als Ise erkrankte, wurde sie monatelang in Dartington gepflegt. Da Gropius zum einen nahezu kein Englisch konnte und sich zum anderen überhaupt nicht mit dem englischen Maßsystem und den Bauvorschriften auskannte, stellte ihm Wells Coates sofort einen seiner Mitarbeiter, den 1933 emigrierten Deutschen Albrecht Proskauer, zur Verfügung.[156] Als dieser allerdings 1935 bat, ob er bei einer Veröffentlichung als Mitarbeiter genannt werden könne, lehnte Gropius dies mit der Begründung ab, er habe bei derartigen Angaben früher Ärger gehabt.[157] Gropius besuchte zwar sofort einen englischen Sprachkurs und konnte sich nach einem Jahr ganz gut artikulieren, aber Shand stand ihm zur Seite und übersetzte den weitgehend aus früheren Beiträgen kompilierten Text für die Publikation *The New Architecture and the Bauhaus*[158], die mit einem Vorwort von Frank Pick, dem Präsidenten der Design and Industries Association, 1935 erschien. Die amerikanische Ausgabe erfolgte ein Jahr später über das Museum of Modern Art mit einem Vorwort von Joseph Hudnut, dem Dekan der Graduate School of Design der Harvard Universität. 1936 erschien auch die Studie des emigrierten Kunsthistorikers Nikolaus Pevsner *Pioneers of the Modern Movement* mit dem Untertitel «From William Morris to Walter Gropius», mit der er an die Spitze eines fiktiven Stammbaums der Moderne gestellt wurde, und Pevsner erklärte, mit dem Faguswerk sei «der Stil des 20. Jahrhunderts verwirklicht»[159] worden. Mit diesen Publikationen wurde Gropius im angelsächsischen Sprachraum bekannt, sie halfen entscheidend bei seiner Berufung nach Harvard.

Gropius stand praktisch vom ersten Tag in England im Zentrum von Aktivitäten, die für ihn organisiert wurden, und er erhielt Unterstützung von einigen einflussreichen Persönlichkeiten, vom Architektenverband

RIBA, von den Mitgliedern der MARS Group sowie anderen Vertretern moderner Architektur und Kunst, die sich über seine Person eine Stärkung avantgardistischer Kultur in Großbritannien erhofften. Moderne Architektur war bis etwa 1932 nur mit wenigen Beispielen, wie dem 1926 von Peter Behrens errichteten Haus New Ways in Northampton, in Großbritannien präsent. Auf der Ausstellung «Modern Architecture» im Museum of Modern Art wurde 1932 ein einziges britisches Beispiel gezeigt.[160] Im gleichen Jahr bildete sich um Berthold Lubetkin die Gruppe Tecton, die bald mit dem Wohnhaus «Highrise I» sowie der schwebenden Stahlbetonrampe des Pinguin Pool im Londoner Zoo bekannt wurde, und Wells Coates, William Lescaze und Maxwell Fry konnten einige Bauten in den weißen kubischen Formen des Neuen Bauens verwirklichen.[161] Im Juni 1933 floh Mendelsohn aus Deutschland, bildete mit Serge Chermayeff eine Partnerschaft und gewann schon im Herbst den Wettbewerb für den repräsentativen De-La-Warr-Pavilion in Bexhill. In diesem Zusammenhang kam es zu ersten Protesten gegen die «alien architects»[162], die konservativen Architekten sammelten sich um Sir Reginald Blomfield, der erklärte: «British architecture for Britain; German for Germany»[163]. Die RIBA organisierte darauf 1934 die Ausstellung «International Architecture 1924–1934», die bereits im Titel auf Gropius' inzwischen berühmte Schau von 1923 verwies. F. R. S. Yorke, Mitglied der MARS Group und zeitweilig Partner des emigrierten Arthur Korn, veröffentlichte im gleichen Jahr «The Modern House» und P. Morton Shand schrieb im «Architectural Review» die mehrteilige Aufsatzreihe «Scenario for a Human Drama», in der er eine Geschichte der Moderne präsentierte, die er in drei Epochen – Soane bis Morris, Morris bis Behrens, Behrens bis Gropius – einteilte,[164] und damit zum einen den britischen Anteil an der Entwicklung herausstellte und zum anderen schon vor Pevsner auf Gropius als Exponent der Moderne verwies.

Im konservativen britischen Umfeld war die Anwesenheit und Mitarbeit des Bauhausgründers für die Verbreitung moderner Architektur somit sehr hilfreich und Gropius profitierte symbiotisch von dieser Situation, die er nicht nur zum Aufbau einer neuen Karriere, sondern auch dafür nutzte, sich wieder als Missionar moderner Architektur zu betätigen. Gegenüber den deutschen Steuerbehörden und der Reichskulturkammer behauptete er zwar, nur 40 Pfund im Monat über das Büro Adams, Thompson & Fry zu verdienen,[165] aber nach etwa einem Jahr war er gut versorgt.[166] Als ihm allerdings der frühe Förderer des Bauhauses, sein Mäzen und Bauherr Adolf Sommerfeld, am 5. November 1936 einen Bittbrief aus Palästina schickte, wo er völlig verarmt nach seiner Flucht vor den Nazis gestrandet war, sandte ihm Gropius am 15. Dezember gerade einmal fünf Pfund und speiste ihn mit Floskeln ab, obwohl er schon auf dem Weg zu einer hochdotierten Spitzenposition in Harvard war.[167] Von allen sozialen Vorstellungen des Bauens hatte er sich schnell verabschiedet und sah seine Chance im Bau von luxuriösen Wohnanlagen für Pritchard. In einem Brief offenbarte er Giedion bereits am 12. Dezember 1934 seine neue Haltung: «ich werde mich hüten, hier zu schnell als seelsorger der englischen kunstbelange aufzutreten. ich habe mir vorgenommen, mich schön im hintergrund zu halten, mich ganz auf praktische arbeit zu verlegen und wenn möglich nicht mit sozialen arbeiterhäusern zu beginnen, sondern erst eine bresche in die schicht der wealthy people zu schlagen. die englischen architekten sind hier im zuge denselben fehler zu begehen, wie wir ihn in anderen ländern machten, das neue bauen à tout prix mit billigstem bauen zu verbinden und ‹wirtschaftlich› mit ‹billig› zu verwechseln. ich bin davon überzeugt, daß die neue linie vom arbeiter nur angenommen wird, wenn zuerst der bürger sich damit abgefunden hat. und zwar glaube ich, daß dieser vorgang in allen ländern gleich sein wird.»[168]

Planungen für «wealthy people»

Gropius rechtfertigte sich nicht nur gegenüber Giedion, sondern redete sich auch seine Situation schön, denn der Bau von Arbeiterhäusern stand nie im Raum, seine einzige Chance zum Überleben bestand darin, Aufträge über die Elmhirsts und Pritchard zu erhalten, die sich um ihn bemühten. Obwohl Lescaze für Planungen in Dartington einen Architektenvertrag hatte, bekam Gropius schon im Dezember 1934 den Auftrag zum Umbau eines kleinen Theaters, den er bis Ende 1935 ausführte. Zudem sollte er als «Controller of Design» die Möbelentwürfe in Dartington betreuen, es kam aber zu keinem Vertragsabschluss mit den zuständigen Trustees.[169] Für Pritchard plante er zusammen mit Fry einen kleinen Wohnblock mit 24 Dreizimmerwohnungen in Manchester, aber es stellte sich schon im November 1934 heraus, dass dafür nicht genügend Interessenten gefunden werden konnten, da Mietwohnungen zu gehobenen Preisen dort unüblich waren. Trotzdem versuchte Pritchard ein ähnliches, aber weitaus größeres Projekt auf einem großen Parkgelände in St. Leonard's Hill bei Windsor zu realisieren. Seit Dezember entwickelten Gropius und Fry eine Reihe von Vorschlägen für scheibenförmige 10-geschossige Wohnhochhäuser mit zwischengelagerten Flachbauten für Serviceleistungen. Die Luxuswohnanlage im Grünen mit Blick auf Schloss Windsor war eine Variante der bereits beim Wannsee-Projekt betriebenen Umformung der «grünen Stadt» mit Minimalwohnungen in eine Wohnform für «wealthy people». Die Kritik an der Zerstörung der Parklandschaft versuchten Gropius und Fry im Mai 1935 mit einem Artikel «Cry Stop to Havoc, or: Preservation by Concentrated Development»[170] in der «Architectural Review» zu entkräften, in dem sie auf Schaubildern ihre Wohnscheiben im Grünen einer Zersiedlung mit Einfamilienhäusern gegenüberstellten. Architektonisch wirkten die Hochhäuser eher banal und wenig elegant detailliert, die beiden Partner konnten offensichtlich noch keine eigenständige Gestaltung entwickeln. Die gerade fertiggestellten Bergpolder Apartments in Rotterdam von Willem van Tijen, Brinkman und van der Vlugt, die erste Realisierung einer Wohnhochhausscheibe, war diesbezüglich weitaus besser gelungen. Pritchard hatte eine Option zum Erwerb des Geländes erwirkt, aber obwohl sogar der König die Erlaubnis zum Bau in Sichtweite seines Schlosses erteilte, kamen bis zum Termin Ende Juni nicht genügend Interessenten zusammen und auch dieses Projekt scheiterte.

Im Frühjahr dieses Jahres traf Gropius ein weiterer Schicksalsschlag, denn seine Tochter Manon starb am 22. April in Wien. Er wurde noch kurzfristig telegrafisch von der Verschlechterung ihres Zustands benachrichtigt, darauf versuchte er, einen Flug vorzubereiten, aber dann erreichte ihn am gleichen Tag die Mitteilung vom Tod. Warum er nicht zur Beerdigung fuhr, ist unklar, er reiste jedenfalls am nächsten Tag mit Ise zuerst nach Hannover und dann nach Berlin, um die Wohnung aufzulösen, das Büro einzulagern und eine kleinere Wohnung in der Clausewitzstraße zu beziehen. Den Vorwürfen von Seiten Almas, dass er sich nicht bemüht habe, seine Tochter innerhalb des vergangenen Jahres zu besuchen, konnte er nicht ausweichen, auch wenn seine persönliche und finanzielle Situation das Reisen für ihn schwierig gemacht hatte. Ise schrieb an Behne, ihr Mann sei «verdüstert durch den tod seiner 18-jährigen tochter»[171], den Schmerz über den Verlust deutete er später nur in privaten Gesprächen an. Aufgrund der verfahrenen Situation mit Alma konnte er sich nicht einmal um das Grab kümmern, aber Manon Gropius wurde durch Alban Berg, der sein Violinkonzert «dem Andenken eines Engels» widmete, unsterblich. Im Mai 1935 kam auch Moholy-Nagy mit seiner Familie nach London und konnte acht Monate neben dem Ehepaar Gropius in den Lawn Road Flats wohnen. Diese Nähe des alten Freunds, mit dem Gropius einige Projekte plante, half sicher auch in der schwierigen Zeit.

Neben den Bemühungen um Aufträge in England intensivierte Gropius die CIAM-Kontakte, denn diese konnten ihm zum einen in der Isoliertheit durch die Emigration helfen und zum anderen befürchtete er ähnlich wie Giedion eine weitere Politisierung der Kongresse. In Vorbereitung des nächsten CIRPAC-Treffens in Amsterdam schrieb er schon im Februar 1935 an Giedion, dass eine «kommunistisch interessierte gruppe (weissmann, sert, stam, coates)»[172] ausgegrenzt werden müsse. Giedion wiederum vermutete Mart Stam, der «die Initiative an sich reißen»[173] wollte, hinter allen Problemen. Da Gropius eine Spaltung befürchtete, forderte er im Militärton, «in einem energischen ansprung» das nächste Treffen so vorzubereiten, «daß alle die initiative der führung verspüren»[174]. Angesichts der politischen Entwicklung und dem Kampf gegen moderne Architektur war Giedion allerdings resigniert, für ihn befanden sich die Modernen «alle im Augenblick im absteigenden Ast der Einflusslinie»[175], niemand wolle sie. Mit Genehmigung der Reichskulturkammer fuhr Gropius zum Treffen vom 9. bis 13. Juni nach Amsterdam, wo die für den 4. Kongress vorbereiteten und weiter ausgearbeiteten Ausstellungstafeln zur «Funktionellen Stadt» im Stadtmuseum gezeigt wurden. Den 45 Tafeln waren die «Feststellungen» vorangestellt, die aus der Analyse der Städte zur Rechtfertigung einer nach Funktionen separierten Stadt entwickelt worden waren. Die Lösung städtischer Probleme ergab sich demnach für alle Städte mit dem Heilmittel einer Funktionstrennung von selbst. Als Ergänzung wurde eine zwischenzeitlich von Wilhelm Hess zusammen mit den Schweizer CIAM-Mitgliedern Rudolf Steiger und Georg Schmidt erarbeitete «Historische Tabelle» gezeigt, in der die technischen, wirtschaftlichen und gesellschaftlichen Bedingungen der verschiedenen Siedlungsformen mit Piktogrammen und Fotos dargestellt waren. So konnte beispielsweise der Zusammenhang zwischen der Entwicklung der Waffentechnik und dem Städtebau visualisiert werden. Auf diese Weise sollte die Stadt als ein ökonomisches und soziales Ganzes vermittelt werden, aber diese materialistische Grundlage erschien Gropius zu politisch und er erreichte deshalb, dass die Tafeln aus der Ausstellung entfernt wurden.[176] Ausgerechnet in der politischen Krise sollte eine Entpolitisierung helfen.

Den August verbrachte das Ehepaar auf Einladung der CIAM-Mäzenin Madame Mandrot in La Sarraz und im Herbst ergaben sich weitere Aufgaben. Für den Bühnenautor Ben Levy und seine Frau, die Schauspielerin Constance Cummings, entwarfen Gropius und Fry ein großes Wohnhaus in Chelsea, das zusammen mit dem gleichzeitig direkt daneben von Mendelsohn und Chermayeff für Levys Vetter Dennis Cohen errichteten Haus eine kleine moderne weiße Bautengruppe mitten in einem historischen Ensemble bildete. Als Pritchard im November eine

Planungen für «wealthy people» 263

Walter Gropius und Maxwell Fry, Projekt für ein Studentenhaus des Christ's College in Cambridge, 1936

neue Firma, die «Isokon Furniture Company», gründete, schloss er mit Gropius einen Vertrag zur Mitarbeit als Berater und Entwerfer für die Sperrholzmöbel. Gropius organisierte darauf auch für Marcel Breuer eine Position, dieser übersiedelte nach England, wohnte ebenfalls in den Lawn Road Flats und entwarf für Pritchard einige Möbel, darunter den bald berühmten Isokon long chair.[177] Im November fuhr Gropius mit Pritchard nach Cambridge, denn C. H. Waddington, Professor für Biologie am Christ's College, hatte ihn zu einem Vorentwurf für ein Studentenhaus des College eingeladen. Gropius und Fry entwarfen einen 5-geschossigen kubischen Bau, den sie als Stahlkonstruktion mit einer Natursteinplattenverkleidung konzipierten. Bei der Vorstellung des Projekts im Februar 1936 vor den Dozenten des College erklärte Gropius, beim Studium alter Meister habe er herausgefunden, dass diese niemals frühere Stile imitiert hätten, sondern die Schönheit ihrer Bauten liege darin, dass sie die gestellte Aufgabe mit der Technik ihrer Zeit lösten und dass zur Einfügung eines Baus «harmoniously into the neighbourhood»[178] das Material der Fassade wichtiger sei als deren Formen. Damit projizierte er zum einen sein eigenes Schönheitsempfinden in die Geschichte, zum anderen kam wieder seine Unkenntnis historischer Formentwicklungen zum Ausdruck, denn gerade bei den Collegebauten war eine stilistische Einheitlichkeit ein Leitmotiv über Jahrhunderte.[179] Die Vorstellung, eine neue Bautechnik müsse im Kontrast zu historischen Formen stehen, war eine der Denkschablonen, die er bis an sein Lebensende verkündete. Seit seiner Emigration war er mit einer Architektur konfrontiert, deren besondere Form von Kontinuität Nikolaus Pevsner später als «The Englishness of English Art»[180] analysierte. Bei historischen Vergleichen beachtete Gropius aber nur das, was seinen Vorstellungen entsprach. In Deutschland hatte er in seinen Vorträgen nur wenige historische Beispiele wie die Augsburger Fuggerei oder Hamburger Giebelhäuser gezeigt, um damit auf geschichtliche Vorbilder einer Normung und Einheitlichkeit zu verweisen.[181] Im November 1934 schrieb er dann an seine Schwester, er sei entzückt «von dem domestical style, der [...] in ganzen straßenzügen und plätzen erhalten ist. [...] ich versuche eine verbindungslinie zur eigenen arbeit zu ziehen, um damit eine traditionelle brücke schlagen zu können.»[182] Als diese Brücke diente ihm dann besonders die einheitliche Bebauung des Royal Crescent in Bath, die er in sein Geschichtsbild einbezog und als Musterbeispiel für sein Mantra «Unity in Diversity» verwendete.

In Cambridge konnte er nur Teile der Dozentenschaft überzeugen, im Mai 1936 erhielt er den Auftrag zu einem Beitrag im Wettbewerb mit zwei konservativen Architekten,[183] aber das Projekt zog sich hin und am 2. März 1937, als bekannt war, dass er nach Harvard ging, kam die endgültige Absage. Ein Neubau entstand erst 1948 in traditionellen Formen. Um dieses Projekt im Zentrum britischer Tradition und Kultur bemühte sich Gropius ganz besonders, denn hier wollte er die von ihm immer wieder verkündete «Bresche» für die moderne Architektur schlagen. Zwölf Jahre später gelang ihm dies mit dem Graduate Center in Harvard und diesen Erfolg verkündete er dann stolz in dem Artikel «Not Gothic but Modern for Our Colleges»[184].

Ein weiteres Schulprojekt beschäftigte ihn bis zu seiner Übersiedlung in die USA. Bei der Suche nach potenziellen Bauherrn war Pritchard mit Gropius bereits Ende November 1934 nach Cambridge zu Henry Morris, dem Leiter des Schulwesens von Cambridgeshire, gefahren. Morris hatte in den 1920er-Jahren gegen die Landflucht das Konzept entwickelt, in ländlichen Gebieten «Village Colleges» als kulturelle und gesellschaftliche Zentren zu errichten, in denen von der Kleinkindbetreuung über die Grundschule bis zur Erwachsenenbildung alle Altersstufen zusammengeführt werden konnten. In Cambridgeshire hatte Morris bereits drei derartige Village Colleges realisieren können, und es gelang, ihn dafür zu begeistern, von Gropius und Fry ein viertes in moderner Architektur planen zu lassen. Die Vorbereitung des Programms dauerte über ein Jahr, dann wandte sich Morris im März 1936 wieder an Pritchard, denn nun ging es darum, Geld für Gropius und Fry aufzutreiben, die privat bezahlt werden mussten, da die für öffentliche Bauten zuständigen Architekten des County übergangen wurden. Mit Unterstützung des berühmten Wirtschaftswissenschaftlers John Maynard Keynes gelang es Pritchard, in kurzer Zeit die benötigten Mittel einzuwerben, wobei er darauf verwies, dass mit Fry das Gefühl für englische Tradition und mit Gropius die Anwendung modernster Bautechnik eingebracht werden könnten.[185] Als Giedion von dem Auftrag erfuhr, schrieb er an Gropius: «Es hilft alles nichts: model for the nation wie Palladio! Hoffentlich ebenso lange anhaltend.»[186] Gropius nahm diesen Vergleich im Mai 1936 in einem Brief an Wagner auf, in dem er ihm stolz mitteilte, er werde eine Schule bauen, denn «einige einflußreiche Persönlichkeiten, darunter keynes haben mich bei den behörden durchgebracht und privatim geld gesammelt»[187]. Die ursprüngliche Kostenschätzung des Entwurfs belief sich auf 20 000 Pfund, aber als Fry und Gropius das Projekt für ein Gelände in Impington ausarbeiteten, stiegen die Kosten auf fast das Doppelte. Als sich Gropius darauf um

Hilfe an Keynes wandte, schrieb ihm dieser verärgert, er sei offensichtlich genauso wie alle anderen Architekten nicht in der Lage, sich an eine festgelegte Summe zu halten.[188] Gropius versuchte, die Kostensteigerungen zu erklären, die sich zum Teil aus der Vergrößerung des Programms ergaben, aber er trug auch selbst einen Teil der Schuld, denn er wollte nicht standardisierte Produkte, sondern eine neue Systembauweise verwenden. Zu einer Lösung kam es erst im Sommer des folgenden Jahres, als Gropius bereits in den USA war, denn nun reduzierte Fry den Umfang und plante eine einfache Ziegel-Verblendkonstruktion, die dann bis Herbst 1939 fertiggestellt wurde. Dieser einzige Bau – neben dem Haus Levy – von Bedeutung während der Zeit in England wurde zwar von Pevsner und Giedion gefeiert, aber er zeigt keine Auseinandersetzung mit der baulichen Situation in England oder eine spezifische architektonische Entwicklung aufgrund der Exilsituation im Sinne eines «keep in keeping»[189], einer Bewahrung des Eigenen trotz Anpassung an das Vorhandene, wie das beispielsweise Bruno Taut in Japan und in der Türkei praktizierte. Gropius setzte mit Fry im englischen Exil seine 1925 formulierten und spätestens seit Ende der 1920er-Jahre fixierten Vorstellungen von «internationaler Architektur», von einem ohne Orts- und Traditionsbezug aus der Konstruktion und Funktion entwickelten Bauen unverändert fort.[190] Die Zusammenarbeit von Gropius und Fry führte zu keiner besonderen gestalterischen Ausprägung, denn der jüngere Partner ordnete sich Gropius wohl weitgehend unter. In seinen 1975 publizierten Erinnerungen verklärte Fry im Rückblick die Zeit mit Gropius als eine gegenseitige Ergänzung: «My feelings came out in my wrist while his still circled in his head, but he made a sort of play of this duality, a Prospero and Ariel game that suited us entirely because it brought out what complemented each other.»[191] In dieser freundlichen Metapher steckt doch der Hinweis, dass Gropius wie üblich formulierte und Fry die zeichnerische Umsetzung in Pläne besorgen musste. Wie viel dabei von ihm konzeptionell und gestalterisch einfloss, ist nicht feststellbar.

Im Winter 1935/36 war Gropius mit diversen Planungen und Vorträgen gut beschäftigt und finanziell einigermaßen abgesichert. Als dann am 1. Januar 1936 Ises Schwester Hertha starb, holte sie deren 10-jährige Tochter Beate nach England und es bildete sich erstmals eine kleine Familie. Die kleine Beate, genannt Ati, half Gropius auch über den Verlust seiner Tochter, sie wurde später adoptiert und ging mit in die USA. Mit einem gut dotierten Auftrag zur Fertigstellung eines bereits im Rohbau erstellten Gebäudes für die Denham Film Laboratories[192] stabilisierte sich Gropius' Situation dann so weit, dass er im Juni 1936 eine permanente Aufenthaltserlaubnis für England erwarb und eine offizielle Büropartnerschaft mit Maxwell Fry einging.[193] Als er dies der Reichskulturkammer mitteilte, bat er um eine Bestätigung, dass seine «künstlerische Betätigung in London im deutschen Interesse liege», die Kammer löschte ihn jedoch aus ihrer Liste zum 15. Juli und verweigerte eine derartige Erklärung.[194] Obwohl Gropius den englischen Behörden erklärt hatte, sich auf Dauer in England niederzulassen, betonte er seinen Status als «Auslandsdeutscher» und achtete sorgfältig darauf, in keinen Konflikt mit offiziellen Stellen in Deutschland zu geraten. Bei einem Artikel über ihn verlangte er vorab, dass «no political hints whatsoever»[195] mit seinem Namen verbunden werden dürften; er lehnte es ab, sich zum Thema Kunst und Staat im NS-Deutschland in «The Listener» zu äußern,[196] und als seine offizielle Partnerschaft mit Fry in Verbindung mit einer Kritik an Deutschland publiziert wurde, schrieb er an die Zeitschrift: «I as a German citizen must protest against having my name associated with an attack on my native country.»[197] Mit den vielfachen Loyalitätsbezeugungen gegenüber Deutschland hielt sich Gropius zum einen die Türe zur Rückkehr offen, zum anderen ermöglichte ihm diese Strategie, mit Behörden in Kontakt zu bleiben, um Geschäfte abzuwickeln, das Land mehrmals zu besuchen und dann im Zusammenhang seiner Übersiedlung in die USA einen Deal auszuhandeln. Über die Vorgänge in NS-Deutschland war er durch den intensiven Briefwechsel mit Kollegen relativ gut informiert.[198] Er äußerte sich aber weder zur

Unterschrift von Mies van der Rohe unter die Ergebenheitsadresse für Adolf Hitler noch zu NS-Aktivitäten ehemaliger Bauhäusler, und ein Treffen mit Hönig in London verlief geradezu freundschaftlich.

Im Juli 1936 konkretisierten sich dann die Kontakte in die USA, die von Lawrence Kocher immer weiter intensiviert worden waren. Joseph Hudnut war im Juni 1935 als Dekan von der Columbia Universität an die Architekturfakultät von Harvard gewechselt und wollte einen Kurswechsel von der dort noch vorherrschenden Beaux-Arts- zur modernen Architektur herbeiführen. Er legte die bisherigen drei Schulen für Architecture, Landscape Architecture und City Planning 1936 zur Graduate School of Design (GSD) zusammen, modernisierte Robinson Hall, den Ort der Architektenausbildung, und begann mit einer Restrukturierung des Lehrplans.[199] Für die Nachfolge des Beaux-Arts-Lehrers Jean-Jacques Haffner besprach er sich mit Alfred H. Barr Jr., dem Direktor des Museum of Modern Art, der ihm J.J.P. Oud sowie Mies van der Rohe und Gropius empfahl. Hudnut bat Barr um unverbindliche Vorgespräche, dieser reiste Ende Juni nach Europa, und als ihm sein Favorit Oud absagte, empfahl er Mies.[200] Nun suchte Hudnut selbst den Kontakt zu Gropius und Mies. Da Gropius mit seiner Frau auf Einladung von Cees van der Leeuw in Holland Urlaub machte und anschließend noch Anfang September an einer CIRPAC-Tagung in La Sarraz teilnahm, fand das erste Treffen mit Hudnut am 20. August in Rotterdam statt. Die beiden verstanden sich, aber im Anschluss an den Besuch Mies van der Rohes in Berlin favorisierte auch Hudnut diesen. Nach der Rückkehr in die USA schrieb er für den Präsidenten von Harvard, James Bryant Conant, ein vergleichendes Gutachten, in dem er Mies als die stärkere künstlerische Persönlichkeit herausstellte, aber als er diesem mitteilte, dass er mit Gropius noch einen Gegenkandidaten hätte, erklärte Mies, dass er keine derartige Wahlsituation akzeptiere, wenn er gewünscht würde, könne keine weitere Person in Betracht gezogen werden.[201] Damit verspielte er den Ruf nach Harvard, denn nun teilte Hudnut am 21. September Gropius mit, er habe den Präsidenten von Harvard gebeten, «to consider the possibility of offering you an appointment as professor of design at Harvard»[202]. In der Folge schickte Hudnut eine Reihe seiner Artikel über Erziehung und Ausbildung von Architekten sowie mit besonderer Empfehlung das Buch *A Study of Architectural Schools* von Frank H. Bosworth Jr. und Roy Childs Jones.[203] Anfang Oktober meldete sich Conant bei Gropius und sie trafen sich am 22. Oktober in London. Gropius berichtete Hudnut, sie hätten ein langes interessantes Gespräch «about aesthetics and education generally»[204] geführt, aber die Berufung sei nicht erwähnt worden. Hudnut führte jedoch die Angelegenheit zielgerichtet weiter und im November wurden alle finanziellen, administrativen und behördlichen Angelegenheiten geregelt.

Ende November fuhr Gropius nach Erfurt, da er als Zeuge zu einer Verhandlung über die Abrechnungen der Siedlung in Bad Dürrenberg vorgeladen worden war. Er wurde anschließend noch von der Gestapo verhört, konnte aber trotz dieser Verzögerung problemlos nach England zurückkehren. Am 8. Dezember erhielt er dann ein Telegramm mit der Mitteilung, der Berufung als Professor of Design zum 1. Februar 1937 sei vom Präsidenten und den Fellows der Harvard Corporation zugestimmt worden. Gropius telegrafierte sofort seine Annahme, bat aber, auch Albers zu berufen, zu dem Hudnut allerdings erklärte, er werde von den Kunsthistorikern der Fakultät abgelehnt. Am gleichen Tag folgte ein langes Schreiben Hudnuts, in dem er ausführte, er wolle eine kleine Gruppe der besten amerikanischen Architekturstudenten zu ihm bringen, deren Ausbildung er völlig in seine Hand lege und ihm dazu alle notwendige Unterstützung geben werde «so that each year we may send out into the country a dozen or more young men who have come under your influence»[205]. Mit Gropius sollte somit jene «Renaissance»[206] der Architektur herbeigeführt werden, die er fast gleichzeitig im Vorwort zur amerikanischen Ausgabe von Gropius' *The New Architecture and the Bauhaus* formuliert hatte. Dann benannte er drei Ziele: Gropius solle mitarbeiten an einer Studie über Erziehungsprobleme in der gesamten amerikanischen Architektur «in the hope that we may devise a new and more rational program in our educational process»; eine bestimmte Zahl fortgeschrittener Studenten «may have your guidance in the development of their own abilities»; und letztlich, dass er die Möglichkeit bekomme, in den USA zu bauen. In einem weiteren Brief teilte er ihm mit, das größte Problem der Architekturschule sei der Streit zwischen den Professoren Killam und Haffner gewesen und dass er keinen Nachfolger bestimmen werde «who is not entirely willing to work with you»[207]. Gropius hatte somit eine geradezu umfassende Garantie für die volle Unterstützung des Dekans.

Bereits am folgenden Tag wandte er sich an den ehemaligen Werkbundgeschäftsführer Ernst Jäckh, der inzwischen am Commonwealth Institute in London tätig war, teilte ihm mit, dass er den Ruf nach Harvard angenommen habe und schlug vor, über Theodor Heuss, einem weiteren ehemaligen Werkbundmitglied, herausfinden zu lassen, «wie man sich offiziell in Deutschland dazu stellt. [...] kulturpolitisch mag für die dortigen Stellen interessant sein, daß zum ersten Mal ein Deutscher diesen Lehrstuhl übernimmt, der bisher von Franzosen besetzt war.»[208] Zusätzlich bat Gropius auch noch Eugen Hönig am 17. Dezember um Hilfe.[209] Auf diesem Wege wollte er zum einen seine Übersiedlung offiziell absegnen lassen und zum anderen eine Erlaubnis zur Verschiffung seines in Deutschland eingelagerten Besitzes in die USA erhalten, ohne dafür 25 Prozent Reichsfluchtsteuer bezahlen zu müssen. Heuss nahm Kontakte zum Propagandaministerium auf und es gelang, dass die gesteuerte und gleichgeschaltete NS-Presse einige kleine Artikel im Sinne eines deutschen Erfolgs in Harvard veröffentlichte und im Gegenzug konnte Gropius später seinen gesamten Hausrat problemlos in die USA holen. In einem Brief an Hönig bedankte er sich ausführlich und erklärte: «Wie bisher werde ich mich auch in Zukunft loyal verhalten und sehe meine Mission in Harvard als die, der deutschen Kultur zu dienen an.»[210] Nachdem die Artikel erschienen waren, schrieb er nochmals an Hönig: «Es ist für mich von größtem Wert, daß ich mich hierbei von der Heimat nicht verlassen fühlen muss, denn es wäre mir ein schrecklicher Gedanke, wenn sich Barrieren zwischen mir und Deutschland aufgebaut hätten.»[211] Gropius ging ins Exil, um seine Karriere fortzusetzen, ohne die Brücken abzubrechen. Alfred Barr hat diese Haltung treffend charakterisiert, als er Gropius in einem Brief an Albers als einen «voluntary exile»[212] bezeichnete.

Nachdem die Berufung bestätigt war, konnte Gropius zur Abwicklung der noch laufenden Geschäfte eine Verschiebung des Amtsantritts auf den 1. April 1937 erreichen. Die Zukunft in Harvard schien ihm nach den mühsamen beiden Jahren in England rosig, seine Hoffnungen richtete er auf die Absprachen mit dem Dekan Hudnut. An Martin Wagner schrieb er am Weihnachtstag 1936: «die graduate school [...] wird mir ganz in die hand gedrückt. dean hudnut, einer der wirklich modernen leute dort, beabsichtigt mit mir die ganze fakultät dort nach meinen ideen neu aufzubauen. da der lehrkörper überaltert ist, ist es der gegebene moment.»[213] 1938 konnte dann auch Wagner auf Vermittlung von Gropius aus Istanbul nach Harvard kommen. Am 9. März organisierten die englischen Freunde für das Ehepaar Gropius ein großes Abschiedsessen mit 135 Gästen, auf dem viele freundliche Worte gewechselt wurden. An die «großartige Rede»[214], die Herbert Read in Anwesenheit von Julian Huxley, Henry Moore und H. G. Wells auf ihn hielt, erinnerte sich Gropius noch viele Jahre später. Er bedankte sich in seiner «Farewell to England»-Rede für die Hilfe und Gastfreundschaft, lobte die ausgewogene Menschlichkeit, aber er konnte es nicht unterlassen, eine Spitze gegen die in seinen Augen mangelnde Unterstützung der Moderne in England zu formulieren: «It has struck me as an architect that a nation which in the past found a way to express itself so perfectly in its buildings – one need only think of Bath and the beautiful unity of Georgian architecture – does not seem to be so keen now on taking the same chance; that is, to create a style in accordance with its social structure and twentieth century way of living.»[215] Genau dies wolle er nun in den USA versuchen: «[...] to take part in the great task of forming the American architecture of the future.»

Am 12. März erfolgte die Abreise von Southhampton mit dem Dampfschiff Europa und am 17. März 1937 kam das Ehepaar in New York an, dort empfing sie ein Telegramm von Hudnut: «welcome to america where happiness and success await you.»[216] Die nächsten Jahrzehnte bis zu ihrem Tod sollten beide in den USA verbringen. Für Gropius war die Berufung nach Harvard der Glücksfall seines Lebens. In England hatte er trotz großer Hilfestellungen nie richtig Fuß fassen können, seine Versuche, sich als Architekt zu etablieren, hatten nur zu mageren Ergebnissen geführt. Mit der Professur an der Eliteuniversität war er nicht nur alle Sorgen los, sondern es begann auch eine geradezu traumhafte internationale Karriere, die er mit einer Mythisierung des Bauhauses verknüpfte.

«Die Bresche erweitern und wirklich fundamentale
Erklärungen für unsere Bewegung geben»
Der Lehrer in Harvard
1937–1952

Gropius bei einer Entwurfskorrektur am Department of Architecture der Graduate School
of Design der Harvard University, um 1945

Die Anfänge in Harvard

Bei der Ankunft in New York wurde das Ehepaar von Anni Albers und Xanti Schawinsky sowie von Joseph Hudnut abgeholt, der schon eine dichte Folge von Treffen mit Vertretern der Presse sowie Persönlichkeiten aus Architektur und Wirtschaft geplant hatte. Dann ging es nach Cambridge/Massachusetts, wo das Ehepaar vorläufig in das Hotel Continental zog. Zeitungen in Boston begrüßten Gropius als den Vermittler der Moderne und über Hudnut wurde das Ehepaar in die Gesellschaft und Gropius in die Architektenschaft eingeführt. Anfang Juni schrieb er an Moholy-Nagy, dass er gerade seine 60. Party hinter sich habe.[1] Hudnut fuhr das Ehepaar auch durch Neuengland, beide begeisterten sich für die Landschaft und schrieben, wie «himmelfroh» sie seien, «dem land des nebels entronnen zu sein und der seelischen alpdrücke»[2]. Bei Gropius kamen mit den Fahrten sogar die alten Indianergeschichten der Kindheit wieder hoch und er begann, sich mit amerikanischer Geschichte zu befassen. In nahezu allen Briefen betonte er die bedingungslose Unterstützung durch den «prachtkerl»[3] Hudnut, dieser sei «ein wirklicher freund»[4], der mit ihm «durch dick und dünn»[5] gehen wolle. Die diversen Erklärungen und Vorträge, die er in den ersten Wochen zu verschiedenen Gelegenheiten formulierte, fasste er in einem programmatischen Artikel «Architecture at Harvard University» zusammen, der im Mai im «Architectural Record», der Zeitschrift von Lawrence Kocher, erschien und mit einem ganzseitigen Foto von 1928 eröffnet wurde, das ihn mit seherischem Blick in die Ferne vor seinem Entwurf von 1922 für die Chicago Tribune zeigt. Der Beitrag begann mit einer Captatio benevolentiae, indem Gropius an seinen ersten Besuch 1928 in den USA erinnerte, bei dem er zutiefst beeindruckt gewesen sei von der enormen Breite der amerikanischen Architektur, deren planerischer Kühnheit und technischer Perfektion er nun seine Experimente anfügen wollte: «I hope my appointment will be a further proof of the American abilty to reconcile and amalgamate the most diverse types of people to create a new form of life of typically American stamp.»[6] Mehrfach betonte er,

Joseph Hudnut und
Walter Gropius, um 1940

dass er keinen «cut and dried ‹Modern Style› from Europe» importieren oder gar eine «Gropius architecture» lehren wolle, sondern es ginge ihm darum, einen Beitrag zu leisten «to the development of American architecture». Damit begegnete er zum einen Ressentiments gegen ihn als Ausländer und zum anderen stellte er klar, dass er sich in die aktuelle Entwicklung der Architektur in seinem neuen Gastland einbringen wollte, so wie sich das Hudnut von ihm gewünscht hatte.

Die USA befanden sich seit der Weltwirtschaftskrise in einer ökonomischen Depression, aus der die Anstrengungen des von Präsident Roosevelt 1933 verkündeten New Deal nur begrenzt herausführten. 1937 lag die Arbeitslosigkeit noch bei 14 und stieg im folgenden Jahr sogar auf 18 Prozent. Seit Jahren wurde deshalb in der Architektenschaft sowohl eine neue Form der Ausbildung als auch ein neues Berufsbild diskutiert, das auf eine praktische Bewältigung der ökonomischen Probleme ausgerichtet sein sollte. Joseph Hudnut war eine zentrale Figur bei den geplanten Reformen, über die er Gropius mit entsprechenden Texten, in denen er seine Ideen entwickelte, informiert hatte. Bei seiner ersten Präsentation nahm Gropius einige Themen und Begriffe dieser Diskussionen auf und stellte sich ganz im Sinne von Hudnut als Lehrer vor, der eine «method of approach» einführen wollte, die junge Architekten in die Lage setzen sollte, «to create true, genuine forms out of the technical, economic and social conditions in which he finds himself»[7]. Die Kreativität der Studenten sollte geweckt werden, damit sie aus sich heraus, ohne historische Vorbilder, zu eigenen Lösungen fänden. Gute Architektur sollte aus der genauen Kenntnis aller Bereiche des Lebens entstehen, die dann zu einer Einheit gebracht werden müssten. Seine «Methode», die Studenten zu kreativer Arbeit zu führen, entwickelte er in den folgenden Monaten zu einer Lehre des «Creative Design» und verknüpfte dabei das Bauhauskonzept einer «Einheit von Kunst und Technik» mit dem Reformprogramm Hudnuts. Mit seinen ersten programmatischen Ausführungen bewegte er sich somit ganz auf der Linie, wie schon seit Anfang der 1930er-Jahre Veränderungen in der Architektur und der Ausbildung von Architekten in den USA diskutiert worden waren und wie Hudnut Harvard reformieren wollte.[8]

Die Architektenausbildung in Harvard begann 1895, ein Graduate Programm in Landscape Architecture folgte 1900, 1914 entstand eine Architekturfakultät mit einer School of Architecture und einer School of Landscape Planning, und 1929 finanzierte die Rockefeller Foundation die erste «School of City Planning» in den USA.[9] Nach dem Ersten Weltkrieg setzte eine allmähliche Veränderung an den meisten Architekturschulen ein, indem das Entwerfen in historischen Formen durch neue technische Fächer ergänzt wurde, die dann zusammen mit einer stärkeren Orientierung an der Praxis allmählich mehr Gewicht gewannen, und dies führte wiederum zu einer Verschiebung der Dominanz historischer Fächer. Im Vergleich zu den Reformen an den Technischen Hochschulen in Deutschland[10] blieb der Praxisbezug in den USA allerdings unterentwickelt und die überall an amerikanischen Architekturschulen vorherrschende Ausbildung nach dem Muster der französischen École des Beaux Arts blieb dominant. Im Zuge der Weltwirtschaftskrise gewann jedoch dann auch in den USA eine stärker auf technische und ökonomische Fragen ausgerichtete Architektenausbildung zunehmend an Bedeutung.[11] In einer vom Architektenverband AIA bei Frank H. Bosworth und Roy Childs Jones in Auftrag gegebenen großen Studie über den Stand der amerikanischen Architekturschulen wurde 1932 die fehlende Baupraxis besonders kritisiert und dabei auf den Einfluss der Büros von Perret und Le Corbusier in Frankreich sowie des Bauhauses verwiesen.[12] Die Studie, die Joseph Hudnut 1936 zu Gropius nach England schickte, empfahl explizit, die vorherrschende Kopiermethode, das Lernen nach historischen Vorbildern aufzugeben und erfahrene Baupraktiker an die Architekturschulen zu holen. In der Folge veränderten sich die Curricula schrittweise und in diesem Prozess spielte Joseph Hudnut, der 1933 Dekan an der Architekturschule der New Yorker Columbia Universität wurde, eine führende Rolle. Bereits nach einem Jahr schrieb er im Juni 1934 in einem Bericht an den Präsidenten, «the technological development in itself implies a new conception of architectural education»[13] und er forderte deshalb grundlegende Veränderungen. Der akademische Zeichenunterricht sowie das Concours-System nach der Methode der École des Beaux Arts sollten abgeschafft und an deren Stelle eine «more scientific attitude» gesetzt werden. Durch Konzentration auf die technischen und sozialen Aspekte der Architektur sollten Architekten erzogen werden «for the reconstruction of our human environment». Hudnut bezog sich dabei auf den großen Erneuerer der Pädagogik in den USA, John Dewey, der eine Erziehung in den «methods of living»[14] durch Praxis und Experiment propagierte.

Über die anschließende Veränderung der Ausbildung an der Columbia University wurde mit Schlagzeilen berichtet, allerdings mit dem Hinweis, dass mit der Abwendung von dem französischen Ausbildungssystem die amerikanischen Schulen generell wieder zu ihren Ursprüngen zurückkehrten.[15] 1935 erklärte Hudnut in einer Rede an die Architektenschaft in Boston, die angehenden Architekten hätten eine soziale Aufgabe, die sie nicht erfüllen könnten, wenn sie nur «a wonderland of drawings»[16] zur Anregung der Phantasie produzierten. Demgegenüber forderte er: «I hold it essential that from the beginning of architectural education we should devise some method whereby the creation of practical buildings and the discovery of beauty may be made integral parts of a common process.» Die Lehrer müssten diesen Prozess anstoßen und den Studenten ein Bewusstsein der «social implications of their art» vermitteln. Auch mit diesem Appell bewegte sich Hudnut ganz im Rahmen und in der Begrifflichkeit der Reformpädagogik Deweys.[17] Als 1936 die Ergebnisse einer Umfrage veröffentlicht wurden, mit der die amerikanische Architektenvereinigung AIA den Stand der Ausbildung an allen amerikanischen Architekturschulen erfassen und analysieren wollte, zeigte sich, dass an mehreren Schulen bereits eine obligatorische Baupraxis eingeführt worden war und dass viele Studentenentwürfe keinerlei historisierende Formen mehr zeigten, sondern funktional konzipiert waren.[18]

Als Hudnut im Juni 1935 als Dekan an die Faculty of Architecture in Harvard kam, leitete er sofort eine Reihe von Reformen ein. Er legte die drei Schulen zu einer Graduate School of Design (GSD) zusammen, gestaltete den Lehrplan um und ließ Robinson Hall, die 1904 von den Protagonisten der Beaux-Arts-Architektur McKim, Mead and White im Harvard Yard errichtete Architekturschule, im Inneren purifizieren. Die großen Gipsabgüsse im zweigeschossigen Eingangsfoyer, die in Anlehnung an die Pariser École des Beaux Arts als optisches Zentrum einer an der Antike als Vorbild orientierten Ausbildung dienten, wurden entfernt.[19] Hudnut setzte damit ein radikales Zeichen für die Umstrukturierung der gesamten Ausbildung, die auch in Harvard bislang auf dem System der École des Beaux Arts basierte. Die mit enormem Aufwand gefertigten aquarellierten Zeichnungen wurden durch technische Pläne ersetzt, das Wettbewerbsprinzip, dessen Maßstab die in kurzer Zeit gefertigte «esquisse» war, wurde abgeschafft, nun ging es um konkrete baupraktische Entwürfe. Bei diesen Veränderungen konnte sich Hudnut nicht nur auf den Präsidenten der Universität, sondern auch auf die Studenten stützen, die sich gegen historisierende Architektur wandten und eine Ausrichtung auf Baupraxis wünschten.[20] Als im Juni 1937 die Princeton School of Architecture eine Tagung organisierte, schrieb der Berichterstatter: «It was clearly evident throughout the conference that the sympathy of the student is all with the modern movement.»[21]

In dieser Umbruchphase holte sich Hudnut mit Gropius eine entscheidende Hilfe an die Graduate School of Design, denn dieser vertrat rigoros eine Architektur, die aus der Analyse der Bedürfnisse und Funktionen sowie aus der Beherrschung von Material und Konstruktion entwickelt werden sollte – international gültig und ohne Bezug zu Ort und Geschichte. Beim Bauen ging es demnach um eine «science of technique»[22], zu der aber nach Gropius noch die «science of space» kommen musste, beide zusammen sollten durch kreative Arbeit zu einer Einheit gebracht werden. Wie bei der Etablierung des Bauhauses wandte sich Gropius gegen die Lehre an den Akademien, bei der angeblich nur tote historische Formen, nur die ästhetischen Normen einer «fine art»[23] vermittelt wurden. Kreative Gestaltung beruhte hingegen auf einer «formative art», mit der den Kräften der Gegenwart ein genuiner Ausdruck gegeben werden kann. Mit dieser Unterscheidung bezog sich Gropius auf den 1934 in die USA emigrierten Architekten Walther C. Behrendt, der die beiden Begriffe unter Berufung auf Goethe in der Publikation *Modern Buildings*[24] verwendet hatte und von dem bereits 1927 die «Formkraft unserer Zeit»[25] als Grundlage moderner Gestaltung definiert worden war. Die Kreativität sollte in der Art des Bauhaus-Vorkurses durch «preliminary training» geschult wurden, bei dem es darum ging, befreit von allen Konventionen, die natürlichen Gesetze von Material, Proportion oder Farbe kennenzulernen. Diese universal gültige «grammar of design» sollte gelernt werden, «in order to stipulate the student's mind towards his own creative thinking to the laws of nature»[26]. Der Student sollte somit die Grammatik der Moderne einüben – Behrendt nannte das die «Syntax unserer [...] lebendigen Sprache erlernen»[27] –, die so universal sei wie die Lehre vom Kontrapunkt in der Musik. In einer kühnen, aber historisch völlig abwegigen Volte behauptete Gropius, es hätte einen «counterpoint of space» in der griechischen und gotischen Kunst gegeben, diese «natural laws» seien aber durch die Lehren der Akademien verloren gegangen und müssten nun als «true tradition» wiederbelebt werden. Durch die Verbindung von «the art of building and the art of space» sollte eine neue Einheit entstehen, die Gropius wieder mit einem Verweis auf die Einheit von Handwerker, Künstler und Architekt in der Gotik – angeblich «the last original cultural epoch in Europe»[28] – untermauerte. In Harvard sollte die Einheit von «skillful builder» und «creative designer» geschaffen werden: «a man who tends to find the right expression for our new civilisation of the machine-age; a man of new vision.»[29]

Bei seinen vielen Ausführungen zur Erziehung bezog sich Gropius zwar fast ausschließlich auf die Bauhauslehre, aber er betonte das Experimentieren und übernahm Dewey's Begriff «learning by doing»[30], deshalb konnte sein Programm von amerikanischen Hörern direkt auf die auch von Hudnut vertretene Reformpädagogik von John Dewey bezogen werden, der Erziehung als einen «organic creative process» zur Lebensbewältigung bezeichnet hatte.[31] Die Vorstellung, man müsste alle Konventionen beseitigen, um eine ursprüngliche, universelle Kreativität zur Entfaltung zu bringen, gehörte zwar auch zu Deweys Pädagogik, aber bei Gropius war die Geschichtsfeindlichkeit geradezu obsessiv ausgeprägt. An Giedion schrieb er im Juni 1937, in Harvard müssten «ganze geologische schichten des unverstandes weggeräumt werden»[32]. Ohne dies zu benennen, verkündete er damit das Ideal aus Rousseaus *Émile oder Über die Erziehung*, nach dem die Fähigkeiten des Menschen von der Natur gebildet werden, und deshalb sei es die Aufgabe der Erziehung, diese natürlichen Anlagen zu entfalten und vor falschen Einflüssen aus der Gesellschaft zu bewahren. In diesem Sinne erklärte Gropius, wie schon am Bauhaus, historischer Unterricht sollte erst dann stattfinden, wenn die natürliche Kreativität gefestigt sei.

Mit seinem Programm reihte sich Gropius somit in eine Entwicklung ein, die seit fast einem Jahrzehnt die amerikanischen Architekturschulen revolutionierte. Die Ablösung der dominanten Beaux-Arts-Schule war in vollem Gange und wurde auch als Befreiung von «foreign influences»[33] gesehen: «American Schools Declare Independence». Die von Gropius propagierte Wendung zu Baupraxis und Baukonstruktion wirkte für viele Hochschullehrer und Architekten deshalb ganz geläufig und ein Berichterstatter meinte nach einem Vortrag zu dessen Ausführungen: «Was it not our old credo reasserted in modern language?»[34] Die Abwendung von der Beaux-Arts-Architektur war nicht Gropius' Leistung, auch wenn er dies später behauptete, aber er wirkte daran an hervorgehobener Position und als Repräsentant der neuen Richtung mit. Veränderungen konnte er ohnehin nur mit Hilfe des Dekans Hudnut erwirken, er selbst war dazu als Professor und seit 1938 als Chairman des Department of Architecture gar nicht in der Lage. Ein bislang obligatorischer Kurs über «Grundlagen des Zeichnens und Malens» entfiel, Modellbauwerkstätten sowie ein «Collaborative Studio» zur gemeinsamen Besprechung von Projekten mit Regionalplanern und Landschaftsarchitekten wurden eingerichtet und nach einem Jahr die drei Pflichtkurse zur Architekturgeschichte von der Antike bis zur Renaissance in Wahlfächer umgewandelt.[35] Ein «Harvard Bauhaus»[36] entstand jedoch zu keinem Zeitpunkt, obwohl dies von manchen befürchtet und von anderen erhofft wurde, denn zum einen hatte es eine Architektenausbildung am Bauhaus unter Gropius praktisch nicht gegeben, zum anderen basierte das Konzept des Bauhauses auf einem Vorkurs sowie auf einer gleichzeitigen künstlerischen und handwerklich-technischen Ausbildung, die es in dieser Form in Harvard nie gab. Hudnut wünschte sich, dass Gropius den Reformgeist des Bauhauses zur Gestaltung der modernen technischen Welt nach Harvard bringen sollte und dabei unterstützte er ihn bedingungslos. Zu Diskrepanzen zwischen den beiden kam es erst viele Jahre später, u. a. als Gropius einen Grundkurs à la Bauhaus einführen wollte.

Am 14. April 1937 begann Gropius sein erstes Master-Class-Semester an der Graduate School mit einem Entwurf für «An Apartment House Group»[37], den er zusammen mit dem Kollegen Holmes Perkins durchführte. Nach dem neuen methodischen Ansatz mussten die Studenten detailliert Fragen der Funktion, der Finanzierung und des Verkehrs untersuchen und dazu auch Berechnungen vorlegen, erst darauf aufbauend erfolgte eine zeichnerische Ausarbeitung, bei der es nicht mehr um schöne Präsentation, sondern um nachprüfbare Aussagen ging.

Obwohl Gropius nur etwa ein Dutzend Studenten in seiner Master Class zweimal wöchentlich betreuen musste und keine Vorlesungen hielt,[38] organisierte er schon im Laufe des Semesters über Hudnut eine Anstellung für Marcel Breuer, der ihm beim Unterricht zur Hand gehen sollte. Außerdem wollte er ein Architekturbüro eröffnen und dazu brauchte er wieder einen Partner. Als Gropius am 1. Juni 1937 Breuer die Stelle anbot, schrieb er, «die zusammenarbeit mit dir in den ersten zwei jahren würde ganz mir überlassen und ich sehe keinerlei schwierigkeiten darin.» Und launisch fügte er hinzu: «falls du bockig sein solltest, stauche ich dich.»[39] Er konnte nicht ahnen, dass dieser Fall vier Jahre später eintreten sollte. Die Anstellung von Breuer als Research Associate erfolgte bereits zum Wintersemester mit der Option, später eine feste Stelle zu erhalten.

Nach dem Semester mietete das Ehepaar Mitte Juni ein Ferienhaus am Strand von Planting Island in Marion/Massachusetts und machte dort fast drei Monate Urlaub. Zum 5. CIAM-Kongress, der vom 28. Juni bis 2. Juli in Paris stattfand, fuhr Gropius nicht, vielleicht auch deshalb, weil Le Corbusier den gesamten Kongressverlauf selbst festgelegt und auf sich zugeschnitten hatte und für ihn damit wenig Raum geblieben wäre. An Giedion, der ihm immer treulich alles berichtete, schrieb er, die französische Gruppe kümmere «sich einen dreck um alles was wir beschlossen haben», Le Corbusiers Rapport sei arrogant und teilweise oberflächlich und gehe «über die großen fragen wie namentlich die ökonomischen im bausch und bogen mit großer geste» hinweg, er sei eben «nur theoretisch sozial, aber nicht in der praxis.»[40] Das stimmte zwar, denn das von Le Corbusier diktierte Thema «Logis et Loisirs» war schon vom Ansatz unpolitisch, aber Gropius hatte selbst auch keine dezidierte Stellung zu sozialen Fragen des Wohnens bezogen und er genoss jetzt sein luxuriöses Leben in Neuengland in vollen Zügen. Im Laufe des Sommers kamen Herbert Bayer aus Berlin, Marcel Breuer und Moholy-Nagy aus London, Xanti Schawinsky vom Black Mountain College in North Carolina sowie der aus Protest gegen die Ausstellung «Entartete Kunst» emigrierte Museumsdirektor Alexander Dorner zu Besuch in das Strandhaus, das sie dann als «Sommer-Bauhaus»[41] bezeichneten. Gropius betätigte sich wieder als Netzwerker und organisierte Positionen und Aufträge. Seine umfangreiche Korrespondenz spiegelt, dass sich zum einen seine Hilfe nahezu ausschließlich auf Bauhausangehörige konzentrierte und dass er zum anderen die Situation in den USA als einen «brachacker»[42] sah, auf dem das Bauhaus seine Saat einbringen sollte. Mit Moholy-Nagy hatte er schon seit Monaten korrespondiert und ihn im Mai für die Leitung einer geplanten «American School of Industrial Design» in Chicago vorgeschlagen: «ich wäre nur zu froh, wenn wir hier wieder, wenn auch örtlich nicht allzu nah, in dieselbe kerbe hauen könnten.»[43] Moholy-Nagy nahm an und konnte ein «New Bauhaus» am 18. Oktober eröffnen.[44] Gropius blieb ständiger Ansprechpartner und versuchte immer wieder, bei den vielen auftretenden Schwierigkeiten zu helfen und zu vermitteln. Auch Herbert Bayer bekundete größtes Interesse, in den USA zu arbeiten, für ihn konnte Gropius einen Auftrag für die im folgenden Jahr geplante Bauhaus-Retrospektive in New York organisieren. Breuer kam am 2. August 1937 in den USA an und blieb auf Dauer. Mit ihm gründete Gropius ein Büro, das zuerst auf dem Campus in Hunt Hall untergebracht war und 1938 in Räume am Harvard Square zog. Gropius beantragte im Oktober die Aufnahme ins Architektenregister und die beiden begannen mit Bauplanungen – zuerst für ein eigenes Haus von Gropius.

Das Gropius-Haus in Lincoln – neuer Regionalismus?

Über Henry R. Shepley, den stellvertretenden Vorsitzenden des Visiting Committee der Graduate School of Design, kam Gropius in Kontakt mit Mrs. James Storrow, einer reichen, philanthropisch und mäzenatisch engagierten Frau, die in schönster Lage in Lincoln bei Boston große Ländereien besaß.[45] Noch im September 1937 konnte das Ehepaar in deren Nachbarschaft ein Haus im «Colonial Style» an der Sandy Pond Road mieten und über Shepley gelang es, dass sich Mrs. Storrow bereit erklärte, auf einem zweieinhalb Hektar großen Grundstück auf ihre Kosten ein Haus für Gropius nach dessen Plänen errichten zu lassen. Vertraglich wurde eine Option vereinbart, dass Gropius anschließend das ganze Anwesen innerhalb einer Frist von sechs Jahren erwerben und dazu die zwischenzeitliche Miete in Anrechnung gebracht werden konnte. Gropius war das eigene Haus nicht nur aus Standesgründen wichtig, um sich als Harvard-Professor in der gehobenen Gesellschaft zu präsentieren, sondern er verstand den Neubau auch als eine Art Visitenkarte, mit der er seine architektonischen Vorstellungen potenziellen Klienten präsentieren konnte. Gegenüber seiner Schwester brüstete er sich, dass er das höchste Gehalt eines Universitätsprofessors in den USA bezog sowie mit Vorträgen und Artikeln zusätzlich Geld verdiente.[46] Nach dem Direktorenhaus in Dessau konnte er zum zweiten Mal ohne eigenes Kapital für sich ein Haus bauen, das er dieses Mal dann auch wie geplant erwarb.

Bereits nach den ersten Fahrten durch Neuengland hatte Gropius im

Haus Gropius in Lincoln/Mass., um 1938

April in einem Brief an Breuer von den weiß gestrichenen Holzhäusern im Colonial Style geschwärmt: «sie sind in einfachheit, in funktionalität und einheitlichkeit ganz auf unserer linie. die einladende gebärde dieser häuser spiegelt die unwahrscheinliche gastlichkeit dieses landes, die wohl noch aus der alten pionierzeit stammt, wider.»[47] Die Planung des eigenen Hauses erfolgte dann gemeinsam mit Breuer, wie die Entwurfsanteile dabei verteilt waren, ist nicht bekannt. Versuche einer «Händescheidung» führten meist zur Annahme, dass Gropius sein eigenes Haus im Wesentlichen selbst entworfen habe und dass das etwa ein Jahr später geplante private Haus von Breuer, für das Mrs. Storrow ein Nachbargrundstück zur Verfügung stellte und wieder die Finanzierung vorstreckte, von dem Juniorpartner konzipiert worden sei. Die beiden hatten vorher noch nicht zusammengearbeitet, aber die beiden Häuser zeigen einen völlig anderen architektonischen Ausdruck als die bisherigen Bauten von Gropius. Sie verweisen somit zum einen auf eine Auseinandersetzung mit den regionalen Bauformen, zum anderen aber auf die Handschrift von Breuer, der bereits in England während der kurzen Partnerschaft mit F. R. S. Yorke 1936 mit dem Pavillon für den Möbelhersteller Crofton Gane auf der Royal Show in Bristol ein Bauwerk errichtet hatte, bei dem er den strengen kistenförmigen Baukörper öffnete und Naturstein mit Holz und großflächiger Verglasung kombinierte. Ausdrücklich erklärte er dazu: «The most traditional of all building materials, natural stone, is here combined with window walls of glass in steel frames. Even the oldest building material has changed and obtained new content and form. In this sense and in special cases the more traditional materials can be used to express modern ideas of building just as readily as the newest materials; for this reason we must not underestimate their values.»[48] Die Kombination von Elementen der weißen, technischen Moderne mit Naturstein und Holz war keine Erfindung von Breuer, sondern Le Corbusier hatte diesen Materialkontrast erstmals 1931 bei der Villa für die CIAM-Mäzenin Madame Mandrot in La Sarraz inszeniert. Durch die Materialcollage erhielt das Gebäude einen Bezug zu traditionellen Bauweisen, ohne dass der moderne Charakter geleugnet wurde. In seinem architektonischen Werk versuchte Le Corbusier immer wieder, elementare Bauformen, in denen er die Sedimentierung von Funktionen über lange Zeiträume zu einem Standard sah, für die moderne Architektur zu adaptieren.[49] Diesen Ansatz verfolgte auch Breuer, der Le Corbusiers Villa Mandrot kannte und sich seit Anfang der 1930er-Jahre mit «Volkskunst» befasste.[50] 1934 bezeichnete er in einem Vortrag alte Bauerhäuser als «echte nationale Kunst», die mit der Moderne «das Unpersönliche ihrer Formen und die Tendenz, sich nach allgemeintypischen, rationellen Grundlinien zu entwickeln»[51], gemeinsam habe.

Bei der Planung von Gropius' Haus ging es darum, zum einen die typische Holzarchitektur Neuenglands in eine moderne Architektur zu transformieren, und zum anderen musste darauf geachtet werden, dass die Ausführung von heimischen Handwerkern ohne zu großen Aufwand kostengünstig bewerkstelligt werden konnte, denn die Bauweise sollte sich für weitere Aufträge eignen und Gropius wollte den Bau ja später nicht zu teuer erwerben. Das Haus kostete dann 18 000 Dollar, bei einem Jahresgehalt von 10 000 Dollar sowie diversen Nebeneinkünften und einem prosperierenden Architekturbüro war Gropius der Erwerb somit nach einigen Jahren relativ leicht möglich. Die traditionelle genagelte Holzrahmenkonstruktion, der «Balloon frame», wurde mit einer weiß gestrichenen Stülpschalung verkleidet, in die Fensterbänder sowie großflächige Verglasungen für Holz- und Metallfenster eingeschnitten sind. Die Wände wirken dadurch flächig und betonen den rechteckigen Baukörper, dessen Geometrie aber durch einen schräg gestellten überdachten Zugang mit Glasbausteinwand und eine vorgelagerte überdeckte Veranda aufgelockert wird. Der Bau öffnet sich «gastlich» zur Umgebung, wobei auf die Besonnung des Wohnzimmers durch die tiefstehende Wintersonne und die Verschattung der Veranda im Sommer geachtet wurde.[52] Der niedrige Sockel aus Bruchsteinmauerwerk sowie die gemauerte, aber dunkelgrau gestrichene Kaminwand treten in der Wirkung zurück, nur bei den Bodenplatten, die sich wie bei den von Alfred und Emil Roth zusammen mit Breuer entworfenen Zürcher Doldertal-Häusern in den Eingangsbereich hineinziehen, tritt der Naturstein hervor. Der in Jahresfrist fertiggestellte Bau vermittelt nur durch die weißen Flächen einen leisen Anklang an den Colonial Style der umliegenden Bauten. Die Bezeichnung von Giedion als «neuer Regionalismus»[53], der für ihn «Heutiges und Ewiges» in Einklang bringt, ist ein Euphemismus.

Das Haus mit großem Grund in schönster Landschaft wurde zum Lebenszentrum des Ehepaares und der adoptierten Tochter Ati. In den ersten Jahren führte es Gropius auch seinen Studenten als beispielhafte Gestaltung und Konstruktion vor. Hier kamen Frank Lloyd Wright, Lewis Mumford, Igor Strawinsky oder Hélène Mandrot zu Besuch und Ise erfreute sich an der Natur und den Tieren, die bis an das Haus kamen. In einem Brief an Heinrich Böll beschrieb sie später, wie dort im Kreise der Familie Weihnachten gefeiert wurde. Gropius las nach der in seinem

Elternhaus gepflegten Tradition aus der Familienbibel die Weihnachtsgeschichte vor sowie anschließend Goethes Aufsatz über die Natur und Jean Pauls «Rede des toten Christus» aus dem Siebenkäs, einen Text, den er «für das größte Stück deutscher Prosa»[54] hielt.

Bei Breuers eigenem Haus ist der Kontrast zwischen Naturstein, Holz und Glasflächen weitaus stärker ausgebildet – Naturstein zieht sich großflächig horizontal und vertikal von der Gartenmauer über die Veranda ins Innere und bildet eine ganze Wand des Wohnzimmers. Dieses Spiel mit dem Kontrast zwischen grobem Naturstein und scharfkantigen Glas-, Holz- oder Metallflächen, die collageartig ineinandergeschoben werden, findet sich auch beim fast gleichzeitig entworfenen Haus Hagerty in Cohasset/Mass. und dann bei nahezu allen Wohnhäusern, die in den folgenden Jahren aus der Partnerschaft von Gropius und Breuer hervorgingen. Da Breuer dieses Entwurfsmotiv bereits in England verwendet hatte und dann auch bei seinen Häusern nach der Trennung von Gropius weiterentwickelte, ist anzunehmen, dass er diese frühen Planungen konzeptionell dominierte und dass Gropius nur bei seinem eigenen Haus diesen Kontrast bewusst etwas unterdrückte. Die Zusammenarbeit zwischen den beiden ist nicht mit der gemeinsamen Arbeit von Gropius und Adolf Meyer vergleichbar. Meyer brachte keine bereits entwickelte eigenständige Architektur in das von Gropius geleitete Büro ein und nach seinem Ausscheiden veränderte sich seine architektonische Sprache. Bei Breuer war er genau umgekehrt, er vermittelte ein neues Konzept und führte dieses anschließend eigenständig weiter, während Gropius mit seinen späteren Partnern als Architektenpersönlichkeit buchstäblich «verschwand». Nach den Berichten von Studenten und Zeitgenossen sprühte Breuer beim Entwerfen oder bei Entwurfskorrekturen vor Ideen, die er mit sicherer Hand schnell skizzierte, während Gropius wie üblich seine Vorstellungen verbal artikulierte und nur in seltenen Fällen ein paar Bleistiftstriche ausführte.[55] Nach diesen Erinnerungen lief deshalb auch der zeichnerische Entwurfsvorgang in der Partnerschaft über Breuer, die Beiträge von Gropius sind demgegenüber in ihrer Bedeutung schwer einzuschätzen. Aber auch hier gilt, dass einzelne Anteile in einem Entwurfsprozess nicht mehr ablösbar und ohne genaue Kenntnis der Abläufe weder quantifizierbar noch qualifizierbar sind und dass auch verbale Hinweise und Vorgaben entwurfsbestimmend sein können. In der Anfangszeit brachte Breuer Gropius Respekt entgegen und war ihm dankbar, aber wie schon am Bauhaus war er sich seiner Bedeutung voll bewusst, achtete auf seinen Verdienst und nach vier Jahren zerbrach die Zusammenarbeit.

Gropius behauptete zwar später, dass er mit seinem Haus eine neue Architekturform nach Neuengland gebracht hätte, die sich dann schnell verbreitete, aber die erste Umformung der weißen kubischen Moderne in einen Holzbau in Massachusetts entstand bereits 1932 mit dem Haus von Eleanor Raymond für ihre Schwester Rachel und deren Partnerin Edith Kingsbury in Belmont bei Boston.[56] Derartige Adaptionen des traditionellen Balloon Frame finden sich in den Jahren vor dem Zweiten Weltkrieg auch in anderen Neuengland-Staaten, die vielen Beispiele veröffentlichten James Ford und Katherine Morrow Ford bereits 1940 in der Publikation *The Modern House in America*[57]. Der Bautyp gehört in den Zusammenhang einer Erweiterung der Formensprache der technischen Moderne und einer damit verbundenen Suche nach Einbeziehung regionaler Bautraditionen, die sich im Zuge der Ausbreitung des «International Style» – vielfach angestoßen durch Le Corbusier – in den 1930er-Jahren in verschiedenen Ländern entwickelte. In diesem Kontext ist auch die spezifische von Breuer und Gropius gestaltete Bauform zu sehen. So errichtete Alvar Aalto mit der Villa Mairea in Noormarkku 1938 ebenfalls eine Collage aus technischen und traditionellen Bauformen und Baumaterialien, aber ihm ging es darum, sich von einer dogmatischen Anwendung moderner Architektur zu lösen, um in der Kombination mit rustikalen sowie typisch finnischen Elementen einen neuen, organischen Ausdruck zu präsentieren.[58] 1935–1939 errichtete Frank Lloyd Wright mit «Falling Water» eine Villa, durch die sich das Wasser und Gestein der Umgebung buchstäblich hindurchziehen und mit dem

Jacobs Haus in Wisconsin entstand 1937 das erste seiner «Usonian Houses», bei denen er weitgehend ortsübliche Materialien verwendete und eine neue «amerikanische» Bauform entwickeln wollte.[59] Bei Wright und Aalto wäre der Begriff «Neuer Regionalismus» weitaus mehr begründet als bei den Wohnbauten von Gropius und Breuer, bei denen technoide Elemente mit Holz und Naturstein zu abstrakten Kompositionen verknüpft wurden, die sich von der umgebenden Natur absetzen.[60] Bezeichnenderweise wurde der Naturstein in den Gropius-Breuer-Häusern auch nicht als geschichtetes Mauerwerk, sondern als betonierte Wand mit ornamentaler Oberfläche dekorativ eingesetzt. Die Erfahrungen des traditionellen Holzbaus kamen dabei nicht zum Tragen, denn einige der Häuser wiesen bald Bauschäden auf. Beim Besuch der Villa Mandrot hatte sich Breuer noch darüber amüsiert, dass der Bau überall undicht sei,[61] aber auch bei seinem eigenen Haus regnete es nach zwei Jahren durch das Dach und die Konstruktion des Hauses Hagerty war für die Lage am Meer komplett ungeeignet.[62]

Bereits im Wintersemester 1937/38 wirkte Breuer an der Lehre mit und nun begann Gropius, seine Position in Harvard weiter auszubauen. Mit Hilfe von Hudnut gelang es, Sigfried Giedion als Charles Eliot Norton Professor for Poetry für das Wintersemester 1938/39 zu berufen. Die hochdotierte renommierte Professur verpflichtete nur zu einer Vorlesungsreihe, die anschließend von Harvard Press publiziert wurde. Als Gropius dem Freund die Berufung am 23. Dezember 1937 mitteilte, verwies er darauf, dass Thomas Mann nur an zweiter Stelle platziert sei, und er skizzierte ihm gleich seine Vorstellung von der Zielsetzung der Vorlesungen: «da durch mein kommen und hudnut's hiersein die ganze frage der architektur in allen köpfen hier aktuell geworden ist, dachte ich es könnte keiner besser die bresche erweitern und wirklich fundamentale erklärungen für unsere bewegung geben als du.»[63] Giedion arbeitete seit Jahren an einem Manuskript über «Die Entstehung des heutigen Menschen», in dem er Zusammenhänge von Architektur und Gesellschaft, die er in seiner Arbeit über den Stahlbeton in Frankreich bereits 1928 untersucht hatte, aufzeigen wollte. Aber Gropius drängte darauf, Architektur konkret darzustellen, denn ihm ging es darum, dass die Entstehung der Moderne aus der Stilgeschichte, wie sie bislang in Harvard gelehrt worden war, herausgenommen werden sollte. Für die zwölf Norton lectures, die Giedion dann zwischen 15. November 1938 und 11. April 1939 hielt, verfasste er eine Geschichte der modernen Architektur, die sich in der Art eines Triumphzugs durch die verschiedenen Länder entfaltete. Dabei verschob er die historischen Zusammenhänge aus einer von seiner Tätigkeit für CIAM geprägten Perspektive sowie im Hinblick auf seine persönlichen Neigungen und Freundschaften. Die englische Arts and Crafts-Bewegung und der Deutsche Werkbund wurden marginalisiert, die expressive Architektur von Hugo Häring, Erich Mendelsohn und Hans Poelzig kam ebenso wenig vor wie das soziale Bauen von Bruno Taut und Hannes Meyer, und umso mehr betonte er dafür das Werk von Le Corbusier und Gropius. Da er die Architektur der School of Chicago 1938 erstmals persönlich sah und sich mit den Arbeiten des Architekturkritikers Lewis Mumford auseinandersetzte, der die USA als Geburtsort der modernen Architektur benannte, fügte Giedion ein Kapitel über Frank Lloyd Wright und den Einfluss von Amerika auf Europa ein.[64] Gropius befand sich also mit Corbusier und Wright in einem Triumvirat, während sein Gegenspieler Mies van der Rohe, der inzwischen am Armour Institute of Technology in Chicago lehrte, nicht einmal erwähnt wurde. Diese Parteilichkeit Giedions, der damit die Architekturgeschichte gezielt verfälschte, wurde ihm später immer wieder nachgewiesen und vorgeworfen.

Die Vorlesungen kamen bei den Studenten in Harvard nur mit mäßigem Erfolg an, das lag zum einen daran, dass Giedions Englisch begrenzt war, obwohl er von dem mit ihm befreundeten James Joyce noch in Zürich Nachhilfe erhalten hatte, zum anderen da er die Sachverhalte stark theoretisierte. Bei der anschließenden Ausarbeitung gelang es Giedion allerdings, mit Hilfe der Typographie von Herbert Bayer eine Dynamik zwischen Bild und Text zu erzeugen. Es entstand ein «visually driven book»⁶⁵, das unter dem Titel *Space, Time and Architecture* zum Handbuch der modernen Architektur avancierte und dessen publizistischer Erfolg mit dem Triumph der Moderne in der Nachkriegszeit geradezu verschmolz. Die Vorstellung von der Entstehung einer neuen Tradition, die zum Untertitel «The Growth of a New Tradition» führte, hatte Giedion schon in seiner Publikation über den Stahlbeton in Frankreich⁶⁶ entwickelt und in den Schriften von Henry-Russell Hitchcock fand er dazu weitere Anregungen.⁶⁷ Im Gegensatz zu Hitchcock, der 1932 den Begriff «International Style» geprägt hatte, lehnte Giedion jedoch ganz wie Gropius jeden Stilbegriff ab, wie das Bauhaus sollte die moderne Architektur als eine Bewegung verstanden werden, die aus der industrialisierten Welt entstand und als «Living architecture»⁶⁸ der modernen Welt entsprach. Bei den folgenden Auflagen fügte Giedion immer wieder neue Kapitel ein, nun erhielten auch Mies van der Rohe und Alvar Aalto einen Platz im Kanon seiner Architektur, aber der einseitige Blickwinkel veränderte sich nicht, die moderne Architektur bewegte sich in den von ihm vorgezeichneten Bahnen, Gropius blieb eine seiner Leitfiguren, und als in den 1960er-Jahren die Kritik an dieser Sicht auf die Architektur immer stärker wurde, traf sie insbesondere auch Gropius.

Neben der Berufung von Giedion gelang Gropius im Wintersemester 1937/38 eine weitere Stärkung seiner Position. Henry Hubbard, Chairman des Department of City and Reginal Planning, hatte sich schon vor der Ankunft von Gropius gegen die Pläne von Hudnut zu einer Zusammenlegung der drei Schulen gewandt, da er Eingriffe in seinen Bereich fürchtete. Als Dekan saß Hudnut aber am längeren Hebel, und als sich Hubbard weigerte, einen Kurs über «housing» aufzunehmen, organisierte er Mittel über das «Rockefeller Committee on Displaced German Scholars» und berief 1938 auf Empfehlung von Gropius den früheren Stadtbaurat von Berlin, Martin Wagner, als Assistant Professor of Regional Planning an das Department of Architecture. Hudnut hoffte, damit Hubbard so zu brüskieren, dass sich dieser zurückzog, dies geschah allerdings nicht, erst nach einer weiteren Auseinandersetzung schied er 1941 aus und anschließend konnten der Dekan und Gropius das Department stärker nach ihren Vorstellungen strukturieren.[69] Mit Wagner war Gropius seit seiner Emigration nach England in Verbindung geblieben, dieser informierte ihn über die Entwicklung im NS-Deutschland, und als er 1935 als städtebaulicher Berater nach Istanbul ging, sandte er detaillierte Berichte über die dortigen Zustände sowie über die Tätigkeit von Bruno Taut und anderen deutschen Emigranten.[70] In den Briefen klang immer wieder der Wunsch an, die Türkei zu verlassen und so war Wagner froh, in die USA emigrieren zu können, wo er dann bis 1950 in Harvard unterrichtete. Im Gegensatz zu Gropius hatte Wagner eine abgeschlossene Hochschulausbildung als Architekt, er wurde 1915 promoviert, war seit 1918 Stadtbaurat von Schöneberg und leitete den gewerkschaftlichen Verband sozialer Baubetriebe. Er kannte sich mit Baurationalisierung sowie Wohnungs- und Städtebau bestens aus, war Partner von Bruno Taut beim Bau der Hufeisensiedlung in Britz und als SPD-Stadtbaurat von Groß-Berlin leitete er von 1926 bis zu seiner «Beurlaubung» im März 1933 durch die Nationalsozialisten das kommunale Bauwesen einer Viermillionenstadt. Wagner war somit nicht nur fachlich weitaus besser ausgewiesen als Gropius und besaß enorme Detailkenntnisse insbesondere zu den ökonomischen Fragen des Bauens, sondern er war auch in politischen Diskussionen geschult und bezog immer dezidiert Stellung. Bei seiner Empfehlung unterschätzte Gropius das couragierte Auftreten Wagners, den er als einen «liebenswürdigen raufer»[71] charakterisierte, denn schon 1940 kritisierte dieser massiv Gropius' fehlendes Engagement. Die beiden arbeiteten dann zwar noch einige Zeit bei gemeinsamen Projekten an der Graduate School zusammen, aber allmählich wandte sich Wagner enttäuscht von Gropius ab, es kam zum Streit und er wurde zu einem der schärfsten Kritiker des ehemaligen Freundes.

Bauhaus-Ausstellung in New York

Seit dem Sommer 1937 verfolgte Gropius als weiteres großes Ziel seiner propagandistischen Tätigkeit eine große Ausstellung über das Bauhaus im Museum of Modern Art in New York. Der Direktor des MoMA, Alfred H. Barr Jr., kannte Gropius und die Schule seit einem kurzen dreitägigen Besuch 1927 in Dessau, er stellte das halbe Jahresbudget zur Verfügung und im September 1937 wurde vereinbart, Gropius sollte als Hauptverantwortlicher wirken, Herbert Bayer die Ausstellung gestalten und Breuer mitarbeiten.[72] Als Gropius die Konzeption mit einigen alten Bauhaus-Kollegen besprach, schrieb ihm Albers am 10. Oktober, die Ausstellung sollte nicht retrospektiv, sondern prospektiv sein, sie sollte nicht so sehr zeigen, «was wir gemacht haben, sondern was wir beabsichtigten und noch beabsichtigen», sonst würde sie einen «schlechten Nachgeschmack hinterlassen wie nach renommieren»[73]. Wie Albers ging es auch Gropius, Bayer, Breuer und Moholy-Nagy darum, das Bauhaus als ein Konzept darzustellen, dessen Ideen in der Gegenwart wirksam sind, und deshalb wurde als Leitmotiv vereinbart, anhand von Objekten besonders die pädagogischen Prinzipien herauszustellen. Da Mies van der Rohe eine Teilnahme ablehnte und mit Hannes Meyer erst gar keine Kontaktaufnahme versucht wurde, kam es Gropius sehr entgegen, die Ausstellung auf die Jahre seines Direktorats 1919–1928 zu begrenzen. Zwar wurde an einigen Stellen dieser Zeitrahmen überschritten, aber letztlich handelte es sich um eine gezielte Verkürzung, denn das Bauhaus verschmolz mit Gropius. Zu dieser historischen Manipulation gehörte eine weitgehende Ausblendung des zeitgeschichtlichen Hintergrunds, dies entsprach nicht nur Gropius' grundsätzlicher Distanz zur Politik, sondern ein gutes Jahr nach der Ausstellung «Entartete Kunst» und angesichts der wachsenden Drohgebärden durch das rassistische NS-Deutschland sollte das Bauhaus nicht zu sehr als deutsche Institution erscheinen. Dies war allerdings eine Fehlkalkulation, denn nach der Eröffnung wurde der fehlende historische Zusammenhang derartig kritisiert, dass Barr vorschlug, einen Text einzubringen, in dem

Blick auf das Modell des Dessauer Bauhausgebäudes in der Ausstellung des Museum of Modern Art, New York, 1938

auf die Verfolgung und Schließung des Bauhauses sowie auf jüdische Studenten hingewiesen werden sollte. Die Darstellung sei lückenhaft und müsse überarbeitet werden, da sie dem Museum schade: «I must ask you to replace these omissions in the interest of the Museum's scholarly integrity.»[74] Gropius lehnte derartige Verweise ab, aber die Presse nahm fast durchgehend Bezug darauf, dass es sich um eine «Refugee Art Exhibition» handle, und die New York Times besprach die Ausstellung unter der Schlagzeile «Nazi Banned Art Exhibited Here»[75].

Herbert Bayer kam im August 1938 nach New York und leitete die Gestaltung der Ausstellung, die vom 7. Dezember 1938 bis zum 30. Januar 1939 im Rockefeller Center, dem Ausweichquartier des Museums, gezeigt wurde und anschließend noch nach Springfield/Mass, Milwaukee, Cleveland und Cincinnati wanderte. Außerdem war eine verkleinerte Version noch bis Juni 1940 an zehn weiteren Stationen in den USA zu sehen.[76] Obwohl eine Ausleihe aus NS-Deutschland schwierig war, gelang es, etwa 700 Objekte zusammenzutragen,[77] die Bayer mit aufwendig bearbeitetem Fotomaterial kombinierte und zudem auch Fußböden und Wände in die Installation einbezog, um über die Räume als Ganzes den «Bauhausgeist» zu vermitteln. Wie die Schwerpunkte gelegt wurden, führte bereits im Vorfeld zu heftigen Auseinandersetzungen. Nachdem Moholy-Nagy die Fahnen des Katalogs gesehen hatte, schrieb er empört an Gropius, dass Albers' Anteil am Vorkurs falsch dargestellt sei: «Was in dieser Einleitung steht stimmt nicht. Albers hatte in Weimar *nur* [doppelt unterstrichen – WN] handwerkliche Übungen gelehrt (ich habe mich verschrieben ‹geleert›) und zwar die Handhabung von Hobeln, Sägen etc.»[78] Moholy-Nagy hatte erfahren, dass er von Albers bei einem Geldgeber in Chicago bezichtigt worden war, er habe ihn plagiiert, dies führte zu seinem Wutausbruch. Die internen Querelen waren aber harmlos im Vergleich zu den negativen Kritiken, die nach der Eröffnung über das MoMA hereinbrachen und die sich auch direkt gegen den Direktor wandten, dem vorgeworfen wurde, er unterstütze eine «Bauhaus Helotry»[79], eine Versklavung durch das Bauhaus. Herbert Bayers Präsentation bezeichneten Kritiker als «clumsily installed» oder als «a curious melange of practical industrial design and torturous fantasy»[80], und die ganze Schau galt als reine Werbung: «The Bauhaus people think well of themselves and are thoroughly convinced that if they can only shout loud enough the rest of the world will accept them at the value they have placed upon themselves.» Nicht nur die Glorifizierung des Bauhauses erregte die Kritiker, sondern auch, dass dessen Lehre und Pädagogik als einzigartig dargestellt und dabei die Leistungen an amerikanischen Schulen missachtet würden.[81] Barr verteidigte sich in einem langen Statement in The New York Times, aber er gab indirekt einige Schwächen zu und erklärte, er stimme mit der Kritik darin überein, «that the Bauhaus ideas should not be imposed upon American schools. The tyranny of the Paris Beaux-Arts tradition which until recently dominated our architectural schools is a warning.»[82] Da Gropius wie üblich alle Kritik ignorierte und zudem noch

Geld für Bayer nachforderte, äußerte sich Barr in einem persönlichen Brief deutlicher: «[...] when I consider the conspicuous position which Mr. Bayer occupies in the catalogue – he gave himself more illustrations than to any other individual [...] Mr. Bayer has in our opinion been fully paid. [...] it was one of the most expensive, difficult, exasperating and in some ways unrewarding exhibitions we held.» Barr legte Gropius nahe, die Kritik ernst zu nehmen und nicht zu ignorieren wie bei der Ausstellung 1923, dies wäre «rather unwise», denn «the fact is that in the Bauhaus exhibition a good many works were mediocre and worse, so that the critics were naturally not impressed.»[83] Die Kritik sei somit vielfach berechtigt und Gropius sei «handicapped through your misunderstanding or underestimation of American culture. For example, in your lecture you took great pains to explain to our members the elements of ‹progressive› education – methods which have been employed in America for a quarter of a century – and for many years in the very school in which you spoke!»

Trotz der Kritik konnte Gropius die Ausstellung als Erfolg buchen, denn sie machte zum einen das Bauhaus überall in den USA bekannt und verstärkte den Trend zur Übernahme von Bauhausmethoden an Architektur- und Kunstschulen, zum anderen setzte sich die Vorstellung vom Bauhaus als eine Art überzeitlicher Idee ganz in Gropius' Sinne fest, denn bereits die Presseerklärung verkündete: «The principal theme of the exhibition is the Bauhaus *as an idea*. That idea seems as valid today as it was in the days the Bauhaus flourished.»[84] Allerdings erhielt auch die Kritik am Bauhaus-Kult und an der Missachtung amerikanischer Errungenschaften mit der MoMA-Ausstellung zusätzliche Nahrung und insbesondere Frank Lloyd Wright, der die Ausstellung sogar besuchte, meldete sich immer wieder zu Wort, um auf seine Priorität und Überlegenheit gegenüber dem europäischen Import zu verweisen.[85] Gropius nahm zwar sein Lob des Bauhauses nie zurück, aber er parallelisierte in der Folge die Bauhaus-Idee mit amerikanischem Selbstverständnis, indem er bei Vorträgen aus dem Essay über *Self-Reliance* von Ralph Waldo

Emerson zitierte: «And why need we copy the Doric or the Gothic model? Beauty, convenience, grandeur of thought, and quaint expression, are as near to us as to any; and if the American artist will study with hope and love the precise thing to be done by him, considering the climate, the soil, the length of the day, the wants of the people, he will create a house in which all these find themselves fitted, and taste and sentiment will be satisfied also.»[86] Dazu kommentierte Gropius dann einfach: «These are the very aims of the new architecture of today. Emerson's words express in a poetic way also my own feeling.» Dieser Bezug auf den großen Philosophen Neuenglands kam über Hudnut, der damit xenophoben Ressentiments gegenüber seiner Neuausrichtung des Curriculums in Harvard begegnen wollte. Als sich dann im Februar 1941 alle amerikanischen Architekturschulen in einer Sondernummer von «The Octagon» präsentierten, schrieb Hudnut, Harvards Philosophie sei tief in Neuengland verwurzelt und vollendet von Emerson ausgedrückt worden und er zitierte stellvertretend für die Lehre nur diesen Abschnitt aus dessen Essay.[87] Die Kritik an der einseitigen Ausstellung in New York und an Gropius als treibender Kraft einer historischen Verfälschung nahmen aber in den folgenden Jahrzehnten verschiedene Architekturhistoriker von Lewis Mumford über Vincent Scully bis Reyner Banham, Peter Collins und Colin Rowe immer wieder auf, und obwohl sich Gropius bei jedem Einzelnen rechtfertigte, verfolgten ihn diese Vorwürfe über seinen Tod hinaus.

Defense Housing Program – Packaged House System

Obwohl sich die politische Lage 1939 zunehmend verschlechterte, hielt sich Gropius von allen Erklärungen fern, die ihn irgendwie in Deutschland hätten belasten können, und er verweigerte die Unterschrift zur Unterstützung der «American Guild for German Cultural Freedom»[88] wie auch des pazifistischen «Bund Neues Vaterland» von Hugo Simon, obwohl Thomas Mann bei beiden mitwirkte.[89] Durch die Rückendeckung des Dekans Hudnut, der noch zum Wintersemester

1938/39 ein Department of Architectural Sciences einrichtete und damit die technische Ausbildung weiter stärkte, verbesserte sich Gropius' Position an der Graduate School kontinuierlich und auch sein Architekturbüro begann 1939 zu florieren, Ende des Jahres waren dort bereits sieben Mitarbeiter und zwei Sekretärinnen beschäftigt.[90] Über Albers kam der Auftrag zu einem Vorentwurf für einen Neubau des Black Mountain College, und auf der am 30. April eröffneten Weltausstellung in New York konnten Gropius und Breuer den Pavillon für den Staat Pennsylvania planen, der in eine Kopie der Independence Hall eingebaut wurde. Den lukrativen Höhepunkt der Bauten für «wealthy people» bildete dann die luxuriöse 25-Zimmer-Villa für Cecilia und Robert Frank in Pittsburgh/Pennsylvania. Diese Entwicklung von Gropius wurde sogar von Studenten kritisiert, die das 300 000 Dollar teure Frank Haus als «gentleman's architecture» und «extravagant formality» bezeichneten.[91]

Der Kriegsbeginn in Europa am 1. September 1939 brachte für Gropius als Ausländer keinerlei Probleme, allerdings stand er wie Mies van der Rohe und Moholy-Nagy unter Beobachtung des FBI, das eine Akte über seine Aktivitäten und Beziehungen anlegte.[92] Da er sich anfangs in der Lehre wenig mit Präfabrikation befasste, kam es im Sommer 1940 zu einer ersten Auseinandersetzung mit Martin Wagner, der in Harvard eine Vorlesung über «Site and Shelter» hielt und igluförmige, präfabrizierte Metallhäuser entwickelte, die er selbst als «Haus der armen Leute»[93] bezeichnete und als «A Fresh Approach to Housing»[94] vorstellte. Als Wagner kritisierte, dass sich Gropius nicht mehr um sein früheres Ideal einer Hausbaufabrik zur Verbilligung des Wohnens kümmere, erklärte ihm dieser, die Studenten würden zu leicht Fehler machen, wenn sie neue Bauaufgaben bearbeiten sollten. Darauf schrieb ihm Wagner am 8. September 1940 in einem langen Brief: «Here, I am afraid, errs my beloved Goethe-Gropius of Weimar. I have never seen students – and teachers too – making more mistakes in imitating Corbusier and Gropius than in our school.»[95] Die in Robinson Hall gestellten Aufgaben wie die Planung eines Museums oder eines Tanzpavillons hätten nichts mit dem gegenwärtigen Leben zu tun, hier bestünde kein Unterschied zur Lehre der École des Beaux Arts, als die Studenten Triumphbögen entwarfen – in beiden Fällen handele es sich um eine «ossification of the shapes». Neue Wohnformen müssten erprobt und nicht Häuser aus «cobbles» gebaut werden – eine deutliche Anspielung auf die Gropius-Breuer-Villen mit dekorativen Natursteinen. Zuletzt verwies er auf den kämpferischen Gropius der Bauhauszeit und fragte: «[...] you fought for this idea, and by now it has become obsolete for you? You do not believe any more in a Henry Ford for housing the masses?» Wie dieser Appell aufgenommen wurde, ist nicht bekannt, denn die beiden konnten Probleme ja auch direkt besprechen, aber Gropius übernahm bald darauf einen Auftrag für Massenwohnungsbau im Rahmen des Defense Housing Program.

Im Hinblick auf den Krieg in Europa und im Rahmen der Vorbereitung der eigenen Kriegswirtschaft beschloss der Kongress im Zuge einer Teilmobilmachung am 28. Juni 1940 aus den Mitteln des 1937 verabschiedeten «United States Housing Act» Siedlungen für die überall im Land aufgebaute Rüstungsindustrie zu errichten.[96] Bereits im September wurden den War and Navy Departments 100 Millionen Dollar für das «Defense Housing Program»[97] zur Verfügung gestellt und nach dem «Lanham Act» begannen ab Mitte Oktober die Planungen für Siedlungen, in denen Arbeiter aus dem ganzen Land in der Nähe der jeweiligen Rüstungsbetriebe untergebracht werden sollten. Die Mittel wurden in den folgenden Monaten und Jahren kontinuierlich erhöht, 1942 standen 11 Milliarden Dollar für «war-related building construction»[98] zur Verfügung, und da die benötigten Wohnungen in kürzester Zeit errichtet werden mussten, entstand ein Boom für präfabrizierte Bauten.[99] Dabei konnten zum einen die jahrzehntelangen Erfahrungen in den USA bei der Vorfertigung und zum anderen die in mehreren Instituten seit den 1920er-Jahren betriebenen Forschungen zum Tragen kommen. Der in den 1830er-Jahren erfundene genagelte Balloon Frame diente als Grundlage für eine Reihe von präfabrizierten Holzbauten, beispielsweise für die Fertighäuser von Sears, Roebuck and Company, von denen zwischen 1908 und 1940 über 100 000 in 447 verschiedenen Typen per Katalog verkauft wurden.[100] Neben dem Holzbau entstanden Fertigteil-Bausysteme in Beton und Eisen, so übernahm Grosvenor Atterbury die Experimente von Thomas A. Edison mit gegossenen Betonwänden und errichtete zwischen 1910 und 1918 die Siedlung Forest Hill Gardens mit mehreren hundert derartig präfabrizierten Betonhäusern und seit den 1920er-Jahren produzierten mehrere Firmen Stahl-Rahmen-Systeme, die mit verschiedenen Materialien beplankt wurden.[101] Diese kommerziellen Entwicklungen waren begleitet von Forschungen, die in Instituten und an Hochschulen betrieben wurden, wie der Albert F. Bemis Foundation am MIT, der Purdue Research Foundation in Indiana oder der John B. Pierce Foundation in New York. Durch die Bereitstellung der staatlichen Mittel entfaltete sich in kürzester Zeit ein riesiger Fertigteilmarkt, bis 1944 wurden mehrere hunderttausend Fertighäuser produziert, von denen der größte Teil allerdings keine festen, sondern nur temporäre Bauten wie die «Quonset Hut» oder die «Trailer Houses» waren.

Gropius und Wagner verfassten Ende 1940 gemeinsam eine Eingabe «How to Bring Forth an Ideal Solution of the Defense Housing Problem»[102] an das «House Select Committee Investigating National Defense Migration», ihr Vorschlag, standardisierte Bauteile zu entwickeln, die zu verschiedenen Haustypen zusammengesetzt werden konnten, blieb allerdings vage und bewegte sich im Rahmen der von der US-Bauindustrie ohnehin verfolgten Präfabrikation. In der Anfangsphase des Defense Housing Program bestand durchaus Interesse an baulicher Qualität und deshalb wurden auch Buckminster Fuller, Richard Neutra, William Wurster oder Frank Lloyd Wright beauftragt.[103] Im Frühjahr 1941 erhielten Gropius und Breuer den Auftrag für eine der insgesamt 14 Siedlungen, die in der Nähe der ALCOA Aluminium-Werke in Pittsburgh/Pennsylvania errichtet werden sollten, mit der Maßgabe, sie sollten einen «first class job»[104] verrichten. Der Entwurf von 250 Hauseinheiten dieser «Aluminium City» in New Kensington musste innerhalb eines Monats komplett vorgelegt werden. Gropius und Breuer fassten jeweils mehrere Wohneinheiten zu Reihenhäusern zusammen, die in einer vorgefertigten Holzrahmenkonstruktion auf der Baustelle montiert wurden. Die einzelnen Baublöcke waren teilweise aufgeständert, dadurch konnten sie sich dem Gelände anpassen und es entstanden fast organisch bewegte Baugruppen, die nichts mehr mit dem früher von Gropius geforderten Zeilenbau zu tun hatten. Mitten in dieser Planung kam es am 23. Mai 1941 zu einer folgenschweren Auseinandersetzung zwischen den beiden Partnern und Freunden. Gropius verspätete sich bei einer Jury-Sitzung über Arbeiten der Master Class, und als er von Breuer darauf angesprochen wurde, kanzelte er diesen vor den Anwesenden ab. Breuer war derartig verärgert, dass er noch am selben Tag in einem Brief, den er auch an den Dekan schickte, erklärte, Gropius' Auftreten sei «below the level of the university» und er sei nicht bereit, dieses Verhalten zu akzeptieren: «I strongly feel that you mis-used your authority and am deeply offended.»[105] In einem weiteren Brief kündigte er die Partnerschaft zum 1. August 1941 auf. In seiner Antwort zwei Tage später bagatellisierte Gropius den Vorgang, musste aber nolens volens die Auflösung akzeptieren. Für ihn handelte es sich nur um einen «kleinmeister komplex»[106], der schon am Bauhaus gegenüber ihm als Direktor bestanden hätte. In einem persönlichen Protokoll bezeichnete er den Anlass als bedeutungslos: «The event itself being but a trifle in my opinion»[107], Breuer sei wohl überarbeitet gewesen und er hätte ihn beleidigt. Hudnut hielt zu Gropius und unterstützte dessen Sicht.[108] Dass bei Breuer ein seit längerem schwelender Unmut, vielleicht auch wegen ungleicher Entwurfsanteile und seiner wesentlich schlechteren Bezahlung, zum Ausbruch kam, ist anzunehmen, aber nicht weiter belegbar. Die Beziehung blieb unterkühlt, und als Breuer 1946 die Graduate School in Harvard verließ, verhinderte Gropius eine Berufung an das Institute of Design in Chicago, obwohl Moholy-Nagy noch kurz vor seinem Tod Breuer als seinen Nachfolger empfohlen hatte.[109] Erst nachdem Breuer den Auftrag für das UNESCO-

Defense Housing Program – Packaged House System

Gebäude in Paris erhielt, den ihm auch Gropius als Mitglied der kleinen internationalen Planungskommission zukommen ließ, verbesserte sich die Beziehung wieder. Der Verlust des tüchtigen Partners wäre für Gropius eventuell zu einem Problem geworden, aber den laufenden Auftrag für die Aluminium City sowie für das Privathaus Abele wickelten beide noch gemeinsam ab. Gropius arbeitete in der Folge enger mit Martin Wagner bei einigen städtebaulichen Projekten zusammen, Hugh Stubbins erhielt die Assistentenstelle und schon im September 1941 eröffneten sich für ihn ganz neue Perspektiven, denn Konrad Wachsmann, der durch Vermittlung von Albert Einstein und ihm gerade noch rechtzeitig der NS-Verfolgung entkommen konnte, traf bei ihm in Lincoln ein und es begann eine neue Partnerschaft. Zu Beginn übernahm Wachsmann eine Planung für ein Erholungszentrum in Key West, aber nach dem Angriff auf Pearl Harbour am 7. Dezember 1941 und dem Kriegseintritt der USA erledigte sich diese Aufgabe von selbst. Nach Wachsmanns – allerdings wenig zuverlässigen – Erinnerungen[110] zeigte er nun erst Gropius die Pläne für ein neues Bausystem, die er in die USA mitgebracht hatte. Von 1926 bis 1929 hatte er bei der Firma Christoph & Unmack in Niesky, der größten europäischen Holzhausfabrik, an der Entwicklung von Bausystemen und der maschinellen Herstellung von Holzhäusern gearbeitet und dieses Thema in den folgenden Jahren weiter vertieft. Gropius erkannte sofort die Chance, zusammen mit dem erfahrenen Praktiker im Fertighausbau seine alten Ideen von einer Hausbaufabrik wieder zu beleben. Wachsmann wurde im Basement des Gropius-Hauses einquartiert und arbeitete dort in den nächsten Monaten seine Pläne weiter aus. Gropius brachte seine Ideen ein, die aber für das nahezu fertige Konzept wohl keine größere Bedeutung hatten. Trotzdem wurde im Mai 1942 ein Patent «Prefabricated Building»[111] unter beider Namen angemeldet und dafür der Begriff «Packaged House», den angeblich Hudnut vorschlug, geschützt. Das Besondere des Systems waren identische Wandelemente aus tragenden Holzrahmen von etwa 1 × 3 Meter, die horizontal und vertikal für Wände, Böden und Decken verwendet und mit einem von Wachsmann entwickelten vierteiligen Metallhaken verbunden werden konnten. Fenster, Türen, Installation und Isolierung wurden nach Bedarf in den Paneelen integriert, mit denen sich über einem modularen Raster je nach Wunsch und Bedarf variable Grundrisse gestalten ließen. Das System entsprach Wachsmanns wie auch Gropius' Konzept, die Fertigung eines Gebäudes in eine Fabrik zu verlagern, um dort ganzjährig mit der Präzision, mit der Autos oder Flugzeuge hergestellt wurden, die genormten Hausbauteile zu erstellen, die dann nur noch auf einen Lastwagen geladen und auf einem Fundament innerhalb eines Tages in der vom Kunden gewünschten Hausform zusammengebaut wurden.[112] Der fabrikmäßige Hausbau, den Gropius 1910 noch vage beschrieben und dann 1925 als «Wohnhaus-Industrie» vorgestellt hatte, schien mit dem System in Erfüllung zu gehen. Während bei dem 1923 präsentierten «Baukasten im Großen» die Kombination von Bauteilen ohne eine konstruktive Lösung präsentiert worden war, war beim Packaged House System eine variable Gestaltung technisch möglich. Allerdings erforderte die Zusammenfügung der Paneele ausschließlich mit dem «Wachsmann-Knoten» eine große Präzision bei der Herstellung, die nur mit teuren Maschinen zu erreichen war, die sich erst bei großen Stückzahlen rentierten.

Nach der Patentierung entstanden Probleme zwischen Ise und dem Dauergast in Lincoln und deshalb zog Wachsmann nach New York, wo es ihm gelang, Geldgeber aufzutreiben, die am 12. September 1942 die «General Panel Corporation» gründeten, bei der Gropius als Vizepräsident firmierte. Mit 10 000 Dollar wurde der Bau eines Prototyps des Packaged House finanziert, der am 23. Februar 1943 in Somerville/Mass. aufgestellt wurde, aber trotz einiger wohlwollender Artikel fehlte dann die Finanzierung für den Aufbau einer Fertigungsanlage.[113] Gropius kümmerte sich nur halbherzig um das Projekt, das Wachsmann, anstatt auf eine Produktion zu drängen, in New York immer weiter entwickelte und damit wurde die Chance vergeben, das Bausystem mit den üppig

Defense Housing Program – Packaged House System

Walter Gropius und Konrad Wachsmann auf der Baustelle bei der Errichtung eines Probehauses der General Panel Corporation in Queens N. Y., 1946

fließenden staatlichen Mitteln noch während der Kriegsjahre aus der Entwicklung in die Produktion zu führen. Andere Firmen und Forschungsinstitute nutzten hingegen die Gunst der Stunde in den USA. Bis Kriegsende wurden über 200 000 präfabrizierte Häuser von über 70 Firmen teilweise im Stundentakt produziert und zu mehr als der Hälfte aus den öffentlichen Mitteln des Lanham Act finanziert.[114] Im Dezember 1942 begann die Zeitschrift «Architectural Forum» eine sechsteilige Serie über «Prefabrication», in der die Geschichte des Fertigbaus mit Beton, Stahl und Holz sowie die Forschungsinstitute für Präfabrikation und deren Protagonisten detailliert vorgestellt wurden.[115] Die General Panel Corporation wurde nur am Schluss genannt und Gropius, der 1928 das Fehlen von Forschung über industrialisiertes Bauen in den USA beklagt hatte, fand neben den großen Pionieren im Fertighausbau wie John Ely Burchard am MIT, Robert L. Davison an der

Pierce Foundation und Robert W. McLaughlin keine Erwähnung, denn er hatte letztlich nichts zu dieser Aufgabe beigetragen. Das Thema Wohnungsbau stand im Zentrum der Ausbildung unter Gropius an der GSD, aber er entwickelte kein eigenes Forschungsprogramm. In den Seminaren ging es um die ganze Bandbreite des Wohnens von der luxuriösen Villa bis zum «real low-cost housing»[116], Ziel war die Entwicklung des «post-war shelter for the average family». Bei den Entwürfen und Berechnungen sollten die Studenten darauf achten, wie die Kosten durch Standardisierung und Präfabrikation gesenkt und bauliche Flexibilität für verschiedene Nutzerschichten erreicht werden konnten. Um dem Vorwurf der Monotonie durch serielle Fertigung zu begegnen, betonte Gropius, dass es Aufgabe des Architekten sei, der durch Präfabrikation erzeugten Einheitlichkeit eine individuelle Vielfalt zu geben. Zur Belebung der «regimentating (sic!) starkness of machine-made repetition»[117] schlug er vor, unterschiedliche Materialien zu verwenden, die Oberflächen verschieden zu behandeln, die Gebäude zu verdrehen und zu spiegeln sowie die Vegetation einzubeziehen. Visuelle Vielfalt sollte somit letztlich durch dekorative Maßnahmen erreicht werden – Klaus Herdeg kritisierte dies Jahrzehnte später als «The Decorated Diagram»[118]. Hudnut distanzierte sich schon 1943 von diesem Formalismus: «Variations made to avoid monotony only make the monotony more evident.»[119] Er forderte deshalb, der Fokus solle weniger auf «surface effects» und mehr auf «arrangements» wie Proportionen und räumliche Beziehungen der Gebäude untereinander gelegt werden. Damit wandte er sich erstmals gegen Gropius, denn während dieser die «unity» der Präfabrikation durch «diversity» nur ästhetisch erträglich machen wollte, sah Hudnut bereits die gewaltige Flut an monotonen Bauten, die im Zuge des präfabrizierten Massenwohnungsbaus der Kriegszeit das Land überschwemmen sollte und die auch nach dem Krieg weiter wachsen würde. 1945 forderte er deshalb eine Überwindung dieser Entwicklung der technischen Moderne durch das Konzept des «post-modern

Defense Housing Program – Packaged House System 307

house»[120], das anstelle des «engineered shelter» die räumlichen und sozialen Qualitäten eines «home» entfalten sollte. Gleichzeitig wandte sich Hudnut auch gegen die von Gropius und Wagner propagierten städtebaulichen Vorstellungen. Nachdem Henry Hubbard, der Chairman des Department of Regional Planning, 1941 ausgeschieden war, arbeitete Gropius enger mit Wagner zusammen, einige städtebauliche Entwürfe betreuten sie gemeinsam und in den folgenden Jahren verfassten sie eine Reihe von Artikeln, die stark das Fachwissen von Wagner widerspiegeln. Im Herbst 1942 entwarfen die GSD-Studenten unter ihrer Leitung ein neues Zentrum von Boston, das in der Art des «plan voisin» Le Corbusiers auf der Tabula rasa der Altstadt als rational konstruierte Blockbebauung entstehen sollte.[121] Diese radikale Vision eines «New Boston» drückte exemplarisch die Vorstellungen von Wagner und Gropius zu einer «Renaissance» der Städte aus, programmatisch erklärten sie: «Our cities are deathly sick!», Großstädte seien eine «caricature of human life»[122]. Beide verfolgten seit ihrer Emigration in die USA nicht mehr das von ihnen noch in Berlin vertretene Modell von durchgrünten Großsiedlungen, sondern in Anlehnung an Lewis Mumford vertraten sie das Konzept der «townships», von Stadtzellen oder «neighborhood units» im Grünen mit etwa 5000 Einwohnern und fußläufig erreichbaren Schulen, Läden und Arbeitsplätzen. Diese amerikanische Variante der Gartenstadtbewegung, die Mumford seit den 1920er-Jahren zusammen mit dem Sozialreformer Clarence Arthur Perry propagierte, war exemplarisch bereits 1928 mit der Modellstadt Radburn in New Jersey von Clarence Stein und Henry Wright realisiert worden.[123] Perrys *Housing for the Machine Age*[124] und insbesondere Mumfords Publikation *The Culture of Cities*[125] wirkten auf Gropius wie eine Offenbarung, seine städtebaulichen Vorstellungen von einer funktionellen Stadt veränderten sich komplett, Mumfords Buch lieferte Material für Seminare und Vorträge und in Briefen empfahl er den CIAM-Kollegen die Lektüre nachdrücklich.[126] Im Frühjahr 1942 organisierten Gropius und Wagner das Symposium «The Problem of the Cities and

Towns» und in ihrem Beitrag «The New City Pattern for the People and by the People»[127] stellten sie die «neighborhood unit» als Keimzelle eines demokratischen Gemeinwesens vor, das auf sozialem Gemeinschaftsgefühl basierte. Die studentischen Untersuchungen zum Thema präsentierten sie 1943 als *A Program for City Reconstruction*[128]. In der Folge stand für Gropius die «organic neighborhood unit»[129] mit einem «community center» für öffentliche Einrichtungen im Zentrum aller städtebaulichen Überlegungen. Die Erneuerung der Metropolen sollte dabei durch Verknüpfung von mehreren «townships» zu größeren Stadteinheiten mit zwischenliegenden Parklandschaften erfolgen.

Die mit Wagner entwickelten Ideen verkündete Gropius nach dem Krieg auch alleine sowohl auf den CIAM-Kongressen als auch in Deutschland, wo er auf Einladung von Lucius D. Clay 1947 Vorschläge für den Wiederaufbau vortrug. Dieser lockere Umgang mit gemeinsam entwickelten Gedanken war einer der Gründe, die später zum Bruch mit Wagner führten. Hudnut distanzierte sich schon 1943 in einem Aufsatz über «Housing and the Democratic Process»[130] von den Konzepten der beiden Kollegen, die er selbst nach Harvard geholt hatte. Er lehnte sowohl die Nachbarschaften wie auch die Dezentralisierung als einen Akt der Segregation ab, denn die verschiedenen sozialen Schichten würden damit separiert und aus einem gemeinsamen urbanen Leben verdrängt. Wie sein städtebaulicher Lehrmeister Werner Hegemann, bei dem er 1917 bis 1921 gearbeitet hatte,[131] verteidigte Hudnut die verdichtete Stadt, deren Straßen er als «the most active channel of human intercourse, the oldest theater of democracy»[132] bezeichnete. Die Entfremdung zwischen Hudnut und Gropius begann schleichend auf fachlichem Gebiet, aber als Robert Moses, der mächtige Stadtplaner von New York, 1944 die «Long-Haired Planners» aus Europa massiv angriff und dabei Gropius persönlich bezichtigte, er würde eine «philosophy which doesn't belong here»[133] vertreten, verteidigte ihn Hudnut mit der glänzend formulierten Replik «A ‹Long-Haired› Replay to Moses»[134]. Ende 1944 verfassten Gropius und Hudnut noch ihren letzten gemeinsamen

Text, einen Bericht an den Präsidenten «On the Objective of a General Education in a Free Society». Einige Jahre später kam es dann über einen Designkurs zu einem völligen Zerwürfnis.

The Architects Collaborative (TAC)

Vom Weltkrieg war das Ehepaar nicht betroffen, und im Gegensatz zu Wachsmann, der 1943 für die Air Force Flugzeughangars entwickelte und zusammen mit Erich Mendelsohn am «Dugway Proving Ground»-Projekt mitarbeitete, bei dem in Utah japanische und deutsche Haustypen zur Erprobung der Wirkung von Brandbomben gebaut wurden, suchte Gropius keine Kontakte zur Kriegswirtschaft. Obwohl das Ehepaar schon 1938 einen Antrag auf Einbürgerung gestellt hatte, wurden beide erst am 12. Juni 1944 amerikanische Staatsbürger. Die Ferien verbrachten sie u. a. auf der luxuriösen Ranch in Aspen/Colorado des reichen Unternehmers Walter P. Paepcke, der schon das New Bauhaus von Moholy-Nagy unterstützt hatte und der Gropius ab Anfang 1945 als beratenden Architekten seiner «Container Corporation of America» gut dotiert beschäftigte. Der Studentenbetrieb in Harvard verlief während der ganzen Kriegszeit relativ gleichmäßig weiter, denn bei Kriegsbeginn hatte die Universität erlaubt, dass zum Ausgleich für die zum Militär eingezogenen Männer auch erstmals Frauen zum Architekturstudium zugelassen wurden. Obwohl der Erlass ursprünglich auf die Zeit des Krieges begrenzt war, blieb diese Öffnung auch nach 1945 bestehen.[135] Im September 1945 wurde Gropius als Berater in den Planungsstab des Michael Reese Hospital berufen, das mitten im Sanierungsgebiet der South Side in Chicago lag und für das er die Planung von «Neighborhoods as Wellspring of Democracy»[136] propagierte. Hier zeichnete sich bereits eine Entwicklung ab, die dazu führte, dass Gropius nach Kriegsende zunehmend als Consultant staatlicher Einrichtungen und großer Unternehmen tätig war. Dem korrespondierte eine neue Konstellation bei seiner architektonischen Tätigkeit. Während des Krieges und nach der Trennung von Breuer war die Arbeit in

Gropius mit den (männlichen) Partnern von TAC in der Skulptur «World Tree» von Richard Lippold im Harvard Graduate Center, um 1950

seinem privaten Architekturbüro fast zum Erliegen gekommen, nun regte sein ehemaliger Schüler John Harkness im November 1945 eine Kooperation mit einigen Absolventen von Harvard und Yale an. Gropius reagierte sofort und im Dezember 1945 schloss er sich mit den Architektenehepaaren John und Sarah Harkness, Norman und Jean Fletcher sowie Robert S. McMillan, Louis A. McMillen und Benjamin C. Thompson zu «The Architects Collaborative» (TAC) zusammen.[137] Der 62-Jährige wurde damit zum Aushängeschild und Werbeträger einer Gruppe junger Architekten, die in der Folge in wechselnden Konstellationen Aufträge bearbeiteten, er selbst trat von nun an überhaupt nicht mehr individuell als Architekt in Erscheinung. Bei einzelnen Projekten wurde er zwar als «Partner in charge» etwas hervorgehoben, aber die architektonische Betreuung übernahmen die jungen Kollegen, gestalterische Beiträge von Gropius sind nicht nachweisbar. Den «spirit of cooperation»[138] hatte Gropius in Harvard immer betont, aber dieser sollte sich mit «individual independence» verbinden, nun propagierte er nur noch den «Team»-Geist und definierte die Arbeit von TAC:

The Architects Collaborative (TAC)   311

«Synchronizing all individual efforts by a continuous give-and-take of its members a team can raise its integrated work to higher potentials than the sum of the work of just so many individuals.»[139] Als Breuer von TAC hörte, erklärte er, Gropius müsse immer mit anderen arbeiten, da er alleine zu nichts in der Lage wäre. In einem Brief an Giedion wies dies Gropius als «groteske verdrehung»[140] zurück, verwies auf seine Wettbewerbserfolge während der Berliner Jahre, die er alleine und nur mit «mäßigen Mitarbeitern» errungen habe, und erklärte: «Das von mir verfolgte ‹Teamwork› macht es natürlich schwerer mich einzuordnen, aber dies ist meiner Ansicht nach die notwendige progressive Haltung um wieder zu einem gemeinsamen Ausdruck in der Architektur zu kommen.» Dass er sich selbst immer weiter aus dem Entwurfsprozess zurückzog, dürfte jedoch wohl besonders darin begründet gewesen sein, dass er sich allmählich in die Sphäre des Grand Old Man begab. So schrieb er im September 1946 an seinen Neffen Jochen Burchard: «ich bin persönlich mehr und mehr interessiert an den großen fragen des städtebaus, es interessiert mich einfach nicht mehr, ob dieses oder jenes gebäude in sich selbst ausbalanciert ist, es sei denn, daß es als teil eines größeren ganzen geplant worden ist.»[141] Nach dem Krieg ging es zunehmend darum, die Ernte seiner Lebensarbeit in Form von Ehrungen rund um den Globus einzuholen, seine Vorträge wurden noch häufiger, aber immer allgemeiner und neue Ideen kamen kaum mehr hinzu.

Nach Kriegsende gelang es Gropius, den Kontakt zu seiner Schwester Manon Burchard, die in Berlin überlebt hatte, wieder herzustellen. In einem langen Brief schrieb er ihr am 16. September 1945, dass Ise und er «während des krieges keinerlei schwierigkeiten erlebt»[142] hätten, und dann berichtete er detailliert von all seinen Erfolgen und den großen Aufträgen. Wie so oft bei Gropius liest sich das Schreiben wie eine einzige glorifizierende Selbstdarstellung, diesmal allerdings ausgerechnet an die Schwester, die zwischen Ruinen lebte. Während er nun brieflich wieder Kontakte zu Freunden und Kollegen nach Deutschland aufnahm, verschickte seine Frau in den folgenden Jahren zahllose Pakete. 1945 kam auch wieder etwas Bewegung in die Fertighausproduktion von General Panel, denn im September erwarb die «American Wire Fabrics Corporation» die Rechte zur Herstellung und zum Vertrieb des kompletten Systems. Nun wurden Anfang 1946 zwei Probehäuser in Queens errichtet und Mitte des Jahres erwarb die «Celotex Corporation of Burbank» die Rechte, gründete «General Panel California» und kaufte eine ehemalige Lockheed Aircraft Flugzeugfabrik in Burbank/California, um dort im großen Stil Fertighäuser zu produzieren. Für die Konversion von Militäranlagen und den Bau von Fertighäusern gab es staatliche Kredite und Abnahmegarantien, deshalb sollten noch 1947 8500 «low cost four-roomed houses»[143] zum Preis von je 2600 Dollar hergestellt werden. Eine aufwendige Ausstattung der Flugzeugfabrik in Burbank mit Maschinen war vorgesehen, aber deren Lieferung verzögerte sich. Darauf konnte erst im Juli 1947 die Produktion anlaufen, aber dann zeigte sich, dass die notwendige Präzision nicht erreicht wurde, um die Paneele mit dem Wachsmann-Knoten zu verbinden. Anfang 1948 waren gerade mal 15 Häuser verkauft und das Unternehmen geriet in eine Finanzkrise. Die technischen und finanziellen Probleme steigerten sich wechselweise und dies führte dazu, dass insgesamt nur etwa 150 bis 200 Häuser verkauft wurden, und 1951 ging schließlich die Corporation bankrott. Gropius hatte sich nicht besonders engagiert, er war mit Aktien an dem Unternehmen beteiligt, damit verdiente er am Anfang sehr gut, aber am Ende waren auch diese nichts mehr wert.[144]

Adviser for Planning in Germany

1946 kam es zu ersten Auseinandersetzungen mit dem Dekan Hudnut, denn im Zuge einer Neustrukturierung wurden zwei Grundkurse – Planning I und Design I – für alle drei Schulen der GSD verbindlich eingeführt. Gropius versuchte, für den Designkurs Josef Albers zu gewinnen, um einen Vorkurs in der Art des Bauhauses zu implementieren, aber

Hudnut berief George Le Boutellier, der zwar den Kurs offiziell ähnlich wie die Bauhaus-Vorlehre beschrieb, aber keinerlei Bezug zum Bauhaus hatte.[145] Gropius, der nichts von Boutellier hielt, musste sich fügen, aber die Stimmung begann sich zu verschlechtern.

Im Laufe des Jahres 1946 erfuhr Gropius dann immer mehr über die Situation in Deutschland, denn einige ehemalige Bauhäusler erhofften sich seine Unterstützung beim Wiederaufbau. Joost Schmidt plante gegen die «köpfe voller nazi-spuk»[146] eine Bauhaus-Ausstellung an der Berliner Hochschule der Künste, Hubert Hoffmann[147] berichtete vom Versuch, in Dessau wieder ein Bauhaus zu eröffnen, Georg Muche[148] wollte eine Schule in Krefeld einrichten und über Lily Hildebrandt bekam er Nachricht über die Situation in Stuttgart und die geplante Wiedereinstellung von Paul Schmitthenner. Es meldete sich aber auch der mit Gropius und Moholy-Nagy befreundete Hans Volger[149], der schon 1933 in die Partei eingetreten war und sich nun zu rechtfertigen suchte. Während Martin Wagner im Juli 1946 einen Leserbrief zur «Wiedergeburt der deutschen Kultur»[150] an den Berliner Tagesspiegel schickte und sich indirekt zur Hilfestellung anbot, wurde Gropius erst aktiv, als im Frühjahr 1947 eine Anfrage kam, für den amerikanischen Militärgouverneur in Deutschland, Lucius D. Clay, als «Adviser for Planning in Germany»[151] zu arbeiten. Für Wagner war dies eine empfindliche Zurücksetzung, dass ihm als ehemaligem Stadtbaurat und Fachmann für Städtebau Gropius vorgezogen wurde. Als Gropius seinem Freund Giedion von der Einladung berichtete, gab er ihm auch einen kleinen Einblick in sein Gefühlsleben zu Beginn des Kalten Kriegs: «The political situation is horrible. The human race is stupid. Every morning I wake up with an agonizing feeling to be out of step with my fellow citizens.»[152] Die gewünschte Beratung gehörte in den Zusammenhang der Vorbereitung des «European Recovery Program», das der ehemalige General und US-Außenminister George C. Marshall initiierte und am 5. Juni erstmals in Harvard vorstellte. Nach einer Abklärung seiner Aufgaben mit dem Staatssekretär William L. Clayton in Washington flog Gropius am 2. August 1947 nach

Berlin, wo er nach einer Fahrt durch die «Wüsteneien» gegenüber der Presse erklärte, Berlin sei «ein durchlöcherter Leichnam»[153]. Er traf Hans Scharoun, Max Taut, Lilly Reich sowie weitere ehemalige Bekannte und hielt dann im Titania-Palast einen von der Presse viel beachteten Vortrag, denn vielfach wurde vermutet, er sei von Clay mit der Wiederaufbauplanung beauftragt worden. Angesichts der Zerstörung forderte er die deutsche Jugend auf, «sich nicht durch Armut lähmen zu lassen, sondern auf weite Sicht zu planen»[154]. Dies war eine indirekte Stellungnahme zu den großen Aufbauentwürfen in der Art des 1946 vorgelegten «Kollektivplans» von Hans Scharoun, der eine komplette Neustrukturierung Berlins auf der Basis des «Urstromtals» vorschlug.[155] Gropius empfahl eine beschleunigte Gesetzgebung, «die in allen Bodenfragen das Recht der Allgemeinheit über das Privatrecht setzt», und entwickelte dann das Konzept der Nachbarschaften als Grundlage für einen demokratischen Wiederaufbau in ganz Deutschland. Einzelne Kulturbauten könnten wiederhergestellt werden, aber die «gewaltsame Wiederherrichtung vollständig vernichteter Kulturbauten» sei unmöglich. Der soeben begonnene Wiederaufbau des Frankfurter Goethehauses komme «einer glatten Fälschung gleich [...]. Man sollte lieber die Ruinen als einen geweihten Trümmerhaufen aufbewahren und daneben ein neues Goethemuseum errichten.»[156] Dann wurde er deutlich und kritisierte, dass in vielen leitenden Stellen ungeeignete Leute säßen, «dagegen haben bewährte Fachleute, wie zum Beispiel Professor Scharoun nicht den Einfluß, den man ihnen verschaffen sollte.» Diese Rede hielt er in ähnlicher Form in Frankfurt und München und je nach Blickwinkel wurde seine Vision in der Presse als großartige Perspektive oder unwissende Arroganz angesichts der realen Zustände ausgelegt. Da er auch von «Lethargie» gesprochen hatte, sah er sich bei der Abreise gezwungen, ein «Memorandum an die Berliner Presse»[157] zu geben, in dem er betonte, er glaube «an die Verjüngungsfähigkeit des deutschen Menschen» und er sei überzeugt, dass Initiative und Tatkraft zum Wiederaufbau aus der Katastrophe führen würden.

Von Berlin flog Gropius direkt nach England und nahm am 6. CIAM-Kongress teil, dem ersten nach dem Krieg, der vom 7. bis 14. September in Bridgwater in der Nähe von Bristol stattfand. Giedion hatte zwar im Vorfeld versucht, eine «Charter for world reconstruction»[158], die einen Maßstab wie die Charta von Athen setzen sollte, zum Thema des Kongresses zu machen, aber das Treffen war eher der Versuch, sich neu zu strukturieren. Gropius hielt eine pauschale Rede über Städtebau,[159] in der er Teile seiner Vorträge in Deutschland verarbeitet hatte. Mit Präfabrikation sollte wieder eine Einheit gefunden werden, aber dabei müssten sich Technik und Phantasie verbinden, um «organic neighborhood units» mit «community centers» zu schaffen. Zudem distanzierte er sich wieder vom Begriff «international style», dies seien die klassischen Säulen an den Banken und Ministerien von Moskau bis Washington, während die wahre moderne Architektur zwar «international in character» sei, aber ihr Ausdruck sei abgeleitet «from regional conditions, from indigenous elements». Diese völlig neue Differenzierung und Definition des vom ihm selbst geschaffenen Begriffs «Internationale Architektur» sollte er in den folgenden Jahren immer wieder verwenden. Auf dem Kongress wurde er dann als Vizepräsident bestätigt und José Lluís Sert zum neuen CIAM-Präsidenten gewählt.

Nach seiner Rückkehr in die USA verfasste Gropius einen Bericht für General Clay sowie einen Vorschlag für den Planungsprozess zum Umbau von Frankfurt am Main zur neuen Hauptstadt von Westdeutschland.[160] Inzwischen erreichte ihn auch die Kritik an seinen Vorträgen und insbesondere an seinem Vorschlag, Hans Scharoun mehr Einfluss zu geben.[161] Der Stadtbaurat von Berlin, Karl Bonatz – ein jüngerer Bruder von Paul Bonatz –, der als direkter Nachfolger Scharouns dessen visionäre Vorschläge ablehnte und pragmatische Ziele beim Wiederaufbau verfolgte, musste sich durch Gropius provoziert fühlen und antwortete entsprechend deutlich. Gropius habe nach den wenigen Tagen, die er in Deutschland verbracht hatte, schlichtweg keine Ahnung von der Situation im Land und die «öffentliche Herausstellung seines Freundes

Scharoun» wirke «reichlich befremdend».[162] Außerdem könne nur wer in Deutschland geblieben sei und alles hier miterlebt habe, die Lage beurteilen und dürfe mitreden. Mit diesem Rechtfertigungskonstrukt wurden zahlreiche Emigranten, nicht nur Gropius, von den in NS-Deutschland Gebliebenen brüskiert, auch Thomas Mann bekam Ähnliches von einigen Dichtern zu hören.[163] Schon im Dezember legte Karl Bonatz seinen Plan für Berlin vor, der auf der Basis der alten Stadtstruktur eine Auflockerung und Durchgrünung vorsah – das seit den 1920er-Jahren geläufige Rezept, mit dem dann auch zum einen die verhasste gründerzeitliche Bebauung «hygienisch» verändert und zum anderen die meisten deutschen Städte für den Fahrverkehr «autogerecht» aufgeweitet wurden. Gropius' Bericht ging im Dezember an die Presse und erregte einiges Aufsehen, da er feststellte, dass in Deutschland noch «a mechanistic and technocratic attitude derived from Nazi mentality»[164] vorherrsche, dies sei insbesondere offensichtlich an den Versuchen zur Baustandardisierung von Ernst Neufert, der schon bei Albert Speer tätig gewesen sei und sogar noch über dessen Programm hinausgehe. Dieser «overstandardisation» müsse entgegengetreten werden. Die New York Times titelte dementsprechend: «Nazi Influence Still Curbing German Design». Die deutsche Übersetzung des Berichts fertigte Gropius' ehemaliger Mitarbeiter Rudolf Hillebrecht für ein Heft der «Baurundschau»[165], das Gropius' 65. Geburtstag gewidmet war. Auf Wunsch von Hillebrecht wurden dabei die negativen Bemerkungen über Ernst Neufert herausgelassen.[166] Gropius stimmte zu, wusste allerdings nicht, wie tief auch Hillebrecht als Mitarbeiter von Konstanty Gutschow in NS-Planungen verstrickt gewesen war und selbst wieder ehemalige NS-Architekten und Planer unterstützte. Gropius' Attacke gegen den früheren Mitarbeiter Neufert sollte wohl vor allem eine Distanz zu seinen eigenen Vorschlägen zur Präfabrikation schaffen.

Von Bekannten und Freunden erhielt er seit seinem Deutschlandbesuch eine Fülle von Briefen, mit denen er nach und nach über die Arbeit von Architekten im NS-System und deren Rückkehr in leitende

Positionen sowie über die Frustrationen der modernen Architekten, die einen radikalen Umschwung erhofft hatten, informiert wurde. Werner Hebebrand, Hubert Hoffmann[167], Wilhelm Hess[168] und Martin Mächler[169] berichteten ihm über ihre Probleme während und nach der NS-Zeit und Hans Scharoun schickte sogar eine Kopie des Schreibens, mit dem er vom Rektor der Hochschule gemaßregelt wurde, da er sich gegen die Wiederanstellung des Parteigenossen Gerhard Jobst gewandt hatte.[170] Von Lily und Hans Hildebrandt sowie Richard Döcker[171] erhielt er genaue Berichte über die Bemühungen, Paul Schmitthenner wieder an die Hochschule zu holen. Als eine von Scharoun initiierte Eingabe an die US-Behörden gegen Schmitthenner, der als «Prototyp der überdauernden Hitler'schen Kulturhaltung»[172] bezeichnet wurde, nichts nutzte, schaltete sich Gropius ein und erreichte schließlich, dass die Rückkehr des NS-Vorzeigearchitekten verhindert wurde.[173] Als sich sein ehemaliger Bürochef Otto Meyer-Ottens, der 1933 in die Partei eingetreten war und inzwischen in der Hamburger Baubehörde wieder Karriere machte, bei ihm meldete, antwortete Gropius nicht, kommentierte aber den Brief mit bissigen Randbemerkungen.[174] In der Folgezeit empfahl Gropius ihm bekannte Vertreter der modernen Architektur für Positionen und agierte im Hintergrund, als er beispielsweise Hillebrecht abriet, Martin Wagner für die Baudirektorstelle in Hamburg zu empfehlen, denn dieser sei «a violent fellow, knowing front attacks only»[175]. In die Diskussionen um den Wiederaufbau schaltete er sich aber ein und wirkte zudem indirekt durch seine Präsenz in Ausstellungen und Publikationen mit, in denen das Bauen in den USA als Vorbild vorgestellt wurde.[176] Privat führte ein schwerer Autounfall seiner Frau Ende Oktober 1947 zu großen Problemen. Ise musste viele Wochen im Krankenhaus verbringen und war die nächsten beiden Jahre auf einen Rollstuhl und Krücken angewiesen.

Konflikte und Kritik

Obwohl die meisten Verfechter der modernen Architektur nach dem Weltkrieg glaubten, dass sich nun die «Internationale Architektur» auch global verbreiten werde, gab es am technischen Funktionalismus immer wieder Kritik, die Lewis Mumford im Oktober 1947 in einem Artikel in «The New Yorker» zusammenfasste. Im Gegensatz zum sterilen und abstrakten «International Style» mit Häusern wie Fabriken rühmte er die Qualitäten der Architektur von Bernard R. Maybeck und William Wurster in der Bay Region von Kalifornien, denn dort hätte sich mit dem «Bay Region Style» eine «native and humane form of modernism» entwickelt, «a free yet unobtrusive expression of the terrain, the climate, and the way of life on the coast.»[177] Mumfords Kritik erregte derartig Aufsehen, dass Alfred Barr am 11. Februar 1948 ein Symposium «What is Happening to Modern Architecture?» im Museum of Modern Art organisierte, zu dem er auch Gropius und Marcel Breuer einlud. Gropius erklärte einfach, so wie der Bay Region Style definiert werde, sei schon vor 25 Jahren die Moderne charakterisiert worden: «[…] the idea of the so-called International Style was regional in character, developing out of surrounding conditions.»[178] Im Übrigen sollte jeder Chauvinismus aufgegeben und gemeinsam an der weiteren Entwicklung der Moderne gearbeitet werden. Im Hinblick auf seine früheren Definitionen internationaler Architektur war der behauptete Bezug auf Region und Kontext unrichtig, aber hier zeichnete sich wieder ab, dass sich Gropius zunehmend nur noch ganz allgemein und gleichsam über den Dingen schwebend äußerte. Auch als er aufgefordert wurde, zu einer Debatte Stellung zu nehmen, ob die moderne funktionale Architektur ihr Formenrepertoire erweitern müsse, um für repräsentative Bauten wie Rathäuser oder Museen einen «monumentalen» Ausdruck, «a new monumentality» zu finden, verwies er nur auf den ewigen Wandel in der Architektur und sprach sich für Flexibilität und kontinuierliche Veränderung aus.[179] Seine rigorose Ablehnung historischer Formen für die Gegenwart und seine Verdammung der Architektur des Historismus als «imitative eclecticism» blieben allerdings bis an sein Lebensende unverändert.

Anfang 1948 engagierte sich Gropius in einer für ihn bislang ganz ungewöhnlichen Weise auch politisch. Am 5. Februar schickte er zusammen mit allen Mitgliedern von TAC ein Telegramm an das Constitutional Law Committee in Boston mit einem scharfen Protest gegen das House Committee on Un-American Activities: «Communism cannot be stamped out by legislation; it can only be counteracted effectively through a continuing example of democracy. As architects and tax payers we insist that public funds be used [...] not by intimidating the public by the Gestapo threat of a Dies committee.»[180] Er unterstützte auch finanziell das «Committee of One Thousand», das sich zum Ziel gesetzt hatte, das 1938 vom Kongress eingesetzte Komitee gegen unamerikanische Umtriebe abzuschaffen. Wie tief die Aktivitäten der Senatoren Martin Dies, McCarthy u. a. das Ehepaar bedrückten, sprach er im August 1948 in einem privaten Brief an Herbert Bayer aus: «wir suchen uns mehr und mehr gegen diese dreckige welt voll idiotischer politiker abzuschließen [...]. wenn jetzt auch in diesem lande, wo ein zukunftsfähiges freiheitsgefühl existierte, die politischen unratschnüffler an die macht kommen, weiß ich nicht mehr, wohin wir auswandern können.»[181] Gropius zeigte immer wieder politisches und soziales Verantwortungsbewusstsein, so wandte er sich öffentlich bei einer Ehrung gegen die Rassentrennung[182] und er schrieb Briefe an Politiker, in denen er Auskunft verlangte, beispielsweise über ein Weizenembargo gegen Indien oder Angriffe in Vietnam,[183] aber für Stellungnahmen zu politischen Ereignissen, wie beispielsweise gegen die Invasion Ungarns 1956, war er nicht zu bewegen und berief sich darauf, dass er sich ein Leben lang von Politik ferngehalten habe.[184]

Anfang 1948 kam es zur nächsten Auseinandersetzung mit Hudnut, als dieser ohne Rücksprache und gegen Gropius' Willen zum Sommersemester mehr Studenten zuließ, um den Kriegsheimkehrern die Hochschule zu öffnen, während Gropius den Kreis seiner Studenten klein halten wollte.[185] Gropius war daraufhin so erbost, dass er Hudnut anbot, als Chairman des Departments zurückzutreten. Die Situation beruhigte sich kurzfristig wieder und Hudnut unterstützte Gropius, der sich bei Präsident James B. Conant um eine direkte Beauftragung zum Bau einer neuen Studentenwohnanlage beworben hatte. Mit dem im Oktober 1948 erteilten Auftrag zur Planung des «Harvard Graduate Center» für etwa 600 Studierende erhielten Gropius und TAC nicht nur die erste große Bauaufgabe, sondern er bekam auch erstmals überhaupt die Möglichkeit, in Harvard zu bauen. Nach dem Scheitern seines Projekts in Cambridge war es für ihn ein Triumph, im altehrwürdigen Campus der Universität ein Zeichen seiner Auffassung von Architektur und insbesondere seines Umgangs mit Tradition zu setzen. In einem Artikel «Not Gothic But Modern For Our Colleges»[186] für das New York Times Magazine bemühte er wieder die Argumentation, so wie man kein Kostüm mehr trage, dürfe auch ein Gebäude nicht historisch kostümiert werden, dies sei «applied archeology». Die Geschichte zeige, dass die wahre Tradition das Ergebnis einer ständigen Veränderung sei: «Architecture must move on or die.» Die Jugend müsse in einer kreativen und nicht imitierten Umgebung aufwachsen, das Kopieren historischer Formen sei nur ein Zeichen von Schwäche und Ängstlichkeit und in Unkenntnis der Architekturgeschichte behauptete er einfach: «The great periods of architecture in the past have never imitated the periods of their forfathers.» Die wahre Tradition der Architektur des Campus liege im «Harvard Yard», in einer Folge von Höfen und Plätzen, die für den neuen Entwurf genau studiert und fortgeführt worden sei: «[...] here lies the inherent tradition of the Yard; its timeless pattern may well be interpreted again today in new terms of architecture, valid for present-day life.» Die 1950 eröffnete Anlage bot Gropius zudem die Möglichkeit, einige Künstler, darunter Hans Arp, Josef Albers, Richard Lippold und Joan Miró, einzuladen, um auch eine Einheit von Kunst und Architektur zu präsentieren (Abb. S. 310). Im Gegensatz zur künstlerischen Ausstattung wurde beim Bau selbst so gespart, dass Räume mit extrem schlechter Isolation entstanden. Das Harvard Graduate Center war bei Studenten so unbeliebt, dass der Harvard Crimson schrieb, dort zu wohnen sei «like living in a sound chamber».[187] Gropius' Schüler Philip Johnson wandte sich 1955 gegen seinen Lehrer mit direktem Bezug auf das Graduate Center: «I would rather sleep in Chartres Cathedral with the nearest toilet two blocks away than in a Harvard house with back-to-back-bathrooms.»[188] Die erste Manifestation der Teamarbeit erbrachte kein architektonisches Meisterwerk, im Gegenteil, das Harvard Graduate Center steht etwas belanglos am Rande des Universitätscampus und ist bis heute bei Studenten unbeliebt.

Ende des Jahres 1948 kam es dann zu einem heftigen Streit mit Martin Wagner. Es begann damit, dass Gropius ihn fragte, ob er eine Kurzfassung eines Textes über «Townlets and Towns», den Wagner bereits im August 1946 verfasst hatte und der auf Studentenprojekten mit ihm, Hudnut und Perkins basierte, für eine gemeinsame CIAM-Publikation verwenden dürfe. Wagner reagierte darauf am 29. November sehr heftig, denn auf seine Bitte um Änderungsvorschläge hatte er zwei Jahre lang nichts gehört und deshalb seinen Text inzwischen unter seinem Namen veröffentlicht. Hudnut und Perkins hätten daran ohnehin «nur Minus-Null-Anteile»[189] und auch Gropius hätte «an der ganzen Steuermannsarbeit» nichts beigetragen. Gropius antwortete am 3. Dezember und erklärte, er habe an der «Durchführung und Vollendung der physischen Planung»[190] genauso viel Anteil gehabt wie Wagner und er habe sich genauso wie Hudnut und Perkins nicht zu dem Text geäußert, da dieser keine «Teamhaltung» eingenommen habe. Darauf reagierte Wagner noch heftiger, bezeichnete sich als «Parsifal der Wahrheit und der Gerechtigkeit»[191], der alles ausspreche, was er denke. Gropius hätte überhaupt nichts beigetragen, jedes einzelne Detail sei von ihm, dies könne er genau belegen, Gropius hätte nicht einmal die richtigen Maße des Markusplatzes gekannt. Gropius antwortete am 17. Dezember auf englisch, Wagner sei arrogant, er werde die geplante Publikation streichen, «the rest is silence». Dies führte zu einem letzten Schreiben Wagners am 22. Dezember, in dem er sich zuerst über den «englisch lispelnden Brief» lustig machte, um dann zu erklären: «Typisch wie Sie sich doch immer im Plural und immer auf der Bühne sehen! Mir gegenüber, Gropius, können Sie sich das aber nicht leisten! Ich warne Sie!» Wenn es zu Auseinandersetzungen kommen sollte, werde er ihn bekämpfen «und sicherlich wird der Rest nicht Schweigen sein, und sicher nicht auf meiner Seite!»[192] Die einst gute Verbindung war damit zerrissen und Wagner sollte sich dann auch später massiv gegen Gropius zu Wort melden, allerdings nur in Deutschland und dort auch mit relativ geringer Resonanz.

Da Gropius 1949 intensiv mit Planung und Bau des Graduate Centers beschäftigt war und seine Frau aufgrund des Autounfalls seine Hilfe brauchte, fuhr er nicht zum 7. CIAM-Kongress, der vom 22. bis zum 31. Juli in Bergamo stattfand. Er wurde deshalb auch nicht mit einer neuen Haltung zur Geschichte konfrontiert, die dort von Helena Syrkus, der kommunistischen CIAM-Delegierten aus Polen, vorgetragen wurde. Zusammen mit ihrem Mann Szymon hatte sie 1948 den Plan für ein «Socialist Warsaw»[193] entworfen, der die komplette Rekonstruktion der von deutschen Truppen völlig zerstörten Warschauer Altstadt vorsah, um damit polnische Kultur wiederzugewinnen. Während die beiden deutschen Delegierten Hassenpflug und Vogler in Bergamo vorschlugen, das zerstörte Berlin in «grüne Zonen» umzuwandeln, und Le Corbusiers Wiederaufbauplan von Saint-Dié die Auslöschung der alten Stadt präsentierte, was die Einwohner als zweite Zerstörung ihrer Stadt empfanden, vertrat Syrkus die Auffassung, dass sich in CIAM ein genereller Wandel von derartig formalistischen Plänen hin zur Realität und zu einem größeren Respekt für das Erbe der Vergangenheit entwickeln müsse. Mit der Rekonstruktion von Warschau werde die nationale, aber auch die internationale Architektur verteidigt: «We of CIAM must revise our attitude; the Bauhaus is as far behind us as Scamozzi. It is time to pass from the Athens Charter into reality.»[194] Obwohl diese Kritik in Bergamo freundlich diskutiert wurde, kam es zu keiner Kursänderung, Le Corbusiers und Gropius' Ablehnung der historischen Stadt blieb dominant und Sert schlug als Thema für den nächsten Kongress «The

Core of the City» vor. Es zeigte sich allerdings, dass die Auffassungen über moderne Architektur keineswegs mehr so monolithisch waren, wie noch vor dem Weltkrieg. Die Auseinandersetzung mit Geschichte und historischen Strukturen, aber auch mit der «organischen Architektur» Frank Lloyd Wrights und Alvar Aaltos sollte bei der jüngeren Generation größere Bedeutung gewinnen. Ausgerechnet ein Schüler von Gropius, Bruno Zevi, wurde zum Apologeten organischer «humane architecture»[195] und griff den Kongress in Bergamo direkt an. CIAM sei an die «architectural mentality» von Le Corbusier und Gropius sowie an Giedions Sicht auf die Historie gebunden, dadurch würde eine ganze Generation junger Architekten ausgeschlossen.

Giedions Auslassungen und dessen einseitige Sicht kritisierte gleichzeitig Nikolaus Pevsner in einer Rezension in der «Architectural Review» und sprach ihm dabei sogar die Qualifikation als Historiker ab: «A changeover from telling historical truth to blasting a trumpet, be it ever so rousing a trumpet, is a sin in a historian.»[196] Diese Kritik, er treibe nur Propaganda, traf Giedion und er bat Gropius um eine Gegendarstellung. Allerdings bestätigte er den Vorwurf Pevsners indirekt selbst, denn er schrieb gerade an einen Beitrag über Gropius' Einfluss auf die Architektur in Amerika für eine Sondernummer der Zeitschrift «L'Architecture d'aujourdhui» und im Briefwechsel mit seinem Heroen erklärte er ausdrücklich, dass er den Text genau nach dessen Wünschen verfassen wolle.[197] Für Giedion vertrat Pevsner nur eine «scheinbare Objektivität», er gehöre zur «Gattung der geheimen Reaktionäre», denen «der Mut und vor allem die innere Sicherheit» fehle, gegenwärtige Erscheinungen zu beurteilen. Für sich erklärte er hingegen: «Ich schreibe nicht Geschichte für die Ewigkeit. Ich will gerne mit denen stehen und fallen, mit denen ich gekämpft habe.»[198] Auf Wunsch von Gropius, der sich allerdings nicht für Giedion engagierte, stellte er dann auch die Bedeutung der Teamarbeit heraus und leugnete bewusst einen Einfluss von Wright. Dass er überhaupt Wright behandelt habe, entschuldigte er gegenüber Gropius und erklärte, dies sei «eine Antwort auf die chauvinistischen Tendenzen wie sie die Leute vom Museum of Modern Art, inklusive Hitchcock heute verbreiten.»[199] Die Kritik am europäischen Import und die Verweise auf die Bedeutung Wrights intensivierten sich jedoch in den folgenden Jahren und Gropius' Ansprüche auf Priorität wurden zunehmend in Frage gestellt. Die Sondernummer über «walter gropius et son école» erschien dann im Februar und präsentierte Gropius als den großen Lehrmeister. In Absprache mit ihm schrieb sein Schüler Paul Rudolph bereits im Vorwort mit militärischer Metaphorik: «[...] that an army of men have been prepared for the great tasks ahead.»[200] Nach der Vorstellung der Arbeiten von Gropius mit Breuer, Wachsmann und TAC wurden studentische Untersuchungen gezeigt, dann folgte ein programmatischer Text von Gropius mit dem Titel «A Blueprint For an Architect's Training», in dem er wieder die Einheit des Gestaltens und Kreativität hervorhob und betonte, dass Geschichte erst im dritten Studienjahr gelehrt werden solle, «to avoid intimidation and imitation». Anschließend wurden ausgewählte Studienarbeiten von ehemaligen Studenten vorgestellt, darunter I. M. Pei, Henry Cobb, Robert Geddes, Henry Dreyfuss, Paul Rudolph und Chester Nagel (die alle später bedeutende Funktionen einnehmen sollten). Letzterer betonte in einem eigenen «Statement», dass sich mit Gropius seit 1937 ein völliger Wandel bei der Architektenausbildung in den USA vollzogen habe. Dies war auch die offizielle Sicht in Harvard, denn der Präsident erklärte stolz, alle amerikanischen Architekturschulen hätten sich inzwischen dem Vorbild der GSD angeschlossen. Dies war weitgehend richtig und die Wirkung von Gropius zeigte sich sicher auch an der großen Zahl von Absolventen, die an anderen Hochschulen Spitzenpositionen erreichten und große Architekturbüros betrieben. Da Gropius in den USA aber keine typische architektonische Handschrift zeigte, sind auch die Arbeiten seiner Schüler, zu denen weitere berühmte Namen wie Ulrich Franzen, Fumihiko Maki und Eliot Noyes zählten, sehr heterogen. Eine Gropius-Schule gab es nie, allerdings viele Schüler, die ihren Lehrer verehrten und einige, wie Philip Johnson und Bruno Zevi, die gegen ihn polemisierten. 1950 konnte Gropius einen gewaltigen Erfolg für sich an der GSD verbuchen, denn mit Unterstützung des Präsidenten gelang es ihm, den für alle drei Departments obligatorischen Kurs «Design Fundamentals» zu installieren, der weitgehend nach dem von Moholy-Nagy und Josef Albers gelehrten Vorkurs am Bauhaus strukturiert war. Als Lehrer konnte er Richard Filipowski gewinnen, der bei Moholy-Nagy am Institute of Design in Chicago ausgebildet worden war und dort unterrichtete. Die Studierenden sollten in dem Kurs die für alle Menschen gültigen, universalen Gesetze der Wahrnehmung, den «optischen Generalnenner» lernen und sich damit von allen Konventionen und historischen Mustern befreien. Auf der Basis einer von Moholy-Nagy entwickelten «language of vision»[201] sollten sie ihre individuelle Kreativität entwickeln, um dann in einer «universal language of form» gestalten zu können. Der Basic-Design-Kurs war somit für Gropius die Antithese zu akademischem Lernen aus der Geschichte und subjektivem Künstlertum und der Wegbereiter zur Entfaltung von Kreativität und international gültigem Formenausdruck. Bei der Propagierung dieser Ideen berief sich Gropius nicht nur auf Moholy-Nagy und Albers, sondern auch auf György Kepes und Serge Chermayeff, die deren Lehren weiterführten,[202] sowie auf Herbert Reads «Education Through Art» und die wahrnehmungspsychologischen Untersuchungen von Earl C. Kelley, dessen Buch *Education for What is Real* Gropius zur Pflichtlektüre an der GSD machte.[203] Mit den «Design Fundamentals» war für Gropius nach 13 Jahren Tätigkeit in Harvard der von ihm immer wieder geforderte Schritt gelungen, die Architektenausbildung auf die Basis der Bauhauspädagogik zu stellen und damit das zu vollenden, was ihm in Dessau nicht gelungen war. Hudnut hatte sich massiv gegen diesen Kurs gestellt, der nach seiner Auffassung die Architektur auf eine abstrakt formale Grundlage stellte, während er die Auffassung vertrat, dass Formen aus Konstruktion und sozialen Zusammenhängen entwickelt werden müssten. Er konnte den Kurs nicht verhindern, da die Finanzierung über den Präsidenten kam, aber die Mittel waren auf zwei Jahre begrenzt und 1952 strich er Gropius' «pet course», worauf dieser vorzeitig in Ruhestand ging.

Im Hinblick auf den nächsten CIAM-Kongress, der urbanistische Themen behandeln sollte, drängte Gropius seit Ende 1950 in Briefen an Sert darauf, mehr amerikanische Architekten und Planer einzuladen. CIAM sah er als «Corb's world»[204] und wollte deshalb seinen Einfluss über Kollegen, Freunde und Schüler aus den USA stärken. Sert verhielt sich jedoch diesbezüglich zögerlich, da sich nie eine aktive US-Sektion von CIAM gebildet hatte. Gropius fuhr trotzdem zum 8. Kongress, der vom 7. bis 14. Juli 1951 in Hoddesdon, nördlich von London stattfand. Er selbst hielt einen Vortrag über «Architectural Education», aber die Vorträge und Diskussionen kreisten um das zentrale Thema «The Core of the City», denn zunehmend war auch bei den CIAM-Architekten erkannt worden, dass sich mit den bislang propagierten durchgrünten Wohnzeilen und aufgelockerten Baublöcken die Städte auflösten und der urbane öffentliche Raum verloren ging. In der Sektion über «The Human Aspect of the Core» verwies Gropius generell auf historische Plätze Italiens, aber andere Redner, wie J. M. Richards, gingen weiter und definierten das Stadtzentrum als Sammelpunkt «of the group's collective memory»[205], als Synthese des sozialen Lebens und deshalb dürften auch die historischen Stadtkerne nicht zerstört werden. Weiterhin wurde von Jacob B. Bakema und Aldo van Eyck die Bedeutung der Relation zwischen Menschen und Objekten hervorgehoben und damit zeichneten sich ganz neue Standpunkte ab, die insbesondere über die nächste Generation moderner Architekten zu einer Revision vieler Dogmen der Gründerväter, zu anderen urbanistischen Leitideen, aber 1959 auch zum Ende von CIAM führen sollten. Gropius nahm einige Ideen auf, aber eine grundsätzliche Infragestellung seiner städtebaulichen Konzepte und seiner Haltung zur Historie erfolgte nicht. Den Historismus lehnte er zeitlebens ab, ganz in Sinne des Resümees von

Giedion über die CIAM-Tagung: «Die Entwicklung begann als Kampf gegen die verpestete Atmosphäre und als moralische Revolte gegen die Verfälschung der Formen.»[206]

Von Hoddesdon ging die Reise nach Deutschland, wo Gropius seine Schwester und Freunde und anschließend in Hannover seinen ehemaligen Mitarbeiter Rudolf Hillebrecht besuchte, der dort seit 1948 als Stadtbaurat wirkte und einen viel beachteten, rigoros modernen Wiederaufbau der zerstörten Stadt eingeleitet hatte. In der begleitenden Bauausstellung «Constructa» konnte vom 3. Juli bis zum 12. August eine Auswahl der bisherigen Aufbauleistungen in Deutschland besichtigt werden.[207] Im Vordergrund stand eine Darstellung der Bemühungen, die gründerzeitlichen Städte unter dem Gesichtspunkt der Hygiene und der Mobilität aufzulockern und zu durchgrünen sowie die Funktionen entsprechend den CIAM-Richtlinien stärker zu trennen. Die seit Jahrzehnten national und international geführten Diskussionen, eine Verbindung von Stadt und Landschaft herbeizuführen und die Städte für den wachsenden Verkehr zu öffnen, hatten durch die Kriegszerstörung eine neue Basis zur Realisation erhalten und je nach politischer Lage und bürgerschaftlichem Engagement entstanden entsprechende Umsetzungen der Leitbilder.[208] Insgesamt unterschied sich der Wiederaufbau der deutschen Städte relativ wenig vom Aufbau in anderen Ländern, auch wenn einzelne Protagonisten später ihre Leitbilder besonders herausstellten oder neu konstruierten und von Historikern verkürzte und personalisierte Bezüge zu Planungen der NS-Zeit fabriziert wurden.[209] Gropius konnte somit die bunte Mischung von städtebaulichen Planungen sehen, die seit der Gartenstadtbewegung und den CIAM-Vorschlägen diskutiert worden waren und zu denen auch die von ihm vertretenen «Nachbarschaften» und «Gemeinschaftszentren» gehörten. Hillebrecht bemühte sich, die Vertreter der verschiedenen Richtungen in Hannover an einen Tisch zu bekommen, um den Wiederaufbau der Bundesrepublik gemeinsam zu diskutieren. Er lud deshalb Architekten und Planer aus ganz Deutschland zu einem Treffen am 21. Juli 1951 nach Hannover ein und es gelang ihm, dazu auch Gropius zu holen. Gropius traf somit nicht nur auf den Bauhäusler Gustav Hassenpflug, sondern er sah sich auch Friedrich Tamms, Rudolf Wolters und Paul Bonatz gegenüber, die sich in der NS-Zeit massiv engagiert hatten. Entsprechend dem Anliegen Hillebrechts hielt er eine versöhnliche Rede, in der er, wohl zur Überraschung der Anwesenden, die internationale Architektur, wie von ihm seit einigen Jahren vertreten, mit regionalen Traditionen verknüpfte. Zu dem Treffen äußerte sich Gropius später nicht weiter, aber nach einer Würdigung des Baus der Reichsautobahn durch Tamms verließ er bald die Runde.[210] Durch Vermittlung von Hillebrecht ergab sich immerhin für ihn Ende 1950 ein Auftrag für das Haus Stichweh in Hannover. Dieser erste Bau in Deutschland nach seiner Emigration war allerdings wie fast alles, was noch unter seinem Namen entstand, ein letztlich mittelmäßiges Produkt der Teamarbeit von TAC.

In Harvard spitzte sich inzwischen die Situation an der GSD zu, denn die beiden ehemaligen Freunde Hudnut und Gropius gerieten immer häufiger aneinander, so dass sogar der Präsident der Universität als Friedensstifter an den Fakultätssitzungen teilnahm.[211] Eine wichtige Rolle spielte dabei nicht nur die Etablierung des Basic-Design-Kurses und die Platzierung von mehreren ehemaligen Studenten und TAC-Mitarbeitern in der Fakultät, sondern auch, dass es Gropius gelungen war, eine in Harvard ganz unübliche Verlängerung über das 65. Lebensjahr hinaus bis 1953 zu erhalten, und dass er nun über Eingaben von Freunden an den Präsidenten versuchte, die Stelle des Dekans nach Hudnuts planmäßigem Ausscheiden 1952 zu bekommen.[212] Hier machte der Präsident nicht mit, er beschied Gropius, dass er ihn nicht weiter verlängern werde, und genehmigte dafür Hudnut ein weiteres Jahr, so dass dieser auf jeden Fall so lange wie Gropius im Amt bleiben sollte. Damit hoffte er, die Lage etwas zu entspannen. Hudnut spielte seinen Vorteil als Dekan dahingehend aus, dass er drei TAC-Mitarbeiter nicht verlängerte und dann auch den Vorkurs vom Programm strich, da die Mittel aufgebraucht waren und er diesen nicht für notwendig hielt.[213] Gropius war darüber so empört, dass er zum 23. Juli 1952, ein Jahr vor dem vereinbarten Ausscheiden, seinen Abschied nahm. In öffentlichen Stellungnahmen wusste er seinen Abgang so darzustellen, dass er nur wegen der Kürzungen zurückgetreten sei,[214] aber privat verkündete er, dass Hudnut allein aus Neid auf seine Popularität alles getan hätte, um seine Bemühungen um die Ausbildung zu durchkreuzen. Die Mehrheit der Fakultät und auch die überwiegende Zahl der Studierenden hatte er am Ende hinter sich und wurde deshalb triumphal verabschiedet. Hugh Stubbins, der sich gegen Gropius gewandt hatte, bekam nun dessen Position als Chairman des Departments, aber der Sieg von Hudnut währte nur kurz, denn bei der Suche nach einem Nachfolger für ihn als Dekan hörte der Präsident auf Gropius und berief dessen Kandidaten José Lluís Sert, der 1953 neuer Dean wurde und auch gleich noch die Position des Chairman für Architektur übernahm. Sert war Gropius dafür dankbar und blieb weitgehend auf dessen Kurs, dieser verkündete deshalb auch, er habe gesiegt und seine Feinde in die Knie gezwungen.[215] Die 15-jährige Lehrtätigkeit in Harvard brachte Gropius internationale Reputation und aus diesem Erfolg konnte er bis an sein Lebensende eine schier endlose Folge von Ehrungen beziehen. Die relativ kleine Rente glich er durch Aufträge mit TAC und andere Einnahmen leicht aus. Dass er diesen Erfolg in erster Linie Joseph Hudnut verdankte, wurde jahrzehntelang kaum beachtet und von ihm selbst nie mehr erwähnt.

«Ich bin selbst erstaunt, wo ich schließlich gelandet bin»
Die Ernte des Redners und das Verschwinden des Architekten 1952–1969

Walter Gropius vor dem Pan Am Building in New York, 1963

Die Schwarz-Debatte

Mit dem Abschied von der Lehrtätigkeit veränderte sich Gropius' Leben, die folgenden 17 Jahre bis zu seinem Tod 1969 sind geprägt von zahllosen Reisen und Ehrungen, darunter zwölf Ehrendoktorwürden, von der Akquisition und Betreuung großer Aufträge sowie von einer schier unendlichen Zahl von Briefen, mit denen er zum einen sein inzwischen weltweites Netz an Bekannten zusammenhielt und zum anderen seine Person und das Bauhaus in seinem Sinne für die Nachwelt festlegen wollte. Zusammen mit seiner Frau, der er bis tief in die Nacht Briefe diktierte, beantwortete er nicht nur mit preußischer Pflichterfüllung, auf die er sich gerne berief,[1] jede Anfrage, sondern korrigierte auch jede Darstellung, die nicht in seinem Sinne war. Mit aller Kraft widmete er sich der Aufgabe, das Bauhaus, das er völlig für sich in Anspruch nahm, als überzeitlich gültige Idee zu etablieren, um es auf Dauer am Leben zu erhalten. Seine Frau half ihm dabei, beantwortete auch einen Teil der Briefe selbst, und nach dem Tod ihres Mannes setzte sie diese Tätigkeit ganz in seinem Sinne fort, Briefe verfasste sie in einer Handschrift und Schreibweise wie ihr Mann.

Den Sommer 1952 verbrachte das Ehepaar wieder in Cape Cod, am Strand der reichen Bostonians. Dann fuhr Gropius nach Paris, wo er in den folgenden Monaten immer wieder an den Sitzungen der internationalen Planungskommission für das UNESCO-Gebäude teilnahm. Im März 1953 übernahm Lluís Sert das Amt des Dekans der GSD und im Mai erfolgten die ausgedehnten Feierlichkeiten zu Gropius' 70. Geburtstag, bei denen er einen Ehrendoktor der Universität Harvard erhielt. In Deutschland fand seit Ende Januar eine Debatte statt, deren Verlauf dann anlässlich seines Geburtstags als «indirekte Festschrift für Walter Gropius»[2] bezeichnet wurde und die dem Bauhaus wie auch seinem Namen in einer entscheidenden Phase des Wiederaufbaus neue Strahlkraft verlieh. Die renommierte Zeitschrift «Baukunst und Werkform» veröffentlichte im Januarheft 1953 den Aufsatz «Bilde Künstler, rede nicht»[3] des Kölner Architekten Rudolf Schwarz, der im Rahmen einer generellen Kritik an der geometrisch technischen Moderne auch den «Glaswürfel» und die «unerträgliche Phraseologie» des Bauhauses angriff. Der tief katholische Schwarz hatte schon Ende der 1920er-Jahre den Materialismus einer technischen Formgebung kritisiert, bei der die Gegenstände nur noch «dekoriert»[4] würden. Seine Kritik an den «senkrecht-waagrecht Rationalisten» und am Bauhaus fand mit der Machtübernahme der Nationalsozialisten keine Beachtung mehr, aber in den ersten Nachkriegsjahren griff Schwarz in die Debatten um den Wiederaufbau ein, den er nicht dem «materialistischen» Geist des Bauhauses preisgeben wollte. Auf dem 2. Darmstädter Gespräch über «Mensch und Raum» wandte er sich 1951 gegen «die sehr beredten Wortführer des Konstruktivismus, des Technizismus, des künstlerischen Materialismus und wie alle diese Irrlehrer heißen»[5]. Damit war unausgesprochen auch das Bauhaus gemeint. Nun verschärfte er seine Angriffe gegen den «widerlichen Kult der Zwecke»[6] und wurde deutlicher. Ihm ging es um die «große geistige Überlieferung», die er von der Gotik über den Barock bis zu van de Velde, Poelzig und Mies van der Rohe wirken sah. Dieses «abendländische Gespräch» war nach seiner Auffassung durch einen vom Materialismus herbeigeführten Überlieferungsbruch, den der «ungeistige», «diktatorische» Anspruch des Bauhauses bewirkte und den die Nationalsozialisten fortsetzten, zum Verstummen gekommen. Für diesen Bruch mit der großen abendländischen Tradition machte er auch direkt Gropius mitverantwortlich, der «offenbar nicht denken» konnte, «ich meine damit das, was nun einmal im abendländischen Raum Denken heißt – und das muß man nun einmal können, wenn man mehr sein will als ein unverbindlicher Künstler, ein großer Baumeister nämlich; er hatte es niemals gelernt.»[7] Schwarz ging es um die christliche Tradition und Überlieferung, auf die er den Neuaufbau Deutschlands gründen wollte, aber mit seiner Polemik verkündete er zum einen eine Kontinuität vom Bauhaus zum Nationalsozialismus und griff zum anderen den Bauhausgründer mit einer Sottise an, von der sich der Herausgeber der Zeitschrift, Alfons Leitl, sofort distanzierte. Mit dem Beitrag war der heftigste Architekturstreit in Deutschland losgetreten, der sich nun fast das ganze Jahr 1953 durch die deutschen Zeitungen und Zeitschriften ziehen sollte. Gropius wurde durch ein Schreiben von Hermann Mäckler am 28. Februar informiert und in Kürze sammelten sich seine Verteidiger. Er selbst schrieb empörte Briefe, auch an Schwarz,[8] und organisierte Antworten aus dem Hintergrund, während er offiziell vorgab, souverän über der Polemik zu stehen. Schon in der nächsten Nummer der Zeitschrift wurden sieben Beiträge zur Verteidigung des Bauhauses abgedruckt, dabei stand letztlich der Name Bauhaus stellvertretend für die gesamte Moderne, die im Kalten Krieg als Repräsentant des freien Westens gegen Kommunismus und sozialistischen Realismus diente.[9] Wer sich somit auf das Bauhaus berief, der vertrat das «bessere» Deutschland, das 1933 ins Exil getrieben wurde und 1945 über Amerika wieder zurückgekommen war und das nun in der Bundesrepublik demokratische Gesinnung repräsentierte.

Gropius hatte leichtes Spiel, als er in einem Brief an Richard Döcker, den er zur weiteren Verbreitung verfasste, den Materialismus seinem Nachfolger Hannes Meyer zuwies, der in die Sowjetunion gegangen war und sich dann zum Marxismus bekannt hatte, und den Angriff auf seine Person indirekt mit den Diffamierungen der NS-Zeit parallelisierte.[10] Schwarz konnte sich noch einmal äußern, und da die persönliche Polemik seiner Argumentation geschadet hatte, schlug er gegenüber dem «Heiligtum»[11] Gropius, das er als «Tempelschänder» besudelt hatte, ironische Töne an, bestand aber auf seiner Kritik am Traditionsverlust und am geometrischen Technikkult des Bauhauses, dessen Auffassungen wie eine «Heilsbotschaft» verkündet würden. Die Dogmen dieser Heilslehre würden geradezu «inquisitorisch» behandelt, so sei beispielsweise das Flachdach zu einer «Glaubenswahrheit» geworden, mit der die Zugehörigkeit zur Moderne wie bei einer Sekte festgelegt würde. Wie schon Josef Frank um 1930 wandte er sich dagegen, dass formale oder stilistische Elemente nur als «Erkennungszeichen» benutzt und dass keine Gespräche über die Vielfalt und Bedeutung von Architektur für die Gemeinschaft geführt wurden. Die Verteidiger des Bauhauses und von Gropius errangen in Kürze in der westdeutschen Presselandschaft einen kompletten Sieg. Die Angriffe gegen die «schwarze Moderne» und die Zeitschrift waren derartig heftig, dass Alfons Leitl in einem letzten Beitrag von den «fröhlichen SA-Männern der neuen Architektur»[12] schrieb und dann seinen Posten räumen musste.

Erst im Zuge der Schwarz-Debatte wurde das Bauhaus zum Synonym für moderne Architektur, ein Paradox, auf das Martin Wagner in einem bissigen Brief verwies, denn zum einen gab es am Bauhaus vor Hannes Meyer keine eigene Architektur und zum anderen spielte das Bauhaus innerhalb des Neuen Bauens in den 1920er-Jahren eine «sehr bescheidene Nebenrolle»[13]. Für Wagner war diese Kanonisierung deshalb ein Triumph des «Bühnenmeisters von Cambridge», für den, wie er zynisch schrieb, «die Bühnentechnik von jeher seiner Muse liebstes Kind war». Für Gropius war die Debatte tatsächlich ein Glücksfall, er wurde geradezu zur Gallionsfigur der Moderne, sein Nachfolger Hannes Meyer wurde endgültig als Kommunist aus der Bauhausgeschichte verabschiedet und sein Kampf gegen einen «Bauhausstil» und seine Umdeutung des Bauhauses in eine zeitlos gültige «Idee» wurden überall aufgenommen und setzten sich auch in der Historiographie fest. Die Berufung auf die «Bauhaus-Idee» diente jedoch vielfach nur zur Rechtfertigung eines rationalisierten, den ökonomischen Interessen angepassten «Bauwirtschaftsfunktionalismus»[14]. Für den Wiederaufbau der Bundesrepublik war der Verlauf der Debatte fatal, denn die Frage nach einer «anderen Moderne», die im Sinne von Schwarz Alternativen mit einer auf Tradition und Geschichte gegründeten Architektur bot, wurde erst wieder diskutiert, als das Wirtschaftswunder die «Unwirtlichkeit»[15] der Städte geschaffen hatte.

Ehrungen und Reisen

Während somit die Schwarz-Debatte zu einem publizistischen Triumph im Zusammenhang des 70. Geburtstags wurde, bereitete Giedion schon seit längerem eine große repräsentative Ehrung für den Freund vor. Als Jurymitglied der 1. Biennale in São Paulo schlug er Ende 1951 einen Architekturpreis vor, den die Andrea- und Virginia-Matarazzo-Stiftung übernahm und der bei der nächsten Biennale vergeben werden sollte. Eine Jury mit Aalto, Le Corbusier, Rogers und Sert wählte 1952 Gropius ohne jede Diskussion oder Gegenkandidaten aus, und Giedion fragte schon im Februar 1953 an, ob er nicht eine Publikation anlässlich der für Anfang 1954 geplanten Preisverleihung vorbereiten sollte.[16] Da die Übergabe vom brasilianischen Staatspräsidenten erfolgen sollte, wurde die Ehrung mit einer Südamerikafahrt des Ehepaares gekoppelt. Vor dieser Fahrt nahm Gropius noch am 9. CIAM-Kongress vom 19. bis zum 25. Juli in Aix-en-Provence teil, der unter dem Motto «Human Habitat» stand und zu dem noch am 26. Juli eine Feier des 25-jährigen Bestehens von CIAM auf der Dachterrasse der im Vorjahr eröffneten «Unité d'Habitation» Le Corbusiers in Marseille gehörte.[17] Sowohl Corbusier wie Gropius besuchten anschließend keinen weiteren Kongress mehr und zogen sich von CIAM zurück, das zunehmend zu einem Ort der Kritik an den Altmeistern durch die nächste Generation wurde. Von Oktober 1953 bis Februar 1954 bereisten dann Ise und Walter Mexiko und Südamerika, in mehreren Ländern organisierten seine Schüler für ihn Vorträge, Empfänge und Veranstaltungen und die Presse berichtete überschwänglich über den großen Mann der Architektur, der nun gerne mit Wright, Le Corbusier und Mies in einem Atemzug genannt und als «Mr. Bauhaus» gefeiert wurde. Am 25. Januar 1954 überreichte der brasilianische Staatspräsident, nach einer Laudatio von Sert, den mit 300 000 Cruzeiros dotierten Matarazzo-Preis, der dann als Nobelpreis der Architektur bejubelt, allerdings nur ein einziges Mal vergeben wurde, da die Stiftungsmittel an Wert einbrachen. Das von Giedion in Jahresfrist verfasste Huldigungswerk erschien in der englischen Ausgabe mit dem

Untertitel «Work und Teamwork», womit Gropius' Tätigkeit als Architekt buchstäblich geteilt wurde. Herbert Bayer machte dies in der Gestaltung des Umschlags sichtbar, auf dem er ein Porträtfoto mit einer Rasterfassade aus dem Büro überlagerte.[18] Der Band wurde von den Gropius-Verehrern pflichtgemäß gefeiert, aber von kritischen Historikern wie Lewis Mumford verrissen.[19]

Vor und nach der Reise nahm Gropius noch an einigen Presseterminen teil, bei denen er das bisher größte Projekt, an dem er mitgewirkt hatte, vorstellte. Der New Yorker Immobilienzar und «Skyscraper King»[20] Roger L. Stevens, Besitzes des Empire State Building, des bis 1972 höchsten Gebäudes der Welt, hatte das Eisenbahngelände in der Back Bay von Boston erworben und wollte dort «the biggest development in Boston history» betreiben. Nach dem Muster des Rockefeller Center sollte ein neues Stadtzentrum mit einem 40-geschossigen Bürogebäude, einem 750-Betten-Hotel, einer Convention Hall für 10 000 Besucher sowie einem Theater, Läden und der größten Tiefgarage der Welt entstehen. Der Bürgermeister von Boston, John Hynes, sprach von einer Neugestaltung des Gesichts von Boston und unterstützte das Projekt, zu dessen Planung sich TAC mit Pietro Belluschi, Walter L. Bogner, Carl Koch & Assoc. und Hugh Stubbins zur Arbeitsgemeinschaft «Boston Center Architects» zusammengeschlossen hatten.[21] Obwohl Gropius sich schon aus Zeitgründen kaum intensiver mit der Planung eines derartig großen Projekts befasst haben kann, trat er vor der Presse als Sprecher der Architektengruppe auf und das Bild des Modells mit seiner Person und dem reichen Auftraggeber machte die Runde. Diese Rolle spielte er, mit manchmal mehr aber zumeist noch weniger Beteiligung an den Planungsprozessen bis an sein Lebensende, mit seinem Namen akquirierte er Aufträge und war damit für TAC buchstäblich Gold wert. Das Projekt wurde allerdings zwei Jahre später beerdigt, da Stevens nicht die Steuervergünstigungen erhielt, auf die er spekuliert hatte.

Kaum zurück aus Brasilien, ging das Ehepaar Anfang Mai 1954 auf eine halbjährige Weltreise, die von der Rockefeller Foundation finanziert wurde. Die Fahrt ging über Hawaii nach Australien, wo Gropius von seinen Schülern Harry Seidler und Peter Stephenson empfangen wurde und auf der «Fourth Australian Convention of the Royal Australian Institute of Architects» in Sydney für die moderne Architektur seiner Schüler eine Lanze brach.[22] Am 19. Mai kam das Ehepaar nach Tokio und blieb bis Anfang August in Japan. Gropius hatte einige Bücher zur japanischen Architektur und Kultur gelesen und bezeichnete den Besuch als die Erfüllung eines Jugendtraums. In dem Einheitsmaß der Tatami-Matten, nach denen sich Bauten strukturierten, sah er sofort Verbindungen zu seiner Lehre von der «Unity in Diversity». An Gerhard Marcks schrieb er: «Wofür ich mein Leben lang gestritten habe, fand ich im japanischen Haus um 1600 verkörpert: Die Beziehung von Außen und Innen, Offenheit, Veränderlichkeit durch bewegliche Wände, Normung und Vorfabrikation; das alles mit größter Zurückhaltung der Mittel lediglich durch Raum und Maß ausgedrückt.»[23] Anschließend verfasste er sogar Beiträge zur japanischen Kultur, die er als «Lesson in Intensification»[24] bezeichnete. Im Vergleich mit den Studien Bruno Tauts zum japanischen Haus, die während dessen Japan-Aufenthalt 1933–1936 entstanden, zeigt sich allerdings, wie dünn und oberflächlich die von Gropius kurzfristig erworbenen Kenntnisse waren.[25] Über Hongkong, Kalkutta, Bagdad und Kairo ging die Reise dann nach Athen und Rom und nach einem Besuch in Deutschland kehrte das Ehepaar am 26. Oktober 1954 wieder in die USA zurück.

Im Februar 1955 erhielt Gropius von Otto Bartning die Einladung zur Teilnahme an der Interbau in Berlin. Das stark zerstörte gründerzeitliche Hansaviertel sollte abgeräumt und an seiner Stelle im Rahmen einer Internationalen Bauausstellung ein neues Stadtviertel mit modellhaft neuen Formen des Wohnens vom Flachbau bis zum Hochhaus präsentiert werden. Das städtebauliche Konzept war auch als exemplarische Antwort des «freien» Westens auf die Stalinallee (seit 1961 Karl-Marx-Allee) im Osten der Stadt geplant. Der dortigen, nach sowjetischen Vorgaben geformten einheitlichen, «diktatorisch ausgerich-

Walter Gropius und TAC, Wohnhaus auf der Interbau im Hansaviertel, Berlin, 1957

teten»[26] Blockbebauung mit historischen Bezügen an einer großen Aufmarschmagistrale sollten im Westen individuell in Grünflächen platzierte Gebäude von deutschen und international bekannten Architekten antworten. Unter der Oberleitung von Bartning war ein Lageplan entwickelt worden, nach dem 53 Architekten aus 14 Ländern, darunter Le Corbusier, Alvar Aalto und Oscar Niemeyer, Bauplätze und Wohnbautypen zugeteilt wurden. Gropius erhielt einen 10-geschossigen 80 Meter langen Wohnblock in prominenter Lage zugewiesen, den er mit Norman Fletcher bei TAC in Cambridge bearbeitete, Kontaktarchitekt in Berlin war Wils Ebert. Ende August flog er nach Berlin und unterschrieb beim Senator für Bau- und Wohnungswesen, Rolf Schwedler, einen Vertrag zur Fertigstellung der Wohnscheibe bis zur Eröffnung der Interbau Mitte 1957. In diesem Zusammenhang bekam er einen weiteren Direktauftrag für einen Vorentwurf zur Bebauung des Mehringplatzes. Am 19. September hielt er noch einen Vortrag an der Technischen Universität Charlottenburg über «Wege zur optischen Kultur» und berichtete dann in einem Brief an seine Frau, wie viel Verehrung ihm entgegen gebracht wurde – ausgerechnet an dem Ort, wo er vor einem halben Jahrhundert als Student ziemlich kläglich gescheitert war, das teilte er den Zuhörern aber nicht mit. Dann fuhr er nach Ulm, wo er am 2. Oktober die Festrede zur Eröffnung des von Max Bill entworfenen Neubaus der Hochschule für Gestaltung hielt.

Mit Bill, der 1927 bis 1929 am Bauhaus bei Hannes Meyer studiert hatte, stand er seit Anfang 1950 in brieflichem Kontakt, als sich dieser an ihn gewandt und um Unterstützung beim Aufbau einer Bauhaus-Nachfolgeinstitution gebeten hatte, die er zusammen mit Inge Aicher-Scholl und Otl Aicher über eine «Geschwister-Scholl-Stiftung» organisieren wollte.[27] Dabei ergänzten sich zwei Anliegen, denn Gropius war sofort daran interessiert, bei einer Neuetablierung des Bauhauses Einfluss zu nehmen, und Bill wollte seine Position als ehemaliger Bauhäusler nutzen, um über den Kontakt mit Gropius der Einrichtung die nötige Unterstützung und Weihe zu vermitteln, sich selbst als Direktor zu platzieren und dann seine Vorstellungen umzusetzen.[28] Gropius half bei der Vermittlung einer Spende in Höhe von einer Million Mark über den alliierten Hochkommissar John McCloy, er beriet Bill, wurde Mitglied im Kuratorium und genehmigte sogar die Verwendung des Namens «Bauhaus Ulm» – obwohl die Rechte am Namen bei Mies van der Rohe lagen.[29] Er schlug dann allerdings vor, sich etwas vom historischen Namen zu lösen, weshalb die Bezeichnung der Dessauer Institution «Hochschule für Gestaltung» gewählt wurde. Die am 3. August 1953 in den Räumen der Ulmer Volkshochschule eröffnete Hochschule sollte nach Bills Vorstellung nicht direkt an das 1933 geschlossene Bauhaus anknüpfen, sondern dort, wo es zwanzig Jahre später nach seiner Meinung angekommen wäre. Als sich allerdings Anfang 1954 der dänische Künstler Asger Jorn an ihn wandte und erklärte, «Bauhaus ist der Name einer künstlerischen Inspiration»[30], deshalb sollte die Ulmer Einrichtung im Sinne eines «Bauhaus imaginiste» kreativ mit Künstlern fortgesetzt werden, lehnte Bill dies ab und erklärte: «Bauhaus ist nicht der Name einer künstlerischen Inspiration, sondern die Bezeichnung für eine Bewegung, die eine sehr wohl definierte Doktrin repräsentiert.» Jorn antwortete darauf nur: «Wenn Bauhaus nicht der Name einer künstlerischen Inspiration ist, dann ist es die Bezeichnung einer Doktrin ohne Inspiration, das heißt einer toten Inspiration.» Auf der Triennale in Mailand 1954 konfrontierte er deshalb Arbeiten von Bill mit einem Manifest «Contre le fonctionnalisme» und gründete ein «Mouvement International Pour un Bauhaus Imaginiste Contre un Bauhaus Imaginaire»[31]. Asger Jorn vertrat somit mit letzter Konsequenz die von Gropius propagierte Deutung des Bauhauses als einer lebendigen Idee. Eine Wirkung auf die Ulmer Hochschule konnte er nicht ausüben, erst im Rahmen der Gedächtnisfeiern zum 100. Jahrestag der Gründung wurde seine Konzeption eines «Bauhaus imaginiste» zur Wiederbelebung und Vermarktung des Bauhauses instrumentalisiert.

So weit wie Jorn ging Gropius nie, denn seine Vorstellung vom Bauhaus als einer Idee stand zum einen immer in Bezug zu seiner Schule, zum anderen benutzte er dieses Konstrukt, um sich von einem «Bauhausstil» zu lösen und um sich gegen die Vorwürfe, er vertrete einen sturen Rationalismus und Funktionalismus, zu rechtfertigen. Bei seiner pauschalen Eröffnungsrede in Ulm wünschte er deshalb den Beteiligten, sie sollten «nicht einem Stil nachjagen»[32], und verwies auf eine an seiner Schule angeblich erreichte Balance «zwischen dem Seelisch-Traumhaften und dem Geistig-Logischen»[33]. Mit dieser Betonung der Kunst stand Gropius allerdings im Widerspruch zur anschließenden Rede Max Bills, der seine Schulkonzeption aus dem Geist seines Lehrers Hannes Meyer dahingehend definierte: «die gesamte tätigkeit an der hochschule ist darauf gerichtet, am aufbau einer neuen kultur mitzuarbeiten, mit dem ziel, eine mit unserem technischen zeitalter übereinstimmende lebensform schaffen zu helfen»[34] und dies sollte in «echt wissenschaftlicher weise» geschehen. Gropius erklärte zwar, in Ulm hätte das Bauhaus eine neue Heimat und eine «organische Weiterentwicklung»[35] gefunden, aber schon bei der Eröffnung zeigten sich in den beiden Reden gegensätzliche Positionen. Als es schon bald zu internen Problemen kam, suchte Bill wieder Unterstützung bei Gropius, der ihn aber nur zurechtwies, dass er konzeptionelle Fehler gemacht und keine Führungsqualitäten gezeigt habe.[36] Über die ehemalige Bauhäuslerin Helene Nonné-Schmidt, die in Ulm unterrichtete, war Gropius detailliert über die Entwicklung der Schule in Richtung Meyer-Bauhaus sowie über alle Probleme und auch Bills Affäre mit einer Schülerin informiert worden und positionierte sich auch deshalb entsprechend ablehnend.[37] Er versuchte zwar, weiterhin Einfluss zu nehmen, aber da sich die Ulmer Hochschule unter Bills Nachfolgern, u. a. Tomás Maldonado, weiter in Richtung einer strikt produktorientierten, wissenschaftsbasierten Gestaltung entwickelte, kümmerte er sich immer weniger um diesen Ableger des Bauhauses, der nicht seinen Vorstellungen entsprach.

Ende 1955 erhielt Gropius die Mitteilung, dass ihm im Namen der Queen die Gold Medal des Royal Institute of British Architects (RIBA) für 1956 verliehen werden sollte. Dies war für ihn ein weiterer Triumph, denn er folgte damit Wright und Le Corbusier, die die hohe Auszeichnung 1941 beziehungsweise 1953 erhalten hatten. Bei der Verleihung am 10. April 1956 wurde diese Trias auch in der Laudatio von J. Leslie Martin besonders hervorgehoben: «These three great architects are of course generally regarded as the pioneers of modern architecture.»[38] Mies van der Rohe wurde nicht erwähnt, er erhielt die Goldmedaille erst drei Jahre später. In der Zeitschrift «Casabella» würdigte Ernesto N. Rogers im Zusammenhang der Ehrung dann allerdings Gropius, Mies und Le Corbusier als die drei Meisterarchitekten und bezeichnete Gropius als das Gewissen der modernen Architektur, er sei deshalb «the Leon Battista Alberti of our age», Mies sei der Brunelleschi der Gegenwart und Le Corbusier «is our Michelangelo».[39] In der Laudatio von Herbert Read wurde schließlich wieder das Bauhaus als zeitlose Idee präsentiert und dieses angebliche Gropius'sche Konzept sogar mit dem Naturverständnis von Goethe, zu dem er eine «innate affinity»[40] habe,

Walter Gropius mit
Präsident C. H. Aslin bei der
Verleihung der Gold Medal
der RIBA, London, 1956

verglichen. Bei diesem byzantinischen Personenkult war es eine geschickte Wendung, dass Gropius über die Hälfte seiner Dankesrede dem Thema Teamwork widmete, das er als Zeichen für einen «true democratic spirit» bezeichnete und mit dem «system of collective security among the nations» parallelisierte. Allerdings bestand diese Hymne auf das Teamwork zum einen aus historischen Unwahrheiten, so wenn er behauptete, er hätte bereits am Bauhaus «the old boss-employee relationship»[41] aufgegeben, und zum anderen hinderte ihn die Beschwörung des Teamgeistes nicht, die vielen Bauten und Projekte aufzuzählen, an denen er gerade angeblich persönlich arbeitete.

Die Rechtfertigung des Teamwork war seit der Gründung von TAC ein zentraler Punkt vieler Texte und Vorträge von Gropius, denn natürlich merkte auch er, dass er als Architekt in einem Team verschwand, das keine eigene architektonische Handschrift zeigte, und dass er somit im Vergleich mit Le Corbusier, Mies und Wright als Baumeister zunehmend an Bedeutung verlor. Immer wieder versuchte er deshalb, die Team-Idee gegenüber dem Kult um einen individuellen Ausdruck zu nobilitieren, und dabei zielte er direkt oder indirekt auf Frank Lloyd Wright: «[...] the work of the egocentric prima donna architect who forces his personal fancy on an intimidated client, creating solitary monuments of individual aesthetic significance»[42]. Da Wright in den USA in der Nachkriegszeit aber immer mehr an Popularität gewann und zu einer nationalen Symbolfigur wurde, geriet Gropius bald von einigen Historikern unter Druck, die nachzuweisen suchten, dass Wright der europäischen Moderne voraus gewesen sei und auch Gropius' Frühwerk geprägt habe.[43] Gegenüber Vincent Scully, der ihm eine Missachtung von Wrights Leistung vorwarf und u. a. die Mason City Bank als Vorbild für die Werkbundfabrik in Köln bezeichnete, schrieb er, dieser Bau sei ihm bis heute unbekannt. Allerdings verwies er auf die Wright-Publikation aus dem Wasmuth-Verlag, die er seit 1912 besaß, in der die von Scully genannten Vorbilder abgebildet waren.[44] In einem Statement konstruierte er dann 1962 eine Erklärung: Wrights Robie House «has early influenced my architectural education», aber dieses Haus und das Larkin Office seien nur Vorläufer gewesen, «close to my own thinking and feeling», als er das Faguswerk gerade entworfen hatte. Schon damals hätte allerdings Wright zwiespältig auf ihn gewirkt: «The experience with Wright's work clarified my own approach, but finally the consistency of Sullivan's work and word impressed me more deeply than the erratic, explosive creations of Wright.»[45] Damit projizierte er seine angebliche Ablehnung des Kults um eine individuelle Handschrift zurück in seine Jugend, um die kollektive Arbeit im Team mit Blick auf seinen Lebenslauf historisch zu rechtfertigen.

Der offensichtliche Verlust an persönlichem Ausdruck im Team nährte darüber hinaus die immer wieder thematisierte Frage nach Gropius' individueller Leistung. In genau diese Kerbe schlug Martin Wagner mit mehreren Texten, die er im Laufe des Jahres 1956 veröffentlichte. Seit seiner Pensionierung 1950 hatte sich Wagner vermehrt mit kritischen, zum Teil giftigen Beiträgen – wie «Städtebau-Bankrott» oder «Städtebauliche Vergreisung»[46] – zum Wiederaufbau zu Wort gemeldet, allerdings gelang es ihm nie, eine Diskussion zu entfachen. Seine fundierten Analysen, mit denen er insbesondere auf soziale Defizite beim Wiederaufbau verwies, wurden nicht beachtet oder mit dem Hinweis abgetan, dass sich der ehemalige Stadtbaurat von Berlin nur wieder in Deutschland platzieren wollte. Gegen die Planung des Hansaviertels – für Wagner ein «Potemkin in Westberlin»[47], ein teures Prestigeprojekt ohne sozialen Wert, ein Spielplatz der international etablierten «CIAMisten» – verfasste er eine ganze Serie von Texten. In offenen Briefen, die allerdings nur von der Berliner City-Presse abgedruckt wurden, schrieb er gegen die «Paradebauten im Hansaviertel – Primadonnen der Bauhäusler» und in dem Beitrag «Ein Rückschritt im Städtebau der Neuzeit»[48] bezeichnete er Gropius als einen Baumeister, der «nur im Nebenamt tätig war, während er die hauptamtliche Tätigkeit seinen zahlreichen ‹Mitarbeitern› überließ». Im Juli 1956 griff er dann in der Zeitschrift «Baurundschau» unter dem Titel «Ehre dem Ehre gebührt. Kapazitäten oder Schwanengesang?»[49] Gropius frontal an. Es gebe kein Werk, das Gropius sein eigen nennen könne, dazu zählte er dessen Arbeiten unter den Namen der «Mitarbeiter» auf und verwies auf die von ihm selbst verfassten Aufsätze, die er Gropius nur «zur Überschrift und Unterschrift anbot». Gropius sei völlig abhängig von seinen Mitarbeitern, niemand habe je eine Zeichnung von ihm gesehen: «Seine Autorschaft blieb jedem seiner Zeitgenossen ein unausgesprochenes Mysterium.» Im Gropius-Haus in Lincoln sei deshalb auch kein Arbeitszimmer, der Bau sei nur «Epidermis der Dinge», reine Dekoration. Als Gropius von Hillebrecht, Klopfer u. a. auf diese Polemik aufmerksam gemacht wurde, reagierte er herablassend und versuchte Wagner zu pathologisieren: «Ich sehe Wagner als einen traurigen, pathologischen Krankheitsfall an, die Galle ist in seinem Blut, so sieht er alles grausam verzerrt.»[50] Anstelle von Gropius schrieb dann Paul Klopfer eine Replik[51] und über entsprechende Beziehungen des Gropius-

Netzwerks zu Bauzeitschriften und Presse wurde erreicht, dass erst gar keine weitere Diskussion aufkam. Seit der Schwarz-Debatte befand sich Gropius in Deutschland im Olymp, derartige Angriffe liefen ins Leere. Zu seinen Entwurfsanteilen gab er selbst bezeichnenderweise nie eine genauere Erklärung ab, sondern vernebelte diese Thematik immer mehr unter dem wolkigen Gerede vom Teamwork, obwohl er sonst peinlich darauf achtete, jede Äußerung über sich oder das Bauhaus nach seinen Vorstellungen zu korrigieren.

Als er 1956 Giedions Publikation *Architektur und Gemeinschaft* las und sich im Gegensatz zu Le Corbusier nur marginal erwähnt sah, schrieb er dem Freund einen erbosten Brief, bezeichnete sich als «Kronzeugen»[52] für Gemeinschaftsarbeit und entwickelte nun das Konstrukt, dass bereits am Bauhaus die Suche nach einem für alle gültigen Generalnenner auf «Teamarbeit» angelegt gewesen sei, denn «um wieder zu gemeinsamer Kultur zu kommen, brauchen wir eine konzentrische Bewegung vieler künstlerischer Individuen auf ein gemeinsames Ziel gerichtet». Dann zählte er die Beispiele für «Zusammenarbeit» in seinem Werk seit 1913 auf und erklärte, sein ganzes Leben sei auf die «Einheitsidee» ausgerichtet gewesen, dies sei sein «kreativer Beitrag zu unserer Zeit, dem sich alle meine Aktionen im Bau, in der Erziehung und in der literarischen Fassung unterordnen». Die Suche nach stilistischer Einheit diente nun zur Rechtfertigung für sein Verschwinden im Team, und seinen Verzicht – oder seine Unfähigkeit –, sich individuell als Architekt zu artikulieren, erklärte er als «beherrschte Zurückhaltung, die aus meinem Hass gegen eitle Arroganz entstand». Auf diese Weise wurden sein Rückzug aus der Architektur und seine gestalterischen Probleme zu persönlichen Leistungen umgedeutet.

Eine Verfälschung – bewusst oder unbewusst – historischer Fakten zieht sich auch durch die vielen Briefe, in denen er entweder auf Anfragen antwortete oder Publikationen von Historikern korrigierte. Bei manchen Schreiben kann eine mangelnde Erinnerung der Grund für falsche Darstellungen gewesen sein, bei einigen mag es sich um Verzerrungen handeln, die sich durch eine im Laufe der Jahre entstandene Veränderung des Blickwinkels ergab, oft spiegeln seine Mitteilungen aber einfach den Versuch, die Geschichte in seinem Sinne für die Nachwelt festzuschreiben. Die Gründe und Ursachen sind im Einzelfall kaum definitiv zu benennen, vielfach dürften sich Erinnerungen und Interessen vermischt haben. So beschrieb er die politische Situation bei seinem Abschied von Dessau 1928 völlig falsch als von den Nationalsozialisten beherrscht,[53] die Darstellung seines Austritts aus dem Werkbund für Barbara Miller Lane ist ein reines Phantasieprodukt,[54] gegenüber Paul Klopfer bezeichnete er sich als «Hauptassistent»[55] von Peter Behrens und nannte Adolf Meyer seinen «Assistenten», immer wieder versuchte er, sich von van de Velde abzugrenzen, und behauptete, er habe sich «im erzieherischen Gebiet […] bewußt gegen ihn gestellt»[56], und Hannes Meyer wurde von ihm schlichtweg diffamiert, indem er ihn beschuldigte, dieser habe ihn über seine politische Haltung getäuscht.[57] Als 1965 endlich eine erste Publikation über Meyer erschien, erreichte Gropius, dass im Nachwort ein Brief von ihm abgedruckt wurde, in dem er Meyer einen «radikalen Kleinbürger»[58] nannte, Fakten verdrehte und dessen Leistung komplett leugnete. Der Umgang mit seinem Nachfolger kann nur als Racheakt an dem Mann bezeichnet werden, der völlig zu Recht festgestellt hatte, dass unter Gropius am Bauhaus ein formalistischer «Bauhausstil» entstanden sei. Um «sein» Bauhaus von diesem Vorwurf zu befreien, fabrizierte Gropius die dann jahrzehntelang verbreitete Legende von der überzeitlichen Idee hinter seinem Konzept. Gegen die Kritik von Lewis Mumford, Reyner Banham, Peter Blake, Bruno Zevi, Peter Collins u. a. an seinem Verhältnis zur Geschichte wandte er sich mit detaillierten brieflichen Gegendarstellungen.[59] Dieser Kampf um seine Deutungshoheit erhielt dann 1960 mit der Gründung des Bauhaus-Archivs in Darmstadt durch Hans Maria Wingler eine völlig neue Dimension, denn nun wurde die Bauhausgeschichte institutionalisiert und ganz in seinem Sinne gleichsam von höherer Warte vertreten und publizistisch verbreitet.[60]

Im Frühjahr 1957 wurde Gropius unterrichtet, dass ihm der Hansische Goethepreis der Stadt Hamburg zuerkannt worden sei. Bei der Entgegennahme der Ehrung am 5. Juni hielt er die Rede «Apollo in der Demokratie»[61], mit der er sich zwischen Einstein, Tolstoi und Goethe platzierte, den apollinischen Künstler verherrlichte, um dann die Schaffung einer kulturellen Balance zwischen Nützlichem und Schönem als seine Lebensaufgabe zu bezeichnen. In dieser abgehobenen Verkündung pauschaler Weltweisheiten fehlte auch nicht der Hinweis auf die Teamarbeit, die nun sogar als «objektiver Schlüssel zur Gestaltung künstlerischer Probleme» bezeichnet wurde, um vom «Ich-Kult hinweg zu einem «neuen Zeitausdruck» zu gelangen. Von Hamburg ging es direkt nach Berlin zur Eröffnung der Interbau, um die es einigen Ärger gegeben hatte, da sich die Wohnungen nach den Vorgaben des sozialen Wohnungsbaus richten mussten und einige der international geladenen Architekten sich über das geringe Honorar beschwerten. Die konventionellen Grundrisse in der von TAC mit Wils Ebert erbauten gekrümmten Wohnscheibe entschuldigte Gropius gegenüber dem Spiegel: «Man hat Schindluder mit unserem Namen getrieben.»[62] Die Bedingungen wusste er allerdings vorher, und dass man auch im Rahmen von Beschränkungen zu neuen und qualitätvollen Lösungen gelangen konnte, demonstrierte beispielsweise Alvar Aalto mit seinem Wohnblock im Hansaviertel. Die nach Süden orientierte Wohnscheibe von TAC zeigt zudem eine rein dekorative Fassadengestaltung, denn acht Wohnungen sind völlig willkürlich aus der Achse gedreht und weisen nur nach Westen oder Osten (Abb. S. 339). Dieser Formalismus kennzeichnete schon den Chicago Tribune Entwurf und findet sich immer wieder bei Gropius, der in Harvard derartige «diversity» in der «unity» unterrichtet hatte, zuletzt noch am Hochhaus der sogenannten Gropiusstadt. In Berlin erfuhr er von Bausenator Schwedler, dass sein Vorentwurf für den Mehringplatz nicht weiterverfolgt werden sollte, darauf schrieb er erboste Briefe und erhielt bald einen anderen Großauftrag.[63]

Von Berlin flog er nach Athen, wo er mit TAC seit 1956 den Neubau

Gropius und TAC, US-Botschaft in Athen, 1961

der amerikanischen Botschaft plante, die entsprechend den Richtlinien des Außenministeriums für auswärtige Staatsbauten eine Mischung aus repräsentativem Herrschaftsanspruch der Siegermacht des Zweiten Weltkriegs mit Motiven der jeweiligen lokalen Bautradition zeigte.[64] Die Aufgabe des Botschaftsgebäudes, «to express U. S. democracy», brachte Gropius auf die simple Formel: «The building is approachable and thus democratic.»[65] Wie bei der 1957 fertiggestellten US-Botschaft von Edward D. Stone in Neu-Delhi handelt es sich um eine tempelartige Anlage mit Umgang auf einem Podest, und so wie in Indien mit den Ornamenten der Fassade und einem inneren Wasserbecken die Moghul-Zeit assoziiert werden sollte, so suchte Gropius über eine Marmorverkleidung der Pfeiler und eine hohe Attika eine Verbindung zur Akropolis. Gegenüber der Presse erklärte er: «Ich habe alle meine Kraft hineingelegt, um zu beweisen, daß ich noch als alter Mann und um mein Lebenswerk zu krönen, an einem so heiligen Ort wie Athen bauen kann.»[66] Da Schinkel seinen Palast auf der Akropolis nicht ausführen konnte, sah er sich sogar als Vollender von dessen Idee, «einen Markstein nordeuropäischer Geistigkeit im Herzen der mittelmeerländischen klassischen

Welt zu errichten»[67]. Bei einigen Anhängern einer internationalen Architektur ohne Geschichtsbezüge löste allerdings die 1961 eröffnete Tempeladaption mit neoklassizistischer Anmutung Befremden aus.

Universität Bagdad – Pan Am Building – Gropiusstadt

Gropius stand nun auf dem Höhepunkt seiner Reputation und erhielt die drei größten Aufträge seiner Architektenlaufbahn: 1957 die Planung einer kompletten Universität in Bagdad, 1958 die künstlerische Betreuung eines Wolkenkratzers im Zentrum von New York und 1960 den Bebauungsplan für die Großsiedlung Britz-Buckow-Rudow mit 17 000 Einwohnern in Berlin. Keines der drei Projekte brachte jedoch einen architektonischen Erfolg. Die Fertigstellung der Universität verzögerte sich aufgrund der politischen Situation immer wieder, bei Gropius' Tod war nur ein Bruchteil ausgeführt, das Pan Am Hochhaus in New York führte zu heftiger Kritik und schadete seinem Ansehen enorm und die Berliner Siedlung erhielt zwar seinen Namen – «Gropiusstadt» –, aber die Planung wurde ihm weitgehend wieder aus der Hand genommen, verändert und an andere Architekten vergeben, er selbst konnte mit TAC zwei Wohnhochhäuser, einige Zeilenbauten sowie eine Gesamtschule errichten. Während seine Rivalen im Rang der Meisterarchitekten[68] – Wright, Corbusier und Mies – ein grandioses Spätwerk schufen, führte das Teamwork mit TAC zu keinem einzigen Bauwerk von größerer Bedeutung, und in der Einschätzung von Architekturhistorikern wurde Gropius deshalb allmählich durch Alvar Aalto in dieser Spitzengruppe ersetzt. Die Arbeit mit TAC brachte ihm zwar große Aufträge und viel Geld, aber verschattete seine früheren Leistungen wie das Faguswerk und das Bauhausgebäude.

In Bagdad hatte Gropius bereits auf einer Zwischenstation seiner Weltreise 1954 seine ehemaligen Studenten Ellen und Nizar Jawdat wieder getroffen, die für ihn Empfänge und erste Kontakte im Irak organisierten. Der Vater von Nizar war der einflussreiche Politiker und ehemalige irakische Botschafter in den USA Ali Jawdat. Nach einer Einigung mit British Petrol über die Verteilung der Einnahmen aus der Erdölgewinnung fand ab Ende der 1940er-Jahre unter dem haschemitischen König Faisal II. eine Öffnung zum Westen und der Aufbau von Infrastruktur statt, den das Iraqi Development Board (IDB) organisierte. In diesem Zusammenhang wurden bereits im Januar 1957 Projekte an Wright und Le Corbusier vergeben, aber als Ali Jawdat im Juni 1957 Premierminister wurde und die Leitung des IDB übernahm, erhielten Gropius und TAC Ende August den Auftrag zur Planung der ersten Universität im Irak.[69] Der Vertrag wurde Ende des Jahres geschlossen und Gropius reiste mit Robert McMillan im Mai 1958 nach Bagdad zur Besichtigung des Geländes. Auf einer vom Tigris umschlossenen Halbinsel sollte auf einer Fläche von 160 Hektar eine Universität für 12 000 Studenten mit allen zugehörigen Einrichtungen – nach Kairo die größte der arabischen Welt – in Zusammenarbeit mit irakischen Architekten errichtet werden. Im Juli 1958 wurde König Faisal II. bei einem Putsch ermordet und unter General Abd al-Karim Qasim eine Republik gegründet. Qasim setzte aber die Öffnung zum Westen fort, die Zahlungen an TAC erfolgten weiter und in Cambridge/Mass. wurde ein Generalplan erarbeitet. Im Januar 1959 reisten Gropius und McMillan mit Zeichnungen und einem Modell nach Bagdad. Die Planung gefiel dem neuen Machthaber, aber die an einem zentralen Platz angeordnete Moschee sollte entsprechend der nun politisch verfolgten Profanisierung aus dem Zentrum genommen und dafür ein 20-geschossiges Hochhaus errichtet werden.[70] Im Februar 1960 präsentierten Gropius und McMillan die Planung, die sie noch um ein zeichenhaftes Eingangstor, den 25 Meter hohen, im Scheitel offenen Bogen «Open Mind», erweitert hatten. Die insgesamt 273 Bauten mit drei Studentendörfern waren alle in Stahlbeton geplant, eine Übernahme von Elementen regionaler Bautradition fand sich nur bei der mit farbigen Fliesen verkleideten Kuppel der Moschee. Das Zentrum bildeten das Hochhaus und ein mit konischen Halbtonnen überwölbtes Auditorium für 5000 Personen, das exakt aus dem Entwurf für ein Civic Center in Tallahassee/Florida über-

352 Die Ernte des Redners und das Verschwinden des Architekten

Helmut Jacoby, Perspektive des geplanten Zentrums der Universität in Bagdad nach dem Entwurf von TAC, 1960

nommen war. «Internationale» Architektur war für TAC und Gropius offensichtlich beliebig translozierbar, eine Anpassung erfolgte nur im Hinblick auf das Klima durch Sonnenschutz mittels «Brise soleil».[71] Während Le Corbusier beim fast gleichzeitigen Bau von Chandigarh die indische Architekturtradition genau studierte und mit seiner Architektursprache verschmolz,[72] setzte sich Gropius mit islamischer Baukunst nicht weiter auseinander. Der Masterplan mit den illusionistisch gezeichneten Perspektiven von Helmut Jacoby fand bei den Auftraggebern große Anerkennung und wurde von Casabella detailliert und mit überschwänglichem Lob veröffentlicht.[73]

Nach Genehmigung der Planung flossen Millionenbeträge über ein Schweizer Konto, von dem später auch Bestechungsgelder bezahlt werden mussten,[74] und TAC richtete ein eigenes Büro mit über 100 Mitarbeitern in Rom für die Werkplanung ein. Zusammen mit den weiteren Aufträgen expandierte die Firma auf vier Büros in Cambridge sowie Außenstellen in Bagdad, London und Rom und beschäftigte zeitweise über 300 Mitarbeiter. Nach Fertigstellung der Planung begannen im Februar 1962 die Arbeiten am ersten Bauabschnitt. Als im Februar 1963 Qasim ermordet wurde und sein ehemaliger Putschkollege Abd as-Salam Arif die Macht übernahm, wollte auch dieser das Projekt fortführen und erhöhte sogar die Studentenzahl auf 18 000, um die Universität in Kairo von Gamal Abdel Nasser zu übertrumpfen; aber der erneute politische Wechsel brachte weitere Verzögerungen und neue Kräfteverhältnisse. TAC verlor zunehmend die Kontrolle und die Bauarbeiten gingen nur mäßig voran, immerhin wurden aber das Hochhaus und der Eingangsbogen fertiggestellt. 1968 kam es zu einem erneuten Putsch, Saddam Hussein übernahm die Macht und verfügte einen Baustopp. Als Gropius 1969 starb, waren nur Rudimente der Universität erbaut.[75] Louis McMillen konnte zwar für TAC 1972 nochmals einen Vertrag schließen, es ging mühsam weiter, aber 1980 brach der Golfkrieg aus und bis zur Schließung von TAC 1994 entstand nur noch wenig. Die Vollendung des gewaltigen Projekts scheiterte zwar an den politischen Problemen, aber im Vergleich mit dem Entwürfen für ähnliche Bildungsbauten von Mies van der Rohe für den IIT-Campus in Chicago (1938–1958), von Frank Lloyd Wright für den Florida Southern Campus in Lakeland (1938–1958), von Alvar Aalto für die Technische Universität in Otaniemi (1949–1964) und von Louis Kahn für das Indian Institute in Ahmedabad (1962–1974) zeigt sich, dass die am Tigris geplanten Betonstrukturen keine besonderen Qualitäten aufweisen. Die Bauten sind weder Beispiele für eine Verschmelzung indigener Bezüge mit moderner Architektur, noch bieten sie eine in irgendeiner Form herausgehobene Entwurfsleistung. Gropius' größtes Architekturvorhaben scheiterte auch architektonisch am Mittelmaß des Teamwork von TAC.

Dieses Scheitern in Bagdad erfolgte weitgehend unbemerkt von den Medien und der Öffentlichkeit, aber bei der 1958 begonnenen Mit-

Emery Roth & Sons mit Walter Gropius, TAC und Pietro Belluschi, Pan Am Building, New York, um 1963

arbeit an der Planung eines Wolkenkratzers in New York stand Gropius im Zentrum einer von Anfang an geführten öffentlichen Debatte, an deren Ende nicht nur seine Reputation massiv beschädigt war, sondern die gesamte Konzeption moderner Architektur in Frage gestellt und damit eine alternative Architekturrichtung, die sogenannte Postmoderne, sowie die Wiederanerkennung der Beaux-Arts-Architektur befördert wurden. Der New Yorker Immobilienmakler und Developer Erwin Wolfson verfolgte seit 1953 Pläne, an der Stelle der Grand Central Station, am Kreuzungspunkt von zwei Bahnlinien und drei Subway-Stationen, eine «Grand Central City» zu errichten. Nachdem er einen Pachtvertrag mit der Bahn geschlossen hatte, sollte das auf Wolkenkratzer spezialisierte Büro Emery Roth & Sons dieses neue Zentrum, das größte Projekt der Stadt, planen. Um den üblicherweise völlig gesichtslosen Kästen dieses Büros ein «more aesthetic design»[76] zu geben, das in der Öffentlichkeit besser ankam und sich besser verkaufen ließe, sollten «design consultants» einbezogen werden. Wolfson und Roth wählten dafür zwei renommierte Persönlichkeiten aus, Pietro Belluschi, den Dekan der School of Architecture and Planning am MIT und Walter Gropius, die mit ihrem Namen dafür bürgen sollten, dass das öffentlich geforderte «quality building» entstand. Nach einigen Vorbesprechungen wurde am 25. Juni 1958 ein Vertrag geschlossen, nach dem Emery Roth & Sons die gesamte Werkplanung und Baudurchführung übernahmen und Belluschi mit Gropius für die öffentlichen Räume und die Fassaden zuständig waren. Gropius sicherte sich das «final word in design»[77] und TAC erhielt den Arbeitsauftrag. In wöchentlichen Sitzungen, bei denen Gropius immer wieder sein Recht des «final say» einsetzte, entstand bis Februar 1959 die Planung für das größte kommerzielle Bürogebäude der Welt mit über 200 000 Quadratmeter Nutzfläche auf einem der teuersten Grundstücke der Welt. Hinter dem alten Grand Central Bahnhof, den Gropius eigentlich abreißen und durch einen Park ersetzen wollte, sollte sich ein 59-geschossiges Hochhaus erheben, das er quer zur Park Avenue stellte, denn ihm ging es ausdrücklich darum, ein zeichenhaftes Gebäude, «a new landmark»[78] zu schaffen. Nur wenige Häuserblöcke entfernt war an der Park Avenue vor wenigen Monaten das Seagram Building Mies van der Rohes eröffnet und von der Kritik gefeiert worden, Gropius wollte mit dem abgeschrägten, achteckigen Turm ein mit seinem Namen verknüpftes Bildzeichen, beziehungsweise einen Gegenpol schaffen. Deshalb bestand er auch darauf, dass der Bau nicht nur eine eigene Form, die dem Mailänder Pirelli-Hochhaus von Gio Ponti entlehnt war, erhielt, sondern er setzte durch, dass die Fassade mit vorgefertigten Betonlamellen gegliedert wurde, um einen Kontrast zu den bronzierten I-Trägern der Seagram-Fassade zu setzen. Die Wirkung des Bildzeichens war ihm so wichtig, dass er absichtlich den Blick durch die Park Avenue mit dem um 90 Grad gedrehten Baublock versperrte. Dass er damit eine städtebauliche Todsünde beging und letztlich nur die kommerzielle Wirkung beförderte, konnte oder wollte er nicht sehen. Nachdem die Fluggesellschaft Pan Am im September 1960 fast die Hälfte der Flächen mietete und dann ihr Logo in die Mitte der Park Avenue setzte, wurde das Hochhaus direkt zum Werbeträger. Nach der Vorstellung des Projekts und mit dem Baubeginn im Mai 1959 setzte eine massive öffentliche und fachliche Kritik ein, die sich auf Gropius konzentrierte, denn sein Name und seine Reputation verbanden sich mit dem Gebäude. Bis dahin galt er als der durchgeistigte Gründer des Bauhauses, der in zahllosen Reden und Schriften seine humane, auf künstlerische und soziale Qualität bezogene Architekturphilosophie verbreitet hatte. Im Juni 1959 erhielt er dafür die Gold Medal des AIA, die höchste Auszeichnung der US-Architektenschaft, aber nun wurden seine Aussagen zunehmend nur noch an dem allseits angefeindeten Wolkenkratzer gemessen und verloren an Bedeutung, nicht zuletzt auch, weil er auf Kritik entweder gar nicht einging oder schlichtweg erklärte, Schuld an den Problemen New Yorks sei die Stadt selbst, die das veraltete «zoning law», das eine entsprechende Ausnutzung von Grundstücken für den Kommerz erlaubte, nicht verändert habe.[79] Die einflussreiche Kritikerin der New York Times, Ada Louise Huxtable, nannte die Planung ein «monster»[80], ein «proposed behemoth», der Architekturhistoriker der Yale University Vincent Scully schrieb vom «death blow to Park Avenue»[81] und John Ely Burchard, renommierter Dekan der School of Humanities am MIT, von einem monströsen «denial of urban urbanism»[82]. Im Laufe des Baufortgangs verschärften sich die Kritiken sogar noch, denn nun konnte jeder die Baumasse – eine plumpe Variante von Le Corbusiers Hochhaus für Algier von 1931 – sehen, mit der die totale Kommerzialisierung von New Yorks Mitte eingeleitet wurde. Nach der Eröffnung am 7. März 1963 schrieb Huxtable von einem Verlust an ästhetischem Verantwortungsbewusstsein und nannte die Anlage ein «package for profit»[83]. Die Beschimpfungen gingen von «giant tombstone»[84] über «cut-rate monument» und Frankenstein Monster bis zu Norman Mailers Bezeichnung «totalitarian [...] a vast deadness and a huge monstrosity».[85] Sibyl Moholy-Nagy nannte den Bau einen Verrat am Funktionalismus und Bruno Zevi erklärte, alle ehemaligen Schüler seien von Gropius enttäuscht, dass er vor dem Kommerz derartig eingeknickt sei.[86] Gropius hatte aber ganz bewusst seinen Namen für das Kommerzprojekt eingesetzt, genauso wie er während des Baus des Pan Am Building den Londoner Mitfinanzier des Projekts, Jack Cotton, bei dessen Planung für ein Grundstück direkt am Piccadilly Circus unterstützte. Auch dort wandten sich Bevölkerung und Presse gegen das Investorenprojekt, das dann trotz der Unterstützung durch Gropius nicht zustande kam.[87]

Gropius sah sich selbst als Opfer einer Jagd auf ihn,[88] er beantwortete einige Angriffe und verteidigte sich mit Zitaten der wenigen Befürworter des Pan Am Building, aber gegenüber der fundamentalen Kritik verblieb er in seiner nebulösen Architekturphilosophie. Die Kritik am Bruch mit der gewachsenen Tradition der Stadt wies er zurück, denn dafür fehlte ihm jedes Verständnis, für ihn war das Hochhaus einfach Ausdruck der Kräfte der Zeit, denen er Form gab. Als er am 28. August 1961, mitten in den Auseinandersetzungen, den Goethepreis der Stadt Frankfurt erhielt, trug er in der Paulskirche die Rede «Der Architekt im Spiegel der Gesellschaft»[89] vor, in der er die Architektenschaft, und damit letztlich sich selbst, gegen den Vorwurf verteidigte, sie sei verantwortlich «für das zerrissene Bild unserer Städte». Verantwortlich sei «das Publikum selbst, das aufgegeben hat, darüber nachzudenken, wie es sich einen besseren Lebensrahmen schaffen kann, und statt dessen gelernt hat, sich einem schnellen Umsatzsystem und Ersatzgenüssen zu verkaufen.» Die großen Planungen von Architekten würden deshalb «an der Apathie des Publikums» scheitern. Das war nun eine völlige Verdrehung der Situation in New York, denn die Öffentlichkeit lief dort Sturm gegen sein Projekt, mit dem er ein zentrales Stück ihrer Stadt für den Kommerz dekorierte.

Nach der Eröffnung des Pan Am Building bezog er in einer programmatischen, später mehrfach veröffentlichten Rede vor dem Boston Architectural Center im Februar 1964 Stellung zum Thema «Tradition und Kontinuität in der Architektur»[90] und fasste dabei seine Vorstellungen vom Umgang mit der Geschichte zusammen. Der Architekt habe die Aufgaben der «industriellen und verkehrstechnischen Entwicklung» zu meistern und auf diesem Wege «die unartikulierte, sich treiben lassende Masse demokratischer Bürger» zum Verständnis für die neue Lebenswelt zu erziehen. Das «visuelle Analphabetentum» der «Durchschnittsbürger der industrialisierten Länder in aller Welt» sei das größte Hindernis für den Architekten, das er durch geduldige Erziehung zu «bindenden Wertmaßstäben» bewältigen müsse. Hier sprach wieder das elitäre Werkbundmotto vom Architekten als Erzieher zu neuen Lebensformen aus ihm. Der Maßstab des Architekten war für Gropius ausschließlich das Leben der Gegenwart und dabei hatte er die Wirtschaftsinteressen des freien Marktes zu akzeptieren. Ein Bezug zur Geschichte sei nur «romantische Verbrämung». Der «Tumult», der über die Veränderungen in der Park Avenue in New York ausgebrochen sei, zeige nur, dass die Bürger «ungern wohlbekannte Stadtbilder verschwinden» sähen, aber da deren «Gebrauchswert vom heutigen Leben» überholt worden sei und die Bürger nicht mehr «in Übereinstimmung mit den Grundsätzen lebten, die diese Ordnung geschaffen haben», zerstörten sie letztlich selbst diese Stadtbilder. Der Architekt vollzog somit nur «durch unsentimentales direktes Anpacken heutiger Bauaufgaben» die von der Gesellschaft bewirkten Entwicklungen. Damit stellte er schlichtweg Ursachen und Wirkungen auf den Kopf und versuchte, sich und die Architektenschaft generell zu exkulpieren.

Der Blick zurück ins 19. Jahrhundert, als die «nackten Tatsachen» mit historischen Formen «verhüllt» wurden, sei «unfruchtbar», und deshalb verteidigte Gropius in seiner Rede den im Vorjahr gegen heftige Proteste erfolgten Abbruch der Pennsylvania Station, die von McKim, Mead and White geschaffene Transformation der Caracalla-Thermen in einen Bahnhof: «Warum zum Beispiel vergeuden wir unsere Kraft im

Kampf um die Erhaltung oder Wiederbelebung von Bauten, die Denkmäler einer besonders unbedeutenden Epoche amerikanischer Architekturgeschichte sind? Unsicher ihrer eigentlichen Aufgabe gegenüber, hüllte sie sich in die römische Toga, um damit ihre Zweifel zu beruhigen, und verhalf so einer oberflächlichen Attrappenkunst zum Leben. Die Pennsylvania Station [...] ist ein solcher Fall von Pseudotradition.»[91] Der stiere Blick nach vorn und der von Jugend an geschürte Hass auf den Historismus des 19. Jahrhunderts machten Gropius völlig blind für die Qualitäten der Beaux-Arts-Architektur, deren Wert die Mehrzahl der von ihm für unmündig erklärten Bürger jedoch sehr wohl erkannte. Während Gropius mit TAC das Kommerzmonster in der Park Avenue produzierte, demonstrierten die Bürger – vorneweg Jane Jacobs, die Autorin von *Death and Life of Great American Cities*[92] – gegen den Abbruch der Penn Station, eines der großartigsten Beispiele historistischer Architektur. Jacobs 1961 erschienenes Buch, das sich gegen die Zerstörung durch «Urban Renewal» wandte, erhielt durch den Abbruch von Penn Station und den Bau des Pan Am Building geradezu explosive Wirkung – der Höhenflug der Bewunderung für moderne Architektur schlug allmählich um in Kritik und Ablehnung. Das Jahr 1963 kann geradezu als Wendepunkt der Wertschätzung zweier Architekturrichtungen bezeichnet werden: die für tot erklärte Beaux-Arts-Architektur erlebte stellvertretend für das neue Interesse an der Geschichte eine Wiederauferstehung, die in einer großen Ausstellung ausgerechnet im Museum of Modern Art 1975 kulminierte,[93] während die moderne Architektur zunehmend in Frage gestellt und dann deren «Tod» am Bild der Sprengung der Wohnhochhäuser der Zeilenbau-Mustersiedlung Pruitt Igoe in St. Louis 1972 theatralisch von Charles Jencks verkündet wurde.[94] Gropius, der Ideologe und Propagandist der Bewegung, hatte selbst den Sargnagel eingeschlagen.

Letzte Jahre – Zwischen Apotheose und Polemik

Bei Gropius, der 1963 seinen 80. Geburtstag mit Ehrungen aus der ganzen Welt feierte und der die Berechtigung seines «Kampfes» ohnehin nie in Frage stellte, bewirkten diese Umwertungen kein Nachdenken, geschweige denn ein Umdenken, die verbleibenden sechs Jahre bis zu seinem Tod 1969 reiste er weiter auf der Welle der Auszeichnungen – Kritik wies er zunehmend indignierter zurück. Ende 1963 traf er Philip Rosenthal, der ihn mit dem Bau einer Porzellanfabrik in Selb beauftragte. Den Entwurf betreute Alex Cvijanovic bei TAC und nach Eröffnung der funktionierenden, aber architektonisch mediokeren Anlage im Oktober 1967 erhielt das Team von Rosenthal den Auftrag für ein neues Werk der Thomas Glas und Porzellan AG in Amberg. Hier entstand immerhin eine architektonisch charakterisierte Fabrik mit horizontal gelagerten, geöffneten Stahlbetonfertigteilen, die eine Kaminwirkung über der Porzellanproduktion erzeugten. Dieses Konzept hatte allerdings Erich Mendelsohn schon vor über vier Jahrzehnten bei der Hutfabrik in Luckenwalde entwickelt.[95] Durch seine internationale Reputation erhielt Gropius einen Auftrag nach dem anderen, die er in das florierende Architekturbüro TAC einbrachte, das sich nun auch selbst einen Neubau an der Brattle Street im Zentrum von Cambridge/Mass. errichten konnte. Während der ähnlich mit Aufträgen von Großinvestoren überschüttete Mies van der Rohe nur noch Varianten seines Seagram Building an beliebigen Orten platzierte, aber damit immerhin die einmal erreichte Qualität beibehielt, entstand bei TAC – unter Gropius' wie auch immer gearteter Aufsicht – eine belanglose Massenarchitektur, die einen traurigen Höhepunkt in der plumpen Betonfertigteilkiste des J. F. Kennedy Federal Building in Boston erreichte. Zwischen den jährlichen Erholungsfahrten von Kuba bis Ägypten sowie dem obligaten Reiturlaub in Arizona reiste Gropius zur Übernahme von Ehrungen und Aufträgen rund um den Globus, da blieb für eine Auseinandersetzung mit den einzelnen Projekten wenig Zeit. Den allmählichen Stimmungsumschwung in den USA gegen die mit ihm und dem Bauhaus verknüpfte Architektur ohne Orts- und Geschichtsbezug nahm er wahr, aber er äußerte sich kaum mehr dazu. Auch nicht als Sibyl Moholy-Nagy einen Entwurf von Marcel Breuer zur Überbauung der Grand Central Station, direkt gegenüber dem Pan Am Building, 1968 als «Hitler's Revenge» bezeichnete und dabei ihn und das Bauhaus für den Niedergang der Architektur in den USA verantwortlich machte: «In 1933 Hitler shook the tree and America picked up the fruit of German genius. In the best of Satanic traditions some of this fruit was poisoned, although it looked at first sight as pure and wholesome as a newborn concept. The lethal harvest was functionalism, and the Johnnies who spread the appleseed were the Bauhaus masters Walter Gropius, Mies van der Rohe, and Marcel Breuer. Recoined by eager American converts as ‹The International Style›, functionalism terminated the most important era in American public architecture.»[96]

Die Feiern und Ehrungen anlässlich seines 85. Geburtstags neutralisierten derartige Kritik für Gropius. Während in den USA die Gegenbewegung der Postmoderne allmählich Fuß fasste und mit Robert Venturi und Colin Rowe zwei mächtige Theoretiker erhielt, die sich gegen Gropius, Mies und das Bauhaus wandten, stieg in Deutschland das Renommee des Bauhauses und seines Gründers kontinuierlich und erreichte mit der großen Bauhaus-Ausstellung in Stuttgart 1968 einen Höhepunkt. Wichtiger Motor dieses Prozesses war die Etablierung des Bauhaus-Archivs, eines im Sinne von Gropius «institutionalisierten Gedächtnisses»[97] durch den Kunsthistoriker Hans Maria Wingler, der seit 1955 an einer Publikation über die Schule arbeitete und dabei das Vertrauen und die Unterstützung von Gropius gewann. Auf dessen Empfehlung gaben ehemalige Studierende Material an den 1960 von Wingler gegründeten Verein Bauhaus-Archiv e.V. und am 8. April 1961 konnte das Bauhaus-Archiv im Ernst-Ludwig-Haus auf der Darmstädter Mathildenhöhe eröffnet werden. Für die Verleihung des Goethepreises im August stellte Wingler bereits eine Wanderausstellung über Gropius zusammen, den er im begleitenden Katalog als eine der «säkularen Erscheinungen»[98] würdigte. 1962 legte er dann eine 400-seitige kommentierte Dokumentation zum Bauhaus vor, in der die Schule als Realisation einer überzeitlichen, liberalen und humanen Idee präsentiert wurde, in der Gropius alle überstrahlte, und die als Gegenpol zu totalitärem Denken entsprechend politisch im demokratischen Westen situiert werden konnte. Wingler folgte allen Wünschen von Gropius, der ihn schlichtweg als nützliches Werkzeug empfand: «[...] he opened his ears to all my advice [...]. It is a blessing that I found him for this work and that he functions well.»[99] 1967 begann Wingler zusammen mit Ludwig Grote, Generaldirektor des Germanischen Nationalmuseums, Dieter Honisch vom Württembergischen Kunstverein und Herbert Bayer die Vorbereitung einer großen Ausstellung «50 Jahre Bauhaus», die schon im Titel das zeitenthobene Fortleben der 1933 geschlossenen Schule signalisierte und mit der Gropius' Kanonisierung endgültig und international festgeschrieben wurde.

Die Ausstellung wurde am 5. Mai 1968, ein Jahr vor dem eigentlichen «Geburtstag», im Stuttgarter Kunstgebäude am Schlossplatz eröffnet, damit die Schau nach einer Station in Paris 1969 in Chicago, dem Ort des von Gropius anerkannten «New Bauhaus» von Moholy-Nagy, gastieren und dort zum Jubiläumsdatum die internationale Ausbreitung demonstrieren konnte. Mies van der Rohe, immerhin auch einmal Direktor am Bauhaus, der aber am IIT in Chicago seine eigene Schule geschaffen hatte, entzog sich der Schau und erklärte bezüglich einer Leihanfrage gegenüber Herbert Bayer: «Ich habe absolut nichts mit dem Bauhaus zu tun.»[100] Gropius' Nachfolger Hannes Meyer wurde nach dem inzwischen bewährten und im Kalten Krieg besonders wirksamen Muster als Kommunist denunziert und marginalisiert. Gropius war der Dirigent im Hintergrund, die Ausstellung setzte alle von ihm seit Jahren fabrizierten Mythisierungen des Bauhauses in Realität um und ließ damit seine Vorstellung von der international und universell gültigen Idee, die dem Bauhaus zugrunde gelegt sei, Wirklichkeit werden.[101] Alle, die irgendwie mit dem Bauhaus in Verbindung gekommen waren, wurden zu «bauhäuslern»

Herbert Bayer und Walter Gropius in der Bauhaus-Ausstellung in Stuttgart 1968, im Hintergrund eine Raumfigur von Oskar Schlemmer, im Vordergrund eine Skulptur von Bayer

nivelliert, der «Bauhaus-Idee» angepasst und ihr Werk bis in die Gegenwart ausführlich dargestellt. Dieses «zur Gegenwart hin offene Konzept»[102] ermöglichte es, zum einen auch ausführlich Architektur zu präsentieren und damit die Vorstellung von einer «Bauhaus-Architektur» zu festigen und zum anderen fast alles und jedes unter dem Etikett Bauhaus zu subsumieren. Bei der Laudatio zur Verleihung des Goethepreises 1961 in Frankfurt hatte Oberbürgermeister Werner Bockelmann zu Gropius gewandt erklärt: «Heute wissen wir, dass praktisch alles, was seitdem in der Architektur geschieht, in den bildenden Künsten, im Kunsthandwerk, in dem, was man ‹industrial design› nennt, mehr oder weniger stark durch das Bauhaus, also durch Sie, beeinflusst und geprägt wurde.»[103] Dieser von Gropius selbst fabrizierte Mythos, der ihm in Frankfurt als Weihrauch entgegenkam, wurde nun über Stuttgart in die Welt hinausgetragen, mit großzügiger staatlicher Unterstützung, denn damit konnte zum einen, wie ein Kritiker schrieb, «ein besseres Deutschland [...]

sichtbar gemacht»[104] und zum anderen das Bauhaus geradezu als deutscher Ausgangsort einer Weltsprache gefeiert werden. Während Gropius somit in den USA zunehmend kritischer gesehen wurde, entschwebte er in Deutschland zusammen mit dem Bauhaus in einen von der Wirklichkeit abgehobenen und für Kritik unerreichbaren Olymp. Diese divergierende Sicht auf eine Person, die sich früh ins Rampenlicht gedrängt und dort jahrzehntelang als Kämpfer für eine nach seinen Vorstellungen gestaltete moderne Welt profiliert hatte, zeigte sich auch bei den Nachrufen anlässlich seines Todes. Den 86. Geburtstag konnte er noch im Kreise von TAC feiern, am 7. Juni wurde er mit einer Blutinfektion durch Staphylokokken in das Pratt Diagnostic Hospital in Boston eingeliefert, am 25. Juni erfolgte eine Operation der angegriffenen Aortaklappen, aber dieser Eingriff half nicht mehr und er starb am Morgen des 5. Juli 1969. In Deutschland erhielt er durchwegs ehrende und zumeist hymnische Nachrufe, der Berliner Oberbürgermeister, Klaus Schütz, würdigte persönlich den großen Sohn der Stadt: «Die ganze Stadt trauert um Professor Walter Gropius»[105] und Bauzeitschriften veröffentlichen Sonderberichte. Die Nachrufe in den USA waren freundlich, wie es sich geziemte, aber Ada Louise Huxtable schrieb unter dem leicht spöttischen Titel «He Was Not Irrelevant» in der New York Times: «The death of Walter Gropius last week did not mark the end of an era, the era was already over.»[106] Einen Monat später starb Mies van der Rohe am 17. August in Chicago, eine Ära war wirklich zu Ende und eine neue Generation von Architekten, die sich wie üblich in der Geschichte zuerst einmal durch «Vatermord» Raum verschaffte, besetzte die Bühne. Dass Walter Gropius die Weltarchitektur mit dem Faguswerk und dem Bauhausgebäude bereicherte und dass er mit dem Bauhaus eine Schule gründete, die zum Stilbegriff für eine ganze Epoche wurde, dieser Ruhm kann ihm nicht genommen werden.

Anhang

Anmerkungen

Einführung

Motto: Gropius 1926, 197
1. Meyer 1998, 431
2. Gropius 1967, 52
3. Gropius 1926, 197 (Kleinschreibung im Original)
4. Tegethoff 2012, 247
5. Pevsner 1957, 122
6. Alexander Dorner, Notizen zu Gropius im BRM, Inv.-Nr. 1958.131.52
7. Wagner (1953) 1994, 192
8. GA 23/186, Text «Neues Bauen», datiert Juni 1926
9. Gropius 1928, 586; Wilhelm 1983, 55; Jaeggi 1994, 247
10. HLH, Gropius an Helmut Weber 18. 4. 60 «the Fagus-Work is the first true curtain wall»; HLH, Gropius an Ian McCallum 9. 11. 64; Weber 1961, 60 f.
11. Orozco 1995, 17
12. Argan 1962
13. ETH Giedion Archiv, Gropius an Giedion 22. 5. 51
14. BHA, Giedion an Wingler 27. 1. 62; Nerdinger 2001, 87–93
15. Giedion 1954
16. Mumford 1954, 119
17. Isaacs 1983 und 1984, vgl. Nerdinger 1986, 142–144
18. Probst/Schädlich 1985, 1986, 1987
19. Nerdinger 1985a (1996)
20. Claussen 1986

Jugend- und Lehrjahre. Von Schinkel zu Behrens 1883–1910

Motto: Isaacs 1983, 74, Gropius an seine Mutter 16. 6. 1906
1. HLH, Gropius an Studienrat Bodo Gotthardt 23. 5. 59
2. GA 45/109, Gropius an Martha Gropius 11. 5. 48
3. Mitteilung Ise Gropius an Verfasser September 1979; Gropius 1935, 112 «I belong to a Prussian family of architects in which the tradition of Schinkel [...] was part of our heritage.»
4. Familiengeschichte nach Karbe 1969 und Karbe 1972
5. Das größte in diesem Zusammenhang von Schinkel geschaffene Gemälde war das «Panorama von Palermo», das 1808 in einem eigenen hölzernen Schuppen bei der St. Hedwigs-Kathedrale in Berlin ausgestellt wurde.
6. Oettermann 1980, 158–160, 181
7. Körte 2013, 30–38
8. Börsch-Supan 1977; Klinkott 1988
9. Gropius 1911: «und aus dem übernommenen Schatz hellenischer Baumotive konnte ein Schinkel lediglich durch die Gewalt der Proportionen neue lebendige Bauwerke erstehen lassen»; nach Probst/Schädlich 1987, 29
10. Arndt 1999, 8

11 Im Gegensatz zu Mies van der Rohe findet sich bei Gropius' Entwürfen auch keine nachweisbare architektonische Transformation von Elementen Schinkels und nur einmal bei einem Jugendwerk ein motivisches Zitat, vgl. Jaeggi 1994, 237; HLH, Gropius an Kubler 1.6.65; der einzige greifbare Zusammenhang zu Schinkel ist eine großformatige Farblithographie von Schinkels Idealentwurf für einen Palast, die sich im Gropius-Nachlass im BRM in Harvard befindet, zu der aber keine Angaben zur Herkunft beziehungsweise zum Zeitpunkt des Erwerbs vorliegen.
12 Modern Architecture 1932, 57
13 Anmeldebogen im TUM.Archiv Stud. A. Walter Gropius
14 Nerdinger 1993b, 59
15 Programm der Königlich Bayerischen Technischen Hochschule in München für das Studienjahr 1902–1903, 4 f.
16 Isaacs 1983, 56
17 Jaeggi 1994, 51 und 457, Anm. 1
18 Jaeggi 1994, 432; zum Frühwerk im heutigen Polen: https://dramburg.blogspot.com/2012/01/dziaalnosc-waltera-gropiusa-na-ziemi.html
19 Körte 2013, 30
20 Isaacs 1983, 78
21 Isaacs 1984, 882
22 GA 97/565, Gropius an Schmorgrow 4.11.54
23 HLH, letters of condolence, Dietrich Marcks an Ise Gropius Juli 1969: «jener Frühlingstag 1906, da Walter und ich uns in der TH in Berlin trafen, auf den ersten Blick Freunde und fortan unzertrennlich waren.»
24 GA 45/283, G. Marcks an Gropius 22.7.47
25 Königliche Technische Hochschule zu Berlin – Programm für das Studienjahr 1905–1906, 71 f.
26 Jaeggi 1994, 22
27 Omilanowska 2007, 139 f.
28 Isaacs 1983, 74, Gropius an seine Mutter 16.6.1906, folgender Brief 26.6.1906
29 Isaacs 1983, 66 f., die dort abgebildeten Seiten aus Collegheften stammen nicht von Gropius.
30 Nerdinger 1987, 10
31 Gropius 1911, in: Probst/Schädlich 1987, 33
32 Hagedorn 2004, 389–398
33 Jaeggi 1994, 456, Anm. 172
34 Anderson 2000
35 Buchholz/Latocha/Peckmann/Wolbert 2001, 161–174
36 Buddensieg 1980, 37–47
37 Schumacher 1901, 428; Fischer 2017, 177–189
38 Vgl. Malcovati 2015, 75–97
39 Doering-Manteuffel 2003, 91–120, bes. 100 f.; Oexle 1996, 14–40
40 Stern 2005; Breuer 2009
41 Nietzsche 1873, Unzeitgemäße Betrachtungen I, David Strauss (1873), in: KSA 1, 163; Nietzsche 1966, 140
42 Nietzsche (1873) 1966, 140
43 Joseph Maria Olbrich nach Bahr 1900, 45 f.
44 Nietzsche (1873) 1966, 233 f.
45 Weiß 2012, 120–162; Sieg 2007
46 Jessen 1912, 2
47 Oechslin 1999, 116–171
48 Behrens 1910b, 356
49 Behrens 1910b, 354
50 Prange 1994, 69
51 Riegl 1901, 9; Riegl 1929, XI–XXXIV; Kemp 1999, 37–62
52 In der Einleitung zu seinen *Stilfragen* unterscheidet Riegl 1893 ausdrücklich zwischen den «Semperianern», die eine Kunstform ausschließlich als «Produkt aus Stoff und Technik» bezeichnen, und Sempers Lehre, «der wohl der Letzte gewesen wäre, der an Stelle des frei schöpferischen Kunstwollens einen mechanisch-materiellen Nachahmungstrieb hätte gesetzt wis-

sen wollen», Alois Riegl, Stilfragen, 2. Aufl. Berlin 1923, VII; in Riegls Aufsatz «Natur und Kunstwerk» von 1901 wird nicht mehr so differenziert, vgl. Riegl, 1929, 52 f.; Moravánszky 2018
53 Forty 2000, 256–275; Moravánszky 2003, 121–146
54 Behrens 1909, 317
55 Worringer 1908, 104
56 Jaeggi 1994, 45
57 Behrens 1912, 442
58 Schumacher 1908, 138
59 Limberg 1997, 66 f.
60 Gropius 1966a, 5; Jaeggi 1994, 458, Anm. 6
61 Thiersch 1883; vgl. Nerdinger 2012a, 103–113
62 Hoeber 1913, 22 f.; Jaeggi 1994, 457, Anm. 192; Rehm 2005, 91
63 Hilpert 1999, 19 f.; Rehm 2005, 89–93
64 Neufert 1965 nach Jaeggi 1994, 113
65 Behrens in Frank 2015, 266 f., 300–305, 352–367, 382–389
66 Vgl. Behrens 1910b, 354; Behrens 1911, 388
67 Bernhard 2005, 29; Bernhard 2008, 273–283
68 Einen «spanischen Vitruv» schenkte Gropius 1926 Ernst Neufert, vgl. Merkel 2017, 81; Brief Gropius an Neufert September 1926 im BHA
69 Gropius' Exemplar von Riegls Stilfragen befindet sich im BHA, vgl. Jaeggi 1994, 458; GA 14/187, Gropius 1934: «Handbuch des Wohnungswesen von Eberstadt. Wichtiges Stück meiner Bibliothek.»
70 Anderson/Grunow/Krohn 2015
71 Anderson 2015, 24–81
72 Buddensieg/Rogge 1979, 55 und D311
73 Behrens 1910a, 337
74 Behrens 1911, 383, fast wortgleich in Behrens 1909a, 305 und Behrens 1910b, 361; vgl. Buddensieg/Rogge 1979, 58
75 Oechslin 1994
76 Der Schinkel-Schüler Karl Bötticher setzte über seine einflussreiche Publikation *Die Tektonik der Hellenen* das Motto «Des Körpers Form ist seines Wesens Spiegel!», wogegen sich Gottfried Semper wandte, der tektonische Struktur und Ornament in einem organisch gewachsenen Zusammenhang sah, vgl. Anderson 2000, 117.
77 Nerdinger 2004a, 44–59
78 Abb. in: Nerdinger 1985a (1996), 223
79 Hesse-Frielinghaus 1971, 416–419
80 KEO Archiv, P 89, Gropius an Osthaus 14. 2. 10
81 KEO Archiv, P 89, Gropius an Osthaus 6. 3. 10; am 5. 6. 58 schrieb Gropius an Georg Hoeltje, dass er die beiden Häuser «fast allein durchdetaillierte», Weber 1961, 23, demnach wäre er für die Bauschäden voll verantwortlich gewesen.
82 KEO Archiv, P 89/38, Gropius an Osthaus 6. 3. 10; Hesse-Frielinghaus 1971, 419
83 Osthaus an Behrens 16. 3. 1910, nach Jaeggi 1994, 458

Vom Faguswerk zum Bauhaus-Manifest 1910–1919

Motto: GA 42/65, Gropius an seine Schwester Manon 31. 10. 46
1 Jaeggi 1994, 56
2 Jaeggi 1994, 56 vermutet eine Zusammenarbeit mit Meyer und eine Ausführung der Bauten bereits während der Zeit bei Behrens. Dies ist angesichts der Arbeitszeiten und der Dienstverhältnisse in einem Büro wenig wahrscheinlich.

3 Modern Architecture: International Exhibition, New York 1932, 65
4 Belting 1998, 37–39
5 Gropius 1910, nach Probst/Schädlich 1987, 18–25
6 Gropius erklärte später, das Programm sei verschickt worden, andererseits schrieb er an Alma, dass er Probleme habe, das Programm zu verbreiten, da mit Behrens eine Partnerschaft vereinbart worden sei, Isaacs 1983, 93.
7 Gropius 1910, nach Probst/Schädlich 1987, 19, dort auch folgende Zitate
8 Gropius 1910, nach Probst/Schädlich 1987, 23
9 Bemis 1933, 1934, 1936; Prefabrication 1942/1943; Herbert 1984; Bergdoll/Christensen 2008
10 Kopien des Manuskripts in der HLH und im BHA Berlin; vgl. Jaeggi 1998, 47 f.
11 Manuskript «Über das Wesen», 1
12 Nerdinger 1997a, 49–57
13 Hilmes 2004, 101
14 Fischer 2000, 122
15 Fischer 2003, 442, 795 f.
16 Fischer 2003, 783
17 Fischer 2003, 789 f.
18 Fischer 2003, 803
19 Fischer 2003, 808–815
20 Mai/Springer 2013, 122 f.
21 Jaeggi 1994, 244
22 Jaeggi 1994, 244; Jaeggi 1998, 22
23 Wilhelm 1983, 42
24 Benscheidt an Gropius 13. 5. 11, BHA, Sign. 2/201–2; Jaeggi 1994, 244 f.
25 zur Baugeschichte Weber 1961; Jaeggi 1994, 243–255; Jaeggi 1998
26 Götz 1998, 133–141
27 Vgl. Abb. bei Jaeggi 1998, 29
28 Jaeggi 1994, 58
29 Hilmes 2004, 106
30 Stein 1997, 23; Jaeggi 1994, 60, Anm. 51
31 Heil 1997, 314 f.
32 Kratzsch 1969; Bollenbeck 1994; Bollenbeck 1999; Buchholz/Latocha/Peckmann/Wolbert 2001, 25–51; Wick 2007, 51–56
33 Osthaus nach Müller 1984, 20
34 Osthaus 1920, 11; Imorde/Zeisig 2013
35 Bollerey 2012, 90–129
36 Kessler 2005, Eintrag 20. 12. 1911; als Osthaus 1905 eine Ausstellung mit Arbeiterwohnungen organisieren ließ, ging es letztlich nur darum, aufzuzeigen, wie exemplarisch eine «häusliche Kultur» zur Befriedung der Arbeiterschaft geschaffen werden könnte.
37 Eisen 2007, 25 f.
38 Schumacher 1908, 135–138
39 Troschke 1997, 347; Nerdinger 2007a
40 Heil 1997, 315
41 Röder 1997, 38
42 Gropius 1911, folgende Zitate nach Probst/Schädlich 1987, 28–51; Manuskript mit Korrekturen im BHA Berlin
43 Gropius 1914, 29–32, Abdruck in: Probst/Schädlich 1987, 58 f.
44 Probst/Schädlich 1987, 30
45 Probst/Schädlich 1987, 30
46 Dass er mit dieser Forderung, der berechneten Eisenkonstruktion Masse zu geben und Räume zu schaffen, den Vorstellungen von Gottfried Semper folgte, war Gropius wie auch Behrens, Poelzig u. a., die diese Auffassung vertraten, nicht bekannt; vgl. Nerdinger 2004a, 44–59.
47 Gropius 1911, nach Probst/Schädlich 1987, 48
48 Posener 1995, 564–571
49 Erste Publikation zur Steiff-Fabrik: Cetto 1932; vgl. Fischer 2012, 173–183
50 Gropius 1911, nach Probst/Schädlich 1987, 31
51 Gropius 1911, nach Probst/Schädlich 1987, 31
52 Gropius 1911, nach Probst/Schädlich 1987, 31; vgl. Campbell 1989
53 Posener 1995, 12

54 Hesse-Frielinghaus 1971, 461; Jaeggi 1994, 462; Müller 1974, 51
55 Gropius 1911, nach Probst/Schädlich 1987, 48
56 Behne 1920, 275, nach Lange 2000, 91
57 Meyer 1940, 226
58 Gropius 1911, nach Probst/Schädlich 1987, 31
59 Gropius 1911, nach Probst/Schädlich 1987, 32
60 Muthesius 1902
61 Gropius 1911, nach Probst/Schädlich 1987, 32
62 Nerdinger 1997b; Jaeggi 1998, 50 f.
63 Posener 1995, 7 f.
64 Sembach 1992, 15
65 Nerdinger 1982, 400–406
66 Bolz 2008, 127–142
67 Buddensieg/Rogge 1979, 69
68 Pevsner 1957, 122
69 Banham 1964, 60 f.; Jaeggi 1994, 78
70 Neufert an Jaeggi 10. 3. 82, nach Jaeggi 1994, 461, Anm. 75
71 Gropius/Meyer 1923a
72 BHA, Gropius an seine Mutter 21. 10. 07, Jaeggi 1994, 456, Anm. 174
73 Jaeggi 1994, 62, Anm. 60
74 Isaacs 1983, 91; Jaeggi 1994, 456, Anm. 174
75 Jaeggi 1994, 65
76 Reidel 2010, 104
77 Oechslin 1981, 15–19
78 Nerdinger 1996, 13–26
79 Schmitt 2013, 37–43
80 Gropius 1930, 12
81 Brief Adolf Meyer an Behne 23. 6. 1923, BHA Inv. Nr. 1997.36/99; Jaeggi 1994, 461, Anm. 89 und 471, Anm. 212
82 Gropius/Meyer 1923a
83 Gropius 1925b, unter vier Abbildungen steht: «Walter Gropius mit Adolf Meyer», im Abbildungsverzeichnis, 108, steht: «Gropius, Walter u. Meyer, Adolf», der Unterschied wurde offensichtlich nicht als gravierend angesehen.
84 BHA, Gropius an Meyer 5. 12. 25, Meyer an Gropius 15. 12. 25
85 Taut 1930, 183; Posener 1979, 579
86 Jaeggi 1994, 188
87 Jaeggi 1994
88 Posener 1979, 579
89 Bayer/Gropius/Gropius 1938, 21; HLH, Gropius an Walter Scheidig 3. 10. 66 «Adolf Meyer has never been my partner, but was my salaried assistant.»
90 Jaeggi 1994, 100
91 Jaeggi 1994, 257
92 KEO Archiv, Kü 323/77, Osthaus an Gropius 29. 3. 12 nach Hesse-Frielinghaus 1971, 461 f.; Berlage hielt am 25. 3. 12 einen Vortrag in Hagen über seine Eindrücke von einer Reise in die USA und verwies auf Wright.
93 Alofsin 1993, 1–8; Alofsin 2010, 49–58
94 Koch/Pook 1992, 9 f.
95 KEO Archiv, Kü 346/282, Gropius an Osthaus 23. 12. 18, nach Hesse-Frielinghaus 1971, 470
96 Posener 1979, 570
97 Weber 1961, 66
98 Jaeggi 1994, 272
99 Gropius 1914, nach Probst/Schädlich 1987, 59
100 Gropius 1913, nach Probst/Schädlich 1987, 56
101 Gropius 1913, 17–22; Probst/Schädlich 1987, 55–57, dort auch die folgenden Zitate
102 Le Corbusier übernahm Abbildungen von Silobauten für seine Zeitschrift «L'Esprit Nouveau» und die Publikation «Vers une architecture», Rümmele 1987, 167, vgl. Nerdinger 2012a, 103 f.
103 Gropius 1914, nach Probst/Schädlich 1987, 58
104 Gropius 1914, nach Probst/Schädlich 1987, 59
105 Hesse-Frielinghaus 1971, 465
106 Jaeggi 1994, 270

107 BHA, Brief Gropius an seine Mutter aus Köln undatiert, Jaeggi 1994, 90
108 BHA, Briefentwurf Gropius an Alma undatiert, private Korrespondenz 7/1, Jaeggi 1998, 52
109 Gropius 1913, vgl. Wilhelm 1983, 129, Anm. 134
110 Dolgner 2016, 201
111 Wilhelm 1983, 71–79
112 Brief von Poelzig an J. Sievers 20. 6. 16, zitiert nach Pehnt/Schirren, 2007, 64
113 Wilhelm 1983, 86 f.; vgl. in diesem Band, 344
114 Hartmann 2001, 59
115 Dreizehn Bücher von Scheerbart befanden sich als Erstausgaben in Gropius' Bibliothek in Lincoln; GA 10/244, Gropius an Finsterlin 17. 4. 19 «Paul Scheerbart müssen Sie unbedingt lesen»; er zählt sieben Titel auf: «In allen diesen Werken finden Sie viel Weisheit und Schönheit.»
116 Schwartz 2007, 50; Leitsätze von Muthesius und van de Velde in: Die Form 1932, H. 10, 316–324
117 KEO Archiv, Kü 385/33, Gropius an Osthaus 10. 7. 14, nach Hesse-Frielinghaus 1971, 467
118 Hesse-Frielinghaus 1971, 466 f., Osthaus an Riemerschmid 14. 12. 17; vgl. Müller 1974, 104–111
119 KEO Archiv, Kü 385/45, Gropius an Osthaus 20. 7. 14, nach Hesse-Frielinghaus 1971, 467
120 Nicolai 2007, 70–74
121 Isaacs 1983, 127
122 Hilmes 2005, 160
123 Hilmes 2004, 164 f.
124 GA 2/403, Gropius an van de Velde 1. 12. 14
125 Wingler 1962, 29 f., dort auch folgende Zitate
126 Campbell 1981, 114 f.
127 KEO Archiv, Kü 344/256, Gropius an Osthaus 5. 5. 16, nach Hesse-Frielinghaus 1971, 505

128 KEO Archiv, Kü 344/262, Gropius an Osthaus 29. 5. 16, nach Hesse-Frielinghaus 1971, 505
129 Durth/Sigel 2010, 131
130 Whyte 1981, 42 f.; Hesse-Frielinghaus 1971, 468 f.
131 Jonas 2007, 100–107; Jureit 2012
132 Campbell 1981, 120 f.
133 KEO Archiv, Kü 345/269, Gropius an Osthaus 24. 4. 17, dort auch folgendes Zitat, nach Hesse-Frielinghaus 1971, 470
134 Isaacs 1983, 176
135 Isaacs 1983, 182
136 Isaacs 1983, 224
137 Kries/Kugler 2015, 44; Isaacs 1983, 196
138 Steneberg 1987, 29; Bushart 2000, 35
139 Nicolai 2000, 181
140 Isaacs 1983, 196
141 Brief Gropius an seine Mutter (undatiert), nach Isaacs 1983, 192
142 Taut 1920a, 54
143 Worringer 1911, 34; Bushart 1990, 28–34
144 Scheffler 1917, 33 und 90, nach Bushart 1990, 132 f.
145 Behne 1919
146 Taut 1919
147 Whyte 1981, 84
148 Whyte 1981, 84
149 HLH, 1/5 Briefentwurf undatiert: «Ich bin beschwingt und habe ihm [Taut – WN] einen jubelnden Brief geschrieben. Walter»
150 KEO Archiv, Kü 347/290, Gropius an Osthaus 2. 2. 19, nach Hesse-Frielinghaus 1971, 472
151 Nerdinger 1985b, 30 f.
152 Behne 1919, 39
153 Bushart 2017, 126
154 Hüter 1987, 18
155 Whyte 1981, 83, 98, 103
156 Prange 2000, 93–104
157 Isaacs 1983, 194
158 Gropius an Osthaus 2. 2. 19, nach Whyte 1981, 98; vgl. Hesse-Frielinghaus 1971, 473

159 Gropius an Behne 6. 3. 1919, nach Whyte 1981, 107
160 BHA, Gropius 1919c; «Freiheitsdom der Zukunft» in ähnlicher Formulierung in Gropius 1919b; Probst/Schädlich 1987, 65
161 Wahl 2009, 54 f.; Pehnt/Schirren 2007, 197
162 Bestgen 2009, 326–354
163 Wahl 2009, 70 f.
164 Langewiesche/Tenorth 1989, 161–165
165 Whyte 1981, 104
166 Gropius 1919b, nach Probst/Schädlich 1987, 65
167 Gropius 1919a
168 Sombart 1915, 3–6
169 Gropius 1919a, 819
170 Nicolai 2000, 186 f.; Stommer 1992, 36–53
171 Gropius 1919a, 10; ähnlich Behne 1919, 11 f.
172 Gropius 1919b, 65
173 Medici-Mall 1998, 15
174 Wingler 1962, 39

Direktor am Bauhaus in Weimar und Dessau 1919–1928

Motto: Isaacs 1983, 293, Gropius an Lily Hildebrandt, undatiert
1 Hofmarschallamt an Ministerialdepartement der Finanzen 11. 4. 19, nach Wahl 2009, 83
2 Kessler 2007, Eintrag vom 29. 8. 19; Ackermann 2013, 301–321; Wahl 2001, 389 f.
3 Lehrerkollegium 11. und 12. 4. 19, nach Wahl 2001, 43
4 Gropius an Hardt 14. 4. 19, nach Wahl 2009, 87
5 Bestgen 2009, 338
6 Isaacs 1983, 293
7 Hilmes 2004, 190 f.
8 Jaeggi 1994, 115–133; Winkler 1993
9 Prospekt 1919/20 im BHA
10 Wahl 2001, 475
11 Konzept zur Ansprache am 6. 5. 19, nach Wahl 2009, 236 f.
12 Meisterrat 17. 3. 21, nach Wahl 2001, 123
13 Begrüßungsvortrag Hans Groß, nach Wahl 2009, 238–240
14 Rede Gropius am 25. 6. 19, nach Wahl 2009, 241–244
15 Gropius an Lily Hildebrandt, nach Droste 1994, 449
16 Hüter 1987, 20
17 Hüter 1987, 221; Bushard 2017, 124
18 An Max Osborn 16. 12. 19, nach Wahl 2009, 520
19 An Max Osborn 1. 10. 19, nach Wahl 2009, 519
20 Rössler/Heise 2009, 77–98 und Junge/Rössler 2009, 99–114
21 Hüter 1987, 27
22 Schreiben von Gropius an verschiedene befreundete Pressevertreter vom 8. 6. 21, nach Wahl 2009, 264–266, Zitat 265
23 Wahl 2001, 478
24 Behne 1919, 24; BHA, Gropius an Giedion 11. 6. 49 «Behne war mein ständiger Berater bei der Wahl neuer Lehrer.» Josef Albers an Alexander Dorner 7./8. 9. 52: Gropius hat «nie über Methoden gesprochen. Er glaubte an die automatische Wirkung von großen Leuten.» Dorner Nachlass BRM Inv. Nr. 958.138.44
25 Hüter 1987, 31
26 Debatte zum Haushalt am 9. 7. 20, nach Wahl 2009, 340–368, Beitrag Gropius 344–348
27 GA 10/173, Gropius an Behne 26. 10. 20
28 GA 10/175, Gropius an Behne 2. 6. 20; Wahl 2009, 27
29 Gropius 1919a, 821; Jaeggi 1994, 111
30 Jaeggi 1994, 467, Anm. 33, undatier-

ter Brief an seine Mutter (Ende 1919); fast wortgleich an Lily Hildebrandt (Ende 1919) BHA; nahezu wortgleich in Gropius 1921, wortgleich im Manuskript GA 19/234, datiert 2. 1. 1919: Beitrag zur Rundfrage in der Fundgrube «Wie kann Weimar zu neuer Blüte gelangen?»
31 GA 19/234; Gropius 1921
32 GA 19/234; Gropius 1921; Jaeggi 1994, 110
33 Gropius 1921; Wahl 2009, 264
34 Isaacs 1993, 236
35 Jaeggi 1994, 114
36 GA 1/12, Gropius, Manuskript undatiert; Jaeggi 1994, 112 f.
37 Behne 1919, 111
38 Behne 1919, 103
39 Bushart 2017, 125
40 Gropius 1920a, zitiert nach Probst/Schädlich 1987, 78, dort auch folgende Zitate
41 GA 10/256, Gropius an v. Forell 3. 4. 19; vgl. Pehnt 1971, 379–392
42 GA 10/84, nach Max Osborn in: Vossische Zeitung, o. D.
43 Jaeggi 1994, 467, Anm. 32
44 Isaacs 1983, 242; Benemann 1978
45 Hilmes 2004, 192 f.
46 Whyte/Schneider 1996, 17–19
47 Nach Gropius' Weggang vom Bauhaus finanzierte er ihm und seiner Frau Ise 1928 eine USA-Reise und beide hatten große gemeinsame Pläne, die aber aufgrund der Wirtschaftskrise und dann der Enteignung des Unternehmens durch die Nationalsozialisten 1933 nur noch teilweise zur Ausführung kamen, vgl. Kress 2011, 147–156.
48 Ernst Neufert, Lebensbeschreibung, 3, BHA Inv. Nr. 11424/5; Forbát 1972, 46
49 Meyer 1948, 308–310
50 Jaeggi 1994, 289
51 Forbát 1972, 47
52 Behne 1925, 59; Nerdinger 1985a (1996), 46
53 Gropius 1920b, nach Probst/Schädlich 1987, 77
54 Schnedler 1988, 292–303
55 Nerdinger 1985a (1996), 48–51
56 Pehnt 1998, 291–294
57 Nerdinger 1985a (1996), 52 f.
58 Linse 2017a, 13 f.
59 Bericht von Gropius an Lily Hildebrandt April 1920, nach Bothe 1994, 455 f.
60 Linse 2017b, 165
61 Linse 2017b, 160
62 Schlemmer an Otto Meyer-Amden 23. 6. 21, nach Bothe 1994, 458
63 Siebenmorgen 1998; Wagner 2005; Rössler 2009b, 374
64 Rössler 2009b, 375
65 Linse 2017c, 217–232
66 Rössler 2009b, 375
67 Wahl 2001, 451
68 Ex 1999, 33 f.; Warncke 1990
69 Ex 2000, 30; Jaeggi 1994, 157 f.
70 Schlemmer an Meyer Amden 7. 12. 21, nach Bothe 1994, 458
71 Müller 2006, 24 f.
72 Ex 2000, 35
73 Schlemmer an Meyer Amden 7. 12. 21, nach Bothe 1994, 458
74 Sitzung Meisterrat 5. 12. 21, nach Wahl 2001, 148–155, Zitat 150
75 Bothe 1994, 460
76 Erklärung von Gropius zu den ideellen und praktischen Grundfragen am Bauhaus 3. 2. 22, nach Wahl 2009, 157–161, auch in Probst/Schädlich 1987, 80–82
77 Wahl 2009, 159, dort auch folgende Zitate
78 Wahl 2009, 161
79 BHA, GN 19/694–697, Gropius 1922, dort auch folgende Zitate
80 Taut 1920b
81 Schmitt 2013, 102
82 Schmitt 2013, 101
83 Satzung zum Protokoll vom 26. 6. 22, nach Wahl 2001, 208
84 Bothe 1994, 463

85 Ex 2010, 76; Hemken/Stommer 1992, 74 f.
86 Finkeldey 1992
87 Bergeijk 2013, 7, Anm. 25
88 Bergeijk 2013, 10, Anm. 34
89 Ex 2000, 35
90 Nerdinger 1985a (1996), 56 f.
91 Wahl 2001, 475–477
92 Jaeggi 1994, 318
93 1923 führten van Doesburg und van Eesteren beim Entwurf für ein Künstlerhaus vor, dass nach den De Stijl-Prinzipien eine orthogonale Schichtung von Platten den Raum durchdringt und damit Innen und Außen aufhebt, vgl. Straaten 2000, 64–73.
94 Wieszner 1930; vgl GA 43/172, Brief Wieszner an Gropius 6. 9. 47
95 Giedion 1965, 257; Jaeggi 1994, 319
96 Wahl 2009, 412
97 Wahl 2009, 407 f.
98 Wahl 2009, 389 f.
99 Wahl 2009, 214
100 Wahl 2001, 40, 461 f.
101 Gropius an die Werkstättenleiter 21. 4. 22, nach Wahl 2001, 185
102 Wahl 2001, 485 f.
103 Wahl 2001, 247–260, 487–491
104 Wahl 2001, 259 f., 494 f.
105 Anfrage vom 19. 12. 22, nach Wahl 2009, 390 f.
106 Behandlung der Interpellation am 16. 3. 23, nach Wahl 2009, 397–411
107 Wahl 2009, 414
108 Wahl 2001, 457
109 Sitzung Meisterrat 24. 3. 22, nach Wahl 2001, 158
110 Winkler 2009a, 269–275
111 Wahl 2001, 234 f.; Wahl 2009, 276 f.
112 G. Marcks 22. 9. 22, nach Wahl 2001, 236
113 Arbeitsbericht des Syndikus 9. 12. 22, nach Wahl 2001, 284
114 Wahl 2001, 506
115 Behne 1922, 545–548
116 Wahl 2001, 509 f.
117 GA 7/70, Marcks an Gropius 9. 9. 35; nach Moholys Tod schrieb Gropius am 24. 1. 47 an seine Schwester: er war «mein allernächster und liebster freund. ich vermisse ihn schmerzlich.» GA 42/56
118 Gropius, Idee und Entwicklung des Staatlichen Bauhauses zu Weimar, in: Amtsblatt des Thüringischen Ministeriums für Volksbildung vom 24. 1. 1923, nach Wahl 2009, 280–288
119 Wahl 2009, 288–296, dort auch folgende Zitate
120 Wahl 2009, 284, 287
121 Wahl 2009, 287
122 Wahl 2001, 508, dort auch folgende Zitate
123 Wahl 2001, 513 f., 519 ff., 528 f., 531
124 Reidel 2010, 89
125 Isaacs 1983, 311
126 Jaeggi 1994, 464, Anm. 156
127 GA 12/688, Gropius an Giedion 20. 2. 37
128 Wahl 2009, 276
129 Winkler 1993, 97
130 Meyer 1925, 24
131 Wahl 2001, 502
132 Gropius 1925a, Druckfahne datiert 1923, BHA, dort auch folgende Zitate
133 Scheffler 1913, 80 «Wahrscheinlich wird sich, unter der Führung der germanischen Völker, ein einheitlicher Stilcharakter moderner Nutzarchitektur in aller zivilisierten Welt gleichmäßig ausbilden [...]. Man vermag sich sehr wohl eine Art Weltnutzarchitektur vorzustellen [...].»
134 Scheffler 1911, 1402; Scheffler 1913, 81; Zeising 2006, 262
135 Gropius an Behne 12. 5. 23, nach Bergeijk 2013, 3; vgl. Bushart 2006
136 Gropius an Oud 31. 5. 23, nach Bergeijk 2013, 6
137 Gropius 1925b, 7; Winkler 2009b, 38–45
138 Mendelsohn 1961, 58
139 Gropius 1923b, 15

140 Giedion 1928, 49
141 Gropius 1925b, Vorwort zur zweiten Auflage 1927, 9
142 Behne 1923a, 533
143 Wijdeveld an Mendelsohn 27. 10. 23, nach Bergcijk 2013, 17
144 Mendelsohn 1961, 57, Brief an seine Frau 19. 8. 23
145 Mies van der Rohe an Berlage 29. 9. 23, nach Bergeijk 2013, 19
146 Hitchcock/Johnson 1932
147 Taut 1929, 54; Nerdinger 2001a, 9–23
148 Gropius 1925a, Druckfahne Wohnhausindustrie, 2
149 Wahl 2009, 303
150 Das Staatliche Bauhaus Weimar, hrsg. vom Bauhaus Weimar, München 1923, Farbtafel XII, 178
151 Westheim 1923, 319
152 Behne 1923a, 533; vgl. GA 2/128, Zusammenstellung aller Beiträge von Behne zum Bauhaus 1920 bis 1925
153 Wahl 2001, 525 f.
154 Gropius 1924, Text an die Zeitschrift «Glocke» vom 17. 5. 24
155 Wahl 2001, 518 f.
156 Stellungnahme von Gropius zur Erklärung des Thüringischen Ministeriums für Volksbildung und Justiz vom 8. 1. 25, nach Wahl 2009, 746
157 Neurauter 2013, 227
158 Wahl 2001, 520 f.
159 Neurauter 2013, 228 f.; Wahl 2001, 521
160 Wahl 2001, 525
161 Niederschrift von Gropius über ein Telefongespräch mit Minister Leutheußer am 29.3.24, nach Wahl 2009, 687
162 Wahl 2001, 530
163 Wingler 1962, 139
164 Wingler 1962, 101
165 Wahl 2001, 532
166 GA 1/24–1/32, Briefwechsel mit dem Mitteldeutschen Industrieverband 4.11.24 bis 22. 12. 24; zu den Bemühungen um Kredite zur Vorlage beim Haushaltsausschuss vgl. GA 2/3–2/49; vgl. Wahl 2009, 732
167 Niederschrift des Staatl. Bauhauses über den Besuch der Regierungsvertreter am 23. 12. 24, nach Wahl 2009, 732
168 Wahl 2009, 735
169 Isaacs 1983, 336
170 BHA, Tagebuch Ise Gropius, Eintragungen vom 20., 24., 25. und 26. 1. 25; GA 1/51–1/57, der Stadtbaurat von Hagen, Frigge, bot schon Mitte November eine Übernahme an, wurde aber durch die Forderungen von Gropius abgeschreckt; GA 1/232–1/236, am 13. 10. 24 bot Adolf Sommerfeld eine Übernahme nach Berlin und Räume für Versuchslaboratorien an; vgl. zu den weiteren Angeboten GA 1/83, Moholy an Hartlaub 10. 2. 25 und GA 1/245, Gropius an Tannenbaum 8. 2. 25
171 Schmitt 2013, 397
172 Scheiffele 2013, 112–123, 130–133
173 GA 1/137, Moholy-Nagy an Mendelsohn 19. 3. 25
174 Neurauter 2013, 249–266
175 Neurauter 2013, 252 f.
176 Neurauter 2013, 243 f.
177 Neurauter 2013, 273–285
178 Wingler 1962, 121, 130 f.
179 Neurauter 2013, 257 f.
180 Neurauter 2013, 258
181 Wingler 1962, 118
182 Gropius 1925c, 5–8; Probst/Schädlich 1987, 93–96
183 Merkel 2017, 78, Gropius Brief an Neufert 17. 9. 24, BH Universität Weimar Nachlass Neufert
184 Rehm 2002, 204–213
185 BHA, Tagebuch Ise Gropius, Eintrag vom 13. 3. 26, «seit langem geplante siedlung»
186 BHA, Tagebuch Ise Gropius, Eintrag vom 5. 3. 26; Schmitt 2013, 122
187 Zum Abschied schenkte Gropius Neufert eine Vitruvausgabe, vgl. BHA Ber-

lin M 500, Brief Gropius an Neufert vom 8. 9. 26, nach Merkel 2017, 81
188 Gropius 1930a, 12
189 Nerdinger 1985a (1996), 68 f.
190 Marx/Weber 2008, 131–145, Zitat von Mies, 134, dort Behandlung der Diskussion zwischen Gropius und Mies sowie der Exponate; Weber 2018, dort genaue Darstellung des Zusammenhangs mit Frank Lloyd Wright; Robbers 2013, 70–74
191 Hilpert 1999, 19 f.; Rehm 2005, 89–93
192 Gropius, spiegelglas – wahrzeichen der neuen baukunst, undatiertes Manuskript im BHA, dort auch folgende Zitate; Rehm 2005, 33–35, 102–104; zur Transparenz vgl. Rowe/Slutzky 1997
193 Giedion (1941) 1965, 314 f.; Müller 2004, 7–11
194 Müller 2004, 11
195 Henderson 1983
196 Kemp 2009, 115–166; Rehm 2005, 104–107
197 Müller 2004; Schwarting 2010, 288–295
198 Müller 2004, 44
199 Gropius 1930a, 19
200 Nerdinger 1985a (1996), 234; Müller 2004, 134–165
201 Gropius 1930a, 135
202 Gropius 1930a, 92
203 Gropius 1930a, 88
204 Gropius 1930a, 144
205 Gropius 1930a, 146
206 Giedion 1929; Vetter 2000
207 Schlemmer 1958, 188
208 Fehl 1995, 30–32; Lethen 2000; Saldern/Hachtmann 2009, 194 f.; Seelow 2018, 17–19
209 Jaeggi 1984, 27–32; Nerdinger 1985a (1996), 236; Schwarting 2010, 213
210 HLH, Wagner an Gropius 8. 9. 40
211 Gropius an Junkers 23. 7. 25, nach Schmitt 2013, 104
212 Gropius an Junkers 28. 4. 26, nach Schmitt 2013, 104

213 Zechlin 1929, 70–78
214 Below 2009, 246–275
215 Nerdinger 1985a (1996), 82–89
216 GA 3/404, zahlenmäßiger Beleg für Verbilligung durch Serienherstellung; Schwarting 2010, 241–271
217 Gropius 1927a, 1
218 Schwarting 2010; Seelow 2018, 19–22
219 Gropius 1925c, 5, dort auch folgendes Zitat
220 Matz/Schwarting 2011, 49
221 Behne 1926, 767; Matz/Schwarting 2011, 64
222 GA 23/186, Text «Neues Bauen», datiert Juni 1926
223 Wolfradt 1927, 32; Matz/Schwarting 2011, 46
224 Kracauer nach Später 2016, 197
225 Gropius 1927c, nach Probst/Schädlich 1987, 114, dort auch auch auch folgendes Zitat
226 Schwarting 2010, 295 f.
227 GA 3/396, Gropius an Nonnemann 1. 11. 26
228 Wingler 1962, 135 f., dort auch folgendes Zitat
229 Wingler 1962, 138 f.
230 Meyer an Gropius 16. 2. 27, nach Meyer 1980, 44
231 Rehm 2000, 242–268
232 Mies van der Rohe an Döcker 27. 5. 26, nach Kirsch 1987, 50
233 Mies 1927, 7
234 Gropius 1927c, 2
235 Nerdinger 1985a (1996), 90–93
236 Reichsforschungsgesellschaft 1929; Schwarting 2010, 241– 271
237 Moholy-Nagy 1925, 45–56
238 Moholy-Nagy 1925, 52
239 Woll 1984
240 Gropius 1934, 154–177, Ergänzung zur Diskussion GA 7/225
241 Schwab (Sigrist) 1930, 65
242 Fleckner 1993, 7–30
243 BHA, Tagebuch Ise Gropius, Eintrag vom 21. 6. 26; Schwarting 2010, 234;

Anmerkungen zu den Seiten 204–226

GA 19/455–459, «entwurf zur eingabe an den reichstag zur errichtung einer versuchssiedlung», 31. 10. 26
244 Fleckner 1993, 31–39
245 Schwarting 2010, 238 f.
246 Schwarting 2010, 259
247 Enttäuschte Siedlerhoffnung, in: Volksblatt für Anhalt 10. 1. 1928, nach Schwarting 2010, 259; vgl. Scheiffele 2003, 150–154
248 Gropius Briefentwurf an Hesse 12. 1. 28, Sammlung Gropius, BHA Berlin
249 BHA, Gropius an Pëus 15. 1. und 17. 1. 28; Scheiffele 2003, 154
250 BHA, Tagebuch Ise Gropius, Eintrag vom 8. 1. 28

Von Berlin über London nach Harvard 1928–1937

Motto: GA 44/313, Notiz von Gropius
1 Kress 2008, 129
2 Breuer/Jaeggi 2008
3 Vallye 2011, 115
4 Breuer/Jaeggi 2008, 34
5 GA 25/204, The New York Times 27. 5. 28
6 Freeman 2018, 140
7 GA 25/290, Ruhr-Echo 8. 8. 28
8 Vgl. Zimmermann 2003, 36–42
9 Nerdinger 1985a (1996), 124 f.
10 Neufert 1943, 435 f.
11 Bergdoll 2008; Bemis 1936; Herbert 1984
12 Nerdinger 2012c, 625
13 Schwarting 2009, 239–253, bes. 252 f.
14 Matz/Schwarting 2011, 63–101
15 Vincentz 1932; Haus 1981, 90–106
16 Saldern 1996, 45–182
17 Gropius 1929b, abgedruckt in: Probst/Schädlich 1987, 138–140, dort auch folgende Zitate
18 Behne 1930a, 163–166
19 Behne 1930b, 494
20 Adorno 1951, 40
21 Frank 1930, 399–406; Nerdinger 2007b, 142–145
22 Frank 1931
23 Neurath 1932, 208
24 Nerdinger 1988, 92–95
25 Isaacs 1984, 523
26 GA 26/166, 26/174; Reichswettbewerb 1929; Nerdinger 1985a (1996), 116; Fleckner 1993, 55–62
27 Gropius 1929a, 74–80
28 Gropius 1929c, Vortrag am 15. April 1929
29 HLH, Wagner an Gropius 8. 9. 40 «a Henry Ford for housing the masses»
30 Wehler 2003, 259
31 Nerdinger 1985a (1996), 120–122; Nerdinger 2003, 279 f.
32 Schwab 1929a, 296–298 und Schwab 1929b, 362 f.
33 Nerdinger 1985a (1996), 122; E. L., Pompeji bei Berlin – Der Untergang der Gropiusstadt, in: Wohnungswirtschaft 1929, 336–338
34 Giedion 1929
35 Giedion 1929, 7; Vetter 2000, 194–211
36 Giedion 1929, 10
37 Nerdinger 2013, 87–108
38 Gropius 1930b, abgedruckt in: Probst/Schädlich 1987, 131–137
39 Th. Hartwig, Müller-Lyers «Phaseologie» 1926, nach Eisen 2012, 179
40 Probst/Schädlich 1987, 134
41 Steinmann 1979, 46–49 und 70 f.
42 Steinmann 1979, 49
43 Steinmann 1979, 64 und 70
44 Steinmann 1979, 56 f.
45 Wagner 1930, 247–250
46 Wagner 1930, 247–250; Steinmann 1979, 71; Hirtsiefer 1929, nach Schwarting 2009, 435
47 Bloch (1935) 1962, 219
48 Eisen 2012, 184

Anmerkungen zu den Seiten 226–243

49 Gropius 1930b, 464; vgl. Eisen 2012, 185
50 Hilberseimer 1927, 69–71; Nerdinger 2007b, 142–145
51 Eisen 2012, 186 f.; Simmel 1903; Scheffler 1913
52 Jaeggi 2007, 149 f.
53 Gropius 1930b, 459; vgl. Eisen 2012, 263
54 Gropius 1929b, 159; vgl. Eisen 2012, 253
55 Kállai (1930) 1987, 133–140
56 GA 11/85, Uhu 1931, «200 Worte Deutsch, die Sie vor zehn Jahren noch nicht kannten»
57 Kállai (1930) 1987, 135
58 Jaeggi 2007, 150
59 Meyer 1930, 1307–1312
60 Schawinsky 1931; Droste 2009, 77
61 Gropius 1930a, Vorwort
62 Gropius 1965, 122 f.
63 Grotjahn 1931
64 Boehm/Kaufmann 1931; Nerdinger 1985a (1996), 140
65 Steinmann 1979, 92
66 Steinmann 1979, 94
67 Steinmann 1979, 86 f.
68 Steinmann 1979, 92 f.
69 Cohen 2012, 200–219
70 Miljutin, Socgorod, nach Steinmann 1979, 93
71 Steinmann 1979, 108
72 Mumford 2000, 49–58
73 Nerdinger 1985a (1996), 156 f.
74 Eisen 2012, 267–294
75 Deutsche Bauausstellung 1931, 163 f.; Steinmann 1979, 93
76 Fezer 2015, ein Exemplar des hektografierten Katalogs von 1931 im BHA Berlin
77 Steinmann 1979, 116
78 Dluhosch/Švácha 1999, 233; Hannes Meyer 1933: «Der Kapitalismus hat den Wohntypus eines kollektivierten Haushaltes längst in Reinkultur entwickelt als Luxus-Wohnhotel der City», Meyer 1980, 124

79 Dluhosch/Švácha 1999, 233; Nerdinger 2004, 55
80 Nerdinger 2004, 54
81 Dluhosch/Švácha 1999, 235
82 Kroha 1998, 75; Macharácková 2007, 230–232; Nerdinger 2004, 42, 55–57
83 Steinmann 1979, 117
84 Neurath 1932, 208
85 Gropius 1931, 57–61
86 Nerdinger 1985a (1996), 168 f.
87 Nerdinger 1985a (1996), 170–173
88 Herbert 1984, 105–192; Thieme 2012; GA 17/1–17/494, Unterlagen, Gutachten, Berechnungen, Planungen für Hirsch-Kupfer 1931/32
89 Kentgens-Craig 1999, 75 f.
90 Barr 1932, 16
91 Barr 1932, 13, dort auch folgendes Zitat
92 Barr 1932, 15
93 Hitchcock/Johnson 1932
94 Vgl. zur Wirkungsgeschichte das Sonderheft des Journal of the Society of Architectural Historians March 1965 zum Modern Architecture Symposium May 1964
95 Gropius 1932, 34, dort auch folgendes Zitat
96 Steinmann 1979, 124 f.
97 Steinmann 1979, 126
98 GA 17/386, Aktennotiz vom 8. 1. 32
99 Rössler 2013, 38 f., bes. Anm. 249 und 251; Bayer schenkte Gropius zum 50. Geburtstag 1933 Collagen, mit denen er das Dreiecksverhältnis illustrierte, vgl. Weber 2005, 216 f. und Otto 2009, 194–198
100 Reidel 2010, 98
101 Mann 1973, 342, 703
102 Gropius an Manon 17. 5. 33, Reidel 2010, 98
103 Schaub 1993, 156
104 Nerdinger 1985a (1996), 180 f.; Nerdinger 2004, 91–98
105 Teut 1967, 68
106 Düwel 2013, 4–8
107 Akademie der Künste Berlin, AdK Ar-

chiv, Peter Behrens an Preuß. Akademie der Künste 24. 6. 38, PrAdK I/211 (Mitglieder Personalien)
108 Düwel 2013, 5
109 Wagner 1933, 115–122; GA 5/377, Wagner an Gropius 28. 11. 34
110 Gropius an Poelzig 15.6.33, Werkbundarchiv Berlin D 1491, nach Schätzke 2013, 16, Anm. 30
111 GA 5/367–8, Gropius an Wagner 26. 12. 34
112 Heard 1934, 119–122
113 Gold 2013, 249–275; Jackson/Holland 2014, 68
114 Gropius an Manon 17. 6. 33, Reidel 2010, 99
115 Gropius an Manon 11. 9. 33, Reidel 2010, 99
116 Blümm 2013, 127–136
117 Nerdinger 1993a
118 GA 5/92; Hönig an Gropius 4. 10. 34; Nerdinger 1993a, 157
119 Weißler 1993, 48–63
120 Rössler 2013, 44–63
121 Nerdinger 1985c, 75–82; Nerdinger 2004b, 90–105
122 Teut 1967, 74
123 GA 13/1 bis 13/110
124 GA 13/100–108, Wagner an Schmitthenner 19. 6. 34
125 GA 13/6–13/23
126 GA 13/3, Gropius an Hönig 18. 1. 34
127 Schätzke 2013, 18, Anm. 35
128 GA 13/77–80, Gropius an Hönig 27. 3. 34
129 Gropius an Peter Meyer 24. 3. 34, nach Medici-Mall 1998, 179
130 Nerdinger 1988, 338–340
131 GA 13/25–31, Gropius an Häring 20.1.34; vgl. Schirren 1985, 253–285
132 Benn 1934, 62
133 GA 13/61, Gropius an Lörcher 20. 2. 34
134 Gropius 1934, nach Probst/Schädlich 1987, 152, dort auch folgende Zitate
135 Moholy-Nagy 1929
136 Gropius 1934, nach Probst/Schädlich 1987, 153
137 Gropius 1934, nach Probst/Schädlich 1987, 156
138 Gropius 1964, nach Gropius 1967c, 70
139 Nerdinger 1993a, 157
140 GA 13/55, Gropius an Weidemann 10. 2. 34
141 GA 13/77–80, Gropius an Hönig 27. 3. 34
142 GA 5/112 und 5/114, Hudnut an Kocher 10. 12. 34
143 Isaacs1984, 674
144 Pearlman 2013, 370
145 Cohen 1995, 178–181, nach Mumford 2000, 92 f.
146 Mumford 2000, 93
147 Steinmann 1979, 160
148 Mumford 2000, 94
149 GA 5/66–5/80; Elliott 1974
150 Pearlman 2013, 358–381
151 GA 5/212, Gropius an Hönig 19. 9. 34
152 GA 12/555, Giedion an Shand 18. 10. 34
153 Lewis 2009, 4–7; GA 6/288, Unterstützung durch Elmhirst; GA 6/477, Abkommen mit Pritchard 25. 11. 35; GA 6/479, Pritchard an Gropius 22. 11. 35 «consultant and adviser» für Isokon; GA 8/372, Vertrag mit Pritchard 24. 1. 36; GA 8/351, 26. 3. 36 «Controller of Designs» für The Isokon Furniture Company
154 GA 12/556, Gropius an Giedion 23. 19. 34
155 Gropius an Manon 3. 2. 35, Reidel 2010, 104
156 GA 5/403, Wells Coates an Gropius 10.11.34
157 Schätzke 2013, 26, Anm. 51
158 Gropius 1935c; Saler 1999, 142 f.
159 Pevsner 1936, nach Pevsner 1957, 122
160 Pevsner/Cherry 2007, 12–38; Benton 2003, 75–86
161 Schätzke 2013, 28–32

162 Lipstadt 1983, 22–30; Wolsdorff 1986, 105–110
163 Blomfield 1934; Jackson 1970; Rosso 2016, 4
164 Shand Juli 1934, 9
165 GA 8/150, monatlich 40 Pfund über Adams, Thompson&Fry; GA 9/302, Gropius an Anwalt 9. 7. 36
166 GA 7/478–7/481, «share of profits»: Zahlungen von Adams, Thompson&Fry, Isokon, Dartington Hall, Mount Street Shop
167 GA 9/248, Gropius an Sommerfeld 15.12.36
168 GA 12/543, Gropius an Giedion 27.12.34
169 GA 6/153– 6/216, Korrespondenz mit Dartington; GA 6/211–6/216, Gropius an Slater 6. 1. 35 Programm für Arbeiten in Dartington; GA 6/189, Zusammenstellung der Aufträge und Kompetenzen nach Besprechung vom 9. 2. 35; GA 6/196–199, Memorandum für das Theater
170 Gropius 1935b, 188–192
171 GA 6/33, Ise Gropius an Behne 23. 5. 35
172 GA 12/505, Gropius an Giedion 14. 2. 35
173 GA 12/503, Giedion an Gropius 22. 2. 34
174 GA 12/501–502, Gropius an Giedion 24. 2. 35
175 GA 12/473, Giedion an Gropius 23. 4. 35
176 Steinmann 1979, 170
177 GA 6/65
178 GA 41/487, Gropius «My preparations» undatiert; GA 12/214, Gropius an Giedion 24. 10. 36 «jetzt ein projekt für ein studentenhaus des christ college in cambridge. ich fühle mich nie so wohl als beim anfänglichen projektieren.»
179 Sager 2003, 247–257; Pevsner 1970
180 Pevsner 1955, 181–192
181 GA 3/402
182 GA 5/23, Gropius an Mannchen (Schwester) 6. 11. 34
183 GA 9/22, Gropius an Leew 25.5.36; Whyte 2009, 441–465
184 Gropius 1949b, 66–70
185 Isaacs 1984, 788 f.
186 GA 12/306, Giedion an Gropius 15. 6. 36
187 GA 9/374, Gropius an Wagner 14. 5. 36
188 HLH, Keynes an Gropius 11. 2. 37; vgl. Jackson/Holland 2014, 75–77
189 Benton 2003, 79
190 Fry 1945, 76 f.; Oechslin 2003; Whyte 2009, 441–465
191 Fry 1975, 148
192 GA 9/312, Gropius erhält 700 Pfund Honorar
193 GA 8/273, Gropius an Under Secretary of State 19. 6. 36
194 GA 9/150, Reichskulturkammer an Gropius 5. 8. 37
195 GA 7/154, Gropius an Pencil Points 14. 9. 35
196 GA 9/30, Gropius an The Listener 6. 5. 36
197 GA 8/37, Gropius an New Chronicle 9. 11. 36
198 GA 5/377 f., Wagner an Gropius 28. 11. 34; GA 14/205, Panaggi an Gropius 25. 8. 34; GA 49/17, Kósa Zoltán an Gropius 7.8.39
199 Pearlman 1997; Pearlman 2007, 66–68
200 Kentgens-Craig 1999, 191 f.
201 Pearlman 2007, 66–70
202 GA 8/287, Hudnut an Gropius 21. 9. 36
203 GA 8/283–287, Bosworth/Childs Jones 1932
204 HLH, Gropius an Hudnut 24. 10. 36
205 GA 40/251 f., Hudnut an Gropius 8. 12. 36, dort auch folgende Zitate
206 Hudnut 1935, 10
207 GA 40/247, Hudnut an Gropius 23. 12. 36
208 GA 8/378, Gropius an Jäckh 9. 12. 36

209 GA 8/271, Gropius an Hönig 17. 12. 34
210 GA 8/269, Gropius an Hönig 31. 12. 34
211 GA 41/373, Gropius an Hönig.2.37; als er Reichsfluchtsteuer bezahlen sollte, schrieb er am 13. 3. 38 aus den USA an den Staatssekretär Funk: «Als loyaler deutscher Staatsbürger empfinde ich es als beschämend, unbegründet als Überläufer behandelt zu werden.» GA 41/338
212 Barr an Albers 20. 4. 37, nach Kentgens-Craig 1999, 88; in einem Brief an Bruno Taut charakterisierte Gropius am 20. 7. 36 die verschiedenen Formen des Exils, sich selbst sah er als «Freiwilliger», der hinausging, da er «in der alten Luft nicht mehr atmen konnte», GA 9/362
213 GA 9/359, Gropius an Wagner 24. 12. 36
214 GA 47/106, Gropius an Mannchen (Schwester) 21. 11. 53
215 HLH, Gropius, Farewell to England, Trocadero 9th March 1937
216 GA 40/226, Hudnut an Gropius 18. 3. 37

Der Lehrer in Harvard 1937–1952

Motto: GA 40/187, Gropius an Giedion 23. 12. 37
1 GA 49/390, Gropius an Moholy-Nagy 1. 6. 37
2 GA 40/95, Gropius an Breuer 14. 4. 37
3 GA 49/95, Gropius an Breuer 17. 4. 37
4 GA 12/661, Gropius an Giedion 24. 6. 37
5 GA 40/29, Gropius an Albers 2. 6. 37
6 Gropius 1937a, 9
7 Gropius 1937a, 10
8 Vallye 2011, 116 f.
9 Alofsin 2002, 301–304
10 Nerdinger 1993b, 79–91
11 Alofsin 2002, 112–130
12 Bosworth/Childs Jones 1932
13 Hudnut 1935, 166
14 Vallye 2011, 233
15 Columbia Changes Her Methods, in: The Architectural Forum Februar 1935, 162–167
16 Duffus 1936, 188, dort auch folgende Zitate
17 Pearlman 2007, 41
18 Education of the Architect, in: Architectural Record September 1936, 201–214
19 Pearlman 2007, 54–60
20 Price 1934, 311
21 Pope Barney 1937, 60
22 Gropius 1937c, 44
23 Gropius 1937c, 44 f.; Gropius 1938, 7
24 Behrendt 1937, 6
25 Behrendt 1927, 20
26 Gropius 1937c, 46; Gropius 1937b, 26–30
27 Behrendt 1927, 59
28 Gropius 1937c, 44
29 Gropius 1938, 14
30 Pearlman 2007, 144
31 Pearlman 2007, 41; Vallye 2011, 233
32 Gropius an Giedion 24. 6. 37, nach Geiser 2018, 46
33 Meeks 1937, 36–42
34 H. D. C., Speaking of Conventions, in: The Octagon July 9, 1937, 51
35 The Official Register of Harvard University, Vol. 36, The Graduate School of Design, with Courses of Instruction, 1939/40 Cambridge/Mass, 1939, 52 f.
36 Pearlman 2007, 76, 80
37 Vallye 2011, 130
38 Pearlman 2007, 106–109
39 GA 40/81, Gropius an Breuer 1. 6. 37

40 GA 12/661, Gropius an Giedion 24. 6. 37
41 Isaacs 1984, 855
42 GA 40/25–27, Gropius an Albers 7. 10. 37
43 GA 40/390, Gropius an Moholy-Nagy 1. 6. 37; GA 40/392, Moholy-Nagy an Gropius 28.5.37
44 GA 40/346, Moholy-Nagy an Gropius 20.10.37
45 Isaacs 1984, 859
46 GA 41/166, Gropius an seine Schwester 12. 12. 37
47 GA 40/95 f., Gropius an Breuer 17. 4. 37
48 Breuer 1937, 202; Schätzke 2013, 46
49 Vogt 1996; Passanti 1997, 438–451
50 Bergdoll 2003, 258–307
51 Breuer (1934) 1962, 260
52 Fiocchi/Hoque 2011
53 Giedion 1954, 70
54 HLH, Ise Gropius an Heinrich Böll (undatiert); Jean Pauls Siebenkäs mit Anstreichungen in der Gropius-Bibliothek in Lincoln
55 Pearlman 2007, 110–115
56 Murphy 2011, 308–329
57 Ford/Ford 1940
58 Nerdinger 1999, 15–19
59 Hitchcock 1942
60 Driller 2003, 243
61 HLH, letters of interest: Breuer an Ise Gropius 20. 11. 31
62 Driller 2003, 206; Nerdinger 1985a (1996), 270
63 GA 40/187, Gropius an Giedion 23. 12. 37
64 Geiser 2018, 162–167; Göckede 2007, 223–226
65 Geiser 2018, 109
66 Giedion 1928, 68 f., «soziologische Struktur» und «nationale Konstante»
67 Geiser 2018, 151–160
68 Gropius 1946, 26
69 Pearlman 2007, 86–92
70 GA 40/516–526
71 GA 7/453, Gropius an Helena Syrkus 6. 4. 35
72 Sajic 2013, 14
73 GA 40/22, Albers an Gropius 11. 10. 37
74 Barr an Gropius 10. 12. 38, nach Alofsin 2002, 164 f.; Koehler 2002, 300–302
75 Koehler 2002, 302
76 Sajic 2013, 2
77 Koehler 2002, 297
78 GA 40/318 f., Moholy-Nagy an Gropius 26. 11. 38
79 GA 51/121; Watts 1939, 26–28
80 Bauhaus Criticized, in: Art Digest, 15. 12. 1938; Sajic 2013, 43–51
81 Levy 1939, 71, 118
82 Bauhaus in Controversy, Alfred H. Barr Answers Criticism, in: The New York Times, 25. 12. 1938
83 GA 49/97 f., Barr an Gropius 3. 3. 39
84 Presseerklärung zur Ausstellung, MoMA 2. 12. 38
85 Scully 1954; Levine 1986; Twombly 1979, 203–205; vgl. den Brief Wrights an Widjeveld 21. 10. 47 in: Brooks Pfeiffer 1984, 107 «The thing they [Gropius, Corbu, Mies, Mendelsohn, Breuer – WN] do is to me distinctly Nazi.»
86 Gropius 1940, 14
87 Hudnut 1941, 16; vgl. Shaffer 1948, 17–20
88 GA 49/30 f., Gropius an Hubertus Prinz zu Löwenstein 28. 4. 39
89 GA 40/460, 461, 470, Gropius an Hugo Simon 27. 10. 37, 472, Simon an Gropius 6. 10. 37
90 HLH, Gropius an seine Schwester Manon 28. 9. 39
91 An Opinion on Architecture, A paper addressed to Joseph Hudnut, Dean of the Harvard Graduate School of Architecture, signed by Bruno Zevi and nine other students, Cambridge/Mass. May 1941; Pearlman 2007, 176

92 Kentgens-Craig 1999, 180–182, 238–244
93 Homann 1985, 176
94 Wagner 1941, 87–90
95 HLH, Wagner an Gropius 8. 9. 40
96 Cohen 2011, 111–122
97 Keith 1973, 39, nach Herbert 1984, 234
98 Alofsin 2002, 179
99 Herbert 1984, 238
100 Bergdoll/Christensen 2008, 48 f.
101 Davies 2005; Bergdoll/Christensen 2008, 42–47, 68–71
102 Herbert 1984, 236 f.; publiziert Juli 1941, National Defense Migration, US Congress 1st Session House
103 Reed 1994, 2–41
104 Bergdoll/Christensen 2008, 20
105 GA 48/107, Breuer an Gropius 23. 5. 41
106 Gropius an Bayer, nach Pearlman 2007, 115
107 GA 48/110, Protokoll vom 25. 5. 41
108 GA 48/336, Hudnut an Gropius 12. 7. 41
109 Pearlman 2007, 115
110 Grüning 1989, 445 f.
111 Herbert 1984, 254
112 Nerdinger 2010, 100–103
113 Herbert 1984, 266
114 Herbert 1984, 276
115 Prefabrication 1942/1943
116 Pearlman 2007, 166
117 Pearlman 2007, 168
118 Herdeg 1983
119 Hudnut 1943, 58 f., nach Pearlman 2007, 172
120 Hudnut 1945; Pearlman 2007, 172 f.
121 Sevilla-Buitrago 2017, 482 f.; Diefendorf 2005, 41–43
122 Wagner/Gropius 1943, 12, 18
123 Schubert 2004, 120–154
124 Perry 1939
125 Mumford 1938; Gropius studierte Mumfords «Technics and Civilisation» schon in England 1936, GA 8/54
126 Domhardt 2002, 108–127, hier 118 f.
127 Gropius/Wagner 1942, 95–116
128 Gropius/Wagner 1943, 75–82; Gropius 1944, 15 f.
129 Gropius 1949a, 2–8
130 Pearlman 2007, 163 f.
131 Pearlman 2007, 24–31
132 Hudnut 1943, 42–46
133 GA 52/210, Mr Moses Dissects the ‹Long-Haired Planners› in: The New York Times Magazine 25. 6. 44
134 GA 52/154, Joseph Hudnut, A ‹Long-Haired› Replay to Moses, in: The New York Times Magazine 28. 7. 44
135 Pearlman 2007, 200 f.
136 Gropius 1945, 12
137 Gropius 1966b
138 Gropius 1941, 34 f.
139 GA 58/316
140 BHA, Gropius an Giedion 11. 6. 49
141 GA 42/146, Gropius an Jochen Burchard 21. 9. 46
142 GA 41/39, Gropius an seine Schwester Manon 16. 9. 45
143 Herbert 1984, 287
144 Herbert 1984, 306
145 Pearlman 2007, 202 f.
146 GA 42/476, Schmidt an Gropius 14. 3. 46
147 GA 42/252, Hoffmann an Gropius 12. 10. 46; GA 42/249, Hoffmann an Gropius 20. 6. 47
148 GA 43/281, Muche an Gropius 26. 1. 47
149 GA 42/501, Gropius an Volger 21. 5. 47
150 Martin Wagner, Wiedergeburt der deutschen Kultur, in: Tagesspiegel 18. 7. 46; vgl. Schätzke 2000, 10 f.
151 HLH, Gropius an Giedion 18.7.47
152 HLH, Gropius an Giedion 18. 7. 47
153 Gropius 1947a, 128
154 Gropius spricht im Titania Palast, in: Die Neue Zeitung 23. 8. 47
155 Durth/Sigel 2010, 391

156 Bürgergeist und Nachbarschaft, in: Berliner Zeitung 26. 8. 47
157 GA 43/146, Memorandum vom 5. 9. 47
158 Giedion an Le Corbusier 15. 5. 45, nach Mumford 2000, 159
159 Gropius 1947, 276 f.
160 Walter Gropius, Proposed Planning Procedure for Frankfurt am Main to be the Capital of Western Germany, datiert 7. 10. 47, Kopie BHA
161 Schätzke 2000, 5–27
162 Bonatz 1947, 550 f.
163 Kurzke 1999, 530–534; Hajdu 2002
164 GA 53/158, The New York Times 21. 12. 47; 1936 hatte Gropius Neufert noch in England getroffen, er rezensierte freundlich die Bauentwurfslehre und es bestand ein herzlicher Kontakt, GA 8/111, GA 9/85–87
165 Gropius 1948, 74–80
166 GA 45/153, Hillebrecht an Gropius 1. 5. 48; GA 45/152, Gropius an Hillebrecht 19. 6. 48
167 GA 45/162 f., Hoffmann an Gropius 11. 2. 48
168 GA 43/87, Hess an Gropius 10. 11. 47
169 GA 44/314–317, Mächler an Gropius 15. 9. 48
170 GA 46/173–176; vgl. Konter 1985, 60–62
171 GA 44/112–123; GA 46/97–127
172 GA 44/401; GA 44/398, Scharoun an Gropius 17. 4. 48
173 GA 46/166, Lily Hildebrandt an Gropius 29. 12. 49
174 GA 45/ 298 f., Meyer-Ottens an Gropius 10. 3. 48
175 GA 44/200, Gropius an Hillebrecht 14. 10. 48
176 Schildt 2007, 48–62; Diefendorf 1993, 331–352; Diefendorf 2001, 889–898
177 Mumford 1947, 106
178 What Is Happening to Modern Architecture? A Symposium at the Museum of Modern Art, in: The Museum of Modern Art Bulletin, Spring, 1948, Nr. 3, 4–20, Zitat 12
179 In Search of a New Monumentality: A Symposium, in: Architectural Review September 1948, 117–128, Gropius, 127
180 GA 50/4, night letter (cable) to legislation committee 5. 2. 48
181 GA 50/51, Gropius an Bayer 31. 8. 48
182 Gropius auf dem AIA meeting in New Orleans Juni 1959 anlässlich der Überreichung der Gold Medal des AIA, nach Fitch 1960, 29
183 HLH, Gropius an Senator Th. Conally 17. 2. 51; HLH, Senator Edward Kennedy an Gropius 14. 2. 68
184 HLH, Korrespondenz 1956/57, Gropius an Desch 23. 11. 56
185 Gropius an Hudnut 22. 3. 48, nach Isaacs 1984, 971
186 Gropius 1949b, dort auch folgende Zitate
187 Like Living in a Sound Chamber, in: Harvard Crimson October 1955
188 Johnson 1955; Pearlman 2007, 233
189 GA 50/436 f., Wagner an Gropius 29. 11. 48
190 GA 50/437, Gropius an Wagner, falsch 3. 11. datiert
191 GA 50/438, Wagner an Gropius 6. 12. 48
192 GA 50/439, Wagner an Gropius 22. 12. 48
193 Mumford 2000, 182
194 Mumford 2000, 194
195 Mumford 2000, 199
196 Pevsner 1949, 78; zitiert und kommentiert von Giedion im Brief an Gropius 10. 10. 49; Nerdinger 2001b, 87–93
197 ETH Giedion Archiv, Giedion an Gropius 10. 10. 49, 6. 11. 49, 16. 11. 49
198 ETH Giedion Archiv, Giedion an Gropius 10. 10. 49
199 ETH Giedion Archiv, Giedion an Gropius 6. 11. 49

200 Paul Rudolph, Preface, in: L'Architecture d'aujourd'hui, Februar 1950, Nr. 28, 4
201 GA 47/177, Gropius an Grote 1. 9. 55 «‹Vision in Motion› [...] ist die beste und stärkste Äußerung aus dem Kreise des Bauhauses»; László Moholy-Nagy, Vision in Motion, 1947; György Kepes, Language of Vision, Chicago 1944
202 Vallye 2011, 196–267
203 Pearlman 2007, 223 f.
204 Mumford 2000, 204
205 Mumford 2000, 213
206 Giedion, Bericht über CIAM in Hoddesdon, in: Neue Zürcher Zeitung 8. 11. 51
207 Beyme 1987; Durth/Sigel 2010, 468–472
208 Schmals 1997; Nerdinger 2005; Düwel/Gutschow 2013
209 Durth/Sigel 2010, 378
210 Nerdinger 2009, 378–397; Durth/Sigel 2010, 473
211 Pearlman 2007, 207
212 Pearlman 2007, 227 f.
213 Discord in Design, in: Harvard Alumni Bulletin 1951/52, 455
214 Gropius: «I have been fighting for this course for fourteen years» in: Harvard Crimson 23. 2. 52; Reactions to the Gropius Challenge, in: Architectural Forum, June 1952, 112–117; Gropius Resignation Bares Design School Hassel, in: The Harvard Crimson, September 1952; Michael Maccoby, Design – A School Without Direction, in: The Harvard Crimson, 11. 12. 1952
215 Gropius an Isaacs 18. 6. 53; nach Isaacs 1984, 1006

Die Ernte des Redners und das Verschwinden des Architekten 1952–1969

Motto: GA 47/106, Gropius an seine Schwester 21. 11. 53

1 GA 47/412, Gropius an G. Marcks 24. 1. 53 «Du hast ganz recht, Preußen stellt den Generalnenner von uns beiden dar.»
2 Albert Schulze Vellinghausen, Indirekte Festschrift für Gropius, in: FAZ vom 22. 5. 1953
3 Schwarz 1953 (1994), 34–47
4 Schwarz 1928, 63
5 Schwarz 1952, 70
6 Schwarz 1951, 45
7 Schwarz 1953 (1994), 43 f.
8 GA 47/414, Mäckler an Gropius 28. 2. 53; GA 47/143, Gropius an Bartning 16. 4. 53
9 Betts 2009, 196–213; zur Verdammung des Bauhauses in der DDR vgl. die offizielle Stellungnahme in: Das neue Deutschland 14. 3. 51 «[...] daß der sogenannte Bauhausstil ganz und gar nicht deutsch und national ist [...], sondern im Gegenteil antinational und kosmopolitisch.»
10 Gropius 1953 (1994), 57–59; HLH, Gropius an Döcker 14. 3. 53
11 Schwarz 1953 (1994), 162–178, dort auch folgende Zitate
12 Leitl 1953, 253
13 Wagner 1953, 192
14 Klotz 1987, 34
15 Mitscherlich 1965
16 Merklinger 2013, 156
17 Giedion 1956, 102
18 Kubo 2017, 24–49
19 Lewis Mumford, The New Yorker 18. 12. 1954, 112 f.
20 Boston Post vom 11. 9. 1953, dort auch folgendes Zitat
21 GA 58/178
22 GA 59/257; Boyd 1954; Goad 1996, 110–114
23 HLH, Gropius an G. Marcks 29. 1. 55

24 Gropius 1960
25 Speidel 1997; GA 59/129, Gropius zum japanischen Tempel; GA 61/1, Buch zum Japanbesuch
26 Dolff-Bonekämper 1999, 15
27 GA 47/56, Gropius an Bill 28. 5. 50
28 Heitmann 2001, 98–223
29 HLH, Mies an Gropius 18. 8. 67, Abtretung seines ausschließlichen Verfügungsrechts über den Namen Bauhaus an Gropius
30 Jorn an Bill 16. 1. 54, Bill an Jorn 23. 1. 54, Jorn an Bill 12. 2. 54, nach Jorn 1954; Etzold 2009, 158–177, hier 164 f.
31 Pezolet 2012, 86–110
32 GA 61/81, Werk und Zeit Nr. 10, 1955; Gropius 1956, 100–105, Zitat 104
33 Bober 2006, 46
34 Bober 2006, 46; in der Rektoratsrede am 24. 10. 55 distanzierte sich Bill noch stärker vom Bauhaus.
35 Gropius 1955, nach Heitmann 2001, 109
36 HLH, Bill an Gropius 25. 4. 57; Gropius an Bill 5. 5. 57
37 HLH, Nonne Schmidt an Gropius 29. 3. 56, 23. 7. 56, 31. 3. 57, 22. 12. 57
38 Presentation 1956, 265
39 Rogers 1956, VIIf.
40 Herbert Read in: Presentation 1956, 264
41 Gropius in: Presentation 1956, 267
42 Gropius 1954, 85
43 Scully 1954, 32–35, 64–66; Scully 1961, 8–13
44 HLH, Gropius an Scully 31. 1. 62; Scully an Gropius 7. 2. 62
45 Gropius, statement 17. 12. 62; vgl. GA 40/341, Gropius an Moholy-Nagy 27. 10. 37, Einschätzung von Sullivan und Wright
46 Wagner 1953; Martin Wagner, Städtebauliche Vergreisung, Manuskript vom 7. 9. 1954, MW-Archiv Frances Loeb Library 8/22
47 Wagner 1957
48 Wagner 1956a; Martin Wagner in: Citypresse 21. 4. 56
49 Wagner 1956b, 3–5
50 HLH, Gropius an Klopfer 7. 4. 57
51 GA 63/269, Paul Klopfer, Eine Stellungnahme, in: Baurundschau 1957
52 HLH, Gropius an Giedion 12. 9. 56
53 GA 61/45, Gropius an Barbara Miller 14. 4. 55
54 Miller Lane 1968, 148–167
55 Gropius an Klopfer 10. 12. 55
56 Gropius an Klopfer 2. 8. 56 und 9. 12. 56
57 GA 19/9, Interview mit Laporta 24. 4. 33; HLH, Arthur Niggli an Maldonado 12. 10. 64 «Meyer ist eine zwielichtige Figur, und wir halten ihn […] genau wie dies Herr Prof. Gropius umschrieben hat, für einen arrivierten Spießbürger. […] unserer Ansicht nach Meyer ohne weiteres auch mit den Nazis paktiert hätte, falls diese ihn akzeptiert hätten.»
58 Gropius 1965, 122; s. dazu Claude Schnaidt, Zum «Nachwort des Verlages», Typoskript im BHA Berlin
59 Nerdinger 2012b, 115–127
60 Heitmann 2001, 48–97
61 Gropius 1967a, 11–16, Zitate, 15
62 Interbau: Heiliger Otto, in: Der Spiegel 1957, Nr. 31, 31. Juli 1957, 48–53, Zitat 52
63 HLH, Gropius an Schwedler 17. 12. 57
64 The Architect's Journal 20. 12. 56; American Architecture Designed for Export, in: Architectural Record Oktober 1957, 237–239; Clausen 1994, 219–222
65 Showcase for Modern America, Good Neighbor for the Parthenon, in: Time Magazine 15. 7. 57, 74
66 GA 63/67, Göttinger Tagblatt 1957
67 HLH, Gropius an Paul Lindner 20. 4. 58
68 Blake 1961; The Four Great makers of

Modern Architecture: Gropius, Le Corbusier, Mies van der Rohe, Frank Lloyd Wright, A Verbatim Record of a Symposium Held at the School of Architecture, Columbia University March–May 1961, New York 1963
69 Göckede 2016, 287, 296, 349 f.
70 HLH, Ise Gropius an Lydia Dorner 26. 1. 59 «Kassem hat dem Ganzen den Segen gegeben, will sofort bauen [...] Moschee hinausgeworfen.»
71 Levine 1996, 389 f., Gropius: «That hot wind is our main problem.» Es ging ausschließlich um die Bewältigung der Temperaturen.
72 Prasad 1987, 278–286; Duanfang Lu 2011, 255–270; Curtis 2015, 304–331
73 Argan 1960, 1–31
74 HLH, Louis McMillen an TAC «confidential» 1. 8. 62
75 Göckede 2016, 380
76 Clausen 2005, 50
77 Clausen 2005, 60
78 Clausen 2005, 83
79 Gropius and Garroway, in: Architectural Forum April 1960, 177–179, nach Clausen 2005, 193
80 Ada Louise Huxtable, Marvel or Monster, in: The New York Times 24. 1. 1960, nach Clausen 2005, 163 f.
81 Vincent Scully, Death of the Street, in: Perspecta 8, 1963, nach Clausen 2005, 177, 218 f.
82 Clausen 2005, 173
83 Ada Louise Huxtable, Something Awry, in: The New York Times 22. 12. 1963, nach Clausen 2005, 227
84 Extra Grand Central, in: Time Magazine 15. 3. 1963, nach Clausen 2005, 222
85 Norman Mailer, The Big Bite, in: Esquire August 1963, 16–24, nach Clausen 2005, 254
86 Bruno Zevi, Gropius on Park Avenue, in: Atlas: The Magazine of the World Press 7, März 1964, 302 f., nach Clausen 2005, 268–271
87 Isaacs 1984, 1113–1115
88 HLH, Ise Gropius an Burchard 1. 12. 64 «the open season on Grope»
89 Gropius 1967a, 34–42, Zitat 36
90 Gropius 1967b, 51–81
91 Gropius 1967b, 70
92 Jacobs 1961
93 Drexler 1975
94 Jencks 1977; Listl 2014, 50–59
95 Stephan 1999, 47–55
96 Sibyl Moholy-Nagy 1968, 42 f.; ähnlich Scully 1969, 182: «Gropius brought with him most of the few weaknesses and few of the many virtues that the Bauhaus of the 1920's and early 1930's had possessed. His antihistorical bias was stronger than ever, and since architecture at its true urban scale is largely history, he helped lay part of the groundwork for the destruction of American cities which some of his pupils were to undertake in the following generation.»
97 Heitmann 2001, 48–97
98 Wingler 1963, 6
99 Gropius an Heinrich König 18. 6. 65, nach Heitmann 2001, 50
100 Bayer an Gropius 8. 12. 67, nach Isaacs 1984, 1148
101 Heitmann 2001, 224–240
102 Heitmann 2001, 226
103 Bockelmann 1961, 4 f.
104 Erich Pfeiffer-Belli, Beschwörung einer schöpferischen Idee, in: FAZ 8. 5. 68, nach Heitmann 2001, 238 (dort falsch zugewiesen)
105 Der Tagesspiegel 8. 7. 69, nach Isaacs 1984, 1171
106 Ada Louise Huxtable, He Was Not Irrelevant, in: The New York Times 20. 7. 69

Abkürzungen

Abb.	Abbildung		Originale bis 1936 in Berlin, 1937 bis 1969 in Cambridge/Mass.
AIA	American Institute of Architects		
BHA	Bauhaus-Archiv Berlin	GSD	Graduate School of Design, Harvard University
BRM	Busch Reisinger Museum Harvard University	HLH	Houghton Library, Harvard University Archives, Cambridge/Mass.
CIRPAC	Comité international pour la résolution des problèmes de l'architecture contemporaine	IDB	Iraqi Development Board
		KEO Archiv	Karl Ernst Osthaus Archiv, Hagen
CIAM	Congrès Internationaux d'Architecture Moderne / Internationale Kongresse für Neues Bauen	MARS Group	Modern Architectural Research Group
		MW Archive	Martin Wagner Archiv in der Frances Loeb Library der Harvard Graduate School of Design
DAF	Deutsche Arbeitsfront		
ETH Giedion Archiv	Giedion-Archiv am Institut für Geschichte und Theorie der Architektur (gta) der ETH Zürich	Rfg	Reichsforschungsgesellschaft für Wirtschaftlichkeit im Bau- und Wohnungswesen
		RIBA	Royal Institute of British Architects
FAZ	Frankfurter Allgemeine Zeitung	TAC	The Architects Collaborative
GA	Gropius Archiv/Archive, Gropius Nachlass in der Houghton Library und im Bauhaus-Archiv Berlin;	TUM.Archiv	Archiv der Technischen Universität München

Bibliographie

Ute Ackermann, Eine Allianz für Weimar? Henry van de Velde und Walter Gropius, in: Prophet des Neuen Stil. Der Architekt und Designer Henry van de Velde, hrsg. von Hellmut Th. Seemann und Thorsten Valk, Göttingen 2013, 301–321 (= Jahrbuch der Klassik Stiftung Weimar)

Theodor W. Adorno, Minima Moralia. Reflexionen aus dem beschädigten Leben, Berlin/Frankfurt am Main 1951

Anthony Alofsin, Frank Lloyd Wright. The Lost Years 1910–1922, Chicago 1993

Anthony Alofsin, The Struggle for Modernism: Architecture, Landscape Architecture and City Planning at Harvard, New York/London 2002

Anthony Alofsin, Frank Lloyd Wright und das Bauhaus, in: bauhaus global, hrsg. vom Bauhaus-Archiv Berlin, Berlin 2010, 49–58

Stanford Anderson, Peter Behrens and a New Architecture for the Twentieth Century, Cambridge/Mass. 2000

Stanford Anderson, Karen Grunow und Carsten Krohn (Hg.), Jean Krämer – Architekt / Architect: und das Atelier von Peter Behrens / and the Atelier of Peter Behrens, Wiesbaden 2015

Stanford Anderson, Das Atelier von Peter Behrens 1908–1918, in: Ders., Karen Grunow und Carsten Krohn (Hg.), Jean Krämer – Architekt / Architect: und das Atelier von Peter Behrens / and the Atelier of Peter Behrens, Wiesbaden 2015, 24–81

Giulio Carlo Argan, La città universitaria di Bagdad, in: Casabella-continuità, 1960, Nr. 242, 1–31

Giulio Carlo Argan, Gropius und das Bauhaus [Walter Gropius e la Bauhaus, Turin 1951], Reinbek bei Hamburg 1962

Hans-Joachim Arndt, Die Rettung eines Baudenkmals, in: Winnetou Kampmann und Ute Weström (Hg.), Martin-Gropius-Bau. Die Geschichte seiner Wiederherstellung, München 1999, 7–12

Deutsches Museum für Kunst in Handel und Gewerbe. 1909–1919, hrsg. vom Kaiser-Wilhelm-Museum Krefeld und Karl Ernst Osthaus-Museum Hagen, Ausst.-Kat. Hagen 1997/98, Gent 1997

Hermann Bahr, in: Ein Document deutscher Kunst, in: Ders., Bildung. Essays, Leipzig/Berlin 1900, 45–52, Reprint Weimar 2010, 32–37

Reyner Banham, Die Revolution der Architektur. Theorie und Gestaltung im Ersten Maschinenzeitalter [Theory and Design in the First Machine Age (1960)], Reinbek bei Hamburg 1964

Alfred H. Barr Jr., Foreword, in: Modern Architecture: International Exhibition, New York 1932, 12–17

Herbert Bayer, Walter Gropius und Ise Gropius (Hg.), bauhaus 1919–1928, The Museum of Modern Art, New York 1938

Adolf Behne, Die Wiederkehr der Kunst, Leipzig 1919

Adolf Behne, Fabrikbau als Reklame, in: Das Plakat 11, 1920, 274–276

Adolf Behne, Der Staatsanwalt schützt das

Bild, in: Die Weltbühne vom 23. 11. 1922, 545–548
Adolf Behne, Die Internationale Architektur-Ausstellung im Bauhaus zu Weimar, in: Die Bauwelt, 1923, H. 37, 533
Adolf Behne, Bauhausresümee, in: Sozialistische Monatshefte, 1923, H. 9, 542–545
Adolf Behne, Das Bauhaus Weimar, in: Die Weltbühne vom 20. 9. 1923, 289–292
Adolf Behne, Abbau der Kunst, in: Die Weltbühne vom 13. 1. 1925, 57–59
Adolf Behne, Architekt und Mieter, in: Sozialistische Monatshefte, 1926, H. 11, 767 f.
Adolf Behne, Dammerstock, in: Die Form 1930, H. 6, 163–166
Adolf Behne, Dammerstock-Schlußwort, in: Die Form, 1930, H. 18, 494
Walter Curt Behrendt, Der Sieg des neuen Baustils, Stuttgart 1927
Walter Curt Behrendt, Modern Building, its Nature, Problems and Forms, New York 1937
Peter Behrens, Kunst und Technik (1909), in: Hartmut Frank und Karin Lelonek (Hg.), Peter Behrens, Zeitloses und Zeitbewegtes. Aufsätze, Vorträge, Gespräche 1900–1938, München 2015, 300–305
Peter Behrens, Die Zukunft unserer Kultur (1909), in: Hartmut Frank und Karin Lelonek (Hg.), Peter Behrens, Zeitloses und Zeitbewegtes. Aufsätze, Vorträge, Gespräche 1900–1938, München 2015, 315–318
Peter Behrens, Die Turbinenhalle der A. E. G. zu Berlin (1910), in: Hartmut Frank und Karin Lelonek (Hg.), Peter Behrens, Zeitloses und Zeitbewegtes. Aufsätze, Vorträge, Gespräche 1900–1938, München 2015, 336–341
Peter Behrens, Kunst und Technik (1910), in: Hartmut Frank und Karin Lelonek (Hg.), Peter Behrens, Zeitloses und Zeitbewegtes. Aufsätze, Vorträge, Gespräche 1900–1938, München 2015, 352–367
Peter Behrens, Kunst und Technik (1911), in: Hartmut Frank und Karin Lelonek (Hg.), Peter Behrens, Zeitloses und Zeitbewegtes. Aufsätze, Vorträge, Gespräche 1900–1938, München 2015, 382–389
Peter Behrens, Zur Einweihung des Neubaus des Verwaltungsgebäudes der Mannesmannröhren-Werke in Düsseldorf (1912), in: Hartmut Frank und Karin Lelonek (Hg.), Peter Behrens, Zeitloses und Zeitbewegtes. Aufsätze, Vorträge, Gespräche 1900–1938, München 2015, 431–443
Irene Below, Der unbekannte Architekt und die andere Moderne: Leopold Fischer in Dessau, in: Anja Baumhoff und Magdalena Droste (Hg.), Mythos Bauhaus. Zwischen Selbstfindung und Enthistorisierung, Berlin 2009, 246–275
Hans Belting, Das unsichtbare Meisterwerk. Die modernen Mythen der Kunst, München 1998
Albert Farwell Bemis, The Evolving House, 3 Bände, Cambridge/Mass. 1933, 1934, 1936
Maria Benemann, Leih mir noch einmal die leichte Sandale. Erinnerungen und Begegnungen, Hamburg 1978
Gottfried Benn, Kunst und Macht, Stuttgart/Berlin 1934
Charlotte Benton, Continuity and Change. The Work of Exiled Architects in Britain, 1933–1939, in: Bernd Nicolai (Hg.), Architektur und Exil. Kulturtransfer und architektonische Emigration von 1930 bis 1950, Trier 2003, 75–86
Barry Bergdoll, Die Begegnung mit Amerika – Marcel Breuer und der Diskurs über vernakuläre Architektur, in: Alexander von Vegesack und Mathias Remmele (Hg.), Marcel Breuer. Design und Architektur, Weil am Rhein 2003, 258–307
Barry Bergdoll und Peter Christensen (Hg.), Home Delivery: Fabricating the Modern Dwelling. Ausst.-Kat. Museum of Modern Art 2008, Basel/Boston/Berlin 2008
Herman van Bergeijk, «Ein großer Vorsprung gegenüber Deutschland». Die

niederländischen Architekten auf der Bauhausausstellung von 1923 in Weimar, in: RIHA Journal Januar-März 2013, 1–25; Online-Ressource: https://www.rihajournal.org/articles/2013/2013-janmar/van-bergeijkbauhausausstellung-1923 (Abruf: Feb. 2019)

Peter Bernhard, Die Einflüsse der Philosophie am Bauhaus, in: Christoph Wagner (Hg.), Johannes Itten – Wassily Kandinsky – Paul Klee. Das Bauhaus und die Esoterik, Bielefeld/Leipzig 2005, 29–34

Peter Bernhard, «Ich-Überwindung muß der Gestaltung vorangehen». Zur Nietzsche-Rezeption des Bauhauses, in: Andreas Urs Sommer (Hg.), Nietzsche – Philosoph der Kultur(en)?, Berlin 2008, 273–283

Peter Bernhard, Nietzsche am Bauhaus, in: Ders. (Hg), bauhausvorträge – Gastredner am Weimarer Bauhaus 1919–1925, Berlin 2017, 37–48

Ulrike Bestgen, «Wir Gleichgestimmten müssen unter einander wirklich wollen». Anmerkungen zu Walter Gropius und Ernst Hardt, in: Klassik und Avantgarde. Das Bauhaus in Weimar 1919–1925, hrsg. von Hellmut Th. Seemann und Thorsten Valk, Göttingen 2009, 326–354 (= Jahrbuch der Klassik Stiftung Weimar)

Paul Betts, Das Bauhaus als Waffe im Kalten Krieg. Ein Amerikanisch-Deutsches Joint Venture, in: Philipp Oswalt (Hg.), Bauhaus Streit. 1919–2009: Kontroversen und Kontrahenten, Ostfildern 2009, 196–213

Klaus von Beyme, Der Wiederaufbau. Architektur und Städtebaupolitik in beiden deutschen Staaten, München 1987

Peter Blake, The Master Builders: Le Corbusier, Mies van der Rohe, and Frank Lloyd Wright, New York 1961

Ernst Bloch, Erbschaft dieser Zeit (1935), Frankfurt am Main 1962

Reginald Blomfield, Modernismus, London 1934

Martin Bober, Von der Idee zum Mythos. Die Rezeption des Bauhaus in beiden Teilen Deutschlands in Zeiten des Neuanfangs (1945 und 1989), Diss. Universität Kassel, 2006, Online-Ressource: https://d-nb.info/980941571/34 (Abruf: März 2019)

Anke Blümm, «Entartete Baukunst»? Zum Umgang mit dem Neuen Bauen 1933–1945, München 2013

Werner Bockelmann, Laudatio, in: Verleihung des Goethepreises der Stadt Frankfurt an Professor Dr. h.c. Walter Gropius am 28. August 1961 in der Paulskirche. Reden, Frankfurt am Main 1961, 4 f.

Herbert Boehm und Eugen Kaufmann, Untersuchung der Gesamtbaukosten 2- bis 12geschossiger Bauweisen, in: Rationelle Bauweisen, Frankfurt/Stuttgart 1931, 13–24

Eva Börsch-Supan, Berliner Baukunst nach Schinkel 1840–1870, München 1977

Georg Bollenbeck, Bildung und Kultur. Glanz und Elend eines deutschen Deutungsmusters, Frankfurt am Main/Leipzig 1994

Georg Bollenbeck, Tradition, Avantgarde, Reaktion. Deutsche Kontroversen um die kulturelle Moderne 1880–1945, Frankfurt am Main 1999

Franziska Bollerey, Sozialer Protest: Formal konkretisiert – utopisch verklärt. Die Visionen von Tony Garnier, William Morris und Ebenezer Howard, in: Winfried Nerdinger (Hg.), L'architecture engagée – Manifeste zur Veränderung der Gesellschaft, München 2012, 90–129

Hans-Stefan Bolz, Hans Poelzig und der «neuzeitliche Fabrikbau». Industriebauten 1906–1934, Diss. Universität Bonn 2008, 2 Bde., Online-Ressource: https://hss.ulb.uni-Bonn.de/2008/1615/1615.htm (Abruf: Dez. 2018)

Karl Bonatz, Anmerkungen zu den Presseinterviews mit Professor Gropius und

zu seinem Vortrag im Titania-Palast am 22. August 1947, in: Neue Bauwelt,1947, H. 35, 550 f.
Frank H. Bosworth, Jr., Roy Childs Jones for the Association of collegiate schools of architecture. A Study of Architectural Schools, New York 1932
Rolf Bothe u. a. (Hg.), Das frühe Bauhaus und Johannes Itten, Ausst.-Kat. Kunstsammlungen zu Weimar, Bauhaus-Archiv, Museum für Gestaltung, Berlin, Kunstmuseum Bern 1994/95, Ostfildern-Ruit 1994
Robin Boyd, The Modern Mind: Walter Gropius, in: Current Affairs Bulletin, University of Sydney, Vol. 14, Nr. 1, 26. 4. 1954
Gerda Breuer und Annemarie Jaeggi (Hg.), Walter Gropius. Amerikareise 1928 / Walter Gropius' American Journey 1928, Berlin 2008
Marcel Breuer, Architecture and Material, in: John Leslie Martin, Ben Nicholson und Naum Gabo (Hg.), Circle. International survey of constructive art, New York/Washington, London 1937, 193–202
Marcel Breuer, Wo stehen wir heute?, in: Marcel Breuer. 1921–1962, hrsg. von Cranston Jones, Stuttgart 1962, 260 f.
Stefan Breuer, Anatomie der konservativen Revolution, Darmstadt 2009
Bruce Brooks Pfeiffer (Hg.), Frank Lloyd Wright – Letters to Architects, Fresno/California 1984
Tilmann Buddensieg, Henning Rogge, Industriekultur: Peter Behrens und die AEG 1907–1914, Berlin 1979
Tilmann Buddensieg, Das Wohnhaus als Kultbau. Zum Darmstädter Haus von Behrens, in: Peter-Klaus Schuster und Ders. (Hg.), Peter Behrens und Nürnberg. Geschmackswandel in Deutschland: Historismus, Jugendstil und die Anfänge der Industriereform, München 1980, 37–49
Kai Buchholz, Rita Latocha, Hilke Peckmann und Klaus Wolbert (Hg.), Die Lebensreform. Entwürfe zur Neugestaltung von Leben und Kunst um 1900. Institut Mathildenhöhe, 2 Bde., Darmstadt 2001
Magdalena Bushart, Der Geist der Gotik und die expressionistische Kunst. Kunstgeschichte und Kunsttheorie 1911–1925, München 1990
Magdalena Bushart, Adolf Behne, «Kunst-Theoretikus», in: Dies. (Hg.), Adolf Behne. Essays zu seiner Kunst- und Architekturkritik, Berlin 2000, 11–88
Magdalena Bushart, Adolf Behne, Walter Gropius und die Stildebatte des Neuen Bauens, in: Jacek Purcla und Wolf Tegethoff (Hg.), Nation, Style, Modernism, Proceedings of the International Conference Under the Patronage of Comité International d'Histoire de l'Art (CIHA). Kràkow/München 2006, 201–220
Magdalena Bushart, «Versuch einer kosmischen Kunstbetrachtung»: Adolf Behne am Bauhaus, in: Bauhausvorträge. Gastredner am Weimarer Bauhaus 1919–1925, hrsg. von Peter Bernhard, Berlin 2017, 121–130
Joan Campbell, Der Deutsche Werkbund 1907–1934, Stuttgart 1981
Joan Campbell, Joy in Work, German Work. The National Debate 1800–1945, Princeton/New Jersey 1989
Max Cetto, Eine Fabrik von 1903. Das Fabrikgebäude der Spielwarenfabrik Margarete Steiff, Giengen a. d. Brenz (Wttbg.), in: die neue stadt, 1932, H. 4, 88
Meredith L. Clausen, Pietro Belluschi: Modern American Architect, Cambridge/Mass. 1994
Meredith L. Clausen, The Pan Am Building and the Shattering of the Modernist Dream, Cambridge/Mass. 2005
Horst Claussen, Walter Gropius, Grundzüge seines Denkens, Hildesheim u. a. 1986

Jean-Louis Cohen, André Lurçat (1904–1970). Autocritique d'un moderne, Paris 1995
Jean-Louis Cohen, Architecture in Uniform. Designing and Building for the Second World War, Ausst.-Kat. Canadian Centre for Architecture, Montréal, Québec 2011, Paris 2011
Jean-Louis Cohen, Kommunehaus und «Bandstadt» in der UdSSR, in: Winfried Nerdinger (Hg.), L'architecture engagée – Manifeste zur Veränderung der Gesellschaft, München 2012, 200–219
William J. R. Curtis, Le Corbusier. Ideas and Forms, London 2015
Colin Davies, The Prefabricated Home, London 2005
Deutsche Bauausstellung Berlin 1931. Amtlicher Katalog und Führer, hrsg. vom Ausstellungs-, Messe- und Fremdenverkehrsamt der Stadt Berlin, Berlin 1931
Jeffry Diefendorf, America and the Rebuilding of Urban Germany, in: Ders., Axel Frohn und Hermann-Josef Rupieper (Hg.), American Policy and the Reconstruction of West Germany, 1945–1955, Washington D. C./Cambridge/Mass. 1993, 331–352
Jeffry Diefendorf, Der amerikanische Einfluss auf den Städtebau in Westdeutschland, in: Die USA und Deutschland im Zeitalter des Kalten Krieges, 1945–1990. Ein Handbuch, Bd. 1: 1945–1950, hrsg. von Detlef Junker in Verbindung mit Wilfried Mausbach und David B. Morris, Stuttgart/München 2001, 889–898
Jeffry Diefendorf, From Germany to America: Walter Gropius and Martin Wagmer on Skyscrapers and the Planning of Healthy Cities, in: Cordula Grewe (Hg.), From Manhattan to Manhattan: Architecture and Style as Transatlantic Dialogue 1920–1970, Bulletin of the German Historical Institute, Supplement 2, Washington 2005, 29–50
Eric Dluhosch und Rostislav Švácha (Hg.), Karel Teige 1900–1951: L'Enfant Terrible of the Czech Modernist Avant-Garde, Cambridge/Mass. 1999
Anselm Doering-Manteuffel, Mensch. Maschine. Zeit. Fortschrittsbewußtsein und Kulturkritik im ersten Drittel des 20. Jahrhunderts, in: Jahrbuch des Historischen Kollegs, hrsg. von Lothar Gail, München 2003, 91–120
Angela Dolgner, Walter Gropius, Erwin Hahs und das Bürogebäude einer Musterfabrik auf der Kölner Werkbund-Ausstellung 1914, in: Festgaben aus Floras Füllhorn, Pomonas Gärten und vom Helikon. Eine Blütenlese kultur- und kunsthistorischer Beiträge zum 65. Geburtstag von Gerd Helge Vogel, hrsg. von Kevin E. Kandt und Michael Lissok, Kiel 2016, 197–202
Gabi Dolff-Bonekämper, Das Hansaviertel. Internationale Nachkriegsmoderne in Berlin, Berlin 1999
Konstanze Sylva Domhardt, Individuum und Stadtgemeinschaft: Die Nachbarschaftsidee in den amerikanischen Stadtentwürfen von Walter Gropius, in: Informationen zur modernen Stadtgeschichte 2002, Nr. 1, 108–127
Arthur Drexler, The Museum of Modern Art (Hg.), The Architecture of the École des Beaux-Arts, New York 1975
Magdalena Droste, Unterrichtsstruktur und Werkstattarbeit am Bauhaus unter Hannes Meyer, in: Hannes Meyer. 1889–1954, Architekt, Urbanist, Lehrer, hrsg. vom Bauhaus-Archiv Berlin u. a., Berlin 1989, 134–165
Magdalena Droste, Dokumente, in: Das frühe Bauhaus und Johannes Itten, hrsg. von Rolf Bothe, Peter Hahn, Hans-Christoph von Tavel u. a., Ausst.-Kat. Kunstsammlungen zu Weimar, Bauhaus-Archiv, Museum für Gestaltung, Berlin, Kunstmuseum Bern 1994/95, Ostfildern-Ruit 1994, 444–472
Magdalena Droste, Enterbung des Nachfolgers. Der Konflikt zwischen Hannes

Meyer und Walter Gropius, in: Philipp Oswalt (Hg.), Bauhaus Streit. 1919–2009: Kontroversen und Kontrahenten, Ostfildern 2009, 68–87

Joachim Driller, Von Häusern und Palästen: Bemerkungen zu den Wohnhäusern Marcel Breuers, in: Alexander von Vegesack und Mathias Remmele (Hg.), Marcel Breuer. Design und Architektur, Weil am Rhein 2003, 188–257

Jörn Düwel, Der BDA ist «neu auferstanden». 1933: Der Beginn einer lichten Zukunft?, in: Bund Deutscher Architekten BDA (Hg.), Chronik einer Wertegemeinschaft 1903–2013, H. 4 (Aufbruch in den Untergang 1933–1945), Berlin 2013, 4–9

Jörn Düwel und Niels Gutschow (Hg.), A Blessing in Disguise: War and Town Planning in Europe 1940–1945, Berlin 2013

R. L. Duffus, The Architect in a Modern World, in: Architectural Record, September 1936, 181–192

Werner Durth, Paul Sigel, Baukultur. Spiegel gesellschaftlichen Wandels, Berlin 2010

Markus Eisen, Die III. Deutsche Kunstgewerbeausstellung 1906 und ihre Folgen, in: Winfried Nerdinger in Zusammenarbeit mit Werner Durth (Hg.), 100 Jahre Deutscher Werkbund 1907|2007, München u. a. 2007, 25 f.

Markus Eisen, Vom Ledigenheim zum Boardinghouse. Bautypologie und Gesellschaftstheorie bis zum Ende der Weimarer Republik, Berlin 2012

David Elliott, Gropius in England, A Documentation 1934–1937, London 1974

Jörn Etzold, Den toten Vater ehren? Die Situationisten als Bauhaus-Erben, in: Philipp Oswalt (Hg.), Bauhaus Streit. 1919–2009: Kontroversen und Kontrahenten, Ostfildern 2009, 158–177

Sjarel Ex, Niederländer und Weimar. Theo van Doesburg und das Bauhaus in seiner Weimarer Zeit, in: VIA REGIA – Blätter für internationale kulturelle Kommunikation, 1999, H. 64/65, hrsg. vom Europäischen Kultur- und Informationszentrum in Thüringen

Sjarel Ex, Theo van Doesburg und das Weimarer Bauhaus, in: Jo-Anne Birnie Danzker (Hg.), Theo van Doesburg, Maler – Architekt, München 2000, 29–41

Sjarel Ex, Theo van Doesburg und das Bauhaus, in: bauhaus global, hrsg. vom Bauhaus-Archiv Berlin, Berlin 2010, 69–80

Gerhard Fehl, Welcher Fordismus eigentlich?, in: Zukunft aus Amerika. Fordismus in der Zwischenkriegszeit. Siedlung, Stadt, Raum, hrsg. von der Stiftung Bauhaus Dessau und dem Lehrstuhl der RWTH Aachen, Dessau 1995, 18–37

Jesko Fezer u. a. (Hg.), Kollektiv für sozialistisches Bauen, Proletarische Bauausstellung, Leipzig 2015

Bernd Finkeldey u. a. (Hg.), Konstruktivistische internationale schöpferische Arbeitsgemeinschaft 1922–1927. Utopie für eine europäische Kultur, Stuttgart 1992

L. Carl Fiocchi, jr., und Simi T. Hoque, Sustaining Modernity: An Analysis of a Modern Masterpiece, The Gropius House, 13th Canadian Conference on Building Science and Technology, Winnipeg, Canada, Mai 2011, Online-Ressource: https://works.bepress.com/lcarl_fiocchi/4/ (Abruf: Feb. 2019)

Jens Malte Fischer, Jahrhundertdämmerung. Ansichten eines anderen Fin de siècle, Wien 2000

Jens Malte Fischer, Gustav Mahler. Der fremde Vertraute, Wien 2003

Ole W. Fischer, Bauen für den Übermenschen? Peter Behrens, Henry van de Velde und der Nietzsche-Kult, in: «Eine Stadt müssen wir erbauen, eine ganze Stadt». Die Künstlerkolonie Darmstadt auf der Mathildenhöhe, ICOMOS

Hefte des Deutschen Nationalkomitees LXIV, Wiesbaden 2017, 177–189
Ole W. Fischer, Nietzsches Schatten. Henry van de Velde – von Philosophie zu Form, Berlin 2013
Rudolf Fischer, «Das wohl erste Glashaus für Fabrikationszwecke»: Die Steiff-Werke in Giengen, in: Ders., Licht und Transparenz. Der Fabrikbau und das Neue Bauen in den Architekturzeitschriften der Moderne, hrsg. vom Zentralinstitut für Kunstgeschichte München, Berlin 2012, 173–183
James Marston Fitch, Walter Gropius, The Masters of World Architecture Series, New York 1960
Sigurd Fleckner, Reichsforschungsgesellschaft für Wirtschaftlichkeit im Bau- und Wohnungswesen: 1927–1931. Entwicklung und Scheitern, Diss. RWTH Aachen 1993
Fred Forbat, Erinnerungen eines Architekten aus vier Ländern, Manuskript im BHA Berlin, datiert 1972
James Ford und Katherine Morrow Ford, The Modern House in America, New York 1940
Adrian Forty, Words and Buildings. A Vocabulary of Modern Architecture, London 2000
Marcel Franciscono, Walter Gropius and the Creation of the Bauhaus in Weimar, Urbana/Illinois 1971
Hartmut Frank und Karin Lelonek (Hg.), Peter Behrens, Zeitloses und Zeitbewegtes. Aufsätze, Vorträge, Gespräche 1900–1938, München 2015
Josef Frank, Was ist modern? Vortrag von Professor Josef Frank, gehalten am 25. Juni 1930 auf der Öffentlichen Kundgebung der Tagung des Deutschen Werkbundes in Wien, in: Die Form, 1930, H. 15, 399–406
Josef Frank, Architektur als Symbol. Elemente deutschen neuen Bauens, Wien 1931
Maxwell Fry, Fine Building, London 1945

Maxwell Fry, Autobiographical Sketches, London 1975
Joshua B. Freeman, Behemoth: A History of the Factory and the Making of the Modern World, New York 2018
Reto Geiser, Giedion and America. Repositioning the History of Modern Architecture, Zürich 2018
Sigfried Giedion, Bauen in Frankreich, Bauen in Eisen, Bauen in Eisenbeton, Leipzig/Berlin 1928
Sigfried Giedion, Befreites Wohnen, Zürich/Leipzig 1929
Sigfried Giedion, Walter Gropius. Mensch und Werk, (New York 1954), Stuttgart 1954
Sigfried Giedion, Architektur und Gemeinschaft, Hamburg 1956
Sigfried Giedion, Raum, Zeit, Architektur. Die Entstehung einer neuen Tradition (Cambridge/Mass. 1941), Ravensburg 1965
Philip Goad, Robin Boyd and the Post-War ‹Japaniziation of Western Ideas›, in: Architectural Theory Review (1996), Vol. 1, No. 2, 110–120, Online-Ressource: https://doi.org/10.1080/13264829609478293 (Abruf: Feb. 2019)
Regina Göckede, Weiße Götter und der Schatten ihrer Erfolgsgeschichten – Prätention und Selektion in der Historiographie des transatlantischen Architekten-Exils, in: Anke Köth u. a. (Hg.), Building America – eine große Erzählung, Dresden 2007, 207–233
Regina Göckede, Spätkoloniale Moderne, Le Corbusier, Ernst May, Frank Lloyd Wright, The Architects Collaborative und die Globalisierung der Architekturmoderne, Basel 2016
Jürgen Götz, Das Faguswerk als Pflegefall, in: Annemarie Jaeggi (Hg.), Fagus: Industriekultur zwischen Werkbund und Bauhaus, Ausst.-Kat. Bauhaus-Archiv, Museum für Gestaltung Berlin, Berlin 1998, 133–141

John R. Gold, ‹A Very Serious Responsibility›? The MARS Group, Internationality and Relations with CIAM, 1933–39, in: Architectural History, Vol. 56, 2013, 249–275

Walter Gropius, Programm zur Gründung einer allgemeinen Hausbaugesellschaft auf künstlerisch einheitlicher Grundlage m.b.H. (Manuskript 1910, BHA), in: Hartmut Probst und Christian Schädlich, Walter Gropius. Ausgewählte Schriften, Bd. 3, Berlin 1987, 18–25

Walter Gropius, Monumentale Kunst und Industriebau (1911), in: Hartmut Probst und Christian Schädlich, Walter Gropius. Ausgewählte Schriften, Bd. 3, Berlin 1987, 28–51

Walter Gropius, Die Entwicklung moderner Industriebaukunst, in: Jahrbuch des Deutschen Werkbunds, Jena 1913, 17–22

Walter Gropius, Der stilbildende Wert industrieller Bauformen, in: Jahrbuch des Deutschen Werkbunds, Jena 1914, 29–32

Walter Gropius, Baugeist oder Krämertum?, in: Schuhwelt, 1919, Nr. 37, 819–821, Nr. 38, 858–860, Nr. 39, 894 f.

Walter Gropius, Baukunst im freien Volksstaat, in: Ernst Drahn und Ernst Friedegg (Hg.), Deutscher Revolutions-Almanach für das Jahr 1919 über die Ereignisse des Jahres 1918, Berlin/Hamburg 1919, 134–136, Abdruck in: Hartmut Probst und Christian Schädlich, Walter Gropius. Ausgewählte Schriften, Bd. 3, Berlin 1987, 65

Walter Gropius, Ziel der Bauloge, Manuskript (1919), BHA

Walter Gropius, Neues Bauen, in: Der Holzbau, Beilage zu Deutsche Bauzeitung 54/1920, H. 2, 5; Abdruck in: Hartmut Probst und Christian Schädlich, Walter Gropius. Ausgewählte Schriften, Bd. 3, Berlin 1987, 78 f.

Walter Gropius, Äußerungen auf eine Umfrage des Bundes deutscher Gelehrter und Künstler, in: Annalise Schmidt, Der Bolschewismus und die deutschen Intellektuellen, Leipzig 1920, 14, 47, 50; Abdruck in: Hartmut Probst und Christian Schädlich, Walter Gropius. Ausgewählte Schriften, Bd. 3, Berlin 1987, 77

Walter Gropius, Antwort auf die Umfrage von Adolf Teutenberg «Wie kann Weimar zu neuer Blüte gelangen?» in der Zeitschrift «Die Schatzkammer» im Mai 1921; Abdruck in: Das Staatliche Bauhaus in Weimar. Dokumente zur Geschichte des Instituts 1919–1925, hrsg. von Volker Wahl, Wien/Köln/Weimar 2009, 263 f.

Walter Gropius, Wohnmaschinen, Manuskript datiert 6. 2. 1922, BHA Berlin GN 19/694–697

Walter Gropius mit Adolf Meyer, Weimar Bauten, Weimar 1923

Walter Gropius, Idee und Aufbau des Staatlichen Bauhauses Weimar, in: Das Staatliche Bauhaus Weimar, hrsg. vom Bauhaus Weimar, München 1923, 7–18

Walter Gropius, Die geistige Grundlage des Staatlichen Bauhauses in Weimar, Text an die Zeitschrift Glocke vom 17. 5. 1924; Abdruck in: Hans Maria Wingler, Das Bauhaus: Weimar, Dessau, Berlin 1919–1933, Bramsche 1962, 91

Walter Gropius, Wohnhaus-Industrie, in: Ein Versuchshaus des Bauhauses in Weimar, zusammengestellt von Adolf Meyer, München 1925, 5–14 (= Bauhausbücher 3)

Walter Gropius und László Moholy-Nagy (Hg.), Internationale Architektur, München 1925 (= Bauhausbücher 1), 2. veränderte Auflage 1927

Walter Gropius, Grundsätze der Bauhausproduktion, in: Walter Gropius (Hg.), Neue Arbeiten der Bauhaus-Werkstätten, München 1925, 5–8

Walter Gropius, «Das Manifest der neuen Architektur». Eine Erwiderung, in: Stein, Holz, Eisen, 5. August 1926, 197

Walter Gropius, systematische vorarbeit für

rationellen wohnungsbau, in: bauhaus 2, 1927, 1
Walter Gropius, Geistige und technische Voraussetzungen der neuen Baukunst, in: Die Umschau, 1927, H. 45, 909 f.; Abdruck in: Hartmut Probst und Christian Schädlich, Walter Gropius. Ausgewählte Schriften, Bd. 3, Berlin 1987, 114–117
Walter Gropius, Versuchswohnhaus auf der Stuttgarter Wohnbauaustellung 1927, in: bauhaus 4, 1927, 2
Walter Gropius, Neue Fabrikbauten in Alfeld (Leine), in: Deutsche Bauzeitung, 1928, H. 66 (18. 8. 1928), 586
Walter Gropius, Die Wohnformen: Flach-, Mittel- oder Hochbau?, in: Das neue Berlin, 1929, H. 4, 74–80
Walter Gropius, bebauungsplan und wohnformen der dammerstock-siedlung, in: Ausstellung Karlsruhe Dammerstock-Siedlung «Die Gebrauchswohnung», Karlsruhe 1929, 8 f.
Walter Gropius, Der Gedanke der Rationalisierung in der Bauwirtschaft, Druckschrift der Reichsforschungsgesellschaft für Wirtschaftlichkeit im Bau- und Wohnungswesen e.V., Technische Tagung in Berlin vom 15. bis 17. April 1929. Berlin: Reichsforschungsgesellschaft für Wirtschaftlichkeit im Bau- und Wohnungswesen, 14–26
Walter Gropius, das Ergebnis des Reichsforschungs-Wettbewerbs, in: Bauwelt 1929, H. 8, 158–162
Walter Gropius, Bauhausbauten Dessau, München 1930 (= Bauhausbücher 12)
Walter Gropius, Die soziologischen Grundlagen der Minimalwohnung für die städtische Industriebevölkerung, in: Die Justiz, 1930, H. 8, 454– 466
Walter Gropius, Was erhoffen wir vom russischen Städtebau?, in: Das neue Russland, 1931, H. 6/7, 57–61
Walter Gropius' Projekt für den Sowjetpalast in Moskau, in: Die neue Stadt 1932, H. 2, 34–36
Walter Gropius, bilanz des neuen bauens,
(Manuskript BHA, datiert 1934), in: Hartmut Probst und Christian Schädlich, Walter Gropius. Ausgewählte Schriften, Bd. 3, Berlin 1987, 152–165
Walter Gropius, Theaterbau, in: Reale Accademia d'Italia, Fondazione Alessandro Volta, 4, Convegno di Lettere, Tema: Il Teatro Drammatico, Roma 8–14 Ottobre 1934, Rom 1935, 154–177; Wiederabdruck in: Ders., Apollo in der Demokratie, Mainz/Berlin 1967, 115–123
Walter Gropius, Cry Stop to Havoc, or: Preservation by Concentrated Development, in: Architectural Review 77, Mai 1935, 188–192
Walter Gropius, The New Architecture and the Bauhaus, London 1935 (New York 1936)
Walter Gropius, Lecture at Harvard University, in: Architectural Record, Mai 1937, 8–11
Walter Gropius, Education Toward Creative Design, in: American Architect and Architecture, Mai 1937, 26–30
Walter Gropius, Essentials for Creative Design, in: The Octagon, Juli 1937, 43–47
Walter Gropius, Essentials for Architectural Education, in: PM (An Intimate Journal For Art Directors, Production Managers and Their Associates), Vol. 4, No. 5, Febr./März 1939, 3–16
Walter Gropius, Contemporary Architecture and Training the Architect, in: Conference on Design held at the University of Michigan, Ann Arbour 1940, 3–14
Walter Gropius, Education Should Aim at Combining Individual Independence with the Spirit of Cooperation, in: Task, Sommer 1941, 34 f.
Walter Gropius und Martin Wagner, Epilogue: The New City Pattern for the People and by the People, in: Guy Greer (Hg.), The Problem of the Cities and Towns. Report of the Conference on Urbanism, Harvard University, März 1942, Cambridge/Mass. 1942, 95–116

Walter Gropius und Martin Wagner, A Program for City Reconstruction, in: Architectural Forum, Juli 1943, 75–86
Walter Gropius, Decentralization, in: Black Mountain College Community Bulletin, Nov./Dez. 1944, 15 f.
Walter Gropius, Prospective Boom, a Chance to Plan Neighborhoods as Wellsprings of Democracy, in: The Chicago Sun vom 2. 3. 1945, 12
Walter Gropius, Living architecture or «International Style», in: design, April 1946, Vol. 47, Nr. 8, 10 f., 26
Gropius und das künftige Frankfurt, in: Die neue Stadt 1947, 128 f.
Walter Gropius, Urbanism, in: The Architect's Journal, 25. September 1947, 276 f.
Walter Gropius' Bericht für den amerikanischen Militärgouverneur für Deutschland, General Lucius D. Clay, über das Planungs- und Bauwesen in Deutschland, in: Baurundschau 1948, 74–80
Walter Gropius, Organic Neighborhood Planning, in: United Nations Department of Social Affairs (Hg.), Housing and Town and Country Planning, Bulletin Nr. 2, April 1949, 2–8
Walter Gropius, Not Gothic but Modern for Our Colleges, in: The New York Times Magazine, 23. Oktober 1949, 16–18; Wiederabdruck: Archeology or Architecture for Contemporary Buildings?, in: Walter Gropius, Scope of Total Architecture, New York 1962, 66–70
Walter Gropius an Richard Döcker, 14. März 1953, in: Die Bauhaus-Debatte 1953. Dokumente einer verdrängten Kontroverse, hrsg. von Ulrich Conrads u. a., Braunschweig 1994, 57–59
Walter Gropius, Eight Steps Toward a Solid Architecture, in: Architectural Forum, Febr. 1954, 156 f.
Walter Gropius, Dynamische Tradition in der Architektur, in: Perspektiven, 1956, 100–105

Walter Gropius, Lesson in Intensification, in: Dusuma Yamaguchi (Hg.), Buddhism and Culture, Kyoto 1960
Walter Gropius, Tradition and Continuity in Architecture, in: Architectural Record, Mai 1964, 131–134; Wiederabdruck in: Ders., Apollo in der Demokratie, Mainz/Berlin 1967, 51–81 (= Neue Bauhausbücher)
Nachwort des Verlags (Brief von Gropius an Maldonado), in: Claude Schnaidt, Hannes Meyer. Bauten, Projekte, Schriften, Teufen 1965, 120–122
Walter Gropius, Grußwort, in: Wilhelm Weber, Peter Behrens (1868–1940). Gedenkschrift mit Katalog aus Anlaß der Ausstellung Pfalzgalerie Kaiserslautern u. a. 1966/67, Hohenecken 1966, 5
Walter Gropius u. a. (Hg.), The Architects Collaborative 1945–1965, Teufen 1966
Walter Gropius, Apollo in der Demokratie, Mainz/Berlin 1967 (= Neue Bauhausbücher)
Walter Gropius, Der Architekt im Spiegel der Gesellschaft, in: Ders., Apollo in der Demokratie, Mainz/Berlin 1967, 34–42
Walter Gropius, Tradition und Kontinuität in der Architektur, in: Ders., Apollo in der Demokratie, Mainz/Berlin 1967, 51–81
Alfred Grotjahn, Wohnen im Flachbau, in: Vorwärts 7. 7. 1931
Michael Grüning, Der Wachsmann-Report. Auskünfte eines Architekten, Berlin 1989
Annette Hagedorn, Walter Gropius, Karl Ernst Osthaus und Hans Wendland – Die Ankäufe maurischer Keramik für das Deutsche Folkwang Museum im Jahr 1908, in: Martina Müller-Wiener (Hg.), Al-Andalus und Europa. Zwischen Orient und Okzident, Petersberg 2004, 389–398
Marcus Hajdu, «Du hast einen anderen Geist als wir!» Die große Kontroverse um Thomas Mann 1945–1949, Diss. Justus-Liebig-Universität Gießen 2002, Online-Ressource:

https://geb.uni-giessen.de/geb/volltexte/2005/2056/pdf/HajduMarcus-2003-07-02.pdf (Abruf: Feb. 2019)
Kristiana Hartmann, Ohne einen Glaspalast ist das Leben eine Last (Paul Scheerbart), in: Winfried Nerdinger u. a. (Hg.), Bruno Taut 1880–1938. Architekt zwischen Tradiition und Avantgarde, Stuttgart/München 2001, 275–289
Andreas Haus, Polemik und Propaganda um das «Neue Bauen» der 20er Jahre, in: Marburger Jahrbuch für Kunstwissenschaft, 1981, 90–106
Gerald Heard, The Dartington Experiment, in: Architectural Review 449, April 1934, 119–122
Bettina Heil, Zur Geschichte des deutschen Museums für Kunst in Handel und Gewerbe (1909–1919): Das Wandermuseum – ein neuer Typus von Sammlung, in: Deutsches Museum für Kunst in Handel und Gewerbe, hrsg. vom Kaiser Wilhelm Museum Krefeld und Karl Ernst Osthaus-Museum der Stadt Hagen, Gent 1997, 314–322
Claudia Heitmann, Die Bauhaus-Rezeption in der Bundesrepublik Deutschland von 1949 bis 1968, Diss. Universität der Künste Berlin, 2001, 98–223
Kai Uwe Hemken, Rainer Stommer, Der De-Stijl-Kurs von Theo van Doesburg in Weimar, in: Bernd Finkeldey u. a. (Hg.), Konstruktivistische internationale schöpferische Arbeitsgemeinschaft 1922–1927. Utopie für eine europäische Kultur, Stuttgart 1992, 73–79
Linda Dalrymple Henderson, The Fourth Dimension and Non-Euclidean Geometry in Modern Art, Princeton 1983
Gilbert Herbert, The Dream of the Factory-Made House: Walter Gropius and Konrad Wachsmann, Cambridge/Mass. 1984
Klaus Herdeg, The Decorated Diagram. Harvard Architecture and the Failure of the Bauhaus Legacy, Cambridge/Mass. 1983

Herta Hesse-Frielinghaus, Karl Ernst Osthaus. Leben und Werk, Recklinghausen 1971
Ludwig Hilberseimer, Die Wohnung als Gebrauchsgegenstand, in: Bau und Wohnung, hrsg. vom Deutschen Werkbund, Stuttgart 1927, 69–76
Oliver Hilmes, Witwe im Wahn. Das Leben der Alma Mahler-Werfel, München 2004
Thilo Hilpert, Walter Gropius. Das Bauhaus in Dessau, Frankfurt am Main 1999
Heinrich Hirtsiefer, Die Wohnungswirtschaft in Preußen, Eberswalde 1929
Henry-Russell Hitchcock und Philip Johnson, The International Style: Architecture Since 1922, New York 1932
Henry-Russell Hitchcock, In the Nature of Materials: The Buildings of Frank Lloyd Wright 1887–1941, New York 1942
Fritz Hoeber, Peter Behrens, München 1913
Klaus Homann (Hg.), Martin Wagner 1885–1957. Wohnungsbau und Weltstadtplanung. Die Rationalisierung des Glücks, Ausst.-Kat. Akademie der Künste Berlin West 1985/86, Berlin 1985
Karl-Heinz Hüter, Architektur in Berlin 1900–1933, Dresden 1987
Joseph Hudnut, Report of Dean Hudnut, June 30, 1934, in: The Architectural Forum, Februar 1935, 166 f.
Joseph Hudnut, Preface, in: Walter Gropius, The New Architecture and the Bauhaus, London 1935, 10
Joseph Hudnut, Harvard University. Philosophies Underlying the Teaching in Our Schools of Architecture, in: The Octagon, Februar 1941, 5–37
Joseph Hudnut, The Art in Housing, in: Architectural Record, Januar 1943, 57–62
Joseph Hudnut, Housing and the Democratic Process, in: Architectural Record, Juni 1943, 42–46
Joseph Hudnut, The Post-Modern House, in: Architectural Record, Mai 1945, 70–75

Joseph Imorde und Andreas Zeising (Hg.), Teilhabe am Schönen. Kunstgeschichte und Volksbildung, Tagungsbericht Lst. f. Kunstgeschichte, Univ. Siegen 2011, Weimar 2013

Reginald R. Isaacs, Walter Gropius. Der Mensch und sein Werk, 2 Bde., Berlin 1983, 1984

Anthony Jackson, The Politics of Architecture: A history of modern architecture in Britain, London 1970

Iain Jackson und Jessica Holland, The Architecture of Edwin Maxwell Fry and Jane Drew: Twentieth Century Architecture, Pioneer Modernism and the Tropics, Farnham/Surrey 2014

Jane Jacobs, Death and Life of Great American Cities, New York 1961

Annemarie Jaeggi, Das Großlaboratorium für die Volkswohnung: Wagner, Taut, May, Gropius, in: Norbert Huse (Hg.), Siedlungen der Zwanziger Jahre – heute. Vier Berliner Großsiedlungen 1924–1984, Berlin 1984, 27–32

Annemarie Jaeggi, Adolf Meyer. Der zweite Mann: Ein Architekt Im Schatten von Walter Gropius, Ausst.-Kat. zum 75jährigen Bestehen des Bauhauses 1919/1994, Berlin 1994

Annemarie Jaeggi (Hg.), Fagus: Industriekultur zwischen Werkbund und Bauhaus, Ausst.-Kat. Bauhaus-Archiv, Museum für Gestaltung Berlin, Berlin 1998

Annemarie Jaeggi, Werkbundausstellung Paris 1930, in: Winfried Nerdinger in Zusammenarbeit mit Werner Durth (Hg.), 100 Jahre Deutscher Werkbund 1907|2007, München u. a. 2007, 149 f.

Charles Jencks, The Language of Post-Modern Architecture, New York 1977

Peter Jessen, Der Werkbund und die Großmächte der deutschen Arbeit, in: Jahrbuch des Deutschen Werkbundes, 1912, 2–10

Philip Johnson, The Seven Crutches of Architecture, in: Perspecta Vol. 3, 1955, 40–45

Emmy und Stéphane Jonas, Friedrich Naumann et l'idée germanique de Mitteleuropa, in: Revue des Sciences Sociales, Nr. 37, 2007, 100–107

Asger Jorn, Immagine e forma, in: eristica, Bolletino d'informazione del movimento internazionale per una Bauhaus immaginista No. 1 (1954)

Claudia Junge und Patrick Rössler, Die Instrumentalisierung der Presse, in: Patrick Rössler (Hg.), bauhaus-kommunikation, Berlin 2009, 99–114

Ulrike Jureit, Das Ordnen von Räumen. Territorium und Lebensraum im 19. und 20. Jahrhundert, Hamburg 2012

Ernst Kállai, Zehn Jahre Bauhaus, in: Die Weltbühne, 21. Januar 1930, Nr. 4, 135–139; Abdruck in: Ders., Vision und Formgesetz. Aufsätze über Kunst und Künstler von 1921 bis 1933, Leipzig/Weimar 1986, 133–140

Klaus Karbe, Skizze über die Familie Gropius, in: Archiv für Sippenforschung und alle verwandten Gebiete 1969, H. 35, 174–184

Klaus Karbe, Gropius 1. Berliner Haus. Deutsches Geschlechterbuch, Bd. 160, Limburg an der Lahn 1972 (= Brandenburgisches Geschlechterbuch 3), 249–253

Nathaniel S. Keith, Politics and the Housing Crisis since 1930, New York 1973

Wolfgang Kemp, Alois Riegl, in: Altmeister moderner Kunstgeschichte, hrsg. von Heinrich Dilly, Berlin 1999, 37–62

Wolfgang Kemp, Der architektonische Raum, in: Ders., Architektur analysieren. Eine Einführung in acht Kapiteln, München 2009, 115–166

Margret Kentgens-Craig, The Bauhaus and America. First Contacts 1919–1936, Cambridge/Mass./London 1999

Harry Graf Kessler, Das Tagebuch 1880–1937, hrsg. von Roland S. Kamzelak und Ulrich Ott, vierter Band 1906–1914,

hrsg. von Jörg Schuster, Stuttgart 2005; siebter Band 1919–1923, hrsg. von Angela Reinthal, Stuttgart 2007
Karin Kirsch, Die Weißenhofsiedlung, Stuttgart 1987
Manfred Klinkott, Die Backsteinbaukunst der Berliner Schule. Von K. F. Schinkel bis zum Ausgang des Jahrhunderts, Berlin 1988
Heinrich Klotz, Moderne und Postmoderne. Architektur der Gegenwart 1960–1980, Braunschweig/Wiesbaden, 1987
Robert Koch und Eberhard Pook (Hg.), Karl Schneider. Leben und Werk, Hamburg 1992
Karen Koehler, The Bauhaus, 1919–1928: Gropius in Exile and the Museum of Modern Art, N. Y., 1938, in: Richard A. Etlin (Hg.), Art, Culture, and Media Under the Third Reich, Chicago 2002, 287–315
Arnold Körte, Martin Gropius: Leben und Werk eines Berliner Architekten 1824–1880, Berlin 2013
Erich Konter, Die Städtebaulehre an der Technischen Hochschule Berlin in den 40er Jahren, in: arch+, Nr. 81, August 1985, 60–62
Gerhard Kratzsch, Kunstwart und Dürerbund. Ein Beitrag zur Geschichte der Gebildeten im Zeitalter des Imperialismus, Göttingen 1969
Celina Kress, Adolf Sommerfeld / Andrew Sommerfield. Bauen für Berlin 1910–1970, Berlin 2011
Mateo Kries und Jolanthe Kugler (Hg.), Das Bauhaus: #allesistdesign, Weil am Rhein 2015
Jiří Kroha – Kubist, Expressionist, Funktionalist, Realist, hrsg. vom Architektur Zentrum Wien, Wien 1998
Michael Kubo, The Anxiety of Anonymity. On the historiographic problem of Walter Gropius and The Architects Collaborative, in: Terms of Appropriation: Modern Architecture and Global Exchange, hrsg. von Amanda Reeser Lawrence und Ana Miljaèki, London 2017, 24–49
Hermann Kurzke, Thomas Mann. Das Leben als Kunstwerk, München 1999
Hans Lange, Adolf Behne, Walter Gropius und das Bauhaus, in: Magdalena Bushart (Hg.), Adolf Behne. Essays zu seiner Kunst- und Architekturkritik, Berlin 2000, 89–116
Dieter Langewiesche und Heinz Elmar Tenorth (Hg.), Handbuch der deutschen Bildungsgeschichte Band V, 1918–1945. Die Weimarer Republik und die nationalsozialistische Diktatur, München 1989
Alfons Leitl, Schlußwort des Herausgebers, in: Die Bauhaus-Debatte 1953. Dokumente einer verdrängten Kontroverse, hrsg. von Ulrich Conrads u. a., Braunschweig 1994, 240–256
Helmut Lethen, Neue Sachlichkeit 1924–1932. Studien zur Literatur des «Weißen Sozialismus», Stuttgart 2000
Neil Levine, The Architecture of Frank Lloyd Wright, Princeton 1996
Jacques F. Levy, Bauhaus and Design – 1919–1939, in: Architectural Record, Januar 1939, 71 f., 118 f.
James Lewis, Walter Gropius in England 1934–1937. Adaptation, Expectation and Reality, in: Docomomo 2009, Nr. 40 (März), 4–7
Jörg Limberg, Potsdam. Ein Ort der Moderne? Architekten und ihre Bauten im ersten Drittel des 20. Jahrhunderts, in: Brandenburgische Denkmalpflege, 1997, H. 2, 62–85
Ulrich Linse, Die Mazdaznan-Pädagogik des Bauhaus-Meisters Johannes Itten, 2017. Online-Ressource: https://www.bauhaus.de/de/bauhaus-archiv/2129_publikationen/2132_bauhaus_vortraege/ (Abruf: Feb. 2019)
Ulrich Linse, Ludwig Christian Haeusser und das Bauhaus, in: Bauhausvorträge. Gastredner am Weimarer Bauhaus

1919–1925, hrsg. von Peter Bernhard, Berlin 2017, 157–178
Ulrich Linse, Der spurenlose Mazdaznan-Vortrag von Otto Rauth, in: Bauhausvorträge. Gastredner am Weimarer Bauhaus 1919–1925, hrsg. von Peter Bernhard, Berlin 2017, 217–232
Hélène Lipstadt, Polemic and Parody in the Battle for British Modernism, in: The Oxford Art Journal 1983, Nr. 2, 22–30
Mathias Listl, Gegenentwürfe zur Moderne: Paradigmenwechsel in Architektur und Design 1945–1975, Köln/Weimar 2014
Duanfang Lu (Hg.), Third World Modernism: Architecture, Development and Identity, New York 2011
Marcela Macharácková, Jiří Kroha (1893–1974). Architect. Artist. Designer. Theoretician. A 20th Century Metamorphosis, Brünn 2007
Ekkehard Mai und Peter Springer (Hg.), Das letzte Nationaldenkmal. Bismarck am Rhein: Ein Monument, das nie gebaut wurde, Köln/Weimar/Wien 2013
Silvia Malcovati, Der schreibende Architekt: Schlüsselbegriffe im Architekturverständnis von Peter Behrens, in: Hartmut Frank und Karin Lelonek (Hg.), Peter Behrens, Zeitloses und Zeitbewegtes. Aufsätze, Vorträge, Gespräche 1900–1938, München 2015, 75–97
Heinrich Mann, Ein Zeitalter wird besichtigt, Berlin 1973
Andreas Marx und Paul Weber, Zur Neudatierung von Mies van der Rohes Landhaus in Eisenbeton, in: architectura, Bd. 38, H. 2, 2008, 127–168
Reinhard Matz, Andreas Schwarting, Das Verschwinden der Revolution in der Renovierung oder Die Geschichte der Gropius Siedlung Dessau-Törten (1926–2011), Berlin 2011
Katharina Medici-Mall, Im Durcheinandertal der Stile. Architektur und Kunst im Urteil von Peter Meyer (1894–1984), Basel 1998
Everett Victor Meeks, Foreign influences on architectural education in America: address at the sixty-ninth convention, Boston, June 2, 1937, in: The Octagon, 9. Juli 1937, 36–42
Patricia Merkel, Das Wirken Ernst Neuferts in den Jahren 1920 bis 1940. Mit einem Werkverzeichnis und einer Werkübersicht in Bildern, Wiesbaden 2017
Erich Mendelsohn, Briefe eines Architekten, hrsg. von Oskar Beyer, München 1961
Martina Merklinger, Die Biennale von São Paulo, Kulturaustausch zwischen Brasilien und der jungen Bundesrepublik Deutschland (1949–1954), Bielefeld 2013
Adolf Meyer, Ein Versuchshaus des Bauhauses in Weimar (zusammengestellt von Adolf Meyer), München 1925 (= Bauhausbücher 3)
Hannes Meyer, Mein Hinauswurf aus dem Bauhaus, Offener Brief an den Oberbürgermeister Hesse, Dessau 1930, in: Das Tagebuch, 1930, Nr. 33, 1307–1312; Abdruck in: Ders., Bauten und Gesellschaft, hrsg. von Lena Meyer-Bergner, Dresden 1980, 67–72
Hannes Meyer, Bauten und Gesellschaft, hrsg. von Lena Meyer-Bergner, Dresden 1980
Peter Meyer, Architektur als Ausdruck der Gewalt (Überlegungen zum Stil von Peter Behrens. 4. April 1868 bis 27. Februar 1940), in: Das Werk, 1940, H. 6, 160–164; Abdruck in: P. M., Aufsätze von Peter Meyer 1921–1974, hrsg. von Hans Jakob Wörner, Zürich 1948, 225–227
Peter Meyer, Europäische Kunstgeschichte, Bd. 2, Von der Renaissance bis zur Gegenwart, Zürich 1948
Peter Meyer, Autobiographische Notizen, in: Katharina Medici-Mall, Im Durcheinandertal der Stile. Architektur und Kunst im Urteil von Peter Meyer (1894–1984), Basel 1998, 413–436
Ludwig Mies van der Rohe, Vorwort, in: Bau und Wohnung. Die Bauten der Weißenhofsiedlung in Stuttgart errichtet

1927 nach Vorschlägen des Deutschen Werkbunds im Auftrag der Stadt Stuttgart und im Rahmen der Werkbundausstellung «Die Wohnung», hrsg. vom Deutschen Werkbund, Stuttgart 1927, 7
Barbara Miller Lane, Architecture and Politics in Germany 1918–1945, Cambridge/Mass. 1968
Alexander Mitscherlich, Die Unwirtlichkeit unserer Städte. Eine Anstiftung zum Unfrieden, Frankfurt am Main 1965
Modern Architecture: International Exhibition, hrsg. vom Museum of Modern Art, New York 1932
László Moholy-Nagy, Theater, Zirkus, Varieté, in: Die Bühne im Bauhaus, hrsg. von Walter Gropius und Dems., München 1925, 45–56 (= Bauhausbücher 4)
László Moholy-Nagy, von material zu architektur, München 1929 (= Bauhausbücher 14)
Sibyl Moholy-Nagy, Hitler's Revenge: The Grand Central Tower Project has Dramatized the Horrors Inflicted on Our Cities in the Name of Bauhaus Design, in: Art in America, Sept./Okt. 1968, 42 f.
Ákos Moravánszky, Architekturtheorie im 20. Jahrhundert, Wien 2003
Ákos Moravánszky, Stoffwechsel. Materialverwandlung in der Architektur, Basel 2018
Johann Heinrich Müller, Karl Ernst Osthaus und seine Hagener Folkwang-Idee, in: Der westdeutsche Impuls 1900–1914. Kunst und Umweltgestaltung im Industriegebiet: Die Folkwang-Idee des Karl Ernst Osthaus, hrsg. vom Karl-Ernst-Osthaus-Museum, Hagen 1984, 11–27
Sebastian Müller, Kunst und Industrie. Ideologie und Organisation des Funktionalismus in der Architektur, München 1974
Ulrich Müller, Raum, Bewegung und Zeit im Werk von Walter Gropius und Ludwig Mies van der Rohe, Berlin 2004
Ulrich Müller, Walter Gropius. Das Jenaer Theater, Jena/Köln 2006
Eric Mumford, The CIAM Discourse on Urbanism, 1928–1960, Cambridge/Mass. 2000
Lewis Mumford, The Culture of Cities, New York 1938
Lewis Mumford, The Sky Line: Status Quo, in: The New Yorker 11. 10. 1947, 104–106
Lewis Mumford, The Sky Line: Charivari and Confetti, in: The New Yorker, 18. 12. 1954, 114–119
Kevin D. Murphy, The Vernacular Moment: Eleanor Raymond, Walter Gropius, and New England Modernism between the Wars, in: Journal of the Society of Architectural Historians, September 2011, Nr. 3, 308–329
Hermann Muthesius, Stilarchitektur und Baukunst. Wandlungen der Architektur im XIX. Jahrhundert und ihr heutiger Standpunkt, Mühlheim-Ruhr 1902
Sonja Neef (Hg.), An Bord der Bauhaus. Zur Heimatlosigkeit der Moderne, Bielefeld 2009
Winfried Nerdinger (Hg.), Richard Riemerschmid. Vom Jugendstil zum Werkbund – Werke und Dokumente, München 1982
Winfried Nerdinger, Der Architekt Walter Gropius. Zeichnungen, Pläne und Fotos aus dem Busch-Reisinger Museum der Harvard University Art Museums, Cambridge/Mass. und dem Bauhaus-Archiv Berlin. Mit einem kritischen Werkverzeichnis, Berlin 1985, 2. Auflage 1996
Winfried Nerdinger, Von der Stilschule zum Creative Design – Walter Gropius als Lehrer, in: Rainer Wick (Hg.), Ist die Bauhaus-Pädagogik aktuell?, Köln 1985, 28–41
Winfried Nerdinger, Versuchung und Dilemma der Avantgarde im Spiegel der Architekturwettbewerbe 1933–1935, in: Hartmut Frank (Hg.), Faschistische Ar-

chitekturen. Planen und Bauen in Europa 1930–1945, Hamburg 1985, 65–87
Winfried Nerdinger, Reginald R. Isaacs, Walter Gropius – Der Mensch und sein Werk, 2 Bde., und: Gilbert Herbert, The Dream of the Factory-Made House – Walter Gropius und Konrad Wachsmann, Rezension in: Kunstchronik, 39/1986, 142–144
Winfried Nerdinger, Theodor Fischer, Architekt und Städtebauer 1862–1938, Berlin 1988
Winfried Nerdinger (Hg.), Bauhaus-Moderne im Nationalsozialismus. Zwischen Anbiederung und Verfolgung, München 1993
Winfried Nerdinger (Hg.), Architekturschule München 1868–1993. 125 Jahre Architekturschule München, München 1993
Winfried Nerdinger, Von der Idee zur Zeichnung – Die Wege der Architekten zum Bau, in: Architektenzeichnungen, hrsg. von der Bayerischen Akademie der Schönen Künste, München 1996, 13–26
Winfried Nerdinger, Monumentalarchitektur und «neudeutsche Moderne» vor 1914, in: Hermann Billing – Architekt zwischen Historismus, Jugendstil und neuem Bauen, Karlsruhe 1997, 49–57
Winfried Nerdinger, Fotografien amerikanischer Getreidespeicher – Ikonen der modernen Architektur, in: Buffalo Grain Elevators: Photographs by Gerrit Engel, Berlin/München 1997, 5–9
Winfried Nerdinger, Alvar Aalto's Human Modernism, in: Ders. (Hg.), Alvar Aalto – Toward a Human Modernism, München 1999, 9–26
Winfried Nerdinger, «Ein großer Baum muß tiefe Wurzeln haben.» Tradition und Moderne bei Bruno Taut, in: Ders. u. a. (Hg.), Bruno Taut 1880–1938. Architekt zwischen Tradition und Avantgarde, Stuttgart/München 2001, 9–23
Winfried Nerdinger, Sigfried Giedion und seine Heroen: Walter Gropius, in: Matthias Bunge (Hg.), Die Schönheit des Sichtbaren und Hörbaren – Festschrift für Norbert Knopp, Wolnzach 2001, 87–93
Winfried Nerdinger, Architekturutopie und Realität des Bauens zwischen Weimarer Republik und Drittem Reich, in: Wolfgang Hardtwig (Hg.), Utopie und politische Herrschaft im Europa der Zwischenkriegszeit, München 2003, 269–286
Winfried Nerdinger, Gottfried Semper – Ein Vorläufer der Moderne? Wirkungsgeschichte als «denkende Umbildung», in: Bruno Maurer u. a. (Hg.), Festschrift Werner Oechslin, Zürich 2004, 44–59
Winfried Nerdinger, Architektur – Macht – Erinnerung. Stellungnahmen 1984–2004, München 2004
Winfried Nerdinger, Zwischen Kunst und Klassenkampf – Positionen des Funktionalismus, in: Ders., Architektur – Macht – Erinnerung, München 2004, 43–58
Winfried Nerdinger, Aufbrüche und Kontinuitäten – Positionen der Nachkriegsarchitektur in der Bundesrepublik, in: Ders. (Hg.), Architektur der Wunderkinder – Aufbruch und Verdrängung in Bayern 1945–1960, Salzburg/München 2005, 9–22
Winfried Nerdinger in Zusammenarbeit mit Werner Durth (Hg.), 100 Jahre Deutscher Werkbund 1907|2007, München u. a. 2007
Winfried Nerdinger, Neues Bauen – Neues Wohnen, in: Ders. in Zusammenarbeit mit Werner Durth (Hg.), 100 Jahre Deutscher Werkbund 1907|2007, München u. a. 2007, 142–145
Winfried Nerdinger, Die Dauer der Steine und das Gedächtnis der Architekten, in: Peter Reichel u. a. (Hg.), Der Nationalsozialismus – Die zweite Geschichte. Überwindung, Deutung, Erinnerung, Bonn/München 2009, 378–397
Winfried Nerdinger, Die Zukunft aus der

Fabrik – Konrad Wachsmanns «Wendepunkt» im Kontext, in: Ders. (Hg.), Wendepunkt(e) im Bauen. Von der seriellen zur digitalen Architektur, München 2010, 10–17

Winfried Nerdinger, Standard und Typ – Le Corbusier und Deutschland 1920–1927, in: Ders., Geschichte – Macht Architektur, München 2012, 103–113

Winfried Nerdinger, Die Verdrängung der Geschichte – Walter Gropius als Architekturlehrer, in: Ders., Geschichte – Macht – Architektur, München 2012, 115–127

Winfried Nerdinger, Der Architekt. Geschichte und Gegenwart eines Berufsstandes, München 2012

Winfried Nerdinger, Rationalisierung zum Existenzminimum – Neues Bauen und die Ästhetisierung ökonomischer und politischer Maßgaben, in: Ariane Hellinger u. a. (Hg.), Die Politik in der Kunst und die Kunst in der Politik. Für Klaus von Beyme, Wiesbaden 2013, 87–108

Ernst Neufert, Bauordnungslehre, hrsg. vom Generalbauinspektor für die Reichshauptstadt, Reichsminister Albert Speer, Berlin 1943

Otto Neurath, Die internationale Werkbundsiedlung Wien als «Ausstellung», in: Die Form 1932, H. 7, 208–217

Sebastian Neurauter, Das Bauhaus und die Verwertungsrechte. Eine Untersuchung zur Praxis der Rechteverwertung am Bauhaus 1919–1933, Tübingen 2013

Bernd Nicolai, Der «Moderne Zweckbau» und die Architekturkritik Adolf Behnes, in: Magdalena Bushart (Hg.), Adolf Behne. Essays zu seiner Kunst- und Architekturkritik, Berlin 2000, 173–196

Bernd Nicolai, Der Werkbund im Ersten Weltkrieg – eine Gratwanderung, in: Winfried Nerdinger in Zusammenarbeit mit Werner Durth (Hg.), 100 Jahre Deutscher Werkbund 1907/2007, München u. a. 2007, 70–74

Friedrich Nietzsche, David Strauss, in: Unzeitgemäße Betrachtungen, Erstes Stück, Leipzig 1873, in: Nietzsche Werke, hrsg. von Karl Schlechta, Bd. 1, München 1966, 137–207

Friedrich Nietzsche, Vom Nutzen und Nachteil der Historie, in: Unzeitgemäße Betrachtungen, Zweites Stück, Leipzig 1873, in: Nietzsche Werke, hrsg. von Karl Schlechta, Bd. 1, München 1966, 209–285

Friedrich Nietzsche, Unzeitgemäße Betrachtungen, in: Ders., Sämtliche Werke. Kritische Studienausgabe, hrsg. von Giorgio Colli und Mazzino Montinari (KSA), Band 1, Berlin 1999

Stephan Oettermann, Das Panorama. Die Geschichte eines Massenmediums, Frankfurt am Main 1980

Otto Gerhard Oexle, Geschichte als Historische Kulturwissenschaft, in: Wolfgang Hardtwig und Hans-Ulrich Wehler (Hg.), Kulturgeschichte Heute, Göttingen 1996, 14–40

Werner Oechslin, Von Piranesi zu Libeskind – Erklären mit Zeichnung, in: Daidalos, 1, 15. September 1981, 15–19

Werner Oechslin, Stilhülse und Kern. Otto Wagner, Adolf Loos und der evolutionäre Weg zur modernen Architektur, Zürich 1994

Werner Oechslin, Politisches, allzu Politisches…: «Nietzschelinge», der «Wille zur Kunst» und der Deutsche Werkbund vor 1914, in: Ders., Moderne Entwerfen. Architektur und Kulturgeschichte, Köln 1999, 116–171

Werner Oechslin, Exil versus Internationalismus, in: Bernd Nicolai (Hg.), Architektur und Exil. Kulturtransfer und architektonische Emigration von 1930 bis 1950, Trier 2003, 15–24

Malgorzata Omilanowska, Das Frühwerk von Walter Gropius in Hinterpommern, in: Birte Pusback (Hg.), Landgüter in den Regionen des gemeinsamen Kulturerbes von Deutschen und Polen, Warschau 2007, 133–149

Teresa Orozco, Platonische Gewalt. Gadamers politische Hermeneutik der NS-Zeit, Hamburg 1995
Karl Ernst Osthaus, van de Velde. Leben und Schaffen des Künstlers. Die neue Baukunst, Monographienreihe Band 1, Hagen 1920
Elisabeth Otto, Designing Men: New Visions of Masculinity in the Photomontages of Herbert Bayer, Marcel Breuer, and Lásyló Moholy-Nagy, in: Jeffrey Saletnik und Robin Schuldenfrei (Hg.), Bauhaus Construct. Fashioning Identity, Discourse and Modernism, London 2009, 183–204
Francesco Passanti, The Vernacular. Modernism and Le Corbusier, in: Journal of the Society of Architectural Historians, 1997, Nr. 4, 438–451
Jill Pearlman, Joseph Hudnut's Other Modernism at the «Harvard Bauhaus», in: Journal of the Society of Architectural Historians, 1997, Nr. 4, 452–477
Jill Pearlman, Inventing American Modernism. Joseph Hudnut, Walter Gropius and the Bauhaus Legacy at Harvard, Charlottesville 2007
Jill Pearlman, The Spies Who Came in the Modernist Fold: The Covert Life of Hampstead's Lawn Road Flats, in: Journal of the Society of Architectural Historians, 2013, Nr. 3, 358–381
Wolfgang Pehnt, Gropius the Romantic, in: The Art Bulletin 1971, 379–392
Wolfgang Pehnt, Architektur des Expressionismus, Ostfildern-Ruit 1998
Wolfgang Pehnt und Matthias Schirren (Hg.), Hans Poelzig. Architekt, Lehrer, Künstler, München 2007
Clarence Arthur Perry, Housing for the Machine Age, New York 1939
Nicola Pezolet, Bauhaus Ideas: Jorn, Max Bill and Reconstruction Culture, in: October, 2012, Nr. 141, 86–110
Nikolaus Pevsner, Pioneers of the Modern Movement. From William Morris to Walter Gropius, London 1936
Nikolaus Pevsner, Judges VI, 34: But the spirit of the Lord came upon Gideon and he blew a Trumpet, in: Architectural Review 106, August 1949, 77–79
Nikolaus Pevsner, The Englishness of English Art, London 1955
Nikolaus Pevsner, Wegbereiter moderner Formgebung: Von Morris bis Gropius, Hamburg 1957
Nikolaus Pevsner, Cambridgeshire. Buildings of England, New Haven 1970
Nikolaus Pevsner, introduced by Bridget Cherry, The Modern Movement in Britain, in: Susannah Charlton und Elain Harwood (Hg.), British Modern: Architecture and Design in the 1930s, London 2007, 11–38
W. Pope Barney, Premises and Conclusions at the Princeton Architectural Round Table, in: Architectural Record, September 1937, 57–62
Julius Posener, Berlin auf dem Wege zu einer neuen Architektur. Das Zeitalter Wilhelms II., München/New York 1979
Regine Prange, Das kristalline Sinnbild, in: Vittorio Magnago Lampugnani und Romana Schneider (Hg.), Moderne Architektur in Deutschland 1900 bis 1950: Expressionismus und Neue Sachlichkeit, Stuttgart 1994, 68–97
Regine Prange, Architekturphantasie ohne Architektur? Der Arbeitsrat für Kunst und seine Ausstellungen, in: Thorsten Scheer u. a. (Hg.), Stadt der Architektur – Architektur der Stadt: Berlin 1900–2000, Berlin 2000, 93–104
Sunand Prasad, Le Corbusier in India, in: Michael Raeburn und Victoria Wilson (Hg.), Le Corbusier – Architect of the Century, London 1987, 278–286
Prefabrication, A Series in Six Articles: A Movement Emerges; Ideas; Concrete; Steel; Wood; Reengineering, in: Architectural Forum, Dezember 1942, 49–60; Januar 1943, 53–64; Februar

1943, 67–78; März 1943, 71–82; April 1943, 71–78; Mai 1943, 89–96 Presentation of the Royal Gold Medal to Dr. Walter Gropius at the R. I. B. A., in: Royal Institute of British Architects, Journal, Mai 1956, 264–267
Matlack Price, The Challenge to Architectural Education, in: Architecture, Dezember 1934, 311
Hartmut Probst und Christian Schädlich, Walter Gropius. Band 1: Der Architekt und Theoretiker, Werkverzeichnis Teil 1, Berlin 1985; Band 2: Der Architekt und Pädagoge, Werkverzeichnis Teil 2, Berlin 1986; Band 3: Ausgewählte Schriften, Berlin 1987
Peter S. Reed, Enlisting Modernism, in: Donald Albrecht (Hg.), World War II and the American Dream: How Wartime Building Changed a Nation, Cambridge/Mass. 1994, 2–41
Robin Rehm, Das Arbeitsamt von Walter Gropius in Dessau, in: Zeitschrift für Kunstgeschichte, LXIII, 2000, H. 2, 242–268
Robin Rehm, Das Bauhausgebäude und das nicht ausgeführte dritte Stockwerk des Brückentrakts, in: architectura. Zeitschrift für Geschichte der Baukunst, XXXII, 2002, H. 2, 199–212
Robin Rehm, Das Bauhausgebäude in Dessau. Die ästhetischen Kategorien Zweck, Form, Inhalt, Berlin 2005
Reichsforschungsgesellschaft für Wirtschaftlichkeit im Bau- und Wohnungswesen e. V. (Hg.), Bericht über die Versuchssiedlung in Dessau, Berlin 1929
Reichswettbewerb zur Erlangung von Vorentwürfen für die Aufteilung und Bebauung des Geländes der Forschungssiedlung in Spandau Haselhorst, Sonderheft Nr. 3 der Reichsforschungsgesellschaft, Berlin, Februar 1929
James Reidel, Walter Gropius: Letters to an Angel, 1927–35, in: Journal of the Society of Architectural Historians, 2010, Vol. 69, Nr. 1, 88–107

Alois Riegl, Spätrömische Kunstindustrie, Wien 1901
Alois Riegl, Stilfragen. Grundlegungen zu einer Geschichte der Ornamentik, 2. Aufl. Berlin 1923
Alois Riegl, Natur und Kunstwerk (1901), in: Ders., Gesammelte Aufsätze, hrsg. von K. M. Swoboda, Augsburg/Wien 1929, 51–64
Lutz Robbers, Platzbildung bei Mies van der Rohe, in: Hans-Georg Lippert (Hg.), Agora und Void: Die Funktion der Mitte in Architektur und Städtebau, Dresden 2013, 70–97
Sabine Röder, Moderne Baukunst, in: Deutsches Museum für Kunst in Handel und Gewerbe 1909–1919, hrsg. vom Kaiser Wilhelm Museum Krefeld und Karl Ernst Osthaus-Museum der Stadt Hagen, Gent 1997, 32–65, 263–267
Patrick Rössler (Hg.), Bauhauskommunikation: Innovative Strategien im Umgang mit Medien, interner und externer Öffentlichkeit, Berlin 2009
Patrick Rössler, Die visuelle Identität des Weimarer Bauhauses. Strategien und Maßnahmen im Corporate Design, in: Klassik und Avantgarde. Das Bauhaus in Weimar 1919–1925, hrsg. von Hellmut Th. Seemann und Thorsten Valk, Göttingen 2009, 367–384 (= Jahrbuch Klassik Stiftung Weimar)
Patrick Rössler und Nele Heise, Das Bauhaus im Spiegel der Presse 1919–1925, in: Patrick Rössler (Hg.), bauhaus-kommunikation, Berlin 2009, 77–98
Patrick Rössler, Herbert Bayer. Die Berliner Jahre – Werbegrafik 1928–1938, Berlin 2013
Patrick Rössler, Der einsame Großstädter: Herbert Bayer und die Geburt des modernen Grafik-Designs, Berlin 2014
Ernesto N. Rogers, Modern Architecture since the Generation of the Masters, in: Casabella-continuità, Nr. 211, Juni/Juli 1956, VIIf.
Michaela Rosso, Between history, criticism,

and wit: texts and images of English modern architecture (1933–36), in: Journal of Art Historiography, Nr. 14, Juni 2016, 1–22
Colin Rowe und Robert Slutzky, Transparenz. Mit einem Kommentar von Bernhard Hoesli und einer Einführung von Werner Oechslin, Basel u. a. 1997
Simone Rümmele, Silos, in: L'Esprit Nouveau. Le Corbusier und die Industrie 1920–1925, hrsg. von Stanislaus von Moos, Berlin 1987, 167
Peter Sager, Oxford & Cambridge. Eine Kulturgeschichte, Frankfurt am Main 2003
Adrijana Sajic, The Bauhaus 1919–1928 at the Museum of Modern Art, N. Y., 1938: The Bauhaus as an Art Educational Model at the United States, Master Thesis at the City College of the City University of New York 2013, Online-Ressource: https://academicworks.cuny.edu/cgi/viewcontent.cgi?article=1182&context=cc_etds_theses (Abruf: Feb. 2019)
Adelheid von Saldern, Gesellschaft und Lebensgestaltung. Sozialkulturelle Streiflichter, in: Gert Kähler (Hg.), Geschichte des Wohnens. 1918–1945: Reform, Reaktion, Zerstörung, Bd. 4, Stuttgart 1996, 45–182
Adelheid von Saldern, Rüdiger Hachtmann, Das fordistische Jahrhundert, in: Zeithistorische Forschungen 2009, 174–185
Michael T. Saler, The Avant-Garde in Interwar England, New York/Oxford 1999
Andreas Schätzke, Die Remigration deutscher Architekten nach 1945, in: Exil. Forschung, Erkenntnisse, Ergebnisse, 2000, H. 1, 5–27
Andreas Schätzke, Deutsche Architekten in Großbritannien. Planen und Bauen im Exil 1933–1945, Stuttgart/London 2013
Gerhard Schaub (Hg.), Kurt Schwitters: «Bürger und Idiot». Beiträge zu Werk und Wirkung eines Gesamtkünstlers, Berlin 1993

Alexander Schawinsky, Kopf oder Adler? Zum Fall Bauhaus, in: Berliner Tageblatt, 10. Januar 1931
Karl Scheffler, Der neue Stil, in: Neue Rundschau 1911, 1388–1402
Karl Scheffler, Die Architektur der Großstadt, Berlin 1913
Karl Scheffler, Der Geist der Gotik, Leipzig 1917
Walter Scheiffele, Bauhaus. Junkers. Sozialdemokratie, Berlin 2003
Axel Schildt, Amerikanische Einflüsse auf den Wiederaufbau westeuropäischer Städte nach dem Zweiten Weltkrieg, in: Informationen zur modernen Stadtgeschichte (IMS), 2007, H. 1, 48–62
Matthias Schirren, Was ist «deutsche» Baukunst?, in: Peter Hahn (Hg.), bauhaus berlin, Weingarten 1985, 253–285
Oskar Schlemmer, Briefe und Tagebücher, München 1958
Klaus M. Schmals (Hg.), Vor 50 Jahren… auch die Raumplanung hat eine Geschichte!, Dortmund 1997
Uta Karin Schmitt, Vom Bauhaus zur Bauakademie. Carl Fieger Architekt und Designer (1893–1960), Diss. Ruprecht-Karls-Universität Heidelberg 2013, Online-Ressource: https://archiv.ub.uni-heidelberg.de/volltextserver/18979/1/Text_Diss_Schmitt_Uta.pdf (Abruf: Dez. 2018)
Henrik Schnedler, Unbekannte Innenräume von Walter Gropius. Geschichte einer Entdeckung, in: Norbert Huse (Hg.), Verloren, gefährdet, geschützt. Baudenkmale in Berlin, Berlin 1988, 292–303
Dirk Schubert, Die Renaissance der Nachbarschaftsidee – eine deutsch-anglo-amerikanische Dreiecks-Planungsgeschichte, in: Ursula von Petz (Hg.), «Going West?» Stadtplanung in den USA – gestern und heute, Dortmund 2004, 120–154
Fritz Schumacher, Die Ausstellung der Darmstädter Künstlerkolonie, in: Dekorative Kunst, 1901, Bd. 8, 417–431

Fritz Schumacher, Die Wiedereroberung harmonischer Kultur. Ansprache auf der Gründungsversammlung des Werkbunds, München 5. Oktober 1907, in: Der Kunstwart 21, 1908, 135–138

Alexander Schwab, Ist die Genossenschaftsstadt möglich?, in: Die Form 1929, 296–298

Alexander Schwab, Zur Genossenschaftsstadt – Insel oder Zelle, in: Die Form 1929, 362 f.

Alexander Schwab, Das Buch vom Bauen. Wohnungsnot. Neue Technik. Neue Baukunst. Städtebau aus sozialistischer Sicht. Erschienen 1930 unter dem Pseudonym Albert Sigrist, 2. Aufl., Düsseldorf 1978

Andreas Schwarting, Die Siedlung Dessau-Törten: Rationalität als ästhetisches Programm, Dresden 2009

Rudolf Schwarz, Wegweisung der Technik und andere Schriften zum Neuen Bauen 1926–1961, Braunschweig/Wiesbaden 1979

Rudolf Schwarz, Hans Poelzig, in: Baukunst und Werkform 1951, H. 3, 45

Rudolf Schwarz, Das Anliegen der Baukunst, in: Mensch und Raum. Darmstädter Gespräch 1951, Darmstadt 1952, 60–71

Rudolf Schwarz, «Bilde Künstler, rede nicht». Eine (weitere) Betrachtung zum Thema «Bauen und Schreiben», in: Die Bauhaus-Debatte 1953. Dokumente einer verdrängten Kontroverse, hrsg. von Ulrich Conrads u. a., Braunschweig 1994, 34–47 (= Bauwelt Fundamente, Bd. 100)

Rudolf Schwarz, «Was dennoch besprochen werden muß», in: Die Bauhaus-Debatte 1953. Dokumente einer verdrängten Kontroverse, hrsg. von Ulrich Conrads u. a., Braunschweig 1994, 162–178

Frederic J. Schwartz, Von der Gründung zum «Typenstreit», in: Winfried Nerdinger in Zusammenarbeit mit Werner Durth (Hg.), 100 Jahre Deutscher Werkbund 1907|2007, München u. a. 2007, 48–51

Vincent Scully, Frank Lloyd Wright vs. The International Style, in: Art News, März 1954, 32–35, 64–66

Vincent Scully, The Heritage of Wright, in: Zodiac, 1961, 8–13

Vincent Scully, American Architecture and Urbanism, New York 1969

Atli M. Seelow, The Construction Kit and the Assembly Line – Walter Gropius' Concepts for Rationalizing Architecture, in: Arts – Open Access Journal 2018, Vol. 7. Iss 4, 1–29; Online-Ressource: https://www.mdpi.com/2076-0752/7/4/95/notes (Abruf: Feb. 2019)

Klaus-Jürgen Sembach, Stahlzeit, in: Ders., 1910 – Halbzeit der Moderne. Van de Velde, Behrens, Hoffmann und die anderen, Ausst.-Kat. Westfäl. Landesmuseum für Kunst u. Kulturgeschichte Münster, Stuttgart 1992, 9–22

Álvaro Sevilla-Buitrago, Martin Wagner in America: Planning and the political economy of capitalist urbanization, in: Planning Perspectives 2017, H. 4, 481–502, Online-Ressource: https://doi.org/10.1080/02665433.2017.1299636 (Abruf: Feb. 2019)

Robert B. Shaffer, Emerson and His Circle: Advocates of Functionalism, in: Journal of the Society of Architectural Historians, 1948, Vol. 7, Nr. 3–4, 17–20

P. Morton Shand, Scenario for a Human Drama, in: Architectural Review, sieben Beiträge Juli 1934 bis März 1935

Harald Siebenmorgen, Avantgarde und Restauration. Die Verbindlichkeit des ideellen Bildthemas um 1900, in: Ästhetische und religiöse Erfahrungen der Jahrhundertwenden, Bd. 2, Um 1900, hrsg. von Wolfgang Braungart u. a., Paderborn 1998, 233–265

Ulrich Sieg, Deutschlands Prophet. Paul de Lagarde und die Ursprünge des modernen Antisemitismus, München 2007

Georg Simmel, Die Großstädte und das

Geistesleben, in: Die Großstadt. Vorträge und Aufsätze zur Städteausstellung, hrsg. von Theodor Petermann, Dresden 1903, 185–206
Werner Sombart, Händler und Helden, München/Leipzig 1915
Jörg Später, Siegfried Kracauer. Eine Biographie, Berlin 2016
Manfred Speidel (Hg.), Bruno Taut, Das japanische Haus und sein Leben, Berlin 1997
Laurie A. Stein, «Der neue Zweck verlangt eine neue Form» – Das deutsche Museum für Kunst in Handel und Gewerbe im Kontext seiner Zeit, in: Deutsches Museum für Kunst in Handel und Gewerbe, hrsg. vom Kaiser Wilhelm Museum Krefeld und Karl Ernst Osthaus-Museum der Stadt Hagen, Gent 1997, 19–25
Martin Steinmann (Hg.), CIAM, Internationale Kongresse fürs Neue Bauen / Congrès Internationaux d'Architecture Moderne. Dokumente 1928–1939, Basel/Stuttgart 1979
Eberhard Steneberg (Hg.), Arbeitsrat für Kunst. Berlin 1918–1921, Düsseldorf 1987
Regina Stephan, «Denken von Tag zu Tag, wo Geschichte große Kurven schlägt und Hunderttausende unbefriedigt läßt». Frühe expressionistische Bauten in Luckenwalde, Berlin und Gleiwitz, in: Erich Mendelsohn. Dynamik und Funktion, hrsg. vom Institut für Auslandsbeziehungen, Ostfildern 1999, 44–63
Fritz Stern, Kulturpessimismus als politische Gefahr. Eine Analyse nationaler Ideologie in Deutschland, Stuttgart 1961
Rainer Stommer, Germanisierung des Wolkenkratzers. Die Hochhausdebatte in Deutschland bis 1921, in: Kritische Berichte, 1982, H. 3, 36–53
Evert van Straaten, Theo van Doesburg – Konstrukteur eines neuen Lebens, in: Jo-Anne Birnie Danzker (Hg.), Theo van Doesburg. Maler – Architekt, München 2000, 43–119

Bruno Taut, Ein Architekturprogramm, Flugschriften des Arbeitsrats für Kunst Berlin, Weihnachten 1918, in: Eberhard Steneberg (Hg.), Der Arbeitsrat für Kunst. Berlin 1918–1921, Düsseldorf 1987, 27–32
Bruno Taut, Die Stadtkrone. Mit Beiträgen von Paul Scheerbart, Erich Baron, Adolf Behne, Jena 1919
Bruno Taut, Nieder der Seriosismus, in: Bruno Taut, Frühlicht; Abdruck in: Ulrich Conrads (Hg.), Bruno Taut 1920–1922. Eine Folge für die Verwirklichung des neuen Baugedankens, Frankfurt am Main/Wien 1963, 11
Bruno Taut, Die Auflösung der Städte oder Die Erde eine gute Wohnung oder auch: der Weg zur alpinen Architektur, Hagen 1920
Bruno Taut, Die neue Baukunst in Europa und Amerika, Stuttgart 1929
Bruno Taut, Adolf Meyer, in: Das Neue Berlin, Berlin 1929, H. 9, 183
Wolf Tegethoff, Mies van der Rohe und Gropius: Ein heikles Nicht-Verhältnis, in: Architektur im Museum 1977–2012. Winfried Nerdinger, hrsg. von Uwe Kiessler, Förderverein des Architekturmuseums der TU München, München 2012, 247–254
Anna Teut, Architektur im Dritten Reich 1933–1945, Frankfurt am Main/Berlin 1967
August Thiersch, Die architektonische Komposition, in: Handbuch der Architektur, Bd. IV/1, Darmstadt 1883
Anke Troschke, Die «Kunstgewerbeschule im Kleinen»: das Staatliche Seminar für Handfertigkeitsunterricht in Hagen, in: Deutsches Museum für Kunst in Handel und Gewerbe. 1909–1919, hrsg. vom Kaiser Wilhelm Museum Krefeld und Karl Ernst Osthaus-Museum Hagen, Gent 1997, 343–351
Anna Vallye, Design and the Politics of Knowledge in America 1937–1967: Walter Gropius, Gyorgy Kepes,

Diss. Columbia University, Online-Ressource: https://core.ac.uk/download/pdf/161437792.pdf (Abruf: Jan. 2019)
Andreas K. Vetter, Die Befreiung des Wohnens. Ein Architekturphänomen der 20er und 30er Jahre, Tübingen 2000
Curt R. Vincentz und Deutsche Bauhütte (Hg.), Bausünden und Baugeldvergeudung. Mit 55 Bilddokumenten von Bauwerken der sogenannten modernen Sachlichkeit, Hannover o. J. (1932)
Adolf Max Vogt, Le Corbusier, der edle Wilde. Zur Archäologie der Moderne, Braunschweig/Wiesbaden 1996
Christoph Wagner (Hg.), Das Bauhaus und die Esoterik, Ausst.-Kat. Johannes Itten, Wassily Kandinsky, Paul Klee. Das Bauhaus und die Esoterik, Gustav-Lübcke-Museum Hamm, Kunstspeicher Würzburg 2005/06, Bielefeld/Leipzig 2005
Martin Wagner, Minimalwohnungen, in: Wohnungswirtschaft 1930, Nr. 13, 247–250
Martin Wagner, Rede vor dem Deutschen Werkbund am 10. Juni 1933, in: Martin Wagner 1885–1957. Wohnungsbau und Weltstadtplanung. Die Rationalisierung des Glücks, Berlin 1985, 115–122
Martin Wagner, A Fresh Approach to Housing: Steel Prefabrication, Flexible Size and Igloo-Like Design. Martin Wagner's House, in: Architectural Forum, Februar 1941, 87–90
Martin Wagner und Walter Gropius, Cities' Renaissance, in: The Kenyon Review 1943, Nr. 1, 12–33
Martin Wagner, Bauhaus-Olympia?, in: Die Bauhaus-Debatte 1953. Dokumente einer verdrängten Kontroverse, hrsg. von Ulrich Conrads u. a., Braunschweig 1994, 192–196
Martin Wagner, Städtebau-Bankrott, Vortrag, gehalten für den deutschen Verband für Wohnungswesen, Städtebau und Raumplanung, Frankfurt am Main, 5. 1. 1953

Martin Wagner, Gegen die Verblendung Berliner Baupolitiker. Paradebauten im Hansaviertel – Primadonnen der Bauhäusler; Ein Rückschritt im Städtebau der Neuzeit, in: Die Baukritik, Beilage des Nachrichtendiensts für das Bauwesen 3./10. 2. 1956
Martin Wagner, Ehre dem Ehre gebührt. Kapazitäten oder Schwanengesang?, in: Baurundschau, Juli 1956, H. 7, 3–5
Martin Wagner, Potemkin in Westberlin, Zehn offene Briefe von 1956, Berlin 1957
Volker Wahl (Hg.), Die Meisterratsprotokolle des Staatlichen Bauhauses Weimar: 1919 bis 1925, bearb. von Ute Ackermann, Weimar 2001
Volker Wahl (Hg.), Das Staatliche Bauhaus in Weimar. Dokumente zur Geschichte des Instituts 1919 bis 1926, Weimar 2009
Joaquín Medina Warmburg (Hg.), Walter Gropius proclamas de Modernidad, Barcelona u. a. 2018
Carsten-Peter Warncke, Das Ideal als Kunst. De Stijl 1917–1931, Köln 1990
Harvey M. Watts, Bauhaus Helotry, in: Art Digest, 1. August 1939, 26–28
Helmut Weber, Walter Gropius und das Faguswerk, München 1961
Klaus Weber (Hg.), Happy Birthday! Bauhaus-Geschenke, Berlin 2004
Paul Weber, Mies van der Rohes visueller ‹Kalkül› der Erneuerung. Architektonischer Wandel im Anschluss an Berlages Umformungstheorem, in: RIHA Journal 0187, 30. Mai 2018
Hans-Ulrich Wehler, Deutsche Gesellschaftsgeschichte. Vierter Band: Vom Beginn des Ersten Weltkriegs bis zur Gründung der beiden deutschen Staaten 1914–1949, München 2003
Volker Weiß, Moderne Antimoderne. Arthur Moeller van den Bruck und der Wandel des Konservatismus, Paderborn 2012
Sabine Weißler, Bauhaus-Gestaltung in NS-

Propaganda-Ausstellungen, in: Winfried Nerdinger (Hg.), Bauhaus-Moderne im Nationalsozialismus. Zwischen Anbiederung und Verfolgung, München 1993, 48–63
Paul Westheim, Bemerkungen. Zur Quadratur des Bauhauses, in: Das Kunstblatt. Monatsschrift für künstlerische Entwicklung in Malerei, Skulptur, Architektur und Kunsthandwerk, 1923, 319
Iain Boyd Whyte, Bruno Taut. Baumeister einen neuen Welt. Architektur und Aktivismus 1914–1920, Stuttgart 1981
Iain Boyd Whyte und Romana Schneider (Hg.), Die gläserne Kette. Eine expressionistische Korrespondenz über die Zukunft, Ostfildern-Ruit 1996
William Whyte, The Englishness of English Architecture: Modernism and the making of a national international style 1927–1957, in: Journal of British Studies, April 2009, 441–465
Rainer K. Wick, Der frühe Werkbund als «Volkserzieher», in: Winfried Nerdinger in Zusammenarbeit mit Werner Durth (Hg.), 100 Jahre Deutscher Werkbund 1907|2007, München u. a. 2007, 51–56
Gustav Wieszner, Der Pulsschlag deutscher Stilgeschichte, Stuttgart 1930
Karin Wilhelm, Walter Gropius, Industrie Architekt, Schriften zur Architekturgeschichte und Architekturtheorie, hrsg. vom Deutschen Architekturmuseum, Braunschweig/Wiesbaden 1983
Hans Maria Wingler, Walter Gropius. Werk und Persönlichkeit, Darmstadt 1963
Hans Maria Wingler, Das Bauhaus: Weimar, Dessau, Berlin 1919–1933, Bramsche 1962, 2. erweiterte Auflage 1968
Klaus-Jürgen Winkler, Die Architektur am Bauhaus in Weimar, Berlin 1993
Klaus-Jürgen Winkler, Das Staatliche Bauhaus und die Negation der klassischen Tradition in der Baukunst. Die Architekturausstellungen in Weimar – 1919, 1922, 1923, in: Klassik und Avantgarde. Das Bauhaus in Weimar 1919–1925, hrsg. von Hellmut Th. Seemann und Thorsten Valk, Göttingen 2009, 261–286 (= Jahrbuch Klassik Stiftung Weimar)
Klaus-Jürgen Winkler (Hg.), Bauhaus-Alben Nr. 4, Weimar 2009
Willi Wolfradt, Nur das Zweckmäßige ist schön. Geist und Gestalt des Bauhauses in Dessau, in: Blätter für Alle, 1927, H. 2, 30–32
Stefan Woll, Das Totaltheater: Ein Projekt von Walter Gropius und Erwin Piscator, Berlin 1984
Christian Wolsdorff, Deutsche Architekten im Exil. Erwartungen – Hoffnungen – Reaktionen, in: Kunst im Exil in Großbritannien, hrsg. von Neue Gesellschaft für Bildende Kunst, Berlin 1986, 105–110
Wilhelm Worringer, Abstraktion und Einfühlung: ein Beitrag zur Stilpsychologie, München, 1908
Wilhelm Worringer, Formprobleme der Gotik, München 1911
Hans J. Zechlin, Siedlungen von Adolf Loos und Leopold Fischer, in: Wasmuths Monatshefte für Baukunst, 1929, 70–78
Andreas Zeising, Studien zu Karl Schefflers Kunstkritik und Kunstbegriff. Mit einer annotierten Bibliographie seiner Veröffentlichungen, Tönning u. a. 2006
Florian Zimmermann (Hg.), Das Dach der Zukunft. Zollinger Lamellendächer der 20er Jahre, München 2003

Bildnachweis

Boris Friedewald, Bauhaus, München/London/New York 2016: S. 2 (überarbeitet), 9, 105 (VG Bild-Kunst, Bonn 2019), 135; ullstein bild: S. 17 (Heritage Images/Fine Art Images), 56 (Heritage Images/Fine Art Images), 158 (Süddeutsche Zeitung Photo/Scherl), 220 (ullstein bild/VG Bild-Kunst, Bonn 2019); Reginald R. Isaacs, Walter Gropius. Der Mensch und sein Werk, Bd. 1, Berlin 1983: S. 19, 26, 51 (VG Bild-Kunst, Bonn 2019); Reginald R. Isaacs, Walter Gropius. Der Mensch und sein Werk, Bd. 2, Berlin 1984: S. 275; Bauhaus 1919–1933, hg. von Magdalena Droste und dem Bauhaus-Archiv Berlin, erw. Neuaufl. Köln 2019: S. 42 (© C. Arthur Croyle Archive), 85 (Foto Hans Wagner, Hannover/VG Bild-Kunst, Bonn 2019), 121 (Bauhaus-Archiv, Berlin, Inv. 2009/10.8/ VG Bild-Kunst, Bonn 2019), 137 (RKD – Nederlands instituut voor kunstgeschiedenis), 139 (Bauhaus-Archiv, Berlin, Inv. 6457/32/VG Bild-Kunst, Bonn 2019), 164 (Foto Hermann Kiessling/Bauhaus-Archiv, Berlin, Inv. 748), 184 (Bauhaus-Archiv, Berlin, Inv. 6975/VG Bild-Kunst, Bonn 2019), 188 (Foto Lucia Moholy, Bauhaus-Archiv, Berlin, Inv. 6314/VG Bild-Kunst, Bonn 2019); akg-images: S. 44, 46 (Bildarchiv Monheim/Florian Monheim), 256 (Bildarchiv Monheim); Winfried Nerdinger, Der Architekt Walter Gropius. Zeichnungen, Pläne und Fotos aus dem Busch-Reisinger Museum der Harvard University Art Museums, Cambridge/Mass. und dem Bauhaus-Archiv Berlin. Mit einem kritischen Werkverzeichnis, Berlin 1985, 2. Aufl. 1996: S. 9 (Busch-Reisinger Museum Harvard University Gropius Archive 3.6/VG Bild-Kunst, Bonn 2019), 71 (VG Bild-Kunst, Bonn 2019), 89 (Busch-Reisinger Museum Harvard University Gropius Archive 6.2/VG Bild-Kunst, Bonn 2019), 129 (Bauhaus-Archiv, Berlin/VG Bild-Kunst, Bonn 2019), 147 (Busch-Reisinger Museum Harvard University Gropius Archive 10.3/VG Bild-Kunst, Bonn 2019), 162 (VG Bild-Kunst, Bonn 2019), 194 (Bauhaus-Archiv Berlin/VG Bild-Kunst, Bonn 2019), 202 (Busch-Reisinger Museum Harvard University Gropius Archive 24.14/VG Bild-Kunst, Bonn 2019), 222 (Busch-Reisinger Museum Harvard University Gropius Archive 39.14/VG Bild-Kunst, Bonn 2019), 227 (Busch-Reisinger Museum Harvard University Gropius Archive 44.27/VG Bild-Kunst, Bonn 2019), 263 (Busch-Reisinger Museum Harvard University Gropius Archive 80.6/VG Bild-Kunst, Bonn 2019), 285 (Paul Davis, Studio, Boston, Mass./VG Bild-Kunst, Bonn 2019), 339 (Bauhaus-Archiv Berlin), 349 (Bauhaus-Archiv, Berlin), 354 (Bauhaus-Archiv, Berlin); S. 76: Österreichische Nationalbibliothek, Wien/VG Bild-Kunst, Bonn 2019; Susanne Rode-Breymann, Alma Mahler-Werfel. Muse – Gattin – Witwe, 3. Aufl. München 2019: S. 94; Orangerie. bauhaus forever! Auktionskatalog (Nr. 305), hg. vom Auktionshaus Grisebach, Berlin 2019: S. 111; Magdalena Droste, Bauhaus, Köln 2006: S. 169 (VG Bild-Kunst, Bonn 2019); Walter Gropius. Amerikareise 1928, hg. von Gerda Breuer und Annemarie

Bildnachweis

Jaeggi, Berlin/Wuppertal 2008: S. 209 (Bauhaus-Archiv Berlin/VG Bild-Kunst, Bonn 2019); Norbert Huse, Geschichte der Architektur im 20. Jahrhundert, München 2008: S. 217; Winfried Nerdinger, 100 Jahre Deutscher Werkbund, München 2007: S. 228 (Bauhaus-Archiv Berlin/Photo Illustration Paris/VG Bild-Kunst, Bonn 2019); Bauhaus-Moderne im Nationalsozialismus. Zwischen Anbiederung und Verfolgung, hg. von Winfried Nerdinger in Zusammenarbeit mit dem Bauhaus-Archiv, Berlin, München 1993: S. 247 (VG Bild-Kunst, Bonn 2019); Bauhaus-Archiv Berlin: S. 255 (Neuabzug: Markus Hawlik), 331 (Saturday Evening Post, New York, Vitalis), 363 (dpa, Deutsche Presse-Agentur GmbH/VG Bild-Kunst, Bonn 2019); Getty Images: S. 273 (Jerry Cooke/Corbis); Scala Images, Florenz: S. 295 (The Museum of Modern Art, New York); Gilbert Herbert, The Dream of the Factory-Made House. Walter Gropius and Konrad Wachsmann, Cambridge/London 1984: S. 305 (Wachsmann Archives/Mrs. Judith Wachsmann/Foto: Karsten); The Architects Collaborative, 1966: S. 310; Architectural Press Archive/RIBA Collections: S. 343; Regina Göckede, Spätkoloniale Moderne. Le Corbusier, Ernst May, Frank Lloyd Wright, The Architects Collaborative und die Globalisierung der Architekturmoderne, Basel 2019: S. 352

Personenregister

Aalto, Alvar 52, 289 f., 292, 323, 336, 339, 348, 350, 353
Abele, Victor 303
Adams, Thomas 259
Adenauer, Konrad 176
Adorno, Theodor W. 56, 218
Aicher, Otl 340
Aicher-Scholl, Inge 340
Albers, Anni 274
Albers, Josef 130, 180, 269, 271, 294, 296, 299, 312, 320, 325
Alberti, Leon Battista 342
Argan, Giulio Carlo 15
Arif, Abd as-Salam 353
Arndt, Alfred 189
Arnim, Friedrich Wilhelm von 50
Arp, Hans 320
Aslin, Charles Herbert 343
Atterbury, Grosvenor 301
Auerbach, Anna 187–189, 203
Auerbach, Felix 187–189, 203

Bakema, Jacob B. 326
Bandtlow, Oskar 138–140
Banham, Reyner 298, 347
Barr Jr., Alfred H. 238, 268, 271, 294–297, 318
Bartning, Otto 103, 247, 338 f.
Bayer, Herbert 159, 169, 180, 207, 227, 240 f., 244, 246, 283 f., 291, 294–297, 319, 337, 362 f.
Behne, Adolf 69, 78, 101–104, 119, 121 f., 125–127, 131, 137, 153 f., 165 f., 169 f., 196 f., 217 f., 261
Behrendt, Walther C. 279 f.
Behrens, Carl 59
Behrens, Peter 14, 23, 31, 33–35, 37–47, 50–52, 54, 59, 62, 65, 67–69, 72, 82–84, 86, 90, 92, 108, 128, 174, 243, 258, 347
Belluschi, Pietro 337, 354 f.
Bemis, Albert F. 301
Benemann, Maria 126
Benn, Gottfried 250
Benscheidt, Carl 59 f., 65, 69
Berdini, Paolo 16
Berg, Alban 261
Bernhard, Karl 43, 72
Bestelmeyer, German 97
Beyer, Hans 149–151, 174
Bill, Max 340–342
Bismarck, Otto von 58
Blake, Peter 347
Bloch, Ernst 197, 226
Blomfield, Reginald 258
Bockelmann, Werner 363
Böblinger, Matthäus 124
Boehm, Herbert 232
Böll, Heinrich 287
Bötticher, Karl 22
Bogner, Walter L. 337
Bonatz, Karl 315 f.
Bonatz, Paul 108, 315, 328
Bosworth Jr., Frank H. 269, 277
Bourgeois, Victor 233
Brandt, Marianne 169
Braun, Otto 210 f.
Brecht, Bertolt 197
Breuer, Marcel 31, 78, 130, 180, 207, 227 f., 263, 282–290, 294, 299–303, 309–311, 318, 324, 361
Brinkman, Johannes 260
Brockhausen, Heinrich von 30
Brunelleschi, Filippo 342

Bücking, Peer 235
Burchard, Jochen 311
Burchard, John Ely 305, 356
Burchard, Manon, geb. Gropius 18 f.,
 21, 241, 264, 284, 311, 327
Burchard, Max (Schwager) 59
Busignani, Alberto 15

Canetti, Elias 56
Chagall, Marc 174
Chamberlain, Houston Stewart 37
Chermayeff, Serge 258, 262, 325
Citroen, Paul 157
Claudel, Paul 94
Claussen, Horst 16
Clay, Lucius D. 308, 313–315
Clayton, William L. 313
Coates, Wells 254, 256–258, 261
Cobb, Henry N. 324
Cohen, Dennis 262
Collins, Peter 298, 347
Conant, James B. 268 f., 277, 279, 309,
 320, 324–326, 328 f.
Cotton, Jack 357
Cummings, Constance 262
Cvijanovic, Alexander 360

Davison, Robert L. 211, 305 f.
Determann, Walter 131
Dewey, John 277 f., 280
Dexel, Walter 180, 187 f.
Dies, Martin 319
Döcker, Richard 317, 334
Dorner, Alexander 13, 157, 283
Dreyfuss, Henry 324
Drigalski, Wilhelm von 224
Dukas, Paul 57
Dustmann, Hanns 80, 246

Ebert, Friedrich 161
Ebert, Willy Karl «Wils» 339, 348
Edison, Thomas A. 301
Einstein, Albert 174, 186, 303, 348
Elmhirst, Dorothy 244, 253, 257, 259
Elmhirst, Leonard 244, 253, 257, 259
Elsaesser, Martin 247
Emerson, Ralph Waldo 297 f.

Emmerich, Paul 221
Encke, Erdmann 40
Endell, August 65, 92, 95 f.
Engelmann, Richard 173 f.
Ernst Ludwig, Großherzog von Hessen-
 Darmstadt 34 f., 361

Faisal II., König von Irak 351
Feininger, Lyonel 105, 108 f., 112, 118,
 176, 190
Fieger, Carl 128, 183
Filipowski, Richard 325
Finsterlin, Hermann 165
Fischer, Leopold 193
Fischer, Stephan 220, 222 f.
Fischer, Theodor 31, 128, 219, 249
Fitch, James Marston 15
Fletcher, Jean 310
Fletcher, Norman 310, 339
Forbát, Alfred «Fred» 126, 128, 131,
 145 f., 221
Ford, Henry 143, 191 f., 211 f., 221,
 300
Ford, James 289
Ford, Katherine Morrow 289
Frank, Cecilia 299
Frank, Hermann 158
Frank, Hertha 158, 267
Frank, Josef 218, 334
Frank, Robert 299
Franzen, Ulrich 324
Freud, Sigmund 57
Frick, Wilhelm 245
Fritsch, Hugo Freiherr von 106
Frölich, August 171
Fry, Maxwell 78, 244, 253–255,
 258–260, 262 f., 265–267
Fuller, Richard Buckminster 301

Gabain, George 20
Geddes, Robert 324
Geertz, Clifford 16
Genzmer, Felix 29
Gérard, Carl 63
Giedion, Sigfried 14 f., 52, 80, 148,
 160, 186, 223–225, 233, 242, 244,
 250, 255 f., 259, 261 f., 265 f., 280,

283, 287, 290–292, 311, 313, 315, 323, 326 f., 336, 346
Giedion-Welcker, Carola 160
Glas, Thomas 360
Goebbels, Joseph 245, 247, 252
Goecke, Theodor 29
Goethe, Johann Wolfgang von 13, 113, 124, 279, 288, 299, 314, 342, 348, 357, 361, 363
Greil, Max 122, 152 f., 156, 168, 172
Grisebach, Hans 18 f.
Grisebach, Helmuth 19, 24, 32 f.
Grisebach, Rudolf 19
Gropius, Beate «Ati» 21, 267, 287
Gropius, Carl Wilhelm 20 f.
Gropius, Elise 18, 21, 241
Gropius, Erich 18 f., 21, 25, 29–31, 50 f., 81
Gropius, Felix 18 f., 21, 27
Gropius, Ferdinand 20 f.
Gropius, Friedrich George 20 f.
Gropius, Georg 18 f., 21, 25, 241
Gropius, Ise, geb. Ilse Frank 15 f., 75, 80, 114, 158–160, 176 f., 191, 198, 200, 203 f., 209 f., 240–242, 244, 246, 254–257, 261 f., 267 f., 271 f., 274, 282, 284, 287, 304, 309, 311 f., 317, 319, 322, 332, 336–338, 340
Gropius, Johann Carl Christian 20 f., 26
Gropius, Luise 31
Gropius, Manon, geb. Scharnweber 18 f., 24 f., 27, 29 f., 32 f., 43, 58, 74, 83, 88, 93, 95, 98–100, 104, 123, 159, 241
Gropius, Manon (Tochter) 21, 75, 94, 98 f., 114, 127, 205, 241 f., 244 f., 254–256, 261, 267
Gropius, Martin 21 f.
Gropius, Walter (Vater) 18 f., 21, 241
Gropius, Wilhelm Ernst 20 f.
Groß, Hans 117, 119, 122
Grote, Ludwig 176, 362
Grunow, Gertrud 144
Gurlitt, Cornelius 205
Gutschow, Konstanty 316

Haase, Julius 124
Hablik, Wenzel 127
Häring, Hugo 199, 232, 249, 291
Haesler, Otto 216, 229 f.
Haeusser, Ludwig Christian 134
Haffner, Jacques 268, 270
Hagerty, Josephine M. 288, 290
Hahs, Erwin 90
Haller, Hermann 90
Hardt, Ernst 106, 112, 138–140
Harkness, John 310
Harkness, Sarah 310
Hasse, Otto 171
Hassenpflug, Gustav 322, 328
Hauptmann, Gerhart 174
Hebebrand, Werner 317
Hecht, Irene 240
Hegemann, Werner 308
Helm, Dorothea «Dörte» 130, 150
Henderson, Linda 186
Herdeg, Klaus 306
Herfurth, Emil 119, 122, 151, 171 f.
Herzfeld, Karl 81
Hess, Anton 24
Hess, Wilhelm 262, 317
Hesse, Fritz 176–178, 206, 229 f.
Heuss, Theodor 270
Hilberseimer, Ludwig 226 f., 232, 245
Hildebrandt, Hans 126, 317
Hildebrandt, Lily 126, 159, 240, 313, 317
Hillebrecht, Rudolf 247 f., 316 f., 327 f., 345
Hindenburg, Paul von 242
Hirsch, Julius 210
Hirschfeld, Lotte 151
Hitchcock, Henry-Russell 238 f., 292, 324
Hitler, Adolf 242 f., 268, 317, 361
Hocheder, Karl 24
Höger, Fritz 108
Högg, Emil 205
Hönig, Eugen 243, 245 f., 248, 252, 254 f., 268, 270 f.
Hoffmann, Hubert 313, 317
Hoffmann, Rolf 183
Honisch, Dieter 362

Hood, Raymond Mathewson 146
Howard, Ebenezer 64
Howells, John Mead 146
Hubbard, Henry 292 f., 307
Hudnut, Joseph 211, 252, 257, 268 f.,
    271 f., 274–282, 290, 292 f., 298 f.,
    302 f., 306–309, 312 f., 319–321,
    325, 328 f.
Hussein, Saddam 353
Huxley, Julian 271
Huxtable, Ada Louise 356, 364
Hynes, John 337

Isaacs, Reginald R. 15
Itten, Johannes 112, 118, 124, 130,
    133–136, 138, 140–142, 144, 149 f.,
    152, 154, 156

Jacobs, Herbert 290
Jacobs, Jane 359
Jacobs, Katherine 290
Jacoby, Helmut 352
Jäckh, Ernst 96 f., 270
Jawdat, Ali 350 f.
Jawdat, Ellen 350
Jawdat, Nizar 350
Jean Paul 288
Jencks, Charles 359
Jobst, Gerhard 317
Johnson, Philip 238 f., 321, 325
Jones, Inigo 256
Jones, Roy Childs 269, 277
Jorn, Asger 340 f.
Joyce, James 291
Jucker, Carl Jakob 169
Junkers, Hugo 176 f., 192

Kahn, Albert 211 f.
Kahn, Louis 353
Kaldenbach, Fritz 83
Kandinsky, Nina 121
Kandinsky, Wassily 121, 124, 144, 159,
    176 f., 179
Kaufmann, Eugen 232
Kelley, Earl C. 325
Kepes, György 325
Kessler, Harry Graf 64, 113

Keynes, John Maynard 265 f.
Kiesler, Friedrich 201
Killam, Charles W. 270
Kingsbury, Edith 289
Klee, Paul 120 f., 158 f., 179
Klein, Alexander 213
Klein, César 112
Klopfer, Paul 115, 345–347
Koch, Carl 337
Kocher, Alfred Lawrence 211, 252,
    268, 274
Kok, Antony 137
Kokoschka, Oskar 58, 94
Kolbe, Georg 90
Kollwitz, Käthe 242
Korn, Arthur 235, 258
Kracauer, Siegfried 197
Krämer, Jean 43
Kroha, Jiří 235
Kühnel, Ernst 33

Lagarde, Paul de 36
Lane, Barbara Miller 347
Langbehn, Julius 36, 63
Lange, Emil 157, 172
Lauweriks, Johannes Ludovicus Mathieu
    82, 133
Le Boutellier, George 313
Le Corbusier, Charles-Édouard Jean-
    neret 31, 43, 52, 142, 159, 189,
    198, 200, 231–233, 235, 237 f., 244,
    253, 277, 283, 286, 289, 291, 299,
    307, 322 f., 336, 339, 342, 344, 346,
    350–352, 356
Lehmann, Heinrich 55
Leitl, Alfons 333, 335
Lescaze, William 244, 258, 260
Leutheußer, Richard 171, 174
Levy, Ben 262, 266
Ley, Robert 245
Lichtwark, August 62
Liebknecht, Karl 104
Lippold, Richard 310, 320
Lissitzky, Eliezer «El» 153, 165, 168
Loeb, Walter 172
Lörcher, Carl Christoph 243, 248–250
Loos, Adolf 75, 192 f.

Lubetkin, Berthold 258
Luckhardt, Hans 247
Luckhardt, Wassili 127, 247
Lüders, Marie-Elisabeth 203 f.
Lupfer, Gilbert 16
Lurçat, André 253
Luxemburg, Rosa 104

Mackensen, Fritz 95
Mächler, Martin 317
Mäckler, Hermann 334
Mahler, Gustav 55–58, 95, 99
Mahler-Werfel, Alma 55–58, 61 f., 75, 89 f., 93–95, 98 f., 112, 114 f., 126 f., 205, 240, 261
Mailer, Norman 357
Maki, Fumihiko 324
Maldonado, Tomás 342
Mandrot, Hélène de 262, 286 f., 290
Mann, Heinrich 242
Mann, Thomas 58, 290, 298, 316
Marcks, Dietrich 28, 112
Marcks, Gerhard 28, 90, 112, 118, 152, 154, 338
Marshall, George C. 313
Martin, John Leslie 342
May, Ernst 75, 79, 192 f., 204, 214, 216, 219, 225, 232, 241
Maybeck, Bernard R. 318
McCarthy, Joseph 319
McCloy, John 340
McKim, Charles Follen 278, 358
McLaughlin, Robert W. 306
McMillan, Robert S. 310, 351
McMillen, Louis A. 310, 353
Mead, William Rutherford 278, 358
Mebes, Paul 221
Mecenseffy, Emil Edler von 24
Meister Eckhart 45, 90
Mendel, Albert 132
Mendel, Bruno 132
Mendelsohn, Erich 166, 168, 210, 253, 258, 262, 291, 309, 360
Messel, Alfred 65
Metzler, Otto 29 f.
Meyer, Adolf 42 f., 50, 54, 60, 73 f., 78–81, 83, 88, 114 f., 126, 128, 133, 137 f., 146, 151, 160, 180, 182 f., 187 f., 231, 288, 347
Meyer, Hannes 116, 198 f., 207, 225 f., 229–231, 237, 241, 291, 294, 334 f., 340–342, 347, 362
Meyer, Peter 10, 69, 249
Meyer-Ottens, Otto 80, 182, 246, 317
Michelangelo Buonarroti 342
Mies van der Rohe, Ludwig 12, 31, 42 f., 52, 58, 148, 166–168, 183 f., 199 f., 216, 230, 234, 236, 238, 241, 243, 245 f., 268, 291 f., 294, 299, 333, 336, 340, 342, 344, 350, 353, 355, 360–362, 364
Migge, Leberecht 193
Miró, Joan 320
Möller, Franz 78, 240
Moeller van den Bruck, Arthur 36 f.
Moholy, Lucia 185
Moholy-Nagy, László 148, 154, 176, 180, 201, 207, 212, 227, 250 f., 253, 261, 274, 283, 294, 296, 299, 302, 309, 313, 325, 362
Moholy-Nagy, Sibyl 357, 361
Mondrian, Piet 136
Moore, Henry 271
Morris, William 12, 155, 257 f., 265
Moses, Robert 308
Muche, Georg 120 f., 134, 160, 176 f., 180, 313
Müller, Albin 214
Müller, Charlotte 150
Müller-Lyer, Franz Carl 224–226, 234
Mumford, Lewis 15, 238, 287, 291, 298, 307, 318, 337, 347
Muthesius, Hermann 72, 87, 91 f., 96

Nagel, Chester 324
Nasser, Gamal Abdel 353
Naumann, Friedrich 37, 54, 63, 97
Nesis, Nusim 235
Neufert, Ernst 41, 74, 80, 128, 180–183, 214, 316
Neurath, Otto 218, 236
Neutra, Richard 210 f., 301
Niemeyer, Oscar 339

Personenregister

Nietzsche, Friedrich 33, 35–41, 108, 134
Nonn, Konrad 173 f., 204 f., 247
Nonné-Schmidt, Helene 342
Norton, Charles Eliot 250, 290 f.
Noyes, Eliot 324

Obrist, Hermann 92, 95
Olbrich, Joseph Maria 36
Osthaus, Karl Ernst 33 f., 45–47, 51, 54, 62–65, 69, 78, 82–84, 87, 92, 96–98, 102–104, 115
Otte, Fritz 78, 133, 150
Oud, Jacobus Johannes Pieter 133, 137, 165 f., 168, 238, 268

Paepcke, Walter 309
Palladio, Andrea 255, 265
Paul, Bruno 50
Paulsen, Friedrich 222
Pei, Ieoh Ming 324
Perkins, George Holmes 282, 321
Perret, Auguste 277
Perry, Clarence Arthur 307
Pëus, Heinrich 177, 206 f.
Pevsner, Nikolaus 12, 72, 257 f., 264, 266, 323
Picasso, Pablo 186
Pick, Frank 257
Pierce, John B. 301, 306
Piscator, Erwin 201 f.
Poelzig, Hans 54, 65, 72, 87 f., 90, 92, 96, 100, 106, 126, 174, 243 f., 250, 291, 333
Ponti, Giovanni «Gio» 355
Preisich, Gábor 15
Pritchard, Jack 253–256, 259 f., 262 f., 265
Probst, Hartmut 15 f.
Proskauer, Albrecht 257

Qasim, Abd al-Karim 351, 353

Rading, Adolf 165
Rand, Ayn 148
Raschdorff, Otto 29
Rathenau, Emil 40, 52

Rathenau, Walther 93
Rauth, Otto 135, 149
Raymond, Eleanor 289
Raymond, Rachel 289
Read, Herbert 253, 271, 325, 342
Redslob, Edwin 168
Reger, Max 58
Rehorst, Carl 87 f.
Reich, Lilly 246, 314
Reinhardt, Max 58
Reuter, Ernst 210
Riegl, Alois 33, 35, 38 f., 41 f., 45, 54, 65 f., 187
Riemerschmid, Richard 72, 214
Rietveld, Gerrit 168
Rimbaud, Arthur 249
Rittweger, Roman 171
Rodin, Auguste 57 f.
Roebuck, Alvah Curtis 301
Röhl, Karl Peter 135
Rogers, Ernesto N. 342
Roosevelt, Franklin D. 275
Rosenberg, Alfred 245
Rosenthal, Philip 360
Roth, Alfred 200, 287
Roth, Emery 354 f.
Roth, Emil 287
Rousseau, Jean-Jacques 281
Rowe, Colin 298, 361
Rudolph, Paul 324

Saint-Saëns, Camille 57
Schädlich, Christian 15 f.
Scharnweber, Georg 27
Scharoun, Hans 127, 165, 314–317
Schawinsky, Alexander «Xanti» 230, 234, 274, 283
Scheerbart, Paul 91, 102, 127, 186
Scheffler, Karl 69, 101 f., 164, 227
Scheibe, Richard 90
Scheper, Hinnerk 180
Schindler, Anna Sofie 58
Schindler, Rudolph 211
Schinkel, Karl Friedrich 20, 22 f., 34, 51, 249, 349
Schlemmer, Carl 150 f., 174
Schlemmer, Helena 190

Schlemmer, Oskar 120 f., 124, 134–136, 138, 140, 143, 145, 150, 152, 168, 190, 363
Schmarsow, August 35, 38 f., 186 f.
Schmidt, Georg 262
Schmidt, Hans 232
Schmidt, Joost 129 f., 164, 173, 180, 246, 313
Schmidt-Rottluff, Karl 131
Schmieden, Heino 22
Schmitthenner, Paul 216, 248, 313, 317
Schneider, Karl 83
Schönberg, Arnold 174
Schreyer, Lothar 81, 120 f., 139
Schroeder, Erich 27
Schütz, Klaus 364
Schultze-Naumburg, Paul 205
Schumacher, Fritz 35, 64
Schwab, Alexander 202, 223
Schwarz, Rudolf 332–336, 346
Schwedler, Rolf 339, 348
Schwippert, Hans 247
Schwitters, Kurt 216 f., 242
Scully, Vincent 298, 344, 356
Sears, Richard Warren 301
Sebök, Stefan 201
Seeckt, Hans von 171
Seidler, Harry 338
Semper, Gottfried 38, 41 f., 45
Senger, Alexander von 247
Sert, José Lluís 261, 315, 322 f., 326, 329, 332, 336
Shakespeare, William 158
Shand, Philip Morton 244, 253, 255, 257 f.
Shepley, Henry R. 284
Sigel, Paul 16
Simmel, Georg 227
Simon, Hugo 298
Soane, John 258
Solf, Hermann 25, 30
Sombart, Werner 108
Sommerfeld, Adolf 78, 127–133, 140, 149, 161, 175, 179, 188, 207, 210–213, 237, 259
Sommerfeld, Renée 210

Speer, Albert 214, 316
Spengler, Oswald 198
Stalin, Josef 239
Stam, Martinus Adrianus «Mart» 198, 232, 261
Steiger, Rudolf 262
Stein, Clarence 307
Stephenson, Peter 338
Stevens, Roger L. 337
Stichweh, Wilhelm 328
Stölzl, Gunta 180
Stokowski, Leopold 58
Stolze, Paul 172 f.
Stone, Edward D. 349
Storrow, Helen 284 f.
Strauss, Richard 55 f.
Strawinsky, Igor 287
Stresemann, Gustav 170 f.
Stubbins, Hugh 303, 329, 337
Sullivan, Louis 148, 344
Syrkus, Helena 322
Syrkus, Szymon 322

Tamms, Friedrich 328
Taut, Bruno 80, 90–92, 96 f., 99, 101–103, 107, 113, 127, 137, 142 f., 167 f., 192, 199, 219, 237, 247, 266, 291, 293, 338
Taut, Max 168, 314
Taylor, Frederick Winslow 52, 191, 196, 224
Teige, Karel 235
Tessenow, Heinrich 125 f.
Thiersch, August 24, 40
Thiersch, Friedrich von 23, 31
Thomas von Aquin 45
Thompson, Benjamin C. 310
Thompson, Francis Longstreth 259
Tolstoi, Lew 348
Tzara, Tristan, Samuel Rosenstock 144

Unwin, Raymond 253

Van de Velde, Henry 31, 63, 65, 90, 92, 95, 112, 137, 155, 333, 347
Van der Leeuw, Cees 268
Van der Vlugt, Leendert 260

Van Doesburg, Theo 136–140, 142, 144 f., 168
Van Eesteren, Cornelis «Cor» 233
Van Eyck, Aldo 326
Van Tijen, Willem 260
Vantongerloo, Georges 136
Venturi, Robert 361
Viollet le Duc, Eugène 30, 41
Vitruv 41
Vogler, Paul 224, 322
Volger, Hans 313
Vorhoelzer, Robert 75

Wachsmann, Konrad 78, 303–305, 309, 312, 324
Waddington, Conrad Hal 263
Wagenfeld, Wilhelm 169, 243
Wagner, Martin 13, 191 f., 210, 221, 226, 242–244, 248, 252, 265, 271, 292 f., 299, 301, 303, 307 f., 313, 317, 321 f., 335, 344 f.
Wagner, Otto 249
Wagner, Siegfried 58
Wahlländer, Auguste 18
Wallot, Paul 31
Walter, Bruno 58
Weidemann, Hans 252
Weissmann, Ernest 261
Wells, Herbert George «H. G.» 271
Wendland, Hans 33
Werfel, Franz 95, 99, 114 f., 245
Werner, Eduard 59 f.
Westheim, Paul 169 f.

White, Stanford 278, 358
Wichards, Franz 25, 30
Wichert, Fritz 176
Wieszner, Georg Gustav 148
Wijdeveld, Hendrik Theodor 166
Wilhelm II., Deutscher Kaiser 64
Wilhelm Ernst, Großherzog von Sachsen-Weimar-Eisenach 95, 106
Wils, Jan 136
Wingler, Hans Maria 347, 361 f.
Wolff, Fritz 29
Wolff, Heinrich 243
Wolfradt, Willi 196 f.
Wolfson, Erwin 354 f.
Wollschläger, Hans 56
Wolters, Rudolf 328
Worringer, Wilhelm 33, 39, 41, 65, 101 f.
Wright, Frank Lloyd 31, 43, 83, 91, 128 f., 133, 148 f., 183, 211 f., 287, 289–291, 297, 301, 323 f., 336, 342, 344, 350 f., 353
Wright, Henry 307
Wurster, William 301, 318

Yorke, Francis Reginald Stevens 258, 286

Zachmann, Joseph 150 f.
Zevi, Bruno 323, 325, 347, 357
Zollinger, Friedrich 213
Zuckerkandl, Therese 203